工程建设理论与实践丛书

MATOU GONGCHENG
SHIGONG YU ZHILIANG GUANLI

码头工程
施工与质量管理

冯 刚 孙树青 刘建东 主编

http://press.hust.edu.cn
中国·武汉

图书在版编目(CIP)数据

码头工程施工与质量管理/冯刚,孙树青,刘建东主编. —武汉:华中科技大学出版社,2022.12
ISBN 978-7-5680-8917-3

Ⅰ. ①码… Ⅱ. ①冯… ②孙… ③刘… Ⅲ. ①码头工程-工程施工-工程质量-质量管理 Ⅳ. ①U656.1

中国版本图书馆 CIP 数据核字(2022)第 246563 号

码头工程施工与质量管理
Matou Gongcheng Shigong yu Zhiliang Guanli

冯　刚　孙树青　刘建东　主编

策划编辑：周永华
责任编辑：陈　忠
封面设计：王　娜
责任监印：朱　玢

出版发行：华中科技大学出版社(中国•武汉)　　　电话：(027)81321913
　　　　　武汉市东湖新技术开发区华工科技园　　　邮编：430223
录　　排：华中科技大学惠友文印中心
印　　刷：武汉科源印刷设计有限公司
开　　本：710mm×1000mm　1/16
印　　张：21
字　　数：377 千字
版　　次：2022 年 12 月第 1 版第 1 次印刷
定　　价：98.00 元

本书若有印装质量问题,请向出版社营销中心调换
全国免费服务热线：400-6679-118　竭诚为您服务
版权所有　侵权必究

编 委 会

主 编 冯　刚（中交第四航务工程局有限公司）
　　　　孙树青（广州港股份有限公司）
　　　　刘建东（中交第四航务工程局有限公司）

副主编 沈智彬（广州港股份有限公司）
　　　　李　明（中交第四航务工程局有限公司）
　　　　文　浩（中交第四航务工程局有限公司）

编 委 陈　浪（中交第四航务工程局有限公司）
　　　　唐文武（中交第四航务工程局有限公司）
　　　　李　杨（中交第四航务工程局有限公司）
　　　　麦铭康（中交第四航务工程局有限公司）
　　　　戴适天（中交第四航务工程局有限公司）

前　　言

码头是我国河上管理的重要主体,通过码头的建设能够更好地为船只停泊提供条件。当前阶段,我国港口码头工程的发展规模不断扩大,在实际的施工过程中相关施工单位必须有效结合工程项目的整体施工特性以及相关的工艺要点,从监督管理体制、施工人员管理以及施工技术的应用等多个方面,有效保证港口码头工程的整体施工质量,建立更加科学、完善的施工管理体制,对施工全过程进行质量管理。

本书主要内容包括土石方与地基处理工程施工、地下连续墙施工、沉井与沉涵施工、混凝土和钢筋混凝土工程施工、重力式码头与防波堤施工、桩式码头施工、码头工程质量控制、码头工程施工与BIM技术应用等,并对广州港新沙港区11号、12号通用泊位及驳船泊位工程水工土建工程进行分析。

本书内容丰富,理论联系实际,根据知识的系统性、完整性、严谨性和实用性的原则编写,可作为港口航道及沿河工程专业的教材,也可供相近专业师生,以及从事水运和其他相关专业的工程技术人员参考。

由于编者水平有限,书中不足之处在所难免,敬请广大读者批评指正。

目 录

第1章 土石方与地基处理工程施工 ………………………………… (1)
- 1.1 土石方工程 …………………………………………………… (1)
- 1.2 岩石地基处理 ………………………………………………… (16)
- 1.3 砂卵(砾)石及砂土地基处理 ………………………………… (17)
- 1.4 港口工程软土地基处理 ……………………………………… (18)

第2章 地下连续墙施工 ………………………………………………… (28)
- 2.1 基本知识 ……………………………………………………… (28)
- 2.2 地下连续墙沟槽开挖 ………………………………………… (29)
- 2.3 现浇钢筋混凝土地下连续墙墙体施工 ……………………… (36)
- 2.4 装配式地连墙墙体施工 ……………………………………… (37)

第3章 沉井与沉涵施工 ………………………………………………… (39)
- 3.1 沉井施工 ……………………………………………………… (39)
- 3.2 沉涵施工 ……………………………………………………… (43)

第4章 混凝土和钢筋混凝土工程施工 ………………………………… (46)
- 4.1 模板与钢筋工程 ……………………………………………… (46)
- 4.2 混凝土的制备与运输 ………………………………………… (52)
- 4.3 混凝土的浇筑和养护 ………………………………………… (59)
- 4.4 水下混凝土施工 ……………………………………………… (66)
- 4.5 钢筋混凝土预制构件的制作 ………………………………… (68)
- 4.6 混凝土质量检查与缺陷修补 ………………………………… (75)

第5章 重力式码头与防波堤施工 ……………………………………… (77)
- 5.1 抛石基床施工 ………………………………………………… (77)
- 5.2 墙体构件的预制及安装 ……………………………………… (84)
- 5.3 胸墙及墙后回填 ……………………………………………… (96)
- 5.4 防波堤施工 …………………………………………………… (97)

第6章 桩式码头施工 …………………………………………………… (105)
- 6.1 桩工基础 ……………………………………………………… (105)

6.2 高桩码头桩基施工 …………………………………………………… (110)
6.3 上部结构施工 ………………………………………………………… (118)
6.4 板桩码头施工 ………………………………………………………… (127)

第7章 码头工程质量控制 …………………………………………………… (133)
7.1 混凝土和钢筋混凝土工程质量控制 ………………………………… (133)
7.2 重力式码头和防波堤工程质量控制 ………………………………… (147)
7.3 高桩及板桩码头工程质量控制 ……………………………………… (159)
7.4 港区道路与堆场质量控制 …………………………………………… (166)
7.5 码头附属设施和轨道安装质量控制 ………………………………… (174)

第8章 码头工程施工与BIM技术应用 …………………………………… (179)
8.1 BIM技术在复杂码头结构施工中的应用 …………………………… (179)
8.2 港口码头施工模拟BIM技术应用 …………………………………… (184)
8.3 基于BIM的码头工程施工安全管理 ………………………………… (189)
8.4 案例分析——以舟山朱家尖石渣运输码头为例 …………………… (199)

第9章 码头工程施工与管理实例分析——以广州港新沙港区11号、12号通用泊位及驳船泊位工程为例 ……………………………………………… (209)
9.1 工程概况及自然条件 ………………………………………………… (209)
9.2 主要分部分项工程施工 ……………………………………………… (229)
9.3 危险源辨识、评价及控制 …………………………………………… (307)
9.4 环境因素辨识与环境保护 …………………………………………… (314)
9.5 节能减排与文明施工措施 …………………………………………… (318)

参考文献 ……………………………………………………………………… (325)
后记 …………………………………………………………………………… (327)

第1章 土石方与地基处理工程施工

1.1 土石方工程

1.1.1 土石方开挖与填筑的基本类型

土石方工程包括土（或石）的开挖、运输和填筑三个基本的施工过程。挖、运、填等各道施工工序是由互相匹配的具有独立功能的工程机械来完成的。在进行土石方工程施工时应按综合机械化的原理组织施工，并注意三者之间的关系，进行合理的平衡调配，以达到提高工效、减少运量、降低工程造价的目的。

1. 水运工程施工中的土石方工程

水运工程施工中的土石方工程有场地平整、基坑和航道的开挖、码头（或闸墙）后填土、基坑回填等。这些土石方开挖和回填工程量常以万或数十万立方米计。过去大多采用人力施工，消耗劳动力多、工期长。随着大型高效施工机械的广泛采用，在综合考虑挖、运、填三个基本过程机械化配合的基础上，无论是土石方的开挖，还是土石方的填筑，劳动生产率都大为提高，施工人数大量减少，工期不断缩短，施工费用显著下降。

2. 土石方开挖与填筑的基本方法

土石方开挖是土石方工程中的主要施工过程。土石方开挖包括土方开挖和石方开挖两大类。针对不同的工程对象，开挖方法不同，大致可分为：

(1) 人工和半机械开挖方法；

(2) 机械开挖方法；

(3) 水力开挖方法；

(4) 爆破开挖方法。

不论是土方开挖还是石方开挖，都要求具有稳定的边坡和良好的排水措施，应能防止地表水和地下水对结构物可能造成的破坏,并应尽量减少超、欠挖量和满足有关技术规范要求。

水运工程中的填筑工程均要求达到一定的密实度,以满足不同工程对稳定、防渗和沉降的不同要求。

为使填筑工程达到要求的密实度,除了某些技术要求较低的土料填方和水下石料抛填,依靠自重及渗流等天然条件作用,使其自然沉实(一般要较长时间),通常均需通过人为的机械力、水力或爆炸力作用,促使其密实。

土料的基本填筑方法有两类:

(1)填方不加任何压实措施,全高程一次填筑,任其自然沉降;

(2)水平分层铺筑、逐层压实。

1.1.2 土石的分级及工程性质

1. 土石的分级

在土石方开挖施工中,为估计施工的难易程度,正确选择施工方法、施工机具,计算工料消耗和工程费用,均要求对土石进行分级。土石的分级方法很多,在土石方开挖工程施工中,主要以开挖的难易程度来分级。表1.1为土方的工程分类情况。

表1.1 土方的工程分类

土方的分类	土的级别	土方的名称	坚实系数 f	容重 /(kN/m³)	抗压强度 /MPa	开挖方法及工具
一类土（松软土）	I	砂、亚砂土、冲积砂土层、种植土、泥炭(淤泥)	0.5～0.6	6～15	—	能用锹、锄头挖掘
二类土（普通土）	II	亚黏土,潮湿的黄土,夹有碎石、卵石的砂,种植土、填筑土及亚砂土	0.6～0.8	11～16	—	用锹、锄头挖掘,少许用镐翻松
三类土（坚土）	III	软及中等密实黏土,重压黏土,粗砾土,干黄土及含碎石、卵石的黄土,亚黏土,压实的填筑土	0.8～1.0	18～19	—	主要用镐,少许用锹、锄头挖掘,部分用撬棍

续表

土方的分类	土的级别	土方的名称	坚实系数 f	容重 /(kN/m³)	抗压强度 /MPa	开挖方法及工具
四类土（砂砾坚土）	Ⅳ	重黏土及含碎石、卵石的黏土,粗卵石,密实的黄土,天然级配砂石	1.0～1.5	19	—	整个用撬棍、镐，然后用锹挖掘，部分用楔子及大锤
五类土（软石）	Ⅴ～Ⅵ	石炭纪黏土、中等密实的页岩、泥灰岩、白垩土、胶结不紧的砾岩、软的石灰岩	1.5～4.0	11～27	2～4	用镐、撬棍、大锤挖掘，部分使用爆破法
六类土（次坚石）	Ⅶ～Ⅷ	泥岩、砂岩、砾岩、坚实的页岩、泥灰岩、密实的石灰岩、砂岩、风化花岗岩、片麻岩	4～10	22～29	4～8	用爆破法开挖，部分用风镐
七类土（坚石）	Ⅸ～Ⅻ	大理岩、辉绿岩、玢岩、粗粒花岗岩、坚实的白云岩、砂岩、砾岩、片麻岩、石灰岩、风化痕迹的安山岩、玄武岩	10～18	25～31	8～16	用爆破法开挖
八类土（特坚石）	ⅩⅢ～ⅩⅥ	安山岩、玄武岩、花岗片麻岩、坚实的细粒花岗岩、闪长岩、石英岩、辉长岩、辉绿岩、玢岩	18～25	27～333	16～25	用爆破法开挖

注：① 土的级别相当于一般 16 级土石分类级别；
② 坚实系数 f 相当于普氏强度系数。

2. 土石的工程性质

在进行土石方的开挖、运输及确定施工组织时，常常需要知道各种土、石的工程性质及其具体指标。因为它们对于合理选择施工方法、施工机具，确定工料消耗，都有重要影响。

对施工影响较大的土石的工程性质包括以下几种。

(1)容重(γ)。天然状态土的单位体积重量称为容重,它是显示土壤密实程度的主要标志。

(2)含水量(ω)。土中所含水分的重量与土的固体颗粒重量之比称为土的含水量,以百分数表示。ω反映了土的物理力学性状,对工程地基的施工、土方的开挖与填筑、土方的密实有直接的影响,可由式(1.1)计算

$$\omega = \frac{A-B}{B} \times 100\% \tag{1.1}$$

式中:A为含水状态时土的重量,g;B为经温度105 ℃烘干的土的重量,g。

(3)可松性系数。原状土经开挖后,其体积因松散而有所增加,虽经振动夯实,仍然不能恢复原体积的大小,这个现象称为土壤的可松性,一般用最初可松性系数K_s与最后可松性系数K_s'来表示,即

$$K_s = \frac{V_2}{V_1} ; K_s' = \frac{V_3}{V_1} \tag{1.2}$$

式中:K_s、K_s'为最初与最后可松性系数;V_1为土在自然状态下的体积,m^3;V_2为土挖出后松散状态的体积,m^3;V_3为土经压实后的体积,m^3。

(4)内摩擦角(φ)和内聚力(c)。它们是土的两个重要力学指标,其大小随土的性质、粒径大小和含水量而定。前者是因颗粒间的互相位移而产生的,后者则表示颗粒间的凝聚能力。

1.1.3 土方开挖工艺

土方开挖是土方工程施工的一个主要过程。土方开挖方法主要有机械开挖、爆破开挖等。在选用开挖方法时,应考虑土壤的物理力学性能、工程量、工期、开挖层内地下水的情况、施工机具性能条件等因素。

1. 施工机械

1)挖掘机械

挖掘机械种类繁多,就其构造及工作特点,有单斗式和多斗式两类;就其传动系统又有索式、链式和液压式三种。液压传动具有突出的优点,现代工程机械多采用液压传动。多斗式挖掘机属于连续式挖土机械,单斗式挖掘机属于循环式挖土机械,每个循环包括铲土、升高、旋转至卸土地点卸土、回转土斗至开挖位置四个过程。单斗式挖掘机在水运工程及其他各种建筑工程中应用极为广泛。

(1) 单斗式挖掘机。

单斗式挖掘机通常由工作装置、动力装置和行驶装置三个主要部分组成,由于这三类装置不同,单斗式挖掘机的类型也不同。

单斗式挖掘机的行驶装置分为履带式、轮胎式等类型。履带式行走方便,对土的单位面积压力小。轮胎式行动敏捷灵活,但斗容量较小,对道路的要求较高。

单斗式挖土掘的工作装置可以更换,按挖土方式不同,可分为反向铲挖掘机、正向铲挖掘机、抓斗式挖掘机等。

① 反向铲挖掘机施工。

a. 反向铲挖掘机是水运工程施工中最常用的挖土机械。反向铲挖掘机施工时,土斗面向挖掘机,卸土时将斗门向下倾斜。反向铲挖掘机可挖停机面以上或以下及地下水位以下的Ⅰ、Ⅱ级土壤。反向铲操作灵活、方便,能很好地与运输工具配合作业。与正向铲挖掘机相比,反向铲挖掘机生产率较低,常用于土方量不大、施工场地狭窄的沟槽和基坑的开挖。

b. 反向铲挖掘机开挖方法。反向铲挖掘机的开挖方法主要有沟端开挖法和沟侧开挖法。

(a) 沟端开挖法:反向铲停于沟端,后退挖土,同时往沟侧卸土或装车运走。此法一次开挖宽度可不受机械最大挖掘半径的限制。臂杆回转角度为45°~90°,对于宽基坑可采用两旁开挖,其最大一次挖掘宽度可达反向铲有效挖掘半径的2倍,但汽车须停在机身后方装土,回转角度增大,生产率降低。

(b) 沟侧开挖法:反向铲沿沟侧直线移动,汽车停在机旁装土,此法回转角度小,能将土弃于距沟边较远的地方,但卸土宽度比挖掘半径小,不易控制边坡,同时机身靠边停放,稳定性较差。在横挖土方和将土撒到距沟槽较近的距离时采用。

② 正向铲挖掘机施工。

a. 正向铲挖掘机。正向铲挖掘机分为柴油驱动和电力驱动两类,包括回转、行驶和挖掘三个装置。

正向铲挖掘机有强有力的推力装置,生产率高,能挖Ⅰ~Ⅳ级土和破碎后的岩石。机型常根据挖斗容量来区分,常用类型为国产 W-501、W-502、W-1001、W-1002 及 W-4 型正向铲。

b. 正向铲挖掘机工作布置。挖掘机在一个停机位置所能开挖到的工作面称为掌子,其形状和尺寸与挖掘机工作参数及运输工具的停放位置有关。正向铲挖掘机可开挖停机面以上的土方。

正向铲开挖需要配以运输工具运土。按与运输工具的相对位置不同,其开行方式分为运输工具在挖掘机一侧的侧向开行和运输工具在挖掘机后方的正向开行。施工中常用侧向开行方法,开挖时臂杆在90°以内回转卸土,运输车辆不用倒车,工作循环时间短,生产效率高;正向开行时,臂杆的回转角要达到180°左右,运输工具要倒车,工作循环时间长,生产效率较低,适用于无法进行侧向装土以及开挖工作面窄而深的基坑、渠道等土方工程。

③抓斗式挖掘机施工。

抓斗式挖掘机又称合瓣式挖掘机。土斗由两个或多个抓瓣组成,工作时靠土斗自重下坠切入土壤,提升时土斗合拢将土抓起。

抓斗式挖掘机由于挖土能力小、效率低,主要用来开挖土壤等级为Ⅰ、Ⅱ级,窄而深的基坑、沟槽、河泥等土方工程。

(2)多斗式挖掘机。

多斗式挖掘机属于连续式挖土机械,它的生产率较高。多斗式挖掘机有斗轮式和联斗式两类,前者将土斗装在刚性转轮上,后者将土斗装在传动链条上。多斗式挖掘机常用于开挖大型渠道、基坑和土料的开采。

(3)装载机。

装载机是一种短程装运结合的机械。装载机操作灵活轻便、工作平稳、安全可靠、生产效率高,在水运工程施工中获得广泛应用。

装载机除自身配套的主要工具装载铲斗外,还配备有其他可更换的附属装置(如反铲、推土、起重、货叉等),以完成其他各种作业。

装载机按主要工作装置分为单斗式、挖掘装载式及斗轮式三种;按行走装置分为履带式和轮胎式两类;按铲斗臂可否在水平面内回转分为回转式与不可回转式。

在土方开挖中,常用的是液压挖掘装载机,铲斗容量为 $1\sim3\ m^3$。

2)挖运机械

能同时担负开挖、运输、卸土、铺土任务的有推土机和铲运机。

(1)铲运机。

①铲运机施工。

铲运机能综合完成挖土、运土和填土等工作,在运距适宜时,生产率较高。铲运机适用于场地平整、大型基坑的开挖,以及堤坝、路基的填筑。

铲运机按行驶方式分为牵引式和自行式。前者用拖拉机牵引铲斗,后者自身有行驶动力装置。现在多用自行式,因其结构轻便、可带较大的铲斗、行驶速度快,多用低压轮胎,有较好的越野性能。

铲运机的经济运距与铲斗容量有关,一般在几百米至几千米以内。国产牵引式铲运机铲斗容量为 2.5 m³ 和 6 m³,经济运距为 200～800 m;自行式铲运机铲斗容量为 6～7 m³,经济运距为 800～1500 m。

②铲运机开行方式。

铲运机施工时,应根据工程量的大小、运距长短、土壤性质和地形条件的不同情况,采用不同的开行方式,常用的开行方式有以下几种。

a. 大环形开行方式。当卸土区在挖土区的两端,且挖方和填方高差不大时,通常采用大环形开行方式。该方式的优点是在一个循环中可完成两次铲土、运土和卸土作业,减少了铲运机的转弯次数,提高了工效。

b. 连续性开行方式。该法适用于工作地段挖、填方轮次交替的土方工程。铲运机可在同一方向连续地进行取土和填土,可以减少空车运行和转弯次数,提高生产率,同时还可以使整个填方面积得到均匀压实。

c. "8"字形开行方式。当工程挖、填方高差较大时,可采用"8"字形开行方式,其优点和大环形运行方式相同,每一循环可完成两次作业,按两个方向进行转弯、不需要掉头作业。

(2)推土机。

推土机以拖拉机为原动机械,另装上切土刀片的推土器,既可薄层切土又能短距离推移。

推土机根据其在平面内能否转动分为固定式和万能式。固定式推土机由于结构简单而牢固,应用普遍,多用液压操作。

若长距离推土,土料从推土机两侧散失较多,有效推土量大为减少。为了减少推土过程中土料的散失,可在推土机两侧加挡板,或先推成槽,然后在槽中推土,或多台并列推土。推土机的经济运距为 60～100 m。

3)运输机械

(1)汽车运输。

汽车运输是水运工程施工中包括土方运输在内的一种基本的运输方式。它的优点是速度快,可将物料直接运至指定地点而无须中途转运,在工作面狭窄和地形复杂的条件下适应性强,布置起来比较方便,缺点是运费较高。

工程建设中,各种物资的运量很大,运输强度高,受自然条件和施工条件等因素的影响大。因而,汽车运输对施工道路有一定的要求,它直接关系到工程的顺利进行和工程成本。道路不好,汽车运输不通畅,通过能力不够,影响施工运输速度和工程进度;道路凹凸不平,汽车损坏严重,影响汽车车辆的完好率和寿命,同时也增加道路的维修费用。在进行运输道路设计时,要尽可能利用现有运输线路,或将施工道路与永久道路结合,以减少临时道路修建费用。运输道路一般采用泥结碎石路面或水泥路面。

(2)带式运输。

带式运输属连续运输,分为移动式和固定式两种。移动式带运机机架置于车轮上,移动方便,多用于短程运输和散体材料的装卸堆存;固定式带运机没有移动行走装置,多用于长距离运输,常采用分段布置。

带式运输机适用于运送松散状的物料(土、碎石、混凝土等),生产率高。带式运输机能适应各种地形条件,支承简单,在水运工程中应用广泛。

2. 施工机械生产率计算

1)挖掘机械生产率计算

循环式单斗挖掘机和连续式多斗挖掘机的实际生产率 P_c(m³/h)按式(1.3)计算

$$P_c = 60 \cdot q \cdot n \cdot K_H \cdot K_S \cdot K_B \cdot K_t \tag{1.3}$$

式中:q 为土斗的几何容积,m³;对于单斗挖掘机,n 指每分钟循环工作次数,对于多斗挖掘机系,n 指每分钟倾倒的土斗数量;K_H 为土斗的充盈系数,表示实际装料容积与土斗几何容积之比,视挖掘机类型而定,取 0.8~1.0;K_S 为土的最初可松性系数,对于Ⅰ级土为 0.83~0.91,Ⅱ级土为 0.78~0.88,Ⅲ级土为 0.71~0.81,Ⅳ级土为 0.73~0.79;K_B 为时间利用系数,表示挖掘机工作时间利用程度,可取 0.8~0.9;K_t 为联合作业延误系数,考虑运输工具的影响挖掘的工作时间,有运输工具配合时,取 0.9,无运输工具配合时,取 1.0。

单斗式挖掘机每分钟循环工作次数 n 可由式(1.4)计算

$$n = \frac{60}{t_1 + t_2 + t_3 + t_4} \cdot \frac{1}{0.4 K_{sc} + 0.6 \beta} \tag{1.4}$$

式中:t_1, t_2, t_3, t_4 分别为挖土、重车回转、卸土、空车回转的时间;K_{sc} 为土壤级别修正系数,取 1.1~1.2;β 为相对转角系数,随转角增大而增大,转角为 90°时,$\beta = 1$,转角为 100°~135°时,$\beta = 1.08~1.37$。

P_c 是挖掘机的实际生产率,不计入对生产率的实际影响因素,即 K_H、K_S、K_B、K_t 为 1 的生产率称为理论生产率,可见,若要提高挖掘机械的实际生产率,必须提高循环式挖掘机的循环次数,即缩短每一循环的工作时间,减小挖卸之间的转角,加强机械的现场维护,合理布置掌子面,协调并改善回车和错车场地,改善挖运设备的配合等。

2)运输机械生产率计算

循环式运输机械与连续式运输机械生产率计算分别介绍如下。

(1)循环式运输机械。

一辆车(或拖拉机)的生产率取决于车辆(或拖拉机)载重量、行驶速度、开行路线和距离、装卸条件等因素,其每班的运输生产率 P_a 由式(1.5)计算

$$P_a = \frac{q(T_1 - T_2)}{t} \tag{1.5}$$

式中:q 为运输工具一次运载的有效方量,m^3;T_1 为每班时间,min;T_2 为每班运输工具的非工作时间,min;t 为运输工具每一循环所需时间,包括装车、卸车、途中运行时间,min。

t 可由式(1.6)计算得出

$$t = t_1 + t_2 + \frac{2L}{V} \times 60 \tag{1.6}$$

式中:t_1 为装车时间,min;t_2 为卸车时间,min;L 为运距,km;V 为平均行驶速度,km/h,一般工地道路上开行的汽车取 15~20 km/h。

每班运输循环次数 m 由式(1.7)计算

$$m = \frac{T_1 - T_2}{t} \tag{1.7}$$

(2)连续式运输机械。

带式运输机生产率取决于带宽、带速和运输机械布置的倾角等。若以实方计,带式运输机的实际生产率 P_a(m^3/h)可按式(1.8)计算

$$P_a = K B^2 V K_a \tag{1.8}$$

式中:K 为带形系数,对平面带 $K=200$,对槽型带 $K=400$;B 为带宽,m;V 为带的运行速度,m/s,通常可取 1~2 m/s;K_a 为各种影响的综合系数,包括时间利用系数、带的充盈系数、土的松散系数、土料粒径系数和倾角影响系数等。

1.1.4　石方开挖工艺

石方为Ⅴ级以上的土,质地坚硬,通常采用机械开挖的方法与炸药爆破的方法。炸药爆破法,即利用炸药爆破时产生的能量来进行石方开挖的方法,本节主

要介绍爆破法开挖石方。

1. 爆破的基本原理

1）爆破作用原理

炸药爆炸属于化学爆炸。炸药在一定的起爆能作用下，瞬间发生激烈的化学分解反应，产生强烈的冲击波和大量的高热气体，冲击波作用于周围的介质，使介质产生应力波，若应力波的压应力或拉应力超过介质的抗拉或抗压极限强度，介质就破裂，产生径向裂缝，而高压气体膨胀挤压介质，扩大裂缝，使介质破碎，这就是爆破。

当爆破在无限均匀的介质中进行时，冲击波将以药包中心为球心，通过介质，呈同心球逐步向四周扩展。由于各向同性介质的阻尼作用，随距球心距离的增大，冲击压力波逐渐衰减，直至全部消失。沿爆破中心切割一平面，可将爆破作用的影响范围划分为四个圈。

（1）压缩圈。

紧靠药包的土石，在爆破时受到的压力最大，如果是土，便被压缩成空腔，如果是坚硬的岩石，便被压得粉碎，这个被压缩或压碎的范围，叫作压缩圈或破碎圈。

（2）抛掷圈。

在压缩圈以外的岩石，受到的压力相对较小，虽然不致被压得粉碎，但岩石的结构被破坏，分裂成碎块，并随爆破作用力向四周运动，如果这个地带的某一部分是临空面，这些岩石碎块便向阻力小的临空面方向被抛掷出一定距离，这个范围称为抛掷圈。

（3）松动圈。

比抛掷圈范围更远的岩石，在爆破压力作用下，仅发生破裂而不会被抛掷出去，这个范围叫作松动圈。

（4）震动圈。

在松动圈范围以外，爆破压力已无力破坏岩石，仅能使岩石发生震动，这个范围叫作震动圈。

以上各圈只是为说明爆破作用而划分的，并无明显界限，其作用半径的大小与炸药特性和用量、药包结构、爆炸方式以及介质特性等密切相关，在松动圈之内具有破坏作用，故一般把压缩圈、抛掷圈和松动圈统称为破坏圈，其半径称为破坏半径。

当冲击波由岩石介质到空气介质,越过临空面时,将产生反射,形成拉力波,此拉力波形成的拉应力与由药包传来的压力波的压应力之差超过岩石的动抗拉强度时,便从临空面向药包反射,引起弧状裂缝。与此同时,压力波在岩石中传播,其波阵面产生切向拉应力,从而引起径向裂缝。于是,环向和径向裂缝将岩石切割成碎块,加之天然岩体本身存在不规则的节理和裂缝,且与药包距离不等,能量分布不均,使实际爆破后的岩石成为形状各异、大小不等的块体。

2)爆破漏斗

在有限介质中的爆破,当药包的爆破作用具有使部分介质抛向临空面的能量时,往往形成一个倒立圆锥形的爆破坑,形如漏斗,称为爆破漏斗。

爆破漏斗的几何特征参数有:药包中心到临空面(自由面)的最短距离,称为最小抵抗线 W;爆破漏斗上口半径 r。爆破漏斗的几何特征是随岩石的性质、炸药的种类、药包的大小和埋置深度不同而变化的,一般以爆破作用指数 n 表示

$$n = \frac{r}{W} \tag{1.9}$$

爆破作用指数是爆破设计中的重要参数,若 n 值大,则会形成宽浅式漏斗,若 n 值小,则会形成窄深式漏斗,故可用 n 值对爆破进行分类。

当 $n=1$,即 $r=W$ 时,称为标准抛掷爆破;当 $n>1$,即 $r>W$ 时,称为加强抛掷爆破;当 $0.75<n<1$ 时,称为减弱抛掷爆破;当 $0.33<n\leqslant 0.75$ 时,称为松动爆破;当 $n\leqslant 0.33$ 时,称为隐蔽式爆破或压缩爆破。

隐蔽式爆破只在介质内部引起破坏,不产生爆破坑,故又称内部爆破。

2. 钻孔机具与爆破器材

1)钻孔机具

爆破工程的施工过程如下:钻孔—装炸药—封堵—起爆—检查及拒爆处理—出渣。

在各种爆破方法中,除了裸露爆破,其他都要在爆破物体内部设置装放炸药的孔穴(药室),需要通过钻孔来实现。常用的钻孔机具有三种。

(1)冲击式钻机。

钻机安放在可移动的履带轮上,工作时只能钻垂直向下的孔,不能钻斜孔。钻孔时,钻具悬挂在钢索上,借助偏心的传动机构完成向上提升,向下冲击,达到冲碎岩石的目的。

(2)回转式钻机。

回转式钻机既可钻直孔也可钻斜孔,钻进速度快。回转钻机钻孔是利用钻

头的旋转切削作用切割岩石使之成孔。这种钻孔能量损失小,但钻头磨损快。当钻一般硬度的岩石时,可用普通工具钢钻头;当钻中等硬度的岩石时,可用嵌有合金刀片的钻头;当钻坚硬岩石时,则宜用钻石钻头。

(3)潜孔钻。

潜孔钻孔既有冲击又有回转,其结构较以上两种钻孔有进一步改进,钻孔效率很高。钻孔时,借助于冲击力来弥补回转钻孔机推力的不足,先冲击使岩石初步破裂,再回转使岩石加速破碎,加快钻进速度。潜孔钻既可钻垂直孔又可钻斜孔,结构简单,运行可靠,是一种通用、功能良好的深孔作业的钻孔机械。

2)炸药和起爆器材

(1)炸药的基本性能。

炸药是一种受一定的外力作用就能引起高速化学分解反应,产生大量气体和热量,并能将其集中的能量在瞬间释放出来的物质。炸药的能量主要由其中所含碳、氢可燃物和助燃物质(氧)化合而产生。反映炸药特性的主要性能指标有以下几种。

①威力:分别用爆力和猛度表示。前者用定量炸药炸开规定尺寸铅柱体内空腔的容积(mL)来表示,它表征炸药炸胀介质的能力。后者用定量炸药炸塌规定尺寸铅柱体的高度(mm)来表示,它表征炸药粉碎介质的能力。

②敏感度:炸药在外部能量激发下,引起爆炸反应的难易程度。火花、摩擦、撞击和光等外界的能量均能引起炸药爆炸,每种炸药需要的起爆能量是不同的,需要起爆能量大的,其敏感度低,不易起爆;反之,敏感度高。

③殉爆距离:炸药药包爆炸引起相邻药包爆炸的最大距离,以 cm 计。

④安定性:炸药在长期贮存中,具有保持自身性质稳定不变的能力。

⑤氧平衡:它是炸药自身含氧量与氧化反应需氧量的度量指标。

当炸药的含氧量恰好等于炸药完全氧化所需要的氧量时,则生成无毒的 CO_2 和 H_2O,并释放大量热能,称零氧平衡。若含氧量大于需氧量,则生成有毒的 NO_2,并释放热量,称为正氧平衡。若含氧量小于需氧量,只能生成有毒的 CO,释放少量的热量,称为负氧平衡。从充分发挥炸药化学反应的放热能量和有利于安全的角度出发,炸药爆炸时最好处于零氧平衡情况,氧平衡可以通过调整炸药的掺和物的成分和量来实现。

(2)常用的工程炸药。

工程施工中常用的炸药分为起爆炸药和主爆炸药。前者的任务是引起主爆炸药爆炸,后者负担爆破介质的作用。起爆炸药要求敏感度高,常用来起爆其他敏感度较低的炸药。主爆炸药是爆破作业的主要材料,具有敏感度低、爆炸后生成气体多、压力大等特点。

①常用的主爆炸药。

a.硝铵炸药:由硝酸铵加少量的三硝基甲苯(敏感剂)和木粉(可燃剂)混合而成。这种炸药敏感度低,使用安全,色黄,呈粉末状,爆炸后产生的气体毒性小,可用于地下工程爆破。该炸药吸湿性强,易受潮结块,降低爆力和敏感度,因此在运输、贮存中要注意防潮。

b.TNT炸药(三硝基甲苯):是一种烈性炸药,呈黄色粉末或鱼鳞片状,味苦且有毒性,难溶于水,不易受潮,敏感度低,威力大,爆炸后呈负氧平衡,产生有毒的CO气体,适用于爆破坚硬岩石和水下工程,不适用于地下工程爆破。

c.胶质炸药:其主要成分是硝酸甘油,这种炸药是烈性的,呈黄色,可塑,威力大,抗水性强,敏感度高,有毒性(接触皮肤会引起剧烈头痛),它的冻结温度高达13.2 ℃,解冻后更为敏感,安全性差,可加入二硝基乙二醇形成难冻状态,降低敏感度。

②常用的起爆炸药。

a.雷汞:由汞、乙醇和硝酸化合而成,是一种白色小粒晶体,其敏感度是所有炸药中最强的,特别是在干燥情况下更为敏感,可用作起爆药,制作雷管。

b.叠氮化铅$Pb(N_3)_2$:由叠氮化钠和稀醋酸铅或硝酸铅化学反应生成,通常为白色针状晶体,在光线下易变为淡黄色,敏感度较雷汞低,但爆力较雷汞强,常用来制作雷管。

c.二硝基重氮酚(DDNP):是黄色和褐黄色晶体,由氨基苦味酸或其钠盐、铵盐为原料制成,它安定性好,常温下长期存放于水中不会降低爆炸性能,敏感度较低,原料来源广泛,生产工艺简便,安全,成本低,并具有良好的起爆性能,是制造雷管的主要原料。

(3)起爆器材。

具有起爆能力、能引起炸药爆炸的爆破器材称为起爆器材,主要有导火索、雷管、传爆线和导爆管等几种。

①导火索:主要用来传递火焰以起爆雷管,由压缩的黑火药为药芯,外缠纱线并涂沥青防水。正常燃烧速度为1 cm/s。贮存、运输和使用中应防止折断、破裂、松皮、受潮发霉等缺陷,使用前应进行燃速试验,以保安全。

②雷管:根据点火装置的不同可分为火雷管与电雷管。火雷管由外壳、正副起爆药和加强帽三部分组成。上端开口用来插入导火线,导火线点燃后,火焰通

过加强帽小孔使正起爆药雷汞或叠氮化铅爆炸,再引起副起爆药 TNT 或硝铵炸药爆炸。电雷管有即发、延发和毫秒微差三种。延发雷管点火装置与加强帽之间多了一段缓燃剂,根据缓燃剂的性质和多少控制延发时间,国产的延发雷管分 7 段,每段延发间隔 1s,毫秒微差雷管的缓燃剂是特殊的延发剂,一般延发时间为 25～200 ms,国产毫秒微差雷管共有 20 段。

③传爆线:主要用来起爆药包。传爆线芯要用敏感度高、威力大的烈性炸药雷汞、黑索金或泰安卷成,药芯外部绕三层线并涂以红色或红白间色以区别于导火线。传爆线必须用雷管引爆,其爆速为 6800～7200 m/s,在传爆距离不远时可以认为是即发起爆。传爆线用于水下爆破、洞室爆破,不宜用于一般空眼法爆破。

④导爆管:一根外径 3 mm、内径 1.4 mm 的塑料软管。内壁涂有薄层高能混合炸药,传递冲击波,其传爆速度约为 2000 m/s,在起爆网络中多用串并联或并串联连接。它主要用于非电引爆的起爆系统,用火雷管起爆,储存、运输、使用都非常安全。

3)起爆方法

(1)非电起爆。

非电起爆系统主要由起爆元件(击发枪或雷管)、传爆元件(塑料导爆管、火雷管和连接块或胶布)、末端工作元件(塑料导管与退发雷管或即发雷管)三部分组成,起爆方式通常有火花起爆、传爆线起爆和导爆管起爆。

①火花起爆:用火花点燃导火索,由导火索起爆火雷管再引爆药包。导火索的长度由炮工撤至安全区及点炮所需总时间来确定。火花起爆虽然简单,但为了安全,一次点燃数目不宜太多,这样就限制了爆破规模。

②传爆线起爆:传爆线具有极高的爆速和起爆能,可以直接引起药包爆炸,但传爆线本身要用雷管起爆。传爆线起爆不受爆破规模的限制,且网络连接简单,操作比较安全,成本较高。

③导爆管起爆:用击发枪或导火线引燃火雷管或电雷管起爆导爆管,引起导爆管起爆,通过连接块再传爆到各个起爆雷管,促使炸药起爆。导爆管的优点是有良好防水性,火焰不能起爆,受岩石冲击不会起爆,即使在强电场或有杂散电流的地方也不会起爆,价格便宜。

(2)电气起爆。

电气起爆是以电气引火器代替导火索引爆雷管。它适用于远距离操作,同时或分段起爆大规模药包群。可用仪表检测电雷管和起爆网络,保证起爆的安全性和可靠性。为了安全起爆,通过每个电雷管的最小起爆电流,直流电流为1.8 A,交流电流为2.5 A,雷管电阻为1.0~1.5 Ω,成组串联的电雷管电阻差不得大于0.25 Ω,不同种类的即发或延发电雷管不能串联在同一支路上,只能分类串联,各支路间可以相互并联接入主线,但各支路电阻必须保持平衡。常用的电爆网络连接法有如下几种。

①串联法。要求电压大而电流小,导线损耗小,接线和检测容易;但只要有一处脚线或雷管断路,整个网络的雷管都将拒爆。

②并联法。要求电流大而电压低,导线损耗大,但只要主线不断损,雷管间互不影响。

以上两种连接法只适用于小规模爆破。为了准爆和减少电流消耗,施工中常采用混合连接,如串并联、并串联。对于分段起爆的网络,则宜采用并-串-并联网络。

3. 爆破的基本方法

在工程爆破中,常用的爆破方法有裸露爆破法、孔眼爆破法、洞室爆破法等。爆破方法取决于工程规模、开挖强度和施工条件。

1) 裸露爆破法

裸露爆破法多用于水下炸礁和炸除大孤石等碍航物体,方法是把药包裸露放置在爆破对象的表面进行引爆。这种方法准备工作简单迅速,但由于不钻孔和堵塞,爆炸后生成的高压气体很容易逸散,不能充分发挥爆破作用,耗药量是钻孔爆破药量的10~15倍。

为了尽可能有效地使用爆破能量,药包可放置在被爆物体的凹陷部位,药包与被爆物接触的那端最好呈空穴状,使其能量相对集中,以获得较好的爆破效果。

除水下爆破外,药包置于爆破对象表面之后,可用黏土或草皮覆盖,覆盖厚度一般不小于药包的厚度,以减少能量损失。

2) 孔眼爆破法

孔眼爆破法根据钻孔直径的大小及孔眼的深度可分为浅孔爆破和深孔爆破。浅孔爆破孔径小于75 mm,孔深小于5 m;深孔爆破孔径大于75 mm,孔深大于5 m。浅孔爆破适用于各种地形条件和工作面的情况,有利于控制开挖面的形状,钻孔机具简单,操作方便,岩石破碎均匀,缺点是爆破量小,生产效率低,钻孔工作量大。深孔爆破恰好弥补了前者的缺点,但钻孔设备笨重,爆落的岩石不均匀,往往须二次爆破,适用于石料开采、大型基坑的爆破开挖、高阶梯爆破等工程。

3)洞室爆破法

洞室爆破法是一种大规模爆破土石方的方法,需要大的药室装填数吨或数十吨的炸药,为了开挖药室和装填炸药,需要开挖导洞。本法具有工效高、工期短、不受气候条件限制并能在各种硬度的岩石中使用等优点,但岩石破碎不均匀,须进行二次爆破,炸药用量大。

(1)导洞与药室。

根据地形条件,导洞可选择平洞或竖井,当开挖量大体相近时,选择平洞更方便、经济。集中装药的药室以接近立方体为好。药室容积 $V(\mathrm{m}^3)$ 可按式(1.10)计算

$$V = K_v \cdot \frac{Q}{\Delta} \qquad (1.10)$$

式中:V 为药室容积,m^3;Q 为装药量,t;Δ 为炸药密实度,$\mathrm{t/m}^3$;K_v 为装药系数,它与药室支护及装药方式有关,有支护可取 1.5~1.8,无支护取 1.1~1.25,散装取小值,袋装取大值。

(2)装药与堵塞。

装药在爆破前一两天或几个小时完成,装药时注意安全,在药室四周装填一般炸药,然后放猛度高的炸药,最后在中部放置起爆体。炸药装完之后要进行封堵,先用木板封闭药室,再用黏壤土填 3~5 m,最后用石渣料堵塞。

(3)起爆系统。

为保证安全起爆,起爆宜用复式并串联网络。起爆系统各个环节必须做好安全检查和警戒。

1.2 岩石地基处理

1.2.1 岩石风化

岩石地基经常碰到的工程问题之一是岩石被风化,甚至被强烈风化,风化后岩石的石质被泥化,强度大为降低。对于这种地基,必须彻底清除风化岩层,直至出现新鲜岩层为止。对于弱风化的岩层,则应经过试验鉴定合格后,才能允许作为岩石地基使用。

1.2.2 断层和裂隙

岩石地基经常遇到的工程问题之二是断层以及由于地质构造运动造成的裂隙。断层和裂隙均破坏了岩石地基的整体性,形成岩石地基的破碎带,不仅强度低,而且可能形成地基的一个滑裂面,影响建筑物的稳定,如有承压水层,会大量涌水,使施工无法进行。对这种地基应尽量避开,实在避不开的,就必须采取措施予以处理。

1. 补强

通常采取的补强措施是灌浆,用压力将化学浆液(主要是水泥浆)通过钻入岩石断层或裂隙中的灌浆管(管上有喷射孔)压入岩石缝隙中去,以填充或渗透的方式排出缝隙中的水分和空气,并占据其空间,待浆液固化后,破碎的岩石固化成为一体,提高岩石的强度、稳定性和抗渗性。

灌浆作业主要包括钻孔、冲洗、压水试验、灌浆、回填封孔等工作。根据化学浆液的固化反应,灌浆工艺有单管法及二重管法之分。单管法适用于化学浆液是单一药液的情况;二重管法适用于两种化学浆液混合后即发生化学反应的情况。

2. 堵塞泉眼

当有承压水在裂隙中发生泉眼涌水时,要依泉眼所处的位置采用不同的处理方法。当泉眼位于建筑物底部,将来要在泉眼上浇灌混凝土时,先在泉眼处挖一小坑,铺砂石滤层,预埋灌浆管和排水管,然后用泵不断抽水,浇完混凝土后,向灌浆管及排水管内灌水泥浆(必要时,在水泥浆液中加入速凝剂),使之在几秒到几分钟之内固化堵严管道。如果泉眼在其他部位,可只在泉眼上抛一层粗砂、一层小石子,使涌出来的水是清水,并将泉水引流至附近排水沟。

1.3 砂卵(砾)石及砂土地基处理

砂卵(砾)石地基是散粒体地基,这种地基整体性不好,渗透性大,地基承载力取决于地基土的相对密度,相对密度大,承载力大。

1.3.1 固结与防渗

这种地基的处理方法主要是采用固结灌浆,在砂卵石地基上打入头部带有许多孔眼的灌浆管,进行水泥或化学灌浆,灌浆孔为多排布置,且孔深不大,待浆液固化后,形成有一定强度的整体基础。为了解决渗漏问题,常常设置黏土或混凝土的防渗墙,也可在砂卵(砾)石层中进行帷幕灌浆。

1.3.2 防止流砂

在砂土地基上开挖基坑时,要减少渗入基坑的地下水量和降低地下水逸出的渗透压力,以避免在基坑底及边坡发生流砂。一旦发生流砂,可采用打钢板桩和降低地下水位到基坑底以下的措施。

1.3.3 承压水的处理

在有承压含水层以上的覆盖土层开挖基坑时,若上覆土层的自重小于承压水头的上托力时,土层薄弱处产生泉眼,会大量涌水,发生流砂,造成渗透变形,给施工带来困难,解决的办法是降低承压水的上托水头,使之满足下列关系,即

$$H_t = \frac{h_w r_w + h_s r_s}{(1.2 \sim 1.5) r_w} \tag{1.11}$$

式中:H_t 为承压水上托水头,m;h_w、h_s 分别为基坑内水深及承压水层以上的覆盖土层厚度,m;r_w、r_s 分别为水及土的重度,kN/m³。

1.4　港口工程软土地基处理

1.4.1　软土地基的工程问题及解决途径

一般认为,含水量大于液限、孔隙比大于 1.0 的黏性土以及标准贯入击数小于 4 的砂性土地基统称为软土地基。这种地基土颗粒细、渗透性差、压缩性大、强度低,其物理力学指标往往不能满足建筑物对地基的要求,必须对地基进行处理。但是,软土地基的概念是相对的,有时地基的物理力学指标超过了上述数值,仍然满足不了建筑物对地基越来越高的要求,也必须采取软土地基处理的措施,这时的软土地基就突破了上述的软土地基概念。

在软土地基上建筑港口工程的主要问题是地基的强度低、承载力低,建筑物下陷量大,极易失稳。如果不对港口工程的软土地基进行处理或所采取的措施不当,不仅加大工程量,花费过高的工程费用,延长工程建设期限,甚至可能会造成工程失败。为了解决这个问题,我国在长期工程建设的实践中积累了许多经验和教训,也创造和应用了许多新技术和方法。例如,在软土地基上筑堤,浙江沿海传统上采用薄层间隙加载的方法,在深厚的软土地基上用加镇压层(反压层)的办法建成了海堤或路堤。随着我国港口建设的发展,挤密砂桩、深层搅拌、强夯、袋装砂井和塑料板排水预压、爆炸挤淤法等先进的加固软土地基技术陆续被开发引进,逐步地被应用于港口及其他工程的软土地基处理。

在软土地基上建造建筑物,需要解决地基承载力和强度不够的问题,通常从建筑物结构及地基两个方面来解决。

1.4.2　在建筑物结构方面采取的措施

(1)采用轻质材料:在建筑物的墙后或建筑物的上部及建筑物本身采用煤渣、可发性聚苯乙烯(简称EPS)等轻质材料作为填料,以减轻作用在建筑物上的外力。

(2)采用轻型结构:从结构形式和布局上采取措施,减少建筑物的自重以减轻对地基的压力,例如采用空箱式结构、扩大基础等。

(3)采用镇压层(又称反压层):在建筑物的两侧设置镇压层作为压载,以减少建筑物作用于地基上的压力差,提高建筑物的稳定性。

(4)采用深基础结构:避开软土层,通过桩基础或沉井基础将建筑物及上部荷载传到地基深层承载力较高的持力层。

1.4.3　在地基方面采取的措施

主要是对软土地基进行加固处理,或是采用对地基进行补强的措施。在港口工程中采用的措施按其作用的原理可分为铺垫法、排土置换法、排水预压固结法、密实法、固化法。

1. 铺垫法

铺垫法是指在软土地基的表面铺设垫层,使上部荷载均匀地传布到地基上去,起应力扩散的作用,有的垫层还起防止块石陷入淤泥的隔离作用,以及加筋、反滤排水和防冲的作用。

常用的铺垫材料为砂、碎石、灰土、三合土,用树枝柴草捆扎的埽捆、柴排,以及用高分子材料的有纺、无纺土工织物制成的垫层等。

土工织物的出现为软土地基的处理提供了一种很好的手段。它在20世纪70年代末被引进我国,起初是在铁路路基上使用,作为防止路基翻浆冒泥的措施,后来用于水利工程堤坝的反滤。在20世纪80年代初铺于防波堤的垫层,作为加筋,用以提高地基的稳定性。有的直接将土工织物铺于天然软土地基的表面,主要起隔离的作用,防止其上的荷载陷入淤泥之中,形成不均匀地基和加大抛石工程量。在一些河口堤基的防护中,将几层土工织物夹尼龙绳缝起来做成软体排,或中间灌砂制成砂被,以代替柴排,防止水流的冲刷和作为堤基垫层。应根据要求发挥的作用选择土工织物材料性能,包括单位面积重量、单丝形态、经纬丝编织密度、抗拉强度、延伸率、透水性等。

土工织物宜在低潮位露滩时铺设,通常是事先将几幅工厂生产的土工织物拼成10～30 m宽、适当长的大幅土工织物,趁潮水未退尽时用船运到现场,待潮水快退尽时铺设。铺设时要注意土工织物铺设位置准确,要保证两幅土工织物之间的搭接宽度,铺设要平顺和注意张紧程度、锚碇和抛放足够的临时压块;当水深较大不能露滩时,用船在水上铺设,前面的船施放土工织物,后面的船抛投压块,施工时要注意船舶定位及土工织物的施放速度,为保证土工织物铺设位置的正确和锚碇固定,保证土工织物的搭接宽度,因此需要潜水员配合。

2. 排土置换法

1)重力挤淤置换(重力排土置换)

传统上对于厚度较小(如小于4 m)的淤泥质软土层,通常用挖除法将其搬走换以好土或砂垫层。如挖除施工不便,也可直接在淤泥面层抛堆土砂、碎石、块石之类重物,利用重物的重力作用将淤泥排开,由这些重物填补排开淤泥的空间,形成良好的地基。如果淤泥层较厚,不适宜用重力排土置换法。一方面,地基上堆载重物的重力是有限的,当重力不能克服天然地基的抗滑力时,淤泥就挤不动,置换的堤身不能落底,稳定性不够,施工达不到要求。另一方面,淤泥层越厚,需要的重力越大,形成稳定堤身的断面面积越大,工程量和工程造价不是线性增加,重力置换法有可能失去其优越性。

2)爆炸挤淤置换(爆炸填石排淤置换)

爆炸挤淤置换法是在深厚软土层上建造海堤的新施工工艺。它是先在软土层面上堆以足够的石料,在堆石前的淤泥中埋设适量的炸药包,利用炸药爆炸的强大爆力排除淤泥,形成一定的空间,此时,水中的石料在冲击波的作用下因液化而流动,堆存石料的临时稳定状态因被破坏而坍塌,填补了淤泥排走的大部分空间,少部分空间被回流或回落的淤泥占领,最终形成的淤泥面下面有呈"石舌"形状的断面,每爆炸一次,向前推进一个石舌的长度。这种施工工艺大大地发展了排土置换法,不仅突破了传统排土置换法加固处理的深度(连云港海堤工程排土置换的深度达到12 m),而且与爆夯法配合,形成了密实、稳定的全断面堤身结构。在就近有大量石料供应和保证邻近建筑物安全的前提下,爆炸挤淤置换法有可能是一个工程造价最低、施工速度最快的软土地基加固方法。

根据淤泥层厚度可采用一次爆填处理或多次爆填处理,爆填处理都要配以爆夯处理。对于断面较宽的堤,先用爆炸挤淤法沿轴线形成有一定落底宽度的稳定堤心,当堤心推进到一定长度后,再沿中心堤的两侧用爆炸挤淤法和爆夯法扩展堤身,形成有一定落底、断面密实稳定的堤身结构。

爆填法的设计和施工需要确定的参数有抛石体高度与淤泥层厚度之比、布药宽度、石舌宽度、炸药包埋深、爆炸水深与线布药量。这些参数需要通过现场试爆确定。

3. 排水预压固结法

软土地基含水量大,强度低,受荷后变形大,一种有效的方法就是在地基表面铺一层排水层,上面加压载,在附加的压载作用下,使地基土孔隙中的水压力升高,土中水顺着孔隙经排水层排走,在附加压力作用下土颗粒挤紧密,空隙减小,实现软土地基的固结,地基的强度得到提高。如果在施工的过程中就完成大部分地基土的固结,建筑物建成投入使用后所残余的沉降量不大,不会危及建筑物的安全和使用。这种处理方法不需要将软土置换,减少了工程的挖填方量,节省了工程投资。

1)提高排水预压固结法效果的措施

地基完成固结需要一定的时间。据研究,固结所需要的时间与排水距离的平方成正比,如果软土层比较厚或埋藏比较深(大于4 m),单纯在地基表面施加附加荷载,需要固结的时间就比较长。另一方面,附加荷载的作用将随深度的增加而急剧减小,固结的效果不好,必须打设竖向排水通道,减小排水距离,缩短地基固结的时间。

竖向排水通道的种类有砂井(直径20～40 cm)、袋装砂井(直径多为7 cm,

少数工程为 12 cm)、塑料排水板(断面尺寸为 100 mm×(3~6)mm,可换算成 7 cm 直径的砂井设计)三种。

由于用塑料排水板作为竖向排水通道具有施工中用砂量少,不会发生断井、缩井等质量事故,重量轻,可用轻型机械在超软地基上施工,施工简便、速度快,工程造价低等优点,现在已几乎代替砂井、袋装砂井,成为排水预压固结法加固软土地基工程中首选的竖向排水通道方案。

2)排水预压固结法的施工

排水预压法固结的施工过程如下:铺排水砂垫层—竖向排水通道施工—加载预压—卸载。

竖向排水通道施工及加载预压是排水预压固结法加固软土地基技术两个必不可少的组成部分。而竖向排水通道施工包括选择竖向排水通道材料和打设竖向排水通道两项工作。

(1)选择竖向排水通道材料。

对排水通道的要求是通水性能好,通水阻力小,土中的水能很容易进入通道,也能顺畅地沿通道排出地基表面。

排水砂井和袋装砂井所灌的砂料必须是含泥量小于 5% 的中粗砂,袋装砂井所用的袋子可用聚丙烯或麻的编织布制作,其透水性及强度应满足施工和排水的需要。

国内生产的塑料排水板由带 38 个沟槽的塑料芯板和无纺布滤膜套组成,在工厂生产,一般 200 m 一卷。塑料排水板材料的主要性能如下:滤套有足够的透水能力和防细颗粒泥砂淤堵的能力;排水板有足够的过水断面和较小的通水阻力,保证在侧压力作用下和因地基沉降变形而弯折时仍然具有必要的通水能力;滤套和排水板具有抵抗施工外力作用的强度等。这些性能直接影响到地基加固处理的效果,必须认真选择和检验,相关要求参考《塑料防护排水板》(JC/T 2112—2012)。

(2)打设竖向排水通道。

无论是袋装砂井还是塑料排水板,都需要用专门的打设机械将之埋入地下至设计深度。对打设机械的要求是重量小,便于移动,打设时对土壤的扰动小。打设机械主要的工作装置包括机架、导管、导管的驱动装置,除了导管不同,袋装砂井和塑料排水板的打设机械可以通用。

打设袋装砂井时,导管的断面用圆形,打设塑料排水板时最好用菱形或用带加劲的矩形。

导管的驱动方式有静压式、振动式,不能用锤击式,静压式对土壤的扰动小;振动式能克服较大阻力,穿透较硬土层。

打设排水通道时,为了保证打设的深度满足设计要求,打设机上应安装打设深度检测仪,以便机械操作人员及时发现问题、及时补救。这一点对于打设塑料排水板特别重要。因为在打设塑料排水板上拔导管时,已插到设计深度的塑料排水板常常被带上来,这称为"回带",回带过大,则塑料排水板打设深度不够,将严重影响地基的加固效果。

(3)加载预压。

加载预压的过程即地基排水固结的过程,也就是地基强度增长的过程。预压的方法有堆载预压和真空预压。

堆载预压所用的压载材料,对于海堤、路堤可用堤本身作压载材料,对于围海工程的造陆和码头堆场场地等则用砂土石料或矿渣等作为临时压载物,预压完后拆走。堆载须根据地基强度的增长分级进行,要控制加载速度。

当采用真空预压时,不需要分级,可一次加足预压荷载。打设完排水通道后,在砂垫层中铺设抽真空管道,再在其上铺设塑料密封薄膜,密封薄膜四周应埋在密封沟内。根据工程实践经验,真空预压所能达到的真空压力(真空膜内外的压力差)最大可达 0.09 MPa,一般为 0.080~0.085 MPa。

要保证足够的预压时间,以待排水固结地基强度的增长符合设计要求,达到预期的效果。

3)排水预压固结法施工中应注意的主要问题

(1)排水砂垫层应选用含泥量小的中粗砂,垫层的厚度应满足设计要求,陆上不小于 0.5 m,水下不小于 1.0 m。

(2)应按规范的规定严格控制所用塑料排水板的质量,保证执行现场抽检验收制度。

(3)打设塑料排水板时必须使用套管,套管的驱动方式可以用振动式,也可以用静压式,但在边坡上插板时,为保持边坡的稳定,只能采用静压的方式;插板时除了保证平面位置准确,最主要的是保证排水通道的插设深度,控制排水板的回带量小于规范规定。

(4)当采用堆载预压加载时,要分级加载,控制加载速度,防止地基失稳;当采用真空预压加载时,保持抽真空设备、管路以及预压区的密封,使真空度长期稳定在 80 kPa 以上,是保证预压加固效果的关键,如地基中有与外界相通的透水夹层,必须采取阻断措施。

（5）为保证达到预期的加固效果和防止施工过程中发生地基失稳，必须加强施工监测，对于大中型或地基条件复杂的工程最好设典型实验区先期施工，为大面积施工和修改设计提供必要的参数。

排水预压固结法常用于加固处理软黏性土和疏浚、吹填形成的软土地基，适用于处理码头堆场、广场、机场跑道、公路铁路路基、建筑物基础等大面积场地地基加固及基坑开挖时的边坡保护，也常用于消散打桩引起的孔隙水压力，以减轻打桩对周围建筑物的影响和加快打桩进度。

4. 密实法

密实法的原理是用外加的能量将碎石、矿渣等骨料贯入软土地基，以改变其整体密实度，提高地基的承载力和抗剪强度，或形成一个个密实的桩柱，与桩柱间土组成复合地基共同承担上部荷载，亦可达到提高地基强度和承载力的目的。在港口及围海工程中用密实法加固软土地基的方法有振冲碎石桩法和强夯法。

1）振冲碎石桩法

振冲碎石桩法就是开动底部中心有喷水口，能产生水平和垂直振动的振冲器，边喷射水边进行垂直振动冲击破坏土壤的阻力，使振冲器下沉至设计深度，在地基内完成造孔工作，然后自下而上分段制桩，边往桩孔中灌碎石，边喷水边开动振冲器使其产生水平振动，并上下抽动振冲器，使孔中碎石液化后，颗粒重新排列被挤紧密，形成密实的桩柱体。对砂性土，改变了地基土的相对密度，其相对密度可达到75％以上，起振冲置换的作用；对黏性土，桩柱体与其间的土组成复合地基，共同承担上部荷载。

这种加固地基的方法一般用来加固地基有一定强度（根据规范，地基土的不排水抗剪强度不小于20 MPa）的黏性土和砂性土，适用于房屋、涵闸之类建筑物以及承载力要求较高的堆场或场地。

振冲碎石桩的主要施工过程：振冲器就位—水冲造孔—底段填料—底段振密—上一段填料—上一段振密—顶部松散桩体的处理。

振冲法设计和施工的参数包括桩孔布置与加固范围、桩距、加固深度、振冲器出水口水压和水量、灌砂量、密实电流、置换率等。

振冲碎石桩施工中注意的主要问题：防止塌孔，保证填料数量，保证填料的密实度，顶部松散桩体的处理，注意泥水的环境处理。

2)强夯法(有时被称为动力压密法)

这种加固地基的方法设备简单,施工方便,它是先在预加固地基表面铺一层碎石之类的粗骨料,用履带式起重机吊起重锤(10~25 t)至规定高度(10~25 m),让锤自由下落冲击地面,在强大的冲击能作用下,锤下粗骨料垫层被冲切挤入土层,同时正下方的土被击实,不仅地基的密实度增加,强度和承载力得到提高,而且在施工期即可消除绝大部分沉降,使工程完工后的残余沉降很小。另一方面,锤对土的冲击产生振动,这种振动以压缩波、剪切波、瑞利波的形式在地基内传播,对周围建筑物产生影响。

这种地基加固方法适于加固砂性土地基,特别适于处理建筑垃圾等杂填土地基,对黏性土地基需要采取打设竖向排水通道、间隔跳夯等措施后才能使用。

强夯法在设计施工时需要确定以下技术参数。

(1)有效加固深度:是反映地基加固处理效果的重要参数,它与土质、夯锤重量 Q、落锤高度 H 有关。

(2)单位夯击能量:指单位面积上所施加的总夯击能,其大小与地基土的性质有关,也要通过试夯确定。单位夯击能过大,不仅浪费能源,对饱和黏性土来说,强度反而会降低。根据我国工程实践,《建筑地基处理技术规范》(JGJ 79—2012)规定,在一般情况下,对于粗颗粒土单位夯击能可取 1000~3000 kN·m/m²,细颗粒土为 1500~4000 kN·m/m²。

(3)夯点的夯击次数与夯击遍数:与土的性质和锤的性状有关,受夯坑周围土隆起量和夯沉量控制,可由现场试夯得到的锤击数和夯沉量关系曲线确定,要求最后两击的平均夯沉量不大于 50 mm。

(4)两遍夯击之间的时间间隔:前一遍夯击之后,要有一定时间任土壤中的超孔隙水压力消散,然后再进行后一遍的夯击,间隔时间取决于地基土的渗透性。

(5)夯点的布置和间距:应根据建筑物的类型采用三角形或正方形布置,夯击处理的范围应大于建筑物基础范围,每边超出基础外缘的宽度应大于 3 m,以设计处理深度的 1/2~2/3 为宜,夯点的间距前几遍大一些,后几遍可小一些。

(6)锤重和锤形:由锤底面静压力和土的性质来确定,我国常用的夯锤为 10~25 t 的,最大的为 40 t;夯锤的形状有圆形及方形,方形制作简单,圆形使用效果好。

(7)起重机及专用设备选择:要用带有自动脱钩装置、有足够起重能力和起重高度的履带式起重机;为排除夯坑积水,须配备人工降低地下水位和排水的设备;为控制施工和检验加固处理地基的效果,必须配备检测仪器和设备。

强夯法施工中应注意的问题:在开工之前必须进行试夯,以取得必要的施工参数指导施工;施工时必须加强对施工状况的监测,以控制施工进度和保证质量;强夯时产生的振动对周围建筑物的影响不能忽视,必须使强夯区和建筑物的安全距离大于 30 m,必要时设隔振沟和采用加速排除孔隙水压力的措施。

5. 固化法

这种方法的原理是往软土中加入适量的固化剂,用机械使之与土在原位搅拌混合,固化后即形成密实坚固的固化体,从而提高地基的承载力和强度,减少地基的沉降量。常用的固化剂为水泥和石灰,水泥用得最多。

用这种方法加固距地面 5 m 以内的土层时,称为浅层固化处理法,加固距地面大于 5 m 的土层时,称为深层固化处理法。根据结构的需要,深层固化处理法可以将地基土处理成块体状、壁状、桩柱状和混合状。

深层固化处理法有许多种,如水泥(石灰)深层拌和法、旋喷法以及粉喷法等,这些方法在陆上工程中已广泛应用,有的还取得了较好的技术经济效果。水上进行深层固化处理的技术已成功地应用于天津塘沽新港东突堤南侧码头及烟台港二期码头工程中。

1)水泥深层拌和法

水泥深层拌和法用水泥深层搅拌机来完成,它主要由带叶片中空的旋转搅拌系统、水泥砂浆固化剂混合液制备系统、混合液压力输送系统、动力和起吊行走系统所组成。

水泥深层拌和法施工要求保证水泥等固化剂和被处理土得到最均匀的拌和,保证施工过程中水泥等固化剂掺入比例不变,使固化土的强度达到设计要求,为此必须严格控制搅拌机搅拌叶片的提升速度及进行重复搅拌。

固化土的强度与加固时所用的水泥标号、水泥用量、被加固土的含水量及养护龄期等因素有关,通常以 60 d、90 d、100 d 龄期的无侧限抗压强度作为标准。

对于施工使用固化剂浆液配比必须通过室内试验确定,对于搅拌后的加固土体,应在 7 d 内用触探器钻取加固土样,观察搅拌均匀程度,必要时进行单桩荷载试验,检验其承载力。

2)旋喷法

这种方法的原理是用高压脉冲泵使水泥浆通过特殊的喷嘴高速喷出,强制使土和水泥浆混合,喷嘴边旋转边提升,在地基中形成一根圆柱体。圆柱体的直径一般为 0.5 m 左右,极限抗压强度可达 8 MPa。

3)粉喷法

粉喷法是深层拌和法的一种,不过它是用干的水泥粉作为固化剂,而不像一般的深层拌和法用水泥浆液作为固化剂。

第 2 章　地下连续墙施工

2.1　基本知识

地下连续墙简称地连墙,亦称地中墙、地下墙,特指从地面建造的地下墙。它在建筑业中应用很广泛,尤其是在基础工程和地下工程中用于挡土、防渗、承重和抗震。地下连续墙的施工技术自从 20 世纪 50 年代问世以来,已经取得了长足的发展,施工机械日新月异,有的已引入电脑检测与控制等高科技手段,大大提高了施工质量和工效。

20 世纪 70 年代后,我国交通、水运工程行业应用地下连续墙技术推广得很快。典型工程有上海港务局船厂升船机港池地连墙岸壁,河北唐山京唐港挖入式港池地连墙深水码头,江苏江阴二线船闸地连墙闸墙,天津港郑家台驳船码头预制地连墙岸壁,湛江港磷矿码头翻车机房地连墙,秦皇岛煤港三、四期工程翻车机房地连墙等,港区辅助建筑物和基础、各种桥梁、隧道的挡土结构应用地连墙更多。

地下连续墙之所以获得广泛的应用和推广,主要是因为它具有如下优点。

(1)施工时无噪声、无振动、无须支立模板,对相邻工程、建筑物、地下设施和地面交通影响比较小。

(2)可以适应多种地质条件和现场条件,工程造价低、工期较短、施工安全、质量可靠、技术经济效果比较显著。

(3)对于挖入式港池的码头工程和某些船闸、船坞工程及建筑物的基坑,可以免去大开挖放坡和减少回填的工程量,大大节省了人力、物力。

(4)具有多种功能和用途。它既能用作临时性支护工程,也可作为永久性结构物;既可挡土承重,又可截水防渗;既可作为码头、岸壁、闸墙、坞墙等外露结构,又可作为锚碇墙、承重墙、防渗墙等全埋入式结构。

地下连续墙也有其不足之处,主要包括如下各项。

(1)如果施工现场管理不善,会使泥浆漫流、污染水源、场地泥泞,造成某种程度的污染。

(2)现浇地下连续墙的墙面通常较粗糙,若施工不当,还可能产生超挖、槽壁坍塌或相邻墙段不能对齐等问题,而且一般来说,越难开挖的地基,其精度也越低,墙的垂直度、墙面平整度均较差。

但是在下面两种情况下,一般不宜采用地下连续墙结构,或者是有条件、有限制地采用地下连续墙结构。

(1)对于岩溶地区、含承压水头很高的砂砾层、超软土层等,如不借助其他辅助措施,目前尚难以采用。

(2)如用作施工期临时性挡土结构,不能像钢板桩那样重复使用,将会增加施工费用。构筑地下连续墙墙身材料用得最多的是混凝土和钢筋混凝土,还有用黏土、石灰等材料筑成的防渗墙,本书只介绍混凝土与钢筋混凝土地下连续墙的施工。

地下连续墙的施工方法有密排桩成墙和开槽成墙两大类。密排桩成墙是在造墙处成排地、相互衔接地建造就地浇筑桩,进而连接成地下墙。开槽成墙是在造墙处先开挖一个或几个槽段,再进行墙身施工,互连成墙。

开槽成墙式地下连续墙的施工顺序如下:开挖导沟、筑导墙→挖槽→墙身施工→锚碇结构施工→帽梁或环梁施工。

2.2　地下连续墙沟槽开挖

2.2.1　单元槽段的划分

建造地下连续墙,首先要在地面造墙位置,沿墙两侧设置导墙,再利用特制的挖槽设备,在膨润土泥浆护壁的条件下,沿导墙开挖窄而长或带肋的深槽,在深槽内建造钢筋混凝土墙身(预制或现浇)。为了沟槽的稳定,不可能全部开挖完成后再浇筑混凝土成墙,必须把地下墙划分为许多单元槽段,逐段开挖、逐段浇筑混凝土或安放预制墙板。

单元槽段的划分对地连墙的整体性、强度、施工质量、施工速度等都有影响,故应考虑下列问题:①地连墙的用途和结构形状,不能在结构突变或应力集中的部位分缝;②地连墙的厚度与深度(或单位长度的工程量);③工程所在地的地质和地下水位条件;④相邻建筑物的影响;⑤施工设备的性能和能力;⑥钢筋笼的重量和大小;⑦贮浆池的容量;⑧施工用地的面积;⑨混凝土拌和料的供应能力;

⑩连续作业时间等。总之,划分单元槽段既要满足地连墙功能和强度的要求,又要与施工条件相适应,保证施工质量和效率,并尽量使槽段的类型少。一般单元槽段的长度宜采用4~8 m,特殊情况下可超过10 m,专作防渗用的地下墙也有38 m长的槽段。

例如江阴二线船闸地下连续墙单元槽段划分的情况,在槽段中既有"="形的,又有"T"形的,还有"Ⅰ"形的。为了避免在应力集中处划分槽段,"T"形和"Ⅰ"形槽段不得分解为"="形和"Ⅱ"形槽段的组合。

2.2.2　导墙施工

导墙是在槽段开挖前沿地下墙体两侧设置的重要的施工临时设施。导墙的主要作用:①准确地标示出地下墙的设计位置,并作为施工测量的基准;②为挖槽机械、灌注混凝土的机架和导管及吊放钢筋笼等工作导向和定位;③容蓄泥浆;④防止槽壁顶部坍塌;⑤为预制墙板提供固定和悬挂的条件。导墙多采用现浇或预制的混凝土和钢筋混凝土建造,有时也可用钢材、木材、砖砌或其他材料建造。

导墙常用的结构形式为直墙式。为了防止泥浆渗入墙后,可选用"L"形导墙,以加长泥浆的渗径。有时为了增加导墙的纵向刚度,也可选用"Γ"形导墙。现浇导墙拆模后应及时加临时支撑,墙后填土的质量也应十分注意,以免泥浆渗入墙后引起导墙坍塌。

导墙的厚度、间距、垂直度及水平位置对地下连续墙的建造精度有很大影响,必须充分注意,其结构形式与尺度应根据现场的地质条件、施工荷载及所选用的挖槽方式而定。导墙高度一般为1~2 m,顶面应高出地面50~100 mm,并应保证槽内泥浆液面高出地下水位0.5 m以上,顶面宽度不宜小于20 cm。导墙应坐落在较密实的土层上,并保证不漏浆。导墙应沿长度方向设置变形缝,其间距在20~40 m,两导墙变形缝应互相错开。两侧导墙墙面净距是根据地下墙设计厚度加施工余量确定的,施工余量一般采用40~60 mm。

2.2.3　泥浆的作用、要求与处理

泥浆(稳定液)对于地下连续墙的施工质量和工程造价影响较大,泥浆的制备与再生处理在地连墙施工中占很重要的地位。泥浆可以膨润土或黏土为主要成分进行配制。当采用黏土时,宜选用黏土颗粒含量大于50%、塑性指数大于

20 的黏性土。

1. 泥浆的作用

(1)护壁。泥浆护壁体现在以下两点:一是泥浆在槽内产生的液体压力作用于槽壁,相当于一种液体支撑;二是泥浆具有一定的黏度,使槽壁上的土颗粒胶结成土饼。性能良好的泥浆,土饼薄而韧密,具有较高的黏结力,对保护槽壁作用较为明显。根据国内外实践经验,当槽内泥浆液面高出地下水位 0.6~0.8 m 时,即能防止槽壁坍塌。

(2)携渣。泥浆具有较好的黏性,故能在挖槽过程中将土渣悬浮起来,用泥泵不断地抽取携渣泥浆,同时灌入新鲜泥浆。携渣泥浆经过过筛、分离、沉淀、调整等再生处理,又可作为新鲜泥浆重复使用,由此达到了置换排渣的目的。这一过程和设备称为泥浆循环系统。

(3)润滑与冷却。泥浆对挖槽机具(尤其是钻挖机具)具有冷却和润滑的作用,可减轻机具的损耗,提高挖槽机具的效率,延长机具的使用时间。

2. 对泥浆的要求

泥浆在使用前,应取样进行各种性能试验。在一般软土中成槽所使用的泥浆性能指标可参照规定选用。在容易渗漏的土中成槽,应适当提高泥浆的黏度,并增加泥浆的储备量。

3. 配制泥浆的材料

目前所用的泥浆主要是由水、膨润土或黏土以及为调整泥浆性能而加入的某些掺合剂配制而成。膨润土是一种颗粒极细小的土,它遇水作用时具有极大的可塑性、黏性和膨胀性(在水中膨胀后,重量可增加到原来干重的 600%~700%)。

泥浆的浓度要根据其质量、现场条件和挖槽方法确定,一般在 3%~12%。浓度过大不经济,过小则固壁作用小。另外,泥浆的浓度与其性能有一定的关系。泥浆浓度低,黏度小,失水量大,固壁作用小,挖槽效率高;反之,泥浆浓度高,黏度大,失水量小,固壁作用大,挖槽效率低。

泥浆中的掺合剂有加重剂、增黏剂、分散剂和堵漏剂四种。

(1)加重剂:是为了稳定松软土层的槽段、克服地下水或承压水压力、增大泥浆的相对密度而掺入泥浆的物质,主要有重晶石、珍珠岩、方铅矿粉末和铁砂等。

(2)增黏剂:是为了增大泥浆的黏度,增大泥浆膜的静力屈服值,防止沉淀,维持槽壁的稳定性而掺入泥浆的高分子化合物,被称为CMC。但加入CMC后,会减小钢筋与混凝土的握裹力。

(3)分散剂:水泥和地下水中的钙、镁、钠离子混入泥浆,会使泥浆的相对密度增大,pH值增加,凝胶化倾向增大,黏性增加,形成泥膜的能力降低以及膨润土颗粒凝聚,其结果会影响挖槽精度,甚至导致槽壁坍塌,为此可在泥浆中掺入分散剂处理。分散剂的作用是中和阳离子和有害离子产生的惰性,或直接置换有害离子。分散剂的种类主要有复合磷酸盐类、碱类、木质素磺酸盐类和腐植酸系列等。

(4)堵漏剂:是在遇到透水性较大的砂层或砂砾层时,防止出现泥浆漏失而加入的掺合剂。在泥浆黏度不够,形成的泥浆膜能力较弱、稳定性较低的情况下可以掺入堵漏剂。常用的堵漏剂有锯末、稻草末、水泥、块状黏土、石末、珍珠岩末、有机纤维素等。

4. 泥浆的循环与处理

泥浆在使用过程中,土渣的混入,混凝土中水泥的混入,地下水及雨水的稀释,土中及地下水中化学物质的作用等,使泥浆性能恶化,故需进行再生处理,恶化程度大的泥浆应予舍弃,经再生处理的泥浆又可继续使用,形成泥浆循环。

泥浆有化学和物理两种处理方法。化学处理方法就是通过添加掺合剂以调整和改善泥浆性能,使之满足使用要求。物理处理方法主要是把土渣从泥浆中分离出来,有重力沉降处理和机械处理两种方法,一般组合使用可提高处理效率。

重力沉降处理是利用泥浆与土渣的相对密度不同,使土渣在沉淀池中沉淀的方法分离土渣。沉淀池的容积愈大,静置时间愈长,则沉淀分离的效果愈显著。一般一个单元槽段要设置一个容积为挖土量2倍以上的沉淀池。沉淀池可设在地上或地下,可结合现场条件具体安排。

机械处理方法通常是使用振动筛和旋流器对含土渣的泥浆进行处理。振动筛是通过强力振动和过筛将土渣与泥浆分离的设备,主要用于分离较大的土渣。经过振动筛处理的泥浆尚须经过旋流器处理。旋流器使泥浆产生旋流,使砂砾在离心力的作用下集聚在旋流器内壁,在自重作用下沉落排出。

2.2.4 沟槽施工

沟槽的开挖一般采用具有导向架的挖槽机。开挖机构沿导向架上下移动进行开挖工作,同时导向架和机身可沿导墙作前后移动或弧形路线行走,直至将沟槽开挖到规定尺度。在开挖过程中,不断地用配制好的符合性能要求的泥浆灌入沟槽内,开挖出的泥土和碎石渣在槽内混入泥浆中,通过排泥设备排到沉淀池或分离机内,除去土石渣后的泥浆要经过检测,如果泥浆性能仍符合要求,即可送回沟槽内继续使用;如果泥浆性能变得太差,则应废弃;如果泥浆性能有所变化,则需要加入相应的掺合剂予以化学处理和调整后,再送回沟槽内继续使用。被分离出的土渣和废弃的泥浆要从工地及时运走。

泥浆的使用有正循环、反循环和不循环三种方式。正循环是泥浆通过管道(或钻杆)注入槽下部,与土渣混合后的泥浆上升至槽顶溢出,再收集送至处理泥浆的地方;反循环是将泥浆从沟槽上部注入,携带土渣的泥浆从沟槽下部被吸入管道(或钻杆)排出,送至泥浆处理处;不循环是指在使用挖斗式挖槽机开挖沟槽时,由挖斗直接将挖出的泥土渣带出沟槽外运走,不需要通过泥浆循环排渣,此时泥浆只起护壁的作用,但槽底清渣时仍需泥浆循环。相对来说,利用泥浆反循环排渣时,挖槽的生产率要比正循环排渣高,但反循环要求管道密封好,泥浆在管道内流速较高,才能使土渣在管内顺利上升。

沟槽开挖机械目前国内外已研制出几十种,按其工作原理大致可分为钻头式挖槽机和挖斗式挖槽机两大类。

1. 钻头式挖槽机及其施工

这类机械是利用各种钻头对地层进行破碎,借助泥浆循环将土石渣排出槽外。其钻头形式有冲击式、回转式和冲击回转式几种,这些机械大多与就地灌注桩的成孔设备通用。

1)冲击式钻机

冲击式钻机的工作原理是利用重力作用,通过冲击钻头把土壤冲碎,土渣通过泥浆循环排出槽段。冲击钻在一个位置击钻形成一个桩穴,桩穴连续开挖即成沟槽。对挖槽式地下墙,一般一个槽段需数个桩穴才能完成。此法开挖沟槽的适应面较宽,能够开挖坚硬土层甚至岩石层,但生产率不太高。秦皇岛煤港四期工程中的翻车机房地下连续墙厚1.3 m,深31.0 m,单元槽段长5.0 m,地层为冲积砂卵石和砂砾石,经现场实验后,决定采用冲击钻加泥浆反循环的施工方法成槽,成槽工艺是先后用700 mm、1000 mm和1300 mm的冲击钻进行钻孔、扩孔和切削,取得了较好的效果。

属于冲击式钻机这一家族的设备有:我国的20型和22型冲击钻、德国的

Benoto 型钻机、意大利的 ICOS-VEDER 型钻机、日本的 CIS 系列钻机、俄罗斯的 TM 系列钻机等。

2)回转式钻机

回转式钻机是利用钻头或铰刀头的旋转来切削和破碎土石,土渣通过泥浆循环排出槽外。钻头的动力机可位于地面以上,也可位于地面以下。动力机位于地面以下的称为潜水电钻,是常用的回转式钻机。

回转式钻机的钻头有单头和多头之分。单头钻机与钻孔灌注桩的成孔设备相同,可用于密排桩成墙和钻挖法开槽等,适用面较广,在较弱土层挖槽效率比冲击钻成槽法要高。单头钻机有我国新河钻机厂制造的 QSZ 系列的各型潜水电钻、法国生产的 IFP 型潜水电钻等。多头钻机由多个钻头并联组合而成,一次即可形成一个长形的掘削槽段,效率远比其他挖槽机高,且超挖量小,开挖质量较高。多头钻又能使钻头的扭矩互相抵消,可采用钢索来代替钻杆,其开挖垂直度是依靠钻头组的重力来保证的,并以控制钢索张力的方法来控制钻进量,特别适用于在一般土层进行挖槽作业。

回转式钻机挖槽有分层平挖和分层直挖两种挖槽方法。

分层平挖法是先在要开挖的单元槽段的两端各钻一个圆孔,将两孔之间的土体用钻头沿水平方向往返进行破碎,通过泥浆循环把土渣排出槽外。采用这种方法挖槽时,要求钻机可以很方便地作规则移动。

分层直挖法是先划分若干厚层(一般以一节钻杆长度为一层),用钻头竖直往返破碎地层,有时用大型组合多头钻可一次开挖一个单元槽段的长度,一层直挖到底,效率很高。此法的优点是挖槽速度快,缺点是从一定深度开始钻孔可能偏向已挖空的一侧,一般只适用于深度不大的松软土层。

2.挖斗式挖槽机及其施工

挖斗式挖槽机是利用挖斗的重力和机械力切削土壤,并用斗铲将土渣带出槽外,其工作原理与挖土机相同。此时,泥浆在沟槽中只起护壁和清理底部沉渣的作用,从而减少了泥浆处理量。这类挖槽机按其工作机构不同可分为抓斗式挖槽机、铲斗式挖槽机和回转式挖斗挖槽机。

1)抓斗式挖槽机

这种机械按抓斗启闭方式不同可分为钢索导板(杆)抓斗和液压抓斗;按其挖土方式不同又可分为中心提拉式抓斗和斗体推压式抓斗。

钢索导板(杆)中心提拉式抓斗与土方机械中的抓斗式挖土机基本相同。它的缺点是很容易磨损,主要是钢索和滑轮轴需要经常维修,尤其是在含有大量砂砾的地层中施工更是如此。

液压斗体推压式抓斗可消除钢索导板(杆)中心提拉式抓斗的缺陷,且可提高开槽精度。它可安装在一般起重机或塔架上,设备简单,操作方便,行动灵活,除可用于松软土层外,尚可开挖砂砾层和清除地下障碍物,通用性高,成本低,是当前地下连续墙施工中广泛使用的挖槽机械。其缺点是在较硬土层和较深的槽中开挖效率显著降低,垂直精度也有一定影响,因而多用于地层较软、深度不大的挖槽施工。

抓斗式挖槽机可用"分条抓""分块抓"的施工方法。为了保证抓斗挖槽时不致发生倾斜,条块应间隔开挖。有时,为了提高工效、保证挖槽质量,也可用钻机与抓斗挖槽机配合施工。先用潜水电钻钻出抓槽两端的导向孔,再用挖槽机进行开挖作业,即所谓的"两钻一抓"或"三钻二抓"法。

2)铲斗式挖槽机

这种机械是将挖槽的铲斗装在一个滑架上,滑架顺着导向立柱将铲斗送至工作面进行挖掘,并将装满土渣的铲斗沿着导向立柱提出地面,打开斗体使土渣倾入小车运往弃土场。这种机械的优点是不需要使用接头管,能够保持较高的垂直精度,可减少超挖。缺点是生产率较低,设备搬运较困难。

3)回转式挖斗挖槽机

这种机械是将圆筒形挖斗安装在钻杆上,挖斗底部呈锥形,带齿。钻杆将挖斗送入土中,转动钻杆使挖斗随之转动,底部斗齿吃土,土渣进入斗内,挖斗盛满土渣由钻杆提出孔外,打开斗底出渣。再次送入土中继续钻进,直至达到预定深度。

3. 清渣工作

槽段挖好后,会有少量土渣沉于槽底,如不清除,会影响混凝土的强度和地连墙的防渗性,影响钢筋笼就位,加大沉降量,降低承载力,故清渣工作十分重要。沉渣清除基本上有两种方法:换浆清渣和清底清渣。

换浆清渣仍是利用泥浆循环进行置换排渣,通常是在槽段挖完后,继续进行泥浆循环,直至沉渣清除。

清底清渣是用吸力泵、压缩空气或潜水泵将沉淀在槽底的土渣连同泥浆一起抽出槽外。清渣工作可在吊放钢筋笼之前或之后进行,浇灌混凝土前,一定要完成清渣工作。为了防止单元墙段接头处夹有沉渣,可在浇筑混凝土之前,用钢刷或高压水清除黏附在相邻混凝土墙段接头处的淤积物。

2.3 现浇钢筋混凝土地下连续墙墙体施工

2.3.1 接头管安放

在槽段开挖和清渣后,需在槽段端部吊放接头管(又叫锁口管),其目的是在端部使新老混凝土呈锁口状态啮合,在施工时避免水泥浆渗入下一槽段的土壤,影响下一槽段的开挖,同时也为挖槽机具嵌入土中挖土提供了有利的空间。

接头管大多为圆形,此外还有缺口圆形、带翼的、带凸榫的等。接头管的外径应不小于设计墙厚的93%。

接头管在吊放和接长时,要对准导孔的中心,垂直插到槽底。

在槽段混凝土初凝前(一般在2~4h),将接头管稍微转动和提拔几次,以后每隔一段时间少量提动一次(0.1 m左右),到一定时间再慢速拔出整个接头管。要注意掌握拔管时间,过早会导致混凝土坍塌和拉裂,过迟将因混凝土黏着力较大而难以拔出。

2.3.2 钢筋笼施工

一个槽段的钢筋需在入槽前组装成钢筋笼整体吊装。如果由于起重机高度和能力的限制,无法整体吊装,可分为两段或三段接长。

为使钢筋笼在吊放时不发生弯曲或歪斜,要设置架立钢筋或型钢组成的架立构架,也可加焊钢筋桁架或在主筋平面内加斜拉条,吊点要充分加固。为使浇筑的混凝土容易流动,主筋的间距不应小于100 mm。纵筋和横筋的连接可用焊接或绑扎的方式。在组装时要预先留出插入灌注混凝土导管的位置,上下贯通,并留有足够的空间,同时在其周围要增设箍筋连接加固,并将纵筋配置在横筋内侧。在钢筋叠置的地方要注意保证混凝土流动的必要距离,并不减少钢筋保护层。为防止钢筋笼碰伤槽壁,纵筋底端应稍向里弯曲。钢筋笼两侧应加焊保护层垫板。

吊装钢筋笼入槽前,应对挖槽进行全面检查,符合质量标准后,方可吊笼入槽。钢筋笼吊点布置,应保证钢筋笼在吊装过程中不致产生永久变形。钢筋笼应保持垂直入槽,缓慢下放,不得强行冲击下放。钢筋笼入槽后应悬挂在导墙上,等待混凝土浇筑。为了防止浇筑混凝土时钢筋笼起浮,往往在其上加以压重。

2.3.3 混凝土的浇筑

地下连续墙混凝土浇筑一般采用导管法浇筑水下混凝土。

地连墙混凝土拌和料要求有一定的流动性且不宜发生离析,其配合比应按设计要求和试验确定。水灰比不得大于0.6,水泥用量不宜少于370 kg/m^3,坍落度宜为18～22,扩散度宜为30～38 cm。

导管法浇筑水下混凝土时,导管底端距槽底不得大于0.5 m。在浇筑过程中,导管宜埋入混凝土2～4 m,最小埋深不得小于1.5 m,最大埋深不得大于6.0 m,混凝土顶面上升速度不得小于2 m/h。在单元槽段内同时使用2根以上导管时,导管的间距不宜大于3.0 m,导管与接头管的距离不宜大于1.5 m。在浇筑过程中各导管处的混凝土表面高差不宜大于0.3 m。

由于水下混凝土浇筑过程的特点,混凝土最上部为浮浆层,需要凿去,混凝土浇筑应高出墙顶设计标高0.5～0.8 m。其超浇量与地质条件、地下水位、挖槽机械、泥浆管理、墙厚、墙深等多种因素有关。凿除浮浆层后,混凝土墙顶标高应符合设计要求。

2.4 装配式地连墙墙体施工

2.4.1 装配式地连墙的特点

从结构的受力状态来看,地下连续墙和板桩墙同属于薄壁型插入式挡土墙。现浇地连墙存在一定的缺陷:①墙面不够光洁,不如板桩墙,若要求光洁的表面就需要在开挖后修整;②在泥浆中浇灌水下混凝土,施工质量不易控制,特别是在泥浆中的钢筋与混凝土的握裹力受到一定的影响;③各单元墙段间的接头有时做得不太理想,往往难以达到预期的防渗效果;④由于现浇地连墙要插入导管,墙身不能太薄,增大了混凝土的用量。打入式板桩墙也存在打桩拉应力大、施工噪声大等缺点。预制装配式地连墙吸收了现浇地连墙和打入式板桩墙两者的优点,克服了它们的缺点,在实用中得到了较快的发展。

装配式地连墙的优点:①质量易保证,力学性能好;②墙身薄,节省材料;③

墙身表面光滑,无须修整;④可工厂化生产墙板构件;⑤能很好地适应各种地质条件,即使是在坚硬的土壤中也有办法处理。其缺点是承载力低、造价较高,但若从施工时间和修饰费用等方面分析,其经济效果尚可。

装配式地连墙的深度一般在 10~15 m,其结构形式有板式和梁板式两种。当地连墙的深度较大或承受较大荷载时,仍不能代替现浇地下连续墙。

装配式地连墙码头的典型实例就是天津郑家台驳船码头。

2.4.2 装配式地连墙墙体施工

装配式地连墙之所以能获得应用,关键是因为其解决了预制墙板在地层中的镶固问题。预制墙板插入槽内,留有几厘米的空隙,需要选用一种合适的材料来填充,使预制墙板得以牢牢地镶固在地层之中。当前的解决方法是使用一种"自凝水泥膨润土浆",它是由水、水泥、膨润土和某些缓凝剂制成的。为了抵抗地下水的浸蚀,通常采用矿渣水泥,使泥浆的早期强度低、流动性大,待预制墙板吊放入槽后,经过 2~3 d,其强度上升到一定程度(但不太高),既有利于地下墙板的镶固,也便于接头部分的清理。后期强度视设计要求而定,最终强度可达 10 MPa,渗透系数为 10^{-3} m/s。

自凝浆必须满足如下要求:①能填满墙板构件接头的缝隙;②在凝结固化过程中,尤其是在浇灌的最初 24 h 内要符合预制壁安放工艺的要求;③要有适宜的密度和表面黏度;④其力学性能至少要与墙板所接触的土壤力学性能相同,应力的传递方面要做到相当于墙板构件与土壤直接完好地接触。由于膨润土泥浆与自凝浆互相不能替代,需采取下列步骤施工:①借助膨润土泥浆开挖槽段;②开挖的槽段符合设计要求后,灌入自凝浆来置换膨润土泥浆;③把预制墙板插入自凝浆内安放就位,墙板上部悬挂在导墙上,待充填于下部和槽底之间及墙板之间的自凝浆凝固并产生强度后,地连墙墙身施工完成。

第3章 沉井与沉涵施工

3.1 沉井施工

沉井是深基础的一种形式,由沉井底部地基的承载力及沉井外壁与土的摩阻力共同承担沉井自重与上部荷载,同时沉井也可以作为建筑物结构的一部分。它占地面积小、挖土量小、施工方法简便、对邻近建筑物影响小,因而在水运工程中,常用于码头墩座、厂房、翻车机房、船坞坞首、取水井及泵房、竖井等地下建筑物中。

沉井的施工过程:沉井预制→下沉→井壁接长→下沉→封底→底板浇筑或井筒内混凝土填筑→面板或上层建筑的施工。

沉井由井壁、刃脚、内隔墙等基本部分组成。沉井底缘做成刃脚,以利切入土中,刃脚的材料通常为钢筋混凝土,在需要穿过坚硬土层时,做成钢质刃脚,刃脚内侧的倾斜角一般为 40°~60°,井壁要有足够的厚度和强度,以保证有足够的重量使井下沉。根据工程条件,沉井可以分节制造、分节下沉。

3.1.1 沉井的预制

沉井一般在沉放地点预制。当沉井位于水中时,若水深不大,可在水中井位抛土筑岛,在岛上预制和沉放沉井;若水深大,可在打设钢板桩围堰后填土筑岛,以减少筑岛面积;若筑岛困难,可在临时施工栈桥或浮桥上制作和沉放;也可以在邻近地区预制场预制后浮运到现场沉放。预制场可设在岸边,预制好后用起重船吊放到驳船上或吊入水中浮运到工地,可用滑道法使沉井下水;沉井也可在土坞或浮船坞中制作和下水。

沉井下水以后,用拖船拖往工地。为克服沉井浮力不足的问题,可制成带浮筒的沉井。

沉箱预制场地的垫层和地基处理必须符合设计要求,经验收合格后方可进行沉井的预制工作。为扩大刃脚下地基的支承面积和便于抽出刃脚底模,在砂垫层中要铺垫木。

垫木按内外对称、间隔伸出的原则布置。垫木下至少铺 30 cm 砂垫层,垫土间要用砂填实。

为防止制作沉井时发生过大的不均匀沉降,要求刃脚及刃脚底模(木模、土模或砖胎模)传给地基的压力小于地基的允许承载力。

一般来说,软土中地基承载力较低,为防止沉井开裂和倾斜,沉箱分节预制,第一节沉井的高度不宜太大,常为 4～6 m。对模板和支撑架的刚度有较高的要求。沉井制作的钢筋混凝土工艺与一般混凝土工艺相同。

沉井在下沉的过程中,要受到很大的纵向拉应力和横向挤压应力,因而对混凝土施工提出下列要求。

(1)沉井一般为薄壁高墙结构,为便于浇筑混凝土,一般每节沉井钢筋架立一次到顶,分 2～3 层立模。若采用工字钢工具式木闸板模板结构,可在模板立柱上搭设内外活动脚手架作为施工平台,便于立模、绑扎钢筋和浇筑混凝土作业。

(2)底部沉井混凝土达设计强度时,才能浇筑上一节混凝土。

(3)为避免沉井偏载产生不均匀沉降,导致混凝土开裂,要求混凝土的浇筑作业对称、均匀地进行。

(4)沉井接高时,模板和支架不能支承在地面,以免沉井因荷重增加而下沉,造成与地面有相对位移,使沉井壁受损。

(5)沉井在接高前要调整其轴线的垂直度,要保证上下节沉井在同一轴线上接高。即使下节沉井有少量的倾斜,上节沉井也应沿倾斜的轴线上延,以免纠正沉井倾斜度时无所适从。

3.1.2 沉井下沉

1. 下沉系数

下沉系数 K_s 是下沉施工中的关键数据,每节沉井下沉之前必须验算下沉系数 K_s。一般经验,当下沉系数 K_s 为 1.15～1.25 时,沉井才能顺利下沉。下沉系数与地基承载能力及土体对井壁的摩阻力有关,需要在施工过程中据实验算,可根据式(3.1)计算

$$K_s = \frac{Q-B}{T+R} \qquad (3.1)$$

式中:Q 为沉井重量(自重及施工荷载),kN;B 为沉井下沉时井壁排出水量,kN;T 为土对井壁的摩阻力,kN;R 为刃脚地基反力,kN。

R 可由式(3.2)求得

$$R=[R](A_a+A_b) \tag{3.2}$$

式中:$[R]$ 为地基允许承载力,kN/m²;A_a、A_b 为刃脚和斜面水平投影面积,m²。

T 可由式(3.3)求得

$$T=\Sigma f_i A_i \tag{3.3}$$

式中:f_i 为各层土质的摩阻力系数,kN/m²;A_i 为各层土与井壁的接触面积,m²。

当沉井下到设计标高后,应使 $K_s<1.0$。

拆除刃脚底模及垫木,挖除刃脚下的土壤,沉井即可在自重的作用下克服土壤阻力慢慢下沉。

2. 沉井下沉的方法

根据沉井内挖土方法不同,沉井下沉的方法可分为两类:排水下沉法和不排水下沉法。具体依工程结构和地基条件而定。

1) 排水下沉沉井的施工工艺

通过沉井内外降低地下水位和排除井内渗水,形成井内干地施工条件,人或机械可进入沉井内挖土、浇筑混凝土和进行各项作业。挖土的方法有人工挖土、推土机推土、抓斗抓土,亦可用高压水将土冲散,形成泥浆,然后用水力吸泥机或泥泵将泥浆吸出排到井外。

(1) 排水下沉法中必须注意的问题。

①当第一节沉井混凝土达到设计强度后,才能撤出垫木挖土下沉。

②撤出垫木时,应分区、依次、对称、同步进行,定位支点的垫木最后同时抽出。垫木抽出后,应立即回填砂使之密实。

③挖土时也应分层、均匀、对称地进行,以保证沉井均衡地下沉。当沉井被隔墙分成若干隔仓时,中隔仓的开挖应优先于边隔仓。

④要控制沉井下沉的速度,不能过快,亦不能过慢,视地质情况及施工能力而定。要防止挖土过快、地层土质骤变或井内积水过多等,使下沉失控,产生突然过大的下沉,即"突沉"。突沉不仅使井壁因受力不均而开裂破坏,还可能造成安全事故,遇此情况要采取阻沉措施。下沉速度过慢影响施工进度,要采取助沉措施,在下沉过程中发现沉井偏斜应及时纠正。

由于是干地施工,必须注意防止下沉过程中渗水和涌砂,保证足够的排水能力。

(2)常用的助沉措施。

①增加压重。这种方仅适用于下沉系数相差不大,或沉井发生倾斜,需要偏心加压予以纠正的情况。

②加泥浆套助沉。在沉井壁内预先埋压浆管,刃脚部分预留泥浆射孔,也可以临时在井外铺设压浆管,在喷射口设挡板,在地表沉井口设地表防护圈。开动泥浆搅拌机,通过压浆泵将黏土浆从喷射孔射出,沿着沉井壁与土之间形成有一定厚度(约 10 mm)的泥浆层,称为泥浆套,用以减少土层对沉井的摩阻力。

③空气幕助沉。预先在沉井外壁上布置纵横交错的喷气口,并通过埋设在沉井壁内分层布置的水平环状配气管及垂直的供气管,将其与空气压缩机相连接。压缩空气从喷口喷出,并沿井壁外表面上升溢出地面,在井壁外形成一层幕状松动的含有气体与水的液化土层,明显地降低了土的摩阻力,有利于沉井的下沉。

据经验,每个气龛布置一个喷气口,每个喷气口直径约 1 mm,每个气龛的有效作用面积为 $1.3 \sim 2.6 \text{ m}^2$,耗气量为 $0.02 \sim 0.03 \text{ m}^3/\text{min}$。显然,这是一笔不小的工程开支,只有当井内挖空后,在自重作用下仍不能下沉的情况下,才启用这个助沉或纠偏的措施。对于重要工程,在结构设计时就将这套空气幕系统考虑到结构中。例如悬索桥跨度居世界第四位(1385 m)的江阴长江大桥,1997 年下沉完毕的北桥头锚碇墩沉井基础,沉井平面尺寸为 $51 \text{ m} \times 69 \text{ m}$,下沉深度 58 m。考虑到工程的重要性及地质的复杂性,在设计时即确定采用空气幕助沉措施,结构上作了设计。在实际施工时,下沉顺利,没有使用这个空气幕系统。

利用泥浆套和空气幕可以减少井壁摩阻力,用这种方法下沉沉井,可减少沉井自重,减少的混凝土用量可达 50%,可以提高施工速度 20%~60%。

排水下沉沉井的施工工艺适用于沉井穿过的土层较为稳定、排水后不会产生大量流砂的情况。

2)不排水下沉沉井的施工工艺

当土层不稳定,地下水涌水量很大时,为了防止在井内排水而产生流砂现象,可采用不排水下沉沉井的施工工艺。

不排水下沉沉井时,常用抓斗挖井筒内的泥,有时也使用水力吸泥机和空气吸泥机。

这三种方法各有优缺点:抓斗抓泥的效率在三者中是最高的,但它的效率随深度的增加而降低;抓斗对任何土都适用;水力吸泥机的效率是最差的,但当卵石含量大(大于60%)时,用水力吸泥机具有很好的效果;空气吸泥机的效率较水力吸泥机高,但当水深小于5 m或水深大于$\gamma_{混}(H+h)$(H为水深;h为水面至吸泥机出口高度;$\gamma_{混}$为泥浆和空气混合体的比重)时,井内泥土很难吸出。另外无论是水力吸泥机还是空气吸泥机,吸黏性土的效果都较差,吸砂的效果好,可是吸砂时操作不好会引起井内大量翻砂,使井超沉或倾斜。抓斗无此种缺点,但不易挖到刃脚下的泥,成了死角,也影响沉井的顺利下沉。所以,在沉井下沉阶段,应合理地选择挖土方法。

3.1.3 沉井的接高、封底与底板浇筑

沉井按分节预制、分节下沉的方法施工时,当下节沉井顶面已下沉到距地面1 m左右时,则停止下沉,进行井壁接长的施工,其施工方法与沉井预制相同。

沉井下沉到设计标高后,要用混凝土进行封底,当用排水法下沉沉井时,由于在干地施工,施工条件好,施工质量有保证,且封底厚度可大为减小。当采用不排水下沉沉井时,需要用水下浇筑混凝土的方法封底,但封底的混凝土强度及抗渗性能均难以保证。

底板混凝土在封底后即可进行浇筑,其施工工艺与一般混凝土相同。

3.2 沉涵施工

本节所谓的"沉涵"是指为了解决交通问题,用预制安装方法修建水下箱涵,如海底或过江隧道、预制的干船坞等,这是一项修建水下工程的新技术。这类大断面的箱涵国外已应用多年,近年来国内大量采用。我国20世纪90年代兴建的甬江水下公路隧道就是采用该项新技术的实例。本节以海底隧道为例作一简介。

预制安装水下箱涵的施工过程大致如下:箱涵预制→基槽开挖与垫层施工→箱涵的拖运→箱涵的沉放、连接→回填及内部装修。

3.2.1 箱涵预制

预制的箱涵单元结构断面和体积均较大,日本大阪南港海底隧道,全长约2000 m,两个通风塔之间的海底部分隧道长度为1025 m,共分10节预制,每节的基本尺寸为长100 m、宽35.2 m、高8.5 m,系钢壳混凝土结构,每节预制质量为30 kt。甬江水底公路隧道全长1020 m,水下预制部分长420 m,分5节预制,

4节长为85 m,1节长为80 m,宽为11.9 m,高为7.65 m,预制部分重7350 t(85 m长),全钢筋混凝土结构,均在附近的干船坞或土坞内预制。

在预制钢壳混凝土的箱涵时,钢壳部分在坞内组装后,使坞进水,钢壳出坞,拖至舾装场地,在该处进行体内钢筋混凝土的浇筑和舾装。

当沉涵为钢筋混凝土时,可以在干坞内一次制作完成,或分段制作,每次制作1~2小段坞体,待单元结构主体完成后再合龙,放水起浮后再进行舾装,甬江水底隧道每节分为6个主体小段及两个边段,每主体小段段长12.29 m,每两段间有1~2 m的合龙段。分段的目的是确保地基的沉降基本一致,保证施工中不因混凝土的收缩和温差引起的变形而产生裂缝。

为了沉放安装、测量定位的需要,在每个单元结构上都要设置两个测量塔,以备安装测量仪器之用,如激光测距仪、超声波测距仪、全站仪等。

3.2.2 基槽开挖与垫层施工

沉涵在沉放以前,必须先开挖好基槽、做好垫层。

基槽的开挖按一般的港口工程和疏浚工程的要求,根据当地土质、水文、工程施工条件和航行情况选用合适的挖泥船来进行,如开挖工程量大,风浪不大,土质为淤泥质土和砂性土,航行的船舶少,就可以选用吸扬式挖泥船;如工程量不太大,地质较硬,航行频繁,可选用链斗式挖泥船和大型抓斗式挖泥船。

基础工程是沉涵工程中较为重要且技术性较高的工程,对沉涵的安全稳定有很大影响。

通常采用的方法是在沉放之前,先在基槽中抛砂石垫层至沉涵箱体底面下,留出些许空隙,待沉涵箱体安放好后,再从箱涵体外侧将砂和水一起吹压进缝隙中,使箱涵底部紧紧地落在砂垫层上。

3.2.3 箱涵的拖运

通常用4~6艘拖船拖运,拖运时要将箱涵的干舷调整到10~20 cm。箱涵应选在气象对拖运安放有利的时间拖运。

3.2.4 箱涵的沉放、连接

沉涵拖运到现场后,先大致定位,然后用锚缆与预先抛好的锚连接,同时也与沉放作业船连接。

沉放时用压载或灌水的办法使箱涵慢慢地下沉,由作业船吊索的松紧或刚性连杆的伸缩来控制箱体的下沉速度和下沉深度,同时由设在测量塔上的超声波测距仪、全站仪等仪器导向,指挥作业船徐徐地将正在沉放的箱体移近已安放好的箱体,通过设在箱涵端面上的临时托架、牵引千斤顶的导引将正在就位的沉涵对正位置,在水压力的作用下与已发放好的沉涵抵紧,用耦合器将两个箱涵牢牢地连在一起。

3.2.5 回填及内部装修

所有沉涵连接贯通好后,立即在沉涵的侧面和上面覆盖普通的回填材料,如砂、矿渣、砂砾等,同时在沉涵内进行内部设施的安装工作。

第4章 混凝土和钢筋混凝土工程施工

在港口及航道工程中,混凝土和钢筋混凝土结构得到了广泛应用,因而混凝土和钢筋混凝土工程施工在整个工程中占有相当重要的地位。

混凝土和钢筋混凝土工程施工,一般分为现场浇筑和预制装配两大工艺。

现浇混凝土和现浇钢筋混凝土结构的整体性能好,抗震、防渗性强。其缺点是工期较长、模板及支架材料消耗较多、现场运输量大、劳动强度较高,特别是港口航道工程施工受水文、气象等自然条件影响较大,常常要采取许多技术措施,这就增加了工程造价。

装配式钢筋混凝土结构,采用预制构件,实行工厂化、机械化施工,在很大程度上减少了各种自然条件对工程的不利影响,不仅可以加快施工速度,保证工程质量,减轻劳动强度,而且可以使施工现场的组织和管理工作大为简化,降低了工程造价。所以,在港口航道工程中广泛采用装配式钢筋混凝土结构。

4.1 模板与钢筋工程

4.1.1 模板的作用和要求

模板是新浇混凝土成型的模型,要求它能保证结构和构件的形状、尺寸准确。在浇筑混凝土及混凝土未能受力的一段时间内,模板承受混凝土的重量和侧压力、钢筋及施工等荷载。因此,要求模板及其支架系统具有足够的强度和刚度,同时还要求模板接缝严密、不漏浆,邻混凝土面平整光滑,构造简单,拆装方便。

模板工程量大,材料和劳动力消耗多,模板作业的费用可达混凝土总造价的30%,而人力消耗可达30%。所以,在模板的设计与施工中,正确选择其材料、形式和尺寸,合理组织模板制作、安装及拆移,提高模板的周转率,对加快工程进度、保证工程质量、降低工程成本有很重要的意义。

4.1.2 模板的基本形式

模板按照所用的材料分类,有木模板、钢模板、钢木混合模板、混凝土预制模板等。按照使用特点,模板分为拆移式模板、固定式模板、移动式模板、滑升式模板以及预制构件模板。拆移式模板是在形状一致的各浇筑块上通用的,多次重复使用的模板。固定式模板则是针对特定浇筑块(例如进水口扭曲面)而用的,仅重复使用一两次的特殊模板。基础部位混凝土浇筑时常用固定式模板。

1. 拆移式模板

拆移式模板由面板、肋木和支架三个基本部分组成。肋木把面板连接在一起,并由支架安装在浇筑块上。面板的长短、宽窄可以根据各种结构的模数尺寸,设计出几种定型的标准模板,以便组合使用。架立模板的支架,常用支撑、斜撑及桁架等。选择何种形式,依结构特征而异。

梁模板的支撑沿梁的轴线布置,间距 1.0～1.5 m。它由圆木或扣件式钢管制成。底端应支承在坚实的地面上,下垫木楔。支撑之间应用水平或斜向拉杆拉结牢固,以增强整体稳定性。对于跨度大于 4 m 的梁模板,跨中应有一定的"施工升高",也称起拱,以防浇筑混凝土后支架变形而引起跨中梁底下垂。设计未规定时,起拱高度宜为结构跨度的 0.1%～0.3%,木模板可取偏大值,钢模板可取偏小值。

木模板重复利用率低(只能重复使用 5～10 次),要消耗大量木材。目前普遍应用定型组合钢模板,其周转率可达 100 次。定型组合钢模板是一种工具式模板,它由具有一定模数的很少类型的板块、角模、支撑和连接件组成,用它可以拼出多种尺寸和几何形状,以适应多种类型建筑物的梁、柱、板、墙、基础等施工的需要。

板块由边框、面板和纵横肋构成,用 2.5～3.0 mm 厚钢板轧制或焊接而成。边框上有连接孔,不论是长向还是短向,其孔距都为 150 mm,以便横竖都能拼接。板块的模数关系到模板的使用范围,目前我国应用的板块长度为 1500 mm、1200 mm、900 mm、750 mm、600 mm 和 450 mm,其宽度为 300 mm、250 mm、200 mm、150 mm、100 mm 等。进行配板设计时,如出现不足 50 mm 的空缺,则用木方补缺,用钉子或螺栓将木方与板块边框上的孔洞连接。

角模也是两个板块拼装成 90°角的连接件,用来成型混凝土结构的转角(一般有阴、阳角模和连接角模之分)。

板块的连接件有钩头螺栓、U形卡、回形销、L形插销、紧固螺栓(拉杆)等。

钢模板的支撑包括纵横梁(或称主、次梁,也有叫围檩或连杆的)、支撑桁架和顶撑。纵横梁采用钢管或型钢制作。对于墙模板,次梁支撑板块,主梁支撑次梁,紧固螺栓又拉固主梁。次梁位置布置得合理能增加板块的承载能力,其位置以板块的挠度和弯矩最小为原则,可计算确定。

梁、板的支撑有梁卡具、顶撑和支撑桁架等。梁卡具由角钢及钢管制成,用于固定梁的侧模板,卡具底部可与顶撑连接,构成梁的支撑系统。顶撑(琵琶撑)由内外两节钢管组成,可以伸缩,以调节顶撑高度。

支撑桁架由角钢及扁钢焊接而成,用于支承梁、板或墙类结构的模板,以代替顶撑,因而扩大了底部施工空间。为便于调节长度,适应不同跨度使用,桁架多做成两个半榀。一般使用跨度可在 2.5~4.2 m 内调整变化,此时桁架承受荷载为 15.68~24.50 kN。

对于圆形结构筒壁支模,可用曲面式桁架。

近年来我国许多港口工地采用定型组合钢模板整装,它是以定型钢模板组成大型平面模板(尺寸达 14 m×8 m),用工字钢和桁架焊接支撑以构成整装大片,每片质量有 5~6 t,用起重机吊运安装。在安装沉井、沉箱及船坞和船闸的墙壁模板时,只要将两侧模板大片用螺杆对拉固定,即可完成模板安装工作,施工十分方便。

在拆移式模板中,除上述木模、钢模外,钢木混合模板、塑料模板等类型的模板也为许多工程所采用。钢木混合模板是以角钢做成定型模板的边框,利用旧料短窄木板做面板的混合型定型组合模板。短窄木板拼接时,可以使用防水性强的树脂进行黏合。面板还可以采用防水胶合板或刨花板、竹板、纤维板等,为节约材料开辟了新途径。

塑料模板,是采用工程塑料一次注塑成型,外形、尺寸如定型钢模板,具有重量小、能适应结构外形的多种变化、装拆容易(不需涂刷隔离剂及防护油)、清理方便及构件表面光滑等优点,是一种有发展前途的模板。

2. 滑升式模板

滑升式模板简称"滑模"。它是沿建筑物底部周边一次装设高为 1.2 m 左右的模板,随着向模板内不断地分层浇筑混凝土,用液压提升设备使模板不断地向上滑升,直到达到需要浇筑的高度为止。用滑升式模板施工,可以节约模板和支撑材料,加快施工速度和保证结构的整体性。因此,滑升式模板广泛用于竖井、水塔、沉井、沉箱、闸墩、桥墩及挡土墙等结构施工中。

滑升式模板由模板系统(模板、围圈和提升架等)、操作平台系统(操作平台、上辅助平台和内外吊脚手等)和提升机具系统(支承杆、千斤顶及液压提升装置等)三部分组成。它们通过提升架连成整体,全部荷载也都通过提升架传递给千斤顶,再由千斤顶传递给支承杆。

滑模的升降:油压千斤顶进油时,由于上卡头锁紧支承杆,在油压力的作用下,缸筒连带底座和下卡头便被向上顶起,带动提升架等整个模板上升;回油时,油压力被解除,在排油弹簧的弹力作用下,把活塞推举向上,这时下卡头锁紧支承杆,接替支承着上卡头所承受的荷载;当活塞上升到上止点后,排油工作亦即完毕,这时千斤顶便完成一次上升的工作循环;通过重复工作循环,上下卡头先后交替地锁紧支承杆,千斤顶不断向上爬升,模板也就被带着不断向上滑升。

滑模滑升速度应根据混凝土凝固速度和出模强度及气温变化等情况确定。常温下,一般在初凝并有 0.2 N/mm^2 的出模强度时,滑升速度在 20 cm/h 左右。

3. 预制构件模板

水运工程中常见的预制构件模板有工具式模板和台模。其特点是装拆容易,模板周转率较高,适于预制各种类型的构件。

工具式模板由装配式的侧板、端板和底板组成,用工具式夹具或斜撑安装固定。混凝土浇筑 1~2 天后,侧板和端板便可拆卸周转,底板一般要等构件混凝土达到起吊强度后,才能拆卸周转。在预制桩、柱等大型构件时,可采用分节脱模的方法,以加速底模的周转。

分节脱模法,是在安装构件底模板时,设置若干固定支座,并在固定支座之间设置活动底模板。在混凝土达到一定强度时,即拆卸活动底模,留下固定支座,以支持构件重量。

台模是以混凝土平台作为底板,在平台上装配侧板和端板,固定后便可浇筑混凝土。用台座法生产预制构件的模板多属这种形式。

台模表面必须平整,具有一定的强度和刚度,以保证构件在生产过程中不发生变形。台模一般用混凝土做成。在浇筑混凝土前,表面必须清洗干净并涂上隔离剂(如肥皂水)以利构件脱模。

4.1.3 模板设计

定型模板和常用的模板面板,在其适用范围内一般无须进行设计或验算。

重要结构的模板和特种形式的模板及其支架系统,应该进行设计或验算以确保安全,保证质量,防止浪费。

模板和支架设计,包括选型选材、荷载及结构计算、拟定制作安装和拆除方案、绘制模板图。

1. 荷载规定

模板承受的垂直荷载包括如下各项。

(1)模板及支架自重:可按图纸或实物计算确定。

(2)新浇混凝土的重量:普通混凝土用 25 kN/m³,其他混凝土根据实际湿容重确定。

(3)钢筋重量:根据设计图纸确定。

(4)人员和工具荷重:按施工规范的规定。

(5)振捣混凝土时产生的荷载:可采用 4 kN/m²,但与第(4)项不同时考虑。

模板的水平荷载包括如下各项。

(1)初凝前混凝土的侧压力,其值与混凝土的温度、浇筑速度、振捣方式、凝固速度、坍落度、构件厚度以及模板变形性能等很多因素有关,想用一个计算公式全面加以反映是有一定困难的。目前可采用混凝土施工规范中推荐的公式计算。例如当使用内部振捣器时最大侧压力为

$$P = \gamma R \tag{4.1}$$

$$P = \gamma H \tag{4.2}$$

式中:P 为初凝前混凝土最大侧压力,N/m²;R 为内部振捣器作用半径,m;H 为初凝前混凝土浇筑厚度,m;γ 为混凝土容重,N/m³。

式(4.1)适用于 $H \geqslant R$ 的情况,其荷载图形为梯形;式(4.2)适用于 $H < R$ 的情况,其荷载图形为三角形。

(2)倾倒混凝土所产生的水平动力荷载可按规定数据采用。对于高度大于 6 m 或处于滨海、沿江等地较高大的模板和支架,应验算其在风荷载作用下的抗倾覆稳定性。风荷载计算按港口工程规范中有关规定进行。

2. 荷载组合

计算模板和支架时,应按规定选择最不利的荷载组合。

3. 模板和支架的允许挠度

对于结构外露表面的模板,其挠度不得超过模板构件跨度的 1/400;结构表

面隐蔽的模板,其挠度不得超过模板构件跨度的1/250。

设计水下模板时,混凝土的容重应以浮容重计,同时还应考虑模板内外水位差及波浪的影响。

4.1.4 模板工作内容

模板工作内容有制作、运输、安装、拆除以及修理。

模板制作应在模板加工厂(或车间)中进行。对不同类型的模板,要根据其特点和要求拟订生产工艺流程,力求实现机械化生产。制成的模板应按使用部位进行分类编号,妥善保管。

模板安装是一项繁重、复杂的工作。安装时必须按照设计图纸进行,保证混凝土建筑物各部位形状准确无误。立模误差须在规范允许范围内。立模方法因模板类型和安装部位而不同。安装模板一般用起重机吊装就位,对于较高的建筑物,立模时须先立脚手架,然后在脚手台上进行有关安装工作。

拆模对工程质量和模板周转率有直接影响,拆模时间应依结构特性、设计要求、气候和混凝土强度增长情况而定,可按港口工程施工规范中规定进行。

拆模须认真细致,防止混凝土和模板遭受破坏。为防止模板与混凝土黏结,在修理模板时应在面板上涂脱模剂。常用的脱模剂有废机油等。

4.1.5 钢筋的加工和安装

一般先在钢筋加工厂将钢筋加工为成品,然后运到施工现场安装,这样既能保证质量,又能加快施工速度。

工程中常用的钢材有钢筋和钢丝。钢丝和直径小于10 mm的钢筋,一般卷成圆盘运至工地;直径大于12 mm的钢筋都轧制成6~12 m长的直条筋。钢筋进场,必须严格依照规格、品种和出厂牌号,并考虑取料方便,依次分类堆存,切忌杂乱无章。

钢筋加工包括调直除锈、画线剪切、弯曲、绑扎及焊接成型等工序。此外,有时还对钢筋进行冷加工,以改善钢筋性能。

钢筋可用调直机等机械或手动工具调直,也可以采用冷拉的方法。若冷拉只是为了调直,而不是为了提高钢筋的强度,则冷拉率(钢筋被拉伸的伸长率)控制在1%以内,或拉到钢筋表面的氧化皮开始剥落为止。

经过冷拉或机械调直的钢筋,一般不必再行除锈,但若因保管不良而产生鳞片状锈蚀,则应除锈,以保证混凝土对钢筋的握裹力。可采用电动除锈机除锈,或喷砂除锈,也可用钢丝刷手工除锈。

画线应按图纸要求选配材料,画好长度。当库存钢筋缺乏设计所要求的钢筋品种或规格时,应及时与设计单位联系修改。画线时要考虑弯曲时的伸长。

钢筋剪切可用钢筋切断机(可切断直径 40 mm 以内的钢筋)及手动液压切断机(可切断直径 16 mm 以内的钢筋)。直径大于 40 mm 的钢筋常用电弧和氧割的方法剪切。

钢筋弯曲成型一般采用钢筋弯曲机。在缺乏机具设备的条件下,也可以用扳手在工作台上进行手工弯曲。

钢管骨架或网片的成型应优先采用焊接,但在现场仍有大量人工绑扎作业。绑扎时应注意钢筋位置是否准确、绑扎是否牢固、搭接长度及扎点位置是否符合规范要求。钢筋焊接是节约钢材、提高钢筋混凝土质量、加速工程进度的重要措施。常用的焊接方法有接触对焊、接触点焊和电弧焊。前两者是用强电流把接头处烧熔,使其焊成一体;后者是利用弧焊机使焊条与焊件之间产生 6000 ℃ 左右的高温电弧,使焊件金属熔化合成整体。

加工好的单根钢筋或骨架、网片运至施工现场,应按施工图进行绑扎或焊接成型。安装时要垫好保护层垫块,保持准确位置。骨架及网片在运输和吊运时应防止破坏或过大变形,必要时可采取临时加固措施。

钢筋加工都在加工厂内进行。钢筋加工厂一般由原材料仓库、冷加工系统、断筋弯筋车间、电焊车间、拼装场、成品及半成品仓库或堆放场等部分组成。其生产过程可按流水作业原则组织。一般应按钢筋粗细设两条流水作业线。

钢筋加工厂的位置应适当接近主要施工现场并靠近交通干线;对于混凝土预制场,应尽量靠近构件成型车间,以减少运输工作量。

4.2 混凝土的制备与运输

4.2.1 混凝土的制备工艺

混凝土制备是将水泥、骨料、水、外加材料等按设计配合比称量后,拌制成质地均匀、颜色一致、具有一定流动性的混凝土拌和物,以满足混凝土的浇筑需要。它包括原材料贮存、供料、配料计量、搅拌等生产过程。各生产过程都采用相应的机械设备进行生产,以保证混凝土拌和物均匀、级配准确,而且供应及时。

大型混凝土生产系统都采用了机械化、自动化设备,成为专门预拌(商品)混凝土的工厂;对于中小型工程都设置临时的机械搅拌站,并根据工程规模配以相应的设备。

1. 原材料贮存

贮存的优点,在于当来料和用料不协调时起调节作用,以保证混凝土工厂的连续生产。

1)骨料贮存

砂石骨料进厂后,除按国家标准进行验收外,还应按品种规格妥善贮备。对于开采的天然砂石骨料,还要组织破碎、筛分和冲洗等工序进行加工,然后按品种、规格贮存。

骨料贮存多用堆场形式。骨料堆场装卸设备有拉铲、皮带运输机、推土机、抓斗起重机及斗式提升机等,所选设备应能互相配合,组成一条上料、存料和供料的流水线。

骨料的贮存数量应根据混凝土工厂的生产能力和材料供应情况以及场地条件具体确定。

2)水泥贮存

袋装水泥贮存,一般用皮带机或人工在水泥仓库中进行堆垛,堆高不超过2 m。水泥由压缩空气压送到筒仓中贮存。筒仓可以是砖石结构或钢筋混凝土结构,也可以由钢板焊接而成。

2. 配料计量

配料计量是按混凝土配合比要求,称准一次拌和的各种材料的数量,以便送入搅拌机拌和。

配料计量是混凝土制备的一项重要工序,配料计量系统应配备各种相应的设备。原材料由贮料仓进入称量斗,再由称量斗卸入集料斗或搅拌机,最简单的设备是手动闸门,自动化工厂都采用气动闸门、螺旋运输机及电磁振动喂料机等设备,使配料计量系统实现联动化。

称量常用台秤、自动杠杆秤(光电秤和水银秤)或电子秤进行。一般小型搅拌站都采用台秤,而大中型混凝土工厂都采用自动杠杆秤或电子秤称量。

水的计量一般使用配水箱,也可以采用水表。骨料的含水率直接影响水的自动计量。目前,我国已应用中子测水仪进行快速测量,并通过自动控制系统随时自动调节加水量。

配料计量应满足一定的精度要求,以保证混凝土品质和性能的稳定。施工技术规范中要求的称量误差范围如下:对水和外加剂为±1%;水泥为±2%;骨料为±3%。

3. 搅拌

混凝土的搅拌方法,除工程量很小且分散的零星工程用人工拌制外,皆应采用机械搅拌。

混凝土搅拌机按其搅拌原理分为自落式和强制式两类。自落式搅拌机的搅拌筒内壁焊有弧形叶片,当搅拌筒绕水平轴旋转时,弧形叶片不断将物料提高一定高度,然后自由落下而互相混合。因此,自落式搅拌机主要是以重力机理设计的,它适用于搅拌塑性混凝土。

强制式搅拌机主要是根据剪切机理设计的。搅拌机中有转动的叶片,这些不同角度和位置的叶片转动通过物料层时,克服了物料的惯性、摩擦力和黏滞力,强制其产生环向、径向、竖向运动,搅拌作用比自落式搅拌机强烈,适宜搅拌干硬性混凝土和轻骨料混凝土。但由于转速高,动力消耗大,其叶片和衬板等磨损较大。

强制式搅拌机分为立轴式与卧轴式两类。立轴式搅拌机是通过盘底部卸料口卸料,卸料迅速。但如果卸料口密封得不好,水泥浆易漏掉,所以立轴式搅拌机不宜拌制流动性大的混凝土。卧轴式搅拌机具有适用范围广、搅拌时间短、搅拌质量好等优点,是目前国内外大力发展的机型。这种搅拌机的水平轴转动时,轴上的搅拌叶片将带动物料作相互切翻运转和按螺旋形轨迹交替运动,得到强烈的搅拌。搅拌叶片的形状、数量和布置方式影响着搅拌质量和搅拌机的技术性能。

搅拌机要根据工程量、混凝土的坍落度、骨料尺寸等来确定,既要满足技术要求,亦要考虑经济效果和节约能源。

搅拌机按照装料、拌和、出料三个过程循环工作。每完成一个循环就拌制出一罐混凝土熟料,其体积称为搅拌机的工作容量(L 或 m^3),它是搅拌机的主要技术指标。如 800 t 搅拌机,每次拌出混凝土 $0.8\ m^3$,其进料的各种材料的总体积约 $1.2\ m^3$。国外有的搅拌机容量是指进料体积,这时需乘以出料系数(一般取 0.65~0.70)得出出料体积。值得注意的是,搅拌机搅拌筒的几何容积 V_g 与进料体积V_j有一定的比例关系,一般$V_g/V_j=2.5\sim3.0$。如任意超载(进料体积超过10%),材料在搅拌筒内将无充分的空间进行拌和,影响混凝土拌和物的均匀性。反之,如装料过少,则不能充分发挥搅拌机的效能。

施工中,正确掌握加料顺序和搅拌时间对保证混凝土的质量和搅拌机的生产效率有重要意义。

加料顺序应从提高搅拌质量,减少叶片、衬板的磨损,减少拌和物与搅拌筒的黏结,减少水泥飞扬等方面综合考虑确定。常用的加料方法有一次加料法和两次加料法。一次加料法是在料斗中先装入石子,再装水泥和砂,然后一次投入搅拌机。在搅拌筒内要先加部分水(对自落式搅拌机)或料斗投料的同时陆续加水。这种加料顺序使水泥夹在砂石中间,上料时不致飞扬,同时水泥及砂又不致粘贴斗底。上料时水泥和砂先进入筒内形成水泥砂浆,缩短了包裹石子的过程,能提高搅拌机的生产效率。

两次加料法是我国研究成功的一种新工艺,也称"裹砂石法"或"造壳混凝土搅拌工艺"。它是分两次加水,两次搅拌。先将全部石子、砂和70%的拌和水倒入搅拌机,搅拌15s使骨料湿润,再倒入全部水泥搅拌30s左右进行造壳,然后加入30%的拌和水再进行糊化搅拌60s左右即完成。与普通搅拌工艺相比,用裹砂石法搅拌工艺可使混凝土强度提高10%~20%,节约水泥5%~10%。在我国推广这种新工艺,有巨大的经济效益。

搅拌时间是指自全部材料装入搅拌筒中起,到开始卸料为止所经历的时间。在一定限度内,搅拌质量随拌和时间的延长而提高。但搅拌时间过长,不仅会降低生产率,而且会降低混凝土的和易性,增加大骨料的破碎率等。确定搅拌时间时应考虑搅拌机型号、骨料粒径、混凝土坍落度及气温等因素,冬季可酌情延长50%左右。

4. 混凝土搅拌站(厂)

设计一座混凝土搅拌站(一般为服务于工地性质的临时性企业),或者是生产商品混凝土的工厂(一般为地区性质的永久性企业),首先应了解建设需要和供应范围以确定其规模和生产能力,然后选择搅拌机及其他设备,并根据地形、交通等条件在施工总平面图中合理安排站址或厂址。

混凝土搅拌站(厂)的生产能力主要是指搅拌机的容量,其他机械设备都以它为准进行配套。搅拌设备的容量应满足工程施工最大浇筑强度或所有用户最大需用量之和,即混凝土的小时生产率应大于计算的小时浇筑强度(m^3/h)。但容量不能定得过大，否则将有部分搅拌设备空闲造成浪费。

设施工总进度计划确定的混凝土浇筑高峰月强度为 $Q_{\max}$（m³/月），则计算浇筑强度为

$$P = K \frac{Q_{\max}}{n \cdot m} \quad (4.3)$$

式中：P 为浇筑强度，m³/h；n 为高峰月期间每天有效工作小时数，h；m 为高峰月内有效工作天数，可取 28 d；K 为浇筑强度的日不均衡系数，即高峰月内实际最高小时强度与按全月总工作小时计的平均强度之比，一般可取 1.2~1.5。

根据浇筑强度，并考虑适当的备用容量（约 25%），可得搅拌站内搅拌机总台数。

一台搅拌机的生产效率可按式（4.4）计算

$$p = K_t \frac{3.6V}{t_1 + t_2 + t_3 + t_4} \quad (4.4)$$

式中：p 为一台搅拌机的生产效率（m³/h）；V 为搅拌机容量（L，以出料体积计）；K_t 为搅拌时间利用系数，一般为 0.85~0.95；t_1 为进料时间，自动化配料为 10~15 s，半自动化配料为 15~30 s；t_2 为搅拌时间；t_3 为出料时间，倾翻式拌和筒为 15 s，非倾翻式拌和筒为 25~30 s；t_4 为必要的间歇时间，对双锥式为 3~5 s。

搅拌站（厂）的搅拌机理论计算台数 N 为

$$N = \frac{P}{p} \quad (4.5)$$

混凝土搅拌站（厂）的工艺布置，根据其组成部分在竖向布置方式的不同分为单阶式和双阶式。在单阶式混凝土搅拌站中，原材料一次提升后经过贮料斗，然后靠自重下落进入称量和搅拌工序。这种工艺流程，布置紧凑、占地面积小、生产效率和自动化程度高，但由于厂房高度大，基建费用高，一般为商品混凝土工厂和混凝土预制构件厂所采用。当今国内外一些工程机械制造厂，设计和制造出各种定型的混凝土工厂，俗称拌和楼。这些拌和楼都是单阶组合式的自动化工厂，由成套部件运到工地装配，工程完毕后又拆移到别处使用。

双阶式混凝土搅拌站的物料要提升两次，第一次提升至贮料斗，经称量后再提升到搅拌机。这种工艺流程的建筑结构和运输设备简单、投资小、布置灵活，所以在中小型工程中广为应用。

混凝土搅拌站按搅拌机的平面位置不同有直线式和巢式两种，直线式又分单列布置和双列布置。巢式布置的搅拌机呈星形排列，几台搅拌机只需一套配料装置，但必须是自动控制的，否则搅拌机不能有效利用，使生产效率大大降低。

直线式布置的每一台搅拌机(或每两台)配用一套配料装置,以便手动或机械化操纵,它可以同时生产几种标号的混凝土。

在离岸较远的海上或湖上浇筑混凝土建筑物时,如果从岸上运送混凝土拌和料在技术上有困难或不经济,须采用浮式混凝土搅拌站,常称混凝土搅拌船,其工艺设施与陆上搅拌站基本相同。

4.2.2 混凝土的运输

对混凝土拌和物运输的基本要求:不产生离析现象,保证规定的坍落度和混凝土初凝之前能有充分时间进行浇筑和捣实。为此,运输中要减少转运次数和缩短运输时间。转运、倒料过程中易产生粗骨料与水泥砂浆的分离和灰浆损失,一般要求转运次数不多于 2 次。运输混凝土的道路要平坦,运输工具要选择恰当,混凝土的自由下落高度应在 1.5 m 以内(超过此高度时应设串筒或溜槽),以防止分层离析。此外,运输混凝土的工具要不吸水、不漏浆,且运输时间应有一定限制。

根据从搅拌站到浇筑仓面的运距、高差和道路等条件的不同,常有如下几种混凝土运输方式可供选择。

1. 直接用双轮手推车、机动翻斗车、汽车等运送混凝土入仓

这种方式可将混凝土直接或通过串筒、溜槽等浇筑设备卸入浇筑块中。双轮手推车和机动翻斗车是比较轻便的运输工具。双轮手推车载重 0.2 t,操作灵活,装卸方便,但劳动强度大,一般都用它来作辅助运输。机动翻斗车载重 1 t,它速度快,调动方便,灵活机动,是目前港航工程和建筑工程中常用的混凝土运输工具。

当运距长而浇筑量大时,可选用自卸汽车直接入仓。自卸汽车入仓,需要搭设栈桥,且在栈桥上每间隔 2.0~2.5 m 设有一个卸料孔,混凝土从此孔通过串筒浇入浇筑块中。

当运距较远或道路不平整时,可采用搅拌车运送混凝土,运输途中,边行驶边低速转动搅拌筒,以防止混凝土中途离析。若运距很远,可将干料全部装入搅拌筒,在到达浇筑地点前一定时间开动搅拌筒并注入水,到达浇筑地点时已成混凝土熟料即可浇筑。

2. 汽车、铁路车辆和起重机配合

当地形高差大,建筑物高,或者建筑结构较复杂,汽车等水平运输工具不便入仓时,可采用与起重机械配合的方式,省去了许多搭设栈桥、铺设出入基坑道路等临时工程的工作。这种方式一般以桶或吊罐盛混凝土,用载重汽车或铁路车辆运到起重机附近,由起重机将桶或吊罐吊运入仓。

铁路运输的道路条件良好,振动小且平稳,易保证混凝土质量,但对道路的要求严,造价高,只适用于大型水利枢纽。

车辆与起重机配合方式常用的起重机械有塔式起重机、汽车式或履带式起重机。

塔式起重机起重杆可随端塔绕塔架轴线旋转360°,由起重杆的仰俯或小车的水平移动改变幅度,靠门架在轨道上的移动改变停机点的位置。它自身稳定,起重杆安装位置高,故占地面积小,控制空间大,缺点是构造和架设较为复杂。按起重量不同分为轻型、中型和重型三类。轻型起重量在3 t以内,起重杆长8~12 m,可用于浇筑船闸混凝土和安装模板、钢筋等辅助工作;中型起重量5~15 t,起重杆长度为15~37 m,多用来浇筑大坝混凝土或重件吊运安装工作;重型起重量20~40 t,外伸幅度达30 m,起重高度达75 m,多用于重件及机电设备安装工作。

履带式、汽车式及轮胎式起重机在水运工程中使用较多,操作灵活,使用方便。

履带式起重机起重臂较长、起重能力大,本身能回转360°把物料送到任何方向就位,能载重行驶。汽车式及轮胎式超重机不能载重行驶,但使用比较灵活、机动性好、转移迅速,对路面破坏性小。这一类起重机械的缺点是稳定性差,起重高度和起重量受到一定限制。

当建筑物平面尺度较大,混凝土浇筑块不能全部包络在起重机的吊运范围内时,可以用手推车、机动翻斗车等小型简易水平运输工具转运入仓,这时起重机主要用以提升混凝土。

井式升降机是一种简易的提升设备。它运送混凝土的方式有两种:一种是混凝土经过溜槽装入井架的料斗内,料斗被提升到混凝土浇筑层,再由小车分送到浇筑地点;另一种是用有升降平台的井架,将装有混凝土的双轮手推车提升到浇筑层,手推车推出升降平台后沿着栈桥运送到浇筑地点。这种设备简单易制作,效率高,常用于中小型船闸工程和房屋建筑工程施工。

3. 混凝土泵

混凝土泵是利用压力来连续运送混凝土的机械。混凝土在其压力作用下沿着金属管道被压送到浇筑地点，一次完成水平及垂直运输工作。这种方法经济可靠，快速方便，不仅生产效率高，而且由于混凝土在被压送过程中受到挤压，其密实度大为增加，从而提高了混凝土强度。因此，混凝土泵已成为当今发展较快的一种先进运送工具，在工作面狭窄和难于操作的地方（如隧道衬砌、水下堵洞等）采用混凝土泵运送混凝土更为有效。目前我国普遍应用三折叠式布料车，它是将混凝土泵装在汽车上，车上装有可以伸缩或曲折的"布料杆"，其末端是一软管，可将混凝土直接送至浇筑地点，使用十分方便。

混凝土泵有气压式、活塞式及挤压式等几种类型。目前应用较多的是活塞式。混凝土泵每小时可输送混凝土 $5\sim 90\ m^3$（最高可达 $150\ m^3$），单纯进行水平运输时，运距可达 $90\sim 150\ m$（有高达 $600\ m$ 者），单纯进行垂直运输的运送高度一般为 $30\sim 90\ m$（最高达 $150\ m$）。

采用混凝土泵时，对混凝土的和易性有较高的要求，其水灰比为 $0.50\sim 0.75$，坍落度宜控制在 $5\sim 15\ cm$，砂率为 $35\%\sim 40\%$。为使混凝土在输送时有足够的流动性，应掺入加气剂或塑化剂（掺入量为水泥重量的 $0.1\%\sim 0.15\%$）。粗骨料最大粒径不大于管道直径的 $1/3$，且宜选用卵石，以免造成堵塞。输送管道有用钢、铝或塑料等制成的硬管及用橡胶、钢材绕制或塑料制成的软管两种，软管的输送阻力较大，一般与硬管配合使用，放在转弯及出口处。

4.3 混凝土的浇筑和养护

4.3.1 浇筑块的划分

在设计港口航道建筑物时，考虑到地基不均匀沉陷和环境温度变化对建筑物的影响，常常将整个建筑物用永久性接缝（也称结构缝）分成几个各自独立的结构块，结构缝间设置止水或特殊装置，以保证不透水并能适应变形要求。

建筑物结构块的高度和平面尺寸一般都很大，由于施工条件（如受混凝土浇筑强度、初凝时间、散热要求以及劳动力组织等因素）的限制，不可能将一个结构块的混凝土一次浇筑完毕，必须把结构块在高度上分成数层，在平面做浇筑块。

一个浇筑块的混凝土应在几小时到几十小时内连续浇筑完。两浇筑块之间常间歇 3~7 d。划分浇筑块的缝称为施工缝(或称临时性接缝)。施工缝应在施工过程中进行专门处理(如凿毛、冲洗),使新旧混凝土结合密实,以保证建筑结构的整体性。

浇筑块的划分,应根据建筑物的结构特点、施工条件、温度控制要求等因素来确定,一般应遵循以下原则。

(1)施工缝的位置,一方面要照顾到施工的方便,另一方面必须满足建筑物构造上的要求,不要设在应力集中的部位。

(2)施工缝的数目应尽可能地减少,可尽量利用结构缝分隔浇筑块,以及采取完善的施工措施,尽可能地加大浇筑块尺寸。

(3)浇筑块尺寸必须保证混凝土在施工中不产生"冷缝"。一个浇筑块的浇筑工作是分层、依次、连续进行的,每一层的浇筑捣实工作必须在相邻的下层混凝土初凝之前完成,否则,上层混凝土将无法再与下层混凝土结合为一体,即下层混凝土表面的乳皮无法在振捣中消失,结合面就成为软弱带,称为冷缝。冷缝会降低结合面上的抗剪、抗拉和抗渗能力,是严重的质量事故。为了避免冷缝,就要以混凝土的供应能力及初凝时间来控制浇筑块的平面尺寸,通常用式(4.6)表示

$$Q(t-t_1)K \geqslant A \cdot h \tag{4.6}$$

式中:Q 为混凝土供应能力,m^3/h;$t、t_1$ 为混凝土初凝、运输时间,h;K 为混凝土运输时间延误系数,0.80~0.85;h 为铺一层料厚度,m,视振捣器性能而定;A 为浇筑块平面面积,m^2。

根据混凝土的收缩变形,一般浇筑块的最大边长如下:对于钢筋混凝土结构不超过 30 m;而对混凝土结构不超过 20 m。

浇筑块高度,主要由混凝土散热要求以及模板尺寸而定:对于大体积混凝土工程一般为 1~3 m;对于像闸墙、坞墙那样的薄壁结构为 3~6 m。

4.3.2 浇筑混凝土前的准备工作

在混凝土浇筑前,除按设计要求做好模板安装、钢筋架设、所有预埋件和观测仪器的安设外,还必须做好基础处理、结构缝和施工缝的处理以及浇筑前的检查。

1. 施工缝的处理

首先是清除浇筑块表面的乳皮,形成粗糙表面以保证新老混凝土紧密结合。在垂直缝面要设置键槽,以增强接缝处的抗剪能力,接着就要进行清扫冲洗工作,最后铺设砂浆层。上述工作完成后即可进行新混凝土浇筑。若施工缝处理得不好,不仅影响建筑物的整体性,也影响施工进度,应予以高度重视。

清除乳皮的方法有人工凿毛、机械凿毛、压力水冲毛、风砂枪喷湿砂冲毛及喷洒缓凝剂等。

人工凿毛质量好,但工效低,劳动条件差,劳动强度大,一般每工日只能凿 6～8 m^2。

机械凿毛用风铲、风钻、风镐进行。其工效可达 80 m/台班,但由于冲击力大,往往留有棱角和局部石子松动,尚须人工补充处理。

压力水冲毛,可以用低压水、风水混合体或高压水。此法简便易行、效率高(可达 100 m^2/h 以上)。

风砂枪喷湿砂冲毛质量较好,工效高,但要清除遗留石渣和砂,还需要有制砂、运砂及收集残砂的设备,工序较烦琐。

喷洒缓凝剂在新浇筑的混凝土表面,如喷亚硫酸盐酒精废液,可以延缓混凝土表面一定厚度内的混凝土硬化过程,并降低其强度,这样就很容易用压力水或压缩空气清除,形成轻微但是良好的粗糙面。

施工缝经过凿毛后,还必须进行仔细的清扫和冲洗仓面的工作(用压力水冲毛的缝面可不进行清扫冲洗工作)。一般是先进行初步清扫,再用低压水冲洗并用钢丝刷刷净即可。

浇筑混凝土前,在已凿毛清洗的缝面上铺一层 2～3 cm 的水泥砂浆垫层(使新老混凝土能紧密结合),然后用钢丝刷刷一遍,接着即可浇筑新混凝土。

2. 结构缝的处理

结构缝的处理是设置止水铜片和在缝中放填料,使其既能保证相邻两结构块在发生错动时互不干扰,又能保证不从缝间漏水。结构缝一般是平直的,其宽度为 1～5 cm。

结构缝填料的选择,依缝的宽度而定。缝宽为 1 cm 时,可在缝面上贴防水卷材,如油毛毡纸、防水纸等;缝宽为 1～2 cm 时,可用粗质黄麻或亚麻等织物的沥青席填缝;缝宽达 5 cm 时,可用沥青砂胶和流质沥青制成沥青板填缝,并在沥青板的两面用浸过沥青的黄麻或防水布等织物粘贴。

建筑物迎水面的止水装置有多种形式。图 4.1 为一种常用的止水装置。施工时,在先浇块模板表面加设三角形模板,构成一个三角槽,将 2~3 mm 厚的止水铜片钉在模板上(图 4.1(a)),拆模后将止水片展开成型,然后用预制混凝土槽形块与先浇块的三角槽口对面安放,以构成沥青井(图 4.1(b))。预制槽形块高约 1 m,随着混凝土的浇筑而不断接高,同时在沥青井内灌筑热沥青(如果需要在沥青井内布置加热沥青的镀锌铁管,可在先浇块混凝土中预埋钢筋,以固定加热管)。

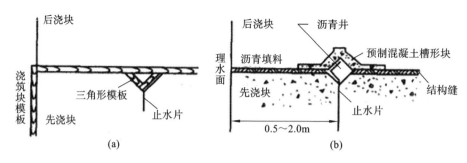

图 4.1 结构缝止水装置

止水装置一般设在离上游迎水面 0.5~2.0 m 的地方,同时在止水片前面的缝中灌满沥青或铺设沥青油毡等隔水材料。

3. 浇筑前的检查

浇筑混凝土前,除对上述基础、施工缝、结构缝的处理进行检查外,还应对下列项目进行检查:模板、钢筋、预埋件等的数量、尺寸、位置及稳固程度;仓内清洗情况;模板、漏斗、滑槽、导管等是否润滑;机械、工具、材料的数量以及风、水、电的供应准备。

4.3.3 混凝土的浇筑

混凝土的浇筑包括平仓和振捣两个工序,这是混凝土作业中最重要的一项施工过程。浇筑质量的优劣,直接关系到混凝土能否达到设计所要求的密实性和强度。

1. 平仓

平仓是把卸入仓内成堆的混凝土料摊平到规定的均匀厚度。平仓不好会造成漏振和骨料架空事故,严重影响混凝土质量。

人工平仓一般用铁锹和铁耙进行,有的工程采用卷扬机牵引铲板平仓,但常受拉筋和内脚手架干扰。目前许多工程采用插入式振捣器,将振捣器插入料堆顶部,借混凝土在振捣作用下的流态化自动摊平,但须掌握得当,以防止离析,且振捣器平仓不能代替振捣工序。

对于面积大、钢筋及预埋件少的仓面可用平仓振捣机进行平仓作业,该机类似小型推土机,其刀片推土器用于平仓,另装有3~6支振捣器用于振捣,有利于振捣作业机械化。

混凝土入仓时,应特别注意分料工作,尽量使混凝土投放到接近最终铺筑的位置。铺筑有平层铺筑和梯形铺筑两种方式。

平层铺筑是将混凝土依水平层次分层铺平,铺完一层经振捣后再铺第二层。这种方式对混凝土的供应能力有一定的要求,必须使新浇筑的混凝土尽快地把下一层覆盖,以保证浇筑层间不产生冷缝。当仓面太大、供料能力不足时,可采用梯形铺筑。此时,浇筑块高度一般在1.5 m左右,每层宽3 m为宜。值得注意的是,当坍落度超过5 cm时,用梯形铺筑容易发生混凝土分离和砂浆流失。

平仓铺筑工作应按顺序进行,一般从浇筑块短边开始,一条一条平行于短边而沿着长边方向推进。

2. 振捣

振捣是浇筑过程中的关键工序。人工捣实混凝土既费力又不易保证质量,仅在不得已时用于零星工程中。此时要求混凝土坍落度大于8 cm,铺层薄于20 cm。机械振捣是由振捣器产生的振动力传递给混凝土,使之发生强迫振动。在小振幅、高频率振动作用下,混凝土的黏着力和内摩擦力显著降低,在重力作用下,骨料相互滑动而紧密排列,空隙为砂浆填满,空气变为气泡上浮逸出,从而使混凝土密实,并填满模板内部的空间。

振动设备按其工作方式不同可分为内部式、外部式、表面式等几种类型。

内部式振动器又称插入式振捣器,它用振动棒直接插入混凝土中捣实混凝土。其动力有电动和风动,以电动振捣器使用最多。

常用的电动插入式振捣器为软轴式振捣器。它的电动机放在底盘上,通过增速器带动钢丝软轴,使振动棒内的偏心块旋转而产生振动。软轴式振捣器操作轻便,用于钢筋较密、工程量不大的部位。

使用插入式振捣器振捣混凝土时,应垂直或略带倾斜地插入,并插到下层尚未初凝的混凝土中约 5 cm,以促使上下层形成整体。振捣 15～30s 后,慢慢拔出。混凝土振捣好的现象是:表面下沉停止,气泡不再冒出,表面平坦并有少许水泥浆。振捣时间不够,则密实度不足,过振则骨料下沉,砂浆上翻,造成人为的混凝土离析。

振捣器的插入点应该均匀,不要忽远忽近,一般间距不超过振捣器的有效作用半径 R 的 1.5 倍。振捣器有效作用半径 R 与混凝土坍落度和振捣器类型有关,一般为 30～50 cm,宜用试验确定。振捣器离模板的距离应不小于 R 的一半,不大于 R。使用插入式振捣器时,应该避免碰撞钢筋、模板、芯管及预埋件等。

外部式振动器(又称附着式振捣器),借螺栓或夹钳等固定在模板的横木上,通过模板把振动力传给混凝土。这种振动器要求模板有足够的刚度。外部式振动器适用于墙、柱、桩等尺寸单薄而钢筋很密的直立构件。

表面式振动器(又称平板式振动器)是将振动设备固定在一块底板上,工作时平板直接搁在混凝土表面,偏心块的振动作用通过底板传到混凝土,待混凝土不再下沉,表面出浆时便缓缓向前拖动,常用于振实面积大而厚度小的构件或部位,如平板、地面及薄板等。

4.3.4 混凝土的养护

混凝土浇筑后,在一定的时间内应保持适当温度和足够的湿度,形成良好的硬化环境,这就是混凝土的养护工作。养护是保证混凝土质量的最后一个环节,一旦忽视,将导致混凝土干缩裂缝,达不到设计强度,影响使用甚至不能使用,结果前功尽弃。

现浇混凝土多采用自然养护,即利用平均气温高于 5 ℃ 的自然条件,用水覆盖或用湿麻袋、草席、锯末、湿砂等覆盖混凝土,并适当浇水来维持表面潮湿。

养护工作应在浇筑完毕后 12 d 内开始进行。对于干硬性混凝土或当气温很高、湿度很低时,浇筑后应立即养护。持续养护时间为 14～21 d,视当地气温和水泥品种而定。水下混凝土建筑物所用的预制件,为了能在其表面形成一层抵抗海水浸蚀的碳酸钙薄层,应在空气中停放 21 d。

洒水次数:当气温在 15 ℃ 以上时,开始的 3 d 中,白天至少 2h 洒水一次,夜间至少 2 次。在以后的养护期中,每昼夜应洒水 3 次。具体工程应因地制宜地制定养护制度,并对冬夏季养护作出专门规定,认真执行检查。

近年来开始采用化学养护(也叫薄膜养护),即在已凝结的混凝土表面喷涂成膜溶液,溶液中的溶剂挥发以后,形成一层透湿率小的薄膜,可以使混凝土在不浇水养护的条件下,内部保持湿润,发展强度,减少收缩。成膜溶液的材料配方有多种,如可用氯乙烯-偏氯乙烯共聚乳液加10%的磷酸中和,使pH值为7~8,用喷雾器在外露的混凝土表面均匀喷涂两遍,为防止漏喷,可在溶液中掺入一种短期即能退色的短效染料。

4.3.5 混凝土外加剂的应用

混凝土外加剂,是指混凝土拌和物中掺入量不超过水泥质量的5%,就能促使其改性的外加材料。常用的混凝土外加剂有减水剂、早强剂、引气剂、缓凝剂等。

1. 减水剂

混凝土减水剂是指在保持混凝土稠度不变的条件下,具有减水增强作用的外加剂,多为阴离子表面活性剂。

常用的减水剂有普通型减水剂,如木质素磺酸钙(简称木钙粉,是引气缓凝型减水剂);高效型减水剂,如NNO减水剂(亚甲基二萘磺酸钠)、MF减水剂(聚次甲基萘磺酸钠)等。特别是MF减水剂,掺入后对混凝土的抗冻性、抗渗性、弹性模量、抗拉强度等都有不同程度的提高。当掺量为水泥质量的0.25%~0.50%时,保持坍落度不变,减水率为15%,28 d强度可提高8%~30%,有效缩短拆模时间,有利于加快工程进度。在相同的强度和流动性的要求下,可节约水泥15%以上。

2. 早强剂

混凝土早强剂是指能提高混凝土早期强度,并对后期强度无显著影响的外加剂。若兼有早强和减水作用,则称为早强减水剂。

早强剂多用于抢修工程和冬季施工的混凝土。目前常用的早强剂有氯盐、硫酸盐、三乙醇胺和以它们为基础的复合早强剂。

早强剂对不同品种水泥有不同的使用效果。有的早强剂会影响混凝土后期强度,选用时应遵照《混凝土外加剂应用技术规范》(GB 50119—2013)的规定。

3. 引气剂

引气剂是在混凝土搅拌过程中,能引入大量分布均匀的微小气泡,以减少拌和物泌水离析,改善和易性,同时显著提高硬化混凝土抗冻融耐久性的外加剂。若兼有引气和减水作用,则称为引气减水剂。

常用的引气剂有松香树脂类,如松香热聚物、松香皂;烷基苯磺酸盐类,如烷基苯磺酸盐、烷基苯酚聚氧乙烯醚等。引气剂和引气减水剂多用于抗冻、防渗、抗硫酸盐混凝土,因此在道路、桥梁、港口和大坝等工程中采用。

4. 缓凝剂

混凝土缓凝剂是指延缓混凝土凝结时间,并对后期强度发展无不利影响的外加剂。若兼有缓凝和减水作用,则称为缓凝减水剂。

缓凝剂用于大体积混凝土、炎热气候条件下施工的混凝土或长距离运输的混凝土。常用的缓凝剂有糖钙、木质素磺酸钙、木质素磺酸钠以及羟基羟酸等。

以上外加剂的使用应严格执行现行技术规范,外加剂的质量应符合现行国家标准的要求;外加剂的品种、掺量必须根据混凝土性能的要求、施工和气候条件、混凝土采用的原材料和配合比等因素,经试验、调整后确定。

4.4　水下混凝土施工

在水下基础、沉箱和沉井的封底、钻孔灌注桩和地下连续墙工程以及水下修复工程等施工中,常常要在不排水的情况下浇筑混凝土,钻孔灌注桩和地下连续墙是在泥浆中浇筑混凝土,因此须施行特殊的施工方法。

在浇筑水下混凝土时要防止水流和波浪冲击等的影响。在选择配合比时,要求混凝土有更好的塑性、流动性和抗分离性能。混凝土浇筑应不间断地进行。目前水下混凝土的施工方法有袋装法、导管法、倾灌法和压浆法以及近几年开始采用的水下不分散混凝土等。

4.4.1　袋装法

袋装法有袋装混凝土和模袋装填两种工艺。

袋装混凝土是将拌制好的混凝土(坍落度 $5\sim7~cm$)装入稀孔的织物袋内,然后由潜水工在水下将它们叠置起来。在浅水中也可以不要潜水作业。袋中的混凝土在水中硬化,同时水泥浆将透过袋孔逸出,把所有的袋连接成整体。混凝土袋堆筑时应交错叠置、相互紧靠,层与层之间宜用短钢筋插入,以加强连接。

这种方法常用于填平基岩坑穴及临时和次要的工程。

模袋装填是指模袋砂浆或模袋混凝土,是目前采用的一种新工艺。它是将高强度的粗锦纶布按设计要求加工成各种口袋,即模袋,然后置于填筑处,再向模袋中注入砂浆或混凝土,凝固后形成整体。此法常用来填充缝隙,如建筑物和岸壁接头处,基础要求较高(像沉箱预制厂的轨道基础)的抛石基床或混凝土方块之间的空隙等,施工十分方便。

另外,在进行河岸、渠道护坡工程时,可将高强锦纶布织成特殊的模袋铺于被保护体表面,当注入砂浆后形成扁平的混凝土护面板。

如果将织物做成布套套在受腐蚀的钢管桩及混凝土周围,注入砂浆进行修补防蚀可以取得满意的效果。

4.4.2 导管法

在1.5～20.0 m深的水中浇筑水下混凝土,目前广泛采用导管法施工。

导管直径为250～300 mm,用无缝钢管制成长1～2 m的管节,管节之间用法兰盘紧密连接。导管顶部有漏斗,其容积应能保证开始时使混凝土冲出导管后足以封住管口,以防止水从外部串入。导管用起重设备吊住,可以升降。

导管法施工的关键是要保证导管口始终埋在混凝土内至少1 m。为此,开始浇筑水下混凝土之前,在导管漏口处要用球塞(木、橡皮、排球或足球制成)堵住,并用绳或铁丝向上拉紧,漏斗内即可灌满混凝土。球塞的作用是隔开导管内的水,避免其与漏斗内的混凝土接触。浇筑开始,剪断拉绳,漏斗内混凝土在重力作用下沿导管而下,球塞与导管内的水随之被挤出导管外,导管口也被冲出的混凝土所包围。与此同时,供料设备连续、均衡地向漏斗添加混凝土,导管下口也就源源不断地流出混凝土,这些混凝土从内部推着表层混凝土上升,导管也逐步由起重设备提升。这样始终只有表层混凝土与水接触,其强度是较低的,但内部的混凝土不与水接触,几乎不降低混凝土的设计强度。

导管法要求混凝土有较大的流动性,有足够的抗泌水和抗分离性能(可掺入引气剂并适当提高砂率)。选择配合比时,要求混凝土配制强度比设计强度提高30%～40%;坍落度宜为16～22 cm;粗骨料最大粒径不得大于导管内径的1/4或钢筋净距的1/4,亦不得大于6 cm。

若水下结构物面积大,可用数根导管同时浇筑。每一根导管的灌筑面积与它的作用半径和灌筑范围的形状有关。

导管出口压力可由管口以上混凝土柱的高度而定,根据作用半径大小,一般不得低于规定的数值,导管的长度及导管出水面高度均可由此压力推算出来,混凝土浇筑速度视混凝土初凝时间而定。

混凝土浇筑应从深水处开始,当数根导管同时浇筑一个浇筑块时,应保证混凝土表面均匀上升,浇筑工作连续而不得中断,混凝土浇筑到设计标高后应继续超高 15 cm,表面部分混凝土因与水长时间接触而变得松软,故应予清除。

如果水下浇筑混凝土体积较大,将导管法与混凝土泵结合使用可以取得较好的效果。

4.4.3 水下不分散混凝土

水下不分散混凝土(简称 NDC)是近年来一项新技术成果。它是将具有特定性能的聚合物(即 NDC 抗分散剂)作为掺加剂,按水泥重量的 1/4 加入混凝土,从而改善混凝土材料的组成和配合比,使混凝土具有极好的黏结力,能避免水泥流失,限制新拌混凝土的分散、离析,保证了混凝土的强度。此外,这种混凝土还具有极好的流动性,可自流平、自密实,具有缓凝性(初凝时间大于 15h),几乎不泌水。这就给浇筑水下混凝土带来了施工便利和质量保证。

根据工程实践,一般每立方米混凝土水泥用量为 400 kg,NDC 抗分散剂掺量为 103 kg,按水灰比 0.6、坍落度 20~25 cm 拌制混凝土,可采用混凝土泵或导管法进行水下浇筑。

其坍落扩展度可达 50 cm,28 d 抗压强度能达 26.8 MPa,抗渗性能也有明显提高。

NDC 水下不分散混凝土适用于水下建筑物的建造和修补,如大坝、护岸、港口码头、桥梁、海岸防波堤、地下连续墙等工程的施工。

4.5 钢筋混凝土预制构件的制作

预制构件的主要生产过程有原材料的验收及储存;混凝土制备;钢筋制作;构件成型和养护;构件的脱模和堆放等。其中构件成型和养护是中心环节,对保证构件质量和生产效率的实现起着决定性作用。

4.5.1 预制构件制作的工艺组织

根据成型和养护的不同特点,预制构件的生产有下列三种组织方式。

1. 台座式生产工艺

利用光滑平整的混凝土平台制作构件,构件的整个制作过程(包括成型、养护、脱模)都是在台座上同一地方进行。制作过程中所需的混凝土和其他材料均用专门的起重设备供应,操作工人及其所用的机具设备将顺序地从一个构件移到另一个构件,完成各项生产过程。台座式生产周期长,占地面积大,机械化程度较低,但设备简单,投资少,易于组织生产,特别适于制作不同类型的构件和重型构件,一般为现场就地制作钢筋混凝土预制构件或露天预制构件厂所采用。

2. 机组流水式生产工艺

机组流水式生产工艺将生产组织分为几个工段,每个工段都有相应的工人和机具设备,构件随同模板在其制作过程中沿着工艺流水线,借助专门的起重运输设备在各工段移动,分别完成各有关工序。生产过程按流水作业法组织,但工艺节奏不是强制式的,操作工人及生产机具基本上固定在一个岗位上。生产效率比台座式高,机械化程度较高,占地面积小,但建厂投资较大,且构件在制作过程中运输繁多而不宜制作大型构件,一般为生产多种规格的中小型构件预制厂所采用。

3. 传送流水式生产工艺

它是机组流水式的进一步发展。模板在一条呈封闭环形的传送带上有节奏地从一个工作区移动到下一个工作区,各工作区要在同一时间内完成各自的工序,从而保证有节奏地连续生产。传送流水式生产效率高,但设备复杂,生产线不易调整,只适用于制作大批量定型构件的永久性预制厂。

我国港口及航道工程的预制厂大都采用台座式生产工艺。它能适应各种大型构件的制作,也能进行预应力钢筋混凝土构件的生产。

目前制桩长度达 60 m,许多地方都采用了长线台座,一条台座线长 150~200 m、宽 20 m 左右,台座线之间留有宽 2 m 以上的操作通道。

4.5.2 预应力钢筋混凝土构件制作

预应力钢筋混凝土构件制作的基本方法有先张法和后张法。

先张法是在浇筑混凝土前将钢筋张拉到设计控制应力,并用夹具将其临时固定在两端的台座或钢模上,然后浇筑混凝土。待混凝土达到一定强度,保证预应力筋与混凝土之间有足够的黏结力之后,放松预应力,钢筋回缩,借助于混凝土与预应力筋的黏结,使混凝土获得预压应力。

后张法是在构件设计配置预应力筋的部位预先留出孔道,待混凝土达到设计强度后,将预应力筋穿入孔道,然后进行张拉并锚固。张拉的反作用力通过锚固装置直接传到构件本身,使混凝土受到预压应力,最后向预留孔道进行灌浆,使预应力筋不锈蚀并与构件连成整体。

后张法是直接在构件上张拉,不需要专门的台座,宜于在现场制作大型构件。同时也可以作为一种预制构件的拼装手段,在预制厂制作小型块体,然后运到现场穿入预应力筋,通过施加预应力拼装成整体。但后张法工艺过程复杂(如需留孔、穿筋、灌浆等),锚固应力筋的锚具要永远留在构件上,故花费钢材较多。

先张法工艺简单,应力控制较后张法准确且适用范围广,因此,在港口航道工程中大都用先张法来制作预应力构件。

1. 先张法的张拉设备

先张法所用的设备主要有台座、张拉机具和夹具。

(1)台座。

台座要承受预应力筋的全部拉力,故应有足够的强度、刚度和稳定性。

台座由台面、横梁及各种形式的承力结构组成。台面通常是在坚实的地基上浇筑5~8 cm厚素混凝土,要求平整光滑,沿纵向有2%的坡度(以利排水),每间距20 m左右设伸缩缝一道,缝宽3~5 cm,内嵌木条或沥青。横梁一般采用钢结构或钢筋混凝土结构,其断面尺寸根据其跨度和张力的大小计算确定,承力结构分墩式和槽式两类。选用时根据构件种类市、张拉吨位和施工条件而定。

墩式台座是用重力式混凝土墩来承受张拉力。台座应经抗倾覆验算、抗滑移验算及强度计算。

台座的长度应能满足制作最大桩长要求,台座宽度由构件类型和产量等因素确定。台座端部留有张拉操作地和通道,两侧有构件运输和堆放场地。

槽式台座主要由钢筋混凝土压柱、横梁和台面组成,可以承受较大的张拉力,也可以作蒸汽养护槽。槽式台座以低于地面为宜,以便运送混凝土和进行蒸汽养护,但需考虑地下水位及排水问题。

(2)张拉机具。

张拉钢筋常用油压千斤顶、电动螺杆张拉机、卷扬机或倒链等设备。单根钢筋张拉多用卷扬机或倒链以及小吨位的千斤顶进行,由弹簧测力计或杠杆测力器或荷重来测定并控制张拉应力。多根钢筋成组张拉,可用大吨位的千斤顶和四横梁装置进行。千斤顶的顶程一般为 200 mm。

(3)夹具。

夹具为锚固应力筋的工具。要求夹具强度高,受力完全可靠,锚固钢筋牢固而且拆卸方便。

夹具的种类很多,锚固钢丝的有楔形夹具、锥形夹具;锚固粗钢筋的有工具式螺杆、穿心式夹具和墩头锚固。

2. 先张法施工工艺

(1)张拉。

张拉是预应力构件生产中的重要环节,张拉程序应按设计要求进行。张拉时应准确地控制张拉应力(钢筋截面所允许承受的最大拉应力值),其大小必须在保证构件生产和使用安全的前提下尽量充分利用钢筋强度。

张拉钢筋时应注意安全,正对钢筋两端禁止站人。敲击锚具的锥塞或楔块时,不应用力过猛,以免预应力钢筋断裂伤人。浇筑混凝土时,振动器不应碰撞钢丝,应使台座内一条生产线上各构件的混凝土一次连续浇筑完毕。混凝土未达到一定强度前,不允许碰撞或踩动钢丝。混凝土可采用自然养护或者蒸汽养护。

(2)放松钢筋。

当混凝土强度达到设计强度的 70% 以上时方可放松钢筋。放松钢筋应缓缓进行,以免产生冲击而损害构件。对轴心受压构件,所有应力筋应同时放松;对偏心受压构件,先同时放松预压应力较小区域的预应力筋,再同时放松预压应力较大区域的预应力筋;对配筋不多的中小型钢筋混凝土构件,钢丝放松可采用剪切、砂轮锯割或氧-乙炔焰熔断的方法,但必须分段、对称、相互交错进行,避免构件受过大的偏心力;对配筋多的构件,采用滑楔放松或砂箱放松及千斤顶放松。

4.5.3　混凝土构件的密实成型

预制构件成型主要有模板支立、钢筋及预埋件安放、浇筑混凝土、密实成型及修饰表面等工序。密实是成型的关键,水运工程中常采用振动法、振动加压法或离心成型法进行构件密实工作。

1. 振动法及振动加压法

振动法是构件密实成型较为简单、有效的方法。它所用的设备有插入式振动器、表面式振动器及振动台。用台座法生产构件都采用插入式或表面式振动器。

振动台是一种机床式的振动器，其振动频率一般为 1500～6000 次/min，振幅为 0.3～3.0 mm，振动延续时间一般在 0.5～2.0 min。

振动时必须将模板牢固地固定在振动台上，否则，模板的振幅和频率将小于振动台的振幅和频率，而且振幅沿模板分布也不均匀，以致降低振动效果，影响混凝土的密实度。

在构件振动成型过程中，如果在构件表面再施加一定的压力，以加速混凝土的密实，提高混凝土硬化后的强度，使构件表面光滑，这就是振动加压法。按加压的方式不同，分静态加压和动态加压两种。静态加压是用一块钢板或钢筋混凝土板直接加到正在振动成型的构件表面。如果在压板上装设振动器，组成振动压板，则成为动态加压。动态加压可以提高密实效果，减轻压板重量。

2. 离心成型法

离心成型法是将装有混凝土的模板放在离心机上，使模板以一定的转速绕着本身的纵轴旋转，混凝土在离心力作用下分布于模板内壁并挤出水分，从而使混凝土得到密实。离心法制作的构件都是具有圆形空腔的管形构件。构件的外形则可以是圆形、正多边形等各种形状，如上下水道水管、电杆、桩、柱、管柱及屋架杆件等。

离心成型的主要设备是离心机，它有滚轮式和车床式两种类型。滚轮式的模板自由地支承在滚轮上，靠彼此之间的摩擦力来带动旋转。模板由上、下两个半管模组成。先把下模置于操作台上，安放钢筋骨架，然后将根据管柱的体积计量好的混凝土均匀地浇筑到下模内，再将上管模盖上，使其上下密合，即送至离心机上离心成型。

美国雷蒙特公司生产的雷蒙特桩，采用了离心—振动—加压成型技术。它是在上述离心成型过程中增加了振动和加压工艺。在钢模外设置许多起振块，用液压起振器振击起振块，使混凝土受振密实；又在管形内壁增设一加压碾棒，以碾压构件内壁，使其受压密实。离心、振动和加压同时作用，使构件的密实性和强度大大高于一般构件，同时也显著提高了生产效率。

离心成型过程分为两个阶段:第一阶段是使混凝土沿模板内壁分布均匀,形成空腔,此时转速不宜太高(80～150 r/min),以防止混凝土中的大骨料移向构件外层而产生离析;第二阶段是使混凝土密实的阶段,此时可提高转速(有 260 r/min、550 r/min、680 r/min 三级),增大离心力,压实混凝土。一根管件的离心密实时间一般为 10～15 min。离心结束后,即可把钢模吊运到砂坪,平稳地将构件翻滚到砂凸台坪上脱模。构件可自然养护,也可以在内腔中通入蒸汽养护。

4.5.4 混凝土构件养护工艺

水运工程中大都采用台座法生产混凝土预制构件,构件的养护也常用自然养护的方法。但自然养护时间长,为了缩短养护时间,提高模板的周转率和场地利用率,许多预制厂都采取一定的措施来加速混凝土的凝固。最常见的是常压蒸汽养护。此外,目前国内外还出现了系列加速混凝土硬化的方法,如高温高压蒸汽养护、热拌混凝土热模养护、红外线养护等。

1. 常压蒸汽养护

常压蒸汽养护的实质,就是将构件放置在一个大气压并充有饱和蒸汽或蒸汽空气混合物的养护室内,在较高温度和相对湿度的环境中进行养护,以加速混凝土的硬化,使混凝土在较短的时间内达到规定的强度指标。

混凝土构件进行蒸汽养护,要经过静停、升温、恒温、降温四个过程。蒸汽养护效果与相应于四个过程的蒸汽养护制度有关,它包括养护前的静停时间、升温和降温速度、养护温度、恒温养护时间、相对湿度等。

构件成型后,在室温下停放一定时间,再进行蒸汽养护,此过程叫静停。构件经过静停后开始具有一定强度,可以避免在升温蒸养时产生温度应力带来不利的影响。静停时间一般控制在 2～6h,随水泥的品种、恒温温度不同而异。用火山灰质硅酸盐水泥或矿渣硅酸盐水泥制作的混凝土构件可不静停。

升温过程必须缓慢平稳,否则,不仅构件表面与构件内部会出现过大的温差,使构件产生裂缝,还可能由于混凝土中毛细管内的水分和湿空气的热膨胀而导致混凝土内部结构的破坏,故必须控制升温速度。对于一般塑性混凝土,其升温速度可控制在 20～25 ℃/h,对于水灰比低于 0.4 的干硬性混凝土构件,其升温速度可以为 35～40 ℃/h,升温时间一般为 2～3 h。

恒温过程,即构件在养护过程中,在最高温度下所持续的时间。这时混凝土强度增长最快。恒温的温度取决于水泥的品种。对普通硅酸盐水泥一般取 80

~85 ℃,对火山灰质硅酸盐水泥和矿渣硅酸盐水泥为 90~95 ℃。根据混凝土在不同温度条件下的强度增长曲线(通过试验得出)来确定恒温时间,一般为 5~8 h。

降温过程中,构件由表及里向外散热,水分向外蒸发,如果降温速度太快,则构件表面与内部必然出现较大的温差,为防止表面温度的急剧变化而引起裂纹,降温速度也应有所控制,一般为 20~30 ℃/h,同时还应注意构件室内温度与室外气温相差不得大于 40 ℃,当室外气温为负温时,温差不得大于 20 ℃。

养护过程中,特别在恒温阶段,养护室内的湿度需保持在 80%~100%,以免构件中的水分蒸发影响水泥的水化作用。通常可在蒸汽室内装置喷水设备,或者将喷放蒸汽的多孔管装设在水沟内,使干蒸汽通过水再喷放出来。

常压蒸汽养护设备分为间歇式和连续式两种。水运工程多采用间歇式的坑式蒸汽养护室。

普通坑式养护室结构最好建造在地面以下以求保温良好。养护室坑壁与坑盖之间用水封槽封闭,坑壁上设有槽钢以保护坑壁并作钢模入坑轨道,坑盖由金属材料和保温材料制成,盖上留有放取试块的小孔,也用水封槽密封,两根蒸汽管道都布置在下部,每米长钻 8~10 个直径为 8~10 mm 的小孔喷射蒸汽,坑底需设排水沟以排出冷凝水,构件的装入和吊出均用起重机,蒸汽室中养护的构件,一般每次可装入 4~6 层,完成了一批构件的养护循环吊运出坑后,再装入另一批构件养护,因此消耗蒸汽量大。

采用台座法生产构件时,可在槽形台座上加盖密封,然后通入蒸汽养护。

2. 高温高压蒸汽养护

在压热容器中,以 8.5~10 个大气压力的饱和蒸汽对混凝土构件进行高温(180 ℃)处理,以加速混凝土的硬化,使经过高温高压蒸养的构件成为高密度高强度的混凝土构件,这就是高温高压蒸汽养护工艺。

高温是为了促进化学反应,高压则是为了挤出多余水分。构件经过约 10 h 的高压蒸汽养护(包括升温和降温各 5 h),随后进行通风处理 48 h,强度可以增加到设计强度的 150%。高温高压蒸汽养护的优点:从浇筑到养护结束,只需 18~24 h,即可达到蒸汽养护 28 d 的强度;与水中养护相比,干缩仅为它的 1/3,同时能增加混凝土抵抗硫酸盐作用的能力。高温高压蒸汽养护特别适用于水工建筑物,因混凝土制成后含水量较小,从而可以避免干缩裂缝。

3. 热拌混凝土热模养护

热拌混凝土热模养护即利用热拌混凝土浇筑构件,然后向钢模的空腔内通入蒸汽进行养护。此法与冷拌混凝土进行常压蒸汽养护比较,养护周期大为缩短,节约蒸汽。这是因为用此法养护时,构件不直接接触蒸汽,热量由模板传递给构件,构件内部冷热对流加速,且因为利用热拌混凝土,使构件内部温差远比常压蒸汽养护时小,而且平衡较快,因而可省去静停工序,缩短升温时间,较快地进入高温养护。

4. 红外线养护

红外线是用热源(电能、蒸汽、煤气等)加热红外线辐射体而产生的。红外线被吸收到物体内部,被吸收的能量就转变为热,目前常用的辐射体为铁铬铝金属网片、陶瓷板或碳化硅板等。对辐射体的要求是耐高温、不易氧化、辐射率大等。选择辐射体时,还要求其发射的红外线波长与水泥和其水化物的吸收波长一致或相近,这样可提高养护效率。

用红外线热辐射进行混凝土养护有许多优点,如养护时间短、能量消耗低、有较好的经济效益。

4.6 混凝土质量检查与缺陷修补

混凝土施工质量控制是一个系统的动态控制体系,从施工活动开始就要实施,如原材料质量是否保持均匀一致,配合比要求是否准确控制,拌和、运输、浇灌、振捣、养护、拆模等工序是否遵循规范正确执行,实施过程与操作者素质息息相关,用其工作质量来保证工序质量,用工序质量来实现产品质量。目前在企业中推行全面质量管理(TQC),对质量进行追踪,及时掌握生产状况,了解混凝土质量变化情况,发现问题及时处理,这对提高施工管理水平和保证混凝土工程质量具有重要意义。

混凝土质量检查是质量控制的主要工作,应贯穿施工中各个环节。在施工之前,应对材料的品种、质量进行检查,测定水泥标号,检查砂石级配、含泥量及各种物理力学性质指标,检查水质和外加剂等,并根据品种的特点决定施工采取的措施。

浇筑混凝土前应认真检查模板、支架、钢筋、预埋件和预留孔洞的情况,并在浇筑过程中经常注意观察,如果变形、松动,应立即停止浇筑,并在混凝土凝固前修整加固。

在搅拌及浇筑过程中,每班至少应分两次在搅拌地点和浇筑地点检查混凝土配合比和坍落度。为了判定混凝土构件是否达到设计标号,确定能否拆模、起吊以及确定预应力构件张拉、放松预应力筋的时间等,应用同样的混凝土制作试块(试块数目不得低于规范的要求),分别在标准条件下及与构件相同的条件下进行养护。经过一定时间再进行试验,以测定质量指标,然后按试块的平均强度、均方差、离差系数和强度保证率进行质量控制及作为评定混凝土质量指标的依据。

当混凝土达到规定的拆模强度,拆去模板之后,如果发现缺陷,要分析其产生的原因和程度,防止以后再次发生,并根据缺陷部位的重要性,分情况予以修补。

1. 不影响结构使用性能的表面小蜂窝、麻面或露石

这主要是在浇筑前模板湿润不够,吸收了混凝土中大量水分或振捣不够仔细所致。修补方法一般先用钢丝刷或压力水冲洗,再用 1∶2～1∶3 的水泥砂浆填满抹平,并加强养护。

对于稍大的蜂窝或露筋,可按其深度凿去薄弱的混凝土层,用压力水冲洗后,用比原混凝土强度等级高一级的细石混凝土填补养护。

2. 影响构件安全使用的空洞、大蜂窝

发生这种情况应会同设计单位研究处理,有时应进行必要的结构检验。修补时一般可彻底清除软弱部分,然后清洗干净,最后用比原标号高一级的水泥砂浆借高压水泥喷枪或压力灌浆进行修补。

3. 裂缝

构件发生裂缝的原因比较复杂,而且往往是由多种原因综合引起的。当裂缝较细、数量不多时,可将裂缝加以冲洗,用水泥浆抹补;如裂缝较大较深(宽 1 mm 以内),应沿裂缝凿去薄弱部分,用水冲洗,再用 1∶2～1∶2.5 水泥砂浆或环氧树脂抹补,有的工地使用盐酸砂浆(由水泥、中砂、工业盐酸及水拌成)修补;宽度为 0.1 mm 以上的裂缝,一般用灌浆法补强。补强之前应先对裂缝的数量、宽度、深度、连通情况以及漏水现象等进行全面观测,以便采用符合实际情况的补强方法。

第5章 重力式码头与防波堤施工

重力式码头是码头的一种常用结构形式,主要用于岩石地基或持力层埋藏较浅的地区。重力式码头一般由基础、墙身、上部结构、墙后回填和码头设备等组成。

5.1 抛石基床施工

5.1.1 基槽挖泥

挖泥前,必须首先进行测量定位工作,在现场设置定位标志,并在现场设临时控制水尺;施工中,要复测水深,核实挖泥量(如遇有回淤情况,还要根据复测水深结果估计回淤强度,并将在挖泥期间的回淤量计入挖泥量)并安排好挖泥程序。挖泥时,要勤对标,勤测水深,防止超挖或欠挖;对有标高和土质"双控"要求的基槽,挖至设计标高后,要核对土质(现场鉴定和套筒取样,室内分析),如地质情况与设计要求不符,应继续挖至设计土层出现或与设计单位研究解决办法。挖完后,如有淤泥,须用吸泥泵清淤;如不能及时做抛石基床,则要采取防淤措施(或在将来抛石前,用吸泥泵清淤)。

基槽开挖,应根据地质条件采用相应的开挖方式。地基为岩基时,视岩石风化程度,可采用水下爆破(爆破作业时,特别要注意不能使基础受到严重破坏),用抓斗(铲斗)挖泥船开挖(当为砂质土壤时,也可采用绞吸式挖泥船)。在选择挖泥船时,要对自然环境条件、工程要求和挖泥技术性能等因素作综合分析,选择可作业的、能满足工程要求和挖泥效率高的挖泥船。基槽开挖的质量标准:基槽平面尺寸不得小于设计规定,对水下开挖非岩石地基,每边超宽和超长一般不大于2.0 m,平均不大于1.0 m;超深一般不大于0.5 m,平均不大于0.3 m。根据挖泥船的实际情况(如抓斗的大小等),可适当增加超宽、超长和超深量。

基槽开挖后,应对开挖断面进行实测验收,若不符合设计要求,应进行补挖。

5.1.2 基床抛石

每段基槽开挖后,应及时进行抛石。对松软地基,抛石前应先铺筑反滤层(在基床底部铺设 0.3~0.5 m 厚的砾石或碎石作为反滤层,起减少石块陷入土中的作用)。

1. 石质要求

(1)基床抛石一般用 10~100 kg 重(对于厚基床,块石可大些)、未风化、无严重裂缝的块石,对有可能遭受波浪水流冲刷作用的部分,需用大块石护面,并注意级配。

(2)在水中饱和状态下的抗压强度:夯实基床不低于 50 MPa,不夯实基床不低于 30 MPa。

2. 抛石顺序与分层

抛石的顺序,既要考虑与上一工序(基槽挖泥)紧密衔接,又要为夯实以及后续工序(安装预制构件)创造条件,以达到确保工程质量和加速工程进度的目的。当基床设计底标高相差不大时,可从一端开始向另一端分段抛。对于顺岸式码头,可从任一端开始;对于突堤式码头,一般从近岸端开始。当基床设计底标高相差较大时,应从底标高低处向高处分段抛。抛石基床的厚度应为设计厚度加预留沉降量,对于夯实的基床,只考虑地基的沉降量,对于不夯实的基床,还需要考虑基床本身的沉降量。

当基床厚度较大、基床抛石需作重锤夯实处理时,基床需分层抛石、分层夯实,每层厚度一般不大于 2 m。作爆夯处理时,厚度可加大。

3. 抛石方式

抛石方式有压茬抛和定位定量抛两种,这两种抛石方式的优缺点和适用范围见表 5.1。

表 5.1 抛石方式比较

抛石方法		优点	缺点	适用范围
压茬抛	人力:民船、方驳	①抛填位置较准确;②抛填灵活,量易控制;③不易漏抛,顶面平整度较好;④方驳驻位较稳	①抛填效率低;②劳力用量大;③劳动强度高	①风浪较小时的抛填;②基床顶部的细抛;③人工费用较低的地区
	方驳:推土机、装载机	①抛填效率较高;②劳力用量少;③方驳驻位较稳	①抛填量不易控制;②顶面平整度较差;③需用推土机或装载机	①风浪较大时,基床顶部细抛,其余部位粗抛填;②人工费用较高的地区
定位定量抛	人力:民船、方驳	①抛填位置较准确;②抛填效率较高;③抛填控制较为简单	①定位标志设置量大;②顶面平整度较差;③劳力用量大;④劳动强度高	①风浪较大时,基床顶部细抛,其余部位粗抛填;②人工费用较低的地区
	抛石船:侧倾式、底开式	①定位较准确;②抛填效率高	①定位控制工作量大;②顶面平整度差;③粗平工作量大	风浪大时,基床顶部细抛,其余部位粗抛填

4. 抛石要点

(1)导标标位要正确,要勤对标、对准标,以确保基床平面的位置和尺度。

(2)粗抛与细抛相结合,顶层为顶面以下 0.5~0.8 m,在该范围内应细抛;顶层以下各层可粗抛。抛填控制高差:粗抛一般为 30 cm 左右,细抛一般为 0~30 cm(抛石应在风、浪、流均较小时进行)。

(3)抛石前应进行试抛。通过试抛,当用人力抛时,掌握块石漂流与水深、流速的关系;当用推土机、装载机、底开式和侧倾式抛石船抛石时,应掌握块石扩散情况,以选定起始点位置和移船距离。

(4) 勤测水深,防止漏抛或抛填过多。在接槎处,应在邻近接槎 2~3 m 的已抛部位开始测水深,并采取先测水深、后抛石、再测水深的方法进行抛填,以免漏抛或抛填过多。测水深时,测点间距不宜超过 1 m,测锤的底部直径不小于 30 cm。

(5) 当有流速又用人力抛填时,要顺流有序进行抛填,且抛石和移船的方向应与水流方向一致,以免块石漂落在已抛部位而超高。

(6) 当用底开式和侧倾式抛石船抛石时,除掌握石堆扩散情况外,一般应控制在 30~90 s 内抛下,使抛下的石堆厚度比较均匀。

(7) 基床抛石的富余高度应适当,若过大,夯实后基床超高,水下扒除非常困难;若过小,夯实后欠高,尚需补抛、补夯,这些都影响工程的进展。根据实践经验,应掌握宁低勿高的原则,每一层抛石的富余高度常控制在抛石层厚度的 10%~15%。

5.1.3 基床夯实

在有夯实要求的抛石基床中,每层抛石后须进行夯实,以消除或减少其压缩沉降。夯实的方法一般是用起重设备吊重锤,按一定的规则和指标要求进行夯实。

1. 夯实机具

目前,基床夯实尚无专用的夯实船,一般用抓斗式挖泥船或在方驳上安装起重设备吊重锤进行夯实。夯锤一般为铸钢或用钢板焊接而成,为减小水阻力和增加稳定性,其外形为低重心的扁式截头圆锥体,且中间设有排水孔。有时在夯锤两侧焊上铁翅,以防夯锤发生旋转。

2. 重锤夯实的主要技术要求

(1) 基床夯实范围应符合设计规定,如设计未规定,可按建筑物底面尺寸各边加宽 1 m。当分层夯实时,应沿 45°散线向外加宽 1 m。

(2) 夯实前应对抛石层顶面作适当平整(防止因局部高差太大造成"倒锤"或偏夯而影响夯实效果),其局部高差不宜大于 30 cm。

(3) 基床应分层分段夯实,每层厚度宜大致相等,一般不大于 2 m;分段打夯的搭接长度不小于 2 m。

(4) 夯锤重量一般为 4~6 t,落距为 2~3 m,每锤的冲击能不小于 120 kJ/m²

(不计浮阻力的影响);对无掩护水域的深水码头,冲击能宜用 150～200kJ/m²。

(5)基床夯实一般采用纵、横向均邻接压半夯,夯两遍(初夯、复夯各一遍)或多遍夯实的方法,以防止基床局部隆起和漏夯。夯击遍数由试夯确定,不进行试夯时,应不少于两遍,确保每点 8 夯次。

(6)当夯实后补抛的面积较大(大于 1 个方块的底面积或 1 个沉箱底面积的 1/3),厚度普遍大于 0.5 m 时,宜作补夯处理。

3. 夯实要点

(1)夯实基床时,为防止"倒锤"和夯塌边坡,每遍的夯实要先中间、后周边。

(2)当基床顶面标高不同时,要先顶面标高较低的基床,并于其上安装预制构件后,再夯顶面标高较高的基床。在夯顶面标高较高的基床时,对邻近已安装预制构件的夯点,要减小夯击的落距,增加夯击的遍数。

(3)基床夯实后,应进行夯实检验。一般采用"选点检验"法,特别是离岸式码头,即在选定复夯范围内,均匀布设 20 个以上的复夯点,每点夯前,将夯锤落在基床上,测锤顶标高,然后吊起夯锤进行复夯,夯后不起锤,再测锤顶标高。这些复夯点前后高差的平均值即为平均沉降量,要求平均沉降量不大于 5 cm。

4. 爆夯(爆炸夯实)法

爆夯法是保工期、保质量的一种先进施工方法。当基床抛石量大、工期紧,应用传统的重锤分层夯实工艺施工,无法满足施工进度要求时,可采用爆夯法施工。爆夯法是一种新技术、新工艺,具有使用设备少、操作简单、施工速度快等优点,特别是处于外海水域,基槽开挖后为防骤淤,须立即将块石抛填满槽,厚度较大者(在 3 m 以上),以及爆夯与挤淤合并进行以省掉开挖基槽工序者,其优点尤为突出。

1)爆夯机理

悬浮在基床顶面上的炸药包在水中爆炸后,产生巨大的瞬间冲击荷载,对抛石基床有自上而下的压缩作用。同时,爆炸产生的地基振动,对基床有自下而上的振动密实作用。爆炸中的这两种作用都使块石产生挤压、位移、相互错动,减少孔隙,从而使基床密实。其中以地基振动对基床的密实影响较大,对基床密实起主要作用。

爆夯法的影响因素有爆破规模(即一次起爆的总装药量)、爆夯次数(通常 2～4 次)及上覆水层厚度等。其中爆破规模是主要因素。因此,为达到理想的爆夯效果,在条件允许的情况下,应尽可能采用大规模爆夯。但一次爆夯的药量又受安全控制的影响,因此,有时要进行小药量多次爆夯。

2)药包加工

爆夯所采用的药包,一般无法在采购中解决。现在工程上大多采用硝铵炸药,它的特点是敏感度低、使用安全、有一定威力、制作加工方便。为安全起见,药包必须在距人群和建筑物安全距离以外的地点加工,也可在离开施工区域的船只上进行。加工操作必须符合安全操作规程。

硝铵炸药会因湿度超过30%而拒爆,所以每个药包均要求有良好的水密性。通常用双层或多层塑料袋密封防水,外面用编织袋包裹。为了使药包悬浮在水中,编织袋内先放置一定数量的泡沫塑料(数量视药包重量而定,以确保药包能起浮为准),装入药包后用尼龙绳绑扎牢靠。

药包的装药量一般在15 kg/包左右,可根据试爆情况、基床厚度、炸药的上覆水深、重复爆夯的次数,以及安全范围等进行调整。

3)布药

布药主要是控制药包在水中的吊高和药包间的距离。为避免潮流和气候的不良影响,布药应在天气晴好和平潮时进行。

药包的吊高,即药包在基床面以上的高度,要视每一药包控制的范围和上覆水深及装药量等不同而控制在0.8～1.2 m。该距离在药包加工时通过编织袋和坠体(绑扎的石块)间的尼龙绳长度进行控制。

药包定位采用梅花形布置,每排排距可取3 m,每排内药包的间距可取4 m。

4)起爆

布药完毕后,即将各药包的导爆索(单股)与主导爆索(双股)连接。在布药时,无关船只及人员必须撤至安全区,在布药和导爆索连接完毕后,全面检查警戒水域,确认无任何船只和人员以后,发出爆破信号,然后正式起爆。

5)质量检验

基床爆夯是近几年开始采用并得到发展的新技术、新工艺,目前尚无成熟的经验和正式的质量检验评定标准。但根据已有码头的施工实践,其夯沉率宜以大于10%为控制标准。在爆夯达到规定的夯沉率后,对造成的深坑补抛和平整,在表层再用重锤普夯一遍。

6)爆夯试验

在正式施工之前,应进行爆夯试验,以检验所定技术参数是否合理、炸药的防水性是否正常、安全措施是否得当,并能借此进行人员培训。

爆夯与航道炸礁、水下爆破等一样,爆破操作应特别注意安全,爆夯前必须到有关单位办理规定手续(如到港务监督部门办理航运通告,到海上安全监督部门办理申请警戒手续)。爆破操作人员必须受过岗前培训,要做到持证上岗。针对爆破现场,应制定出具体的安全操作规程,考虑爆夯对周围环境的影响,并控制爆点与需保护对象(如建筑物)的安全距离,应由爆破工程师进行计算,必要时要进行调查和监测。

5.1.4 基床整平

为使基床能够均匀地承受上部荷载的压力,必须进行基床顶面和边坡表面的整平工作。目前,我国仍主要依靠潜水员进行整平(长江口深水航道整治工程设计了专用的整平船)。水下基床整平工作,根据不同建筑物有不同的精度要求,一般分为:粗平——表面标高允许误差为±15 cm;细平——表面标高允许误差为±5 cm;极细平——表面标高允许误差为±3 cm。

1. 基床的粗平

码头基床的边坡只进行粗平,有时每层夯实前也需进行粗平。粗平的方法有悬挂刮道法和埋桩拉线法。

(1)悬挂刮道法。整平船(方驳)横向驻位,按整平标高用滑车控制刮道(铁轨,其长度大于基床整平宽度)下放深度,水位每变化5 cm调整一次,潜水员以刮道底为准,"去高填洼"进行整平,边整平,边移船。

(2)埋桩拉线法。在基床纵向两侧,陆上用经纬仪定方向,船上用垂球引点,每隔15～30 m埋设木桩,桩侧设置短护木(与基槽纵向平行)以增加木桩抗拉线拉力的能力,桩顶用测深杆测设整平标高,每侧木桩按整平标高拉8♯～22♯铅丝线,两线之间用直径为3 mm测缆作为滑动线,潜水员以滑动线为准,"去高填洼"进行整平,边整平,边移动滑动线。

在这两种方法中,埋桩拉线法较好。其优点是不受风浪、潮流的影响,整平精度高;缺点是增加了测埋拉线桩这一工序。

2. 基床的细平和极细平

基床肩部、压肩方块下的基床,需要细平;墙身下的基床需要极细平。

进行细平和极细平时,大块石之间不平整部分宜用二片石填充;二片石之间不平整处用碎石填充,碎石允许成层,但其厚度不应大于5 cm。

施工时一般采用导轨刮道法,在基床的整平范围内,沿纵向的两侧每隔 5～11 m 安设混凝土小方块,方块上安设作为导轨用的钢轨,钢轨长一般有 6 m、12 m 两种(现有改用钢管的,钢轨会因倾倒等造成标高不准,而钢管则能在一个范围内始终保持标高不变)。方块和钢轨之间垫厚薄不一的钢板,严格控制轨顶为整平标高,且误差不超过 1 cm。整平船横向驻位,填注所用石料装在船上,通过浮鼓式漏斗向水下运送,潜水员于水下用刮杆(钢轨)沿埋设的钢轨顶将碎石刮平。

5.2 墙体构件的预制及安装

对预制安装的重力式码头,经整平后的抛石基床为避免遭受风浪的破坏或回淤,应及时安装墙身预制构件。在目前,重力式码头预制构件一般为方块、沉箱和扶壁。

5.2.1 方块码头墙身的施工

混凝土方块是重力式码头墙身结构的一种主要形式,常用的有空心方块和实心方块两种,其质量可以从数十吨至数百吨,一般高 2.0～4.0 m、宽 2.0～5.0 m、长 4.0～13.0 m。方块的质量和体积都很大,并且大多在水上进行安装,故须配备大型的陆上、水上起重运输机械。

方块墙身的建造程序是方块预制、方块储存、方块出场、方块运输、方块安装。

1. 方块预制场

很少为混凝土方块设置专门的预制场,大多在其他构件预制场内设一混凝土方块预制区或就近利用现有码头设置临时预制场。

混凝土方块预制场(区)的选择除满足一般预制场的要求外,因方块的自重较大,其地基应有足够的承载能力,以免混凝土底膜因不均匀沉降而遭受破坏,必要时须对地基作加固处理。当利用现有码头或岸壁作为临时的预制场时,不论预制或存放均不应超过码头的承载能力和影响岸壁的稳定,而且其前沿水深应满足起重船和方驳作业吃水的要求。

预制场(区)的平面布置主要包括混凝土底模的布置和存放场的布置。布置时除应验算地基或码头的承载能力及岸壁稳定外,尚应考虑支拆模板、浇筑和用起重设备吊方块装方驳等因素的要求。

2. 方块的制造

混凝土方块的施工工艺及技术要求,与一般水工混凝土基本相同。根据规范规定,体积较大的混凝土方块应掺块石,以节约水泥,并减少混凝土的水化热。块石总量控制在方块体积的20%~30%,块石应质地坚硬,外形无针状、片状,埋置时应分布均匀,不能成层,块石与块石、块石与模板的最小间距应大于10 cm。

在码头临水面的方块,因受水位变动的影响,在物理和化学的双重作用下加剧了混凝土的破坏过程,所以在临水面的方块混凝土的强度等级应提高一级。有时也采用花岗石镶面,镶面的花岗石应无裂纹、未风化、抗冻性能良好。

方块预制品必须外形规则、尺寸准确,否则将影响安装质量。制造方块时,经常会出现黏底、鼓肚、裙角漏浆、松顶、表面砂线及裂缝等缺陷。这主要是振捣和模板故障产生的问题,在施工中必须重视,并采取相应的预防措施。为防止出现黏底,常在方块和底模之间设置脱模层,但脱模层不得采用会减小摩擦力的塑料纸和油毡纸等。

3. 方块的吊运

方块达到设计强度后,即可运到施工地点进行安装。方块的吊运工作通常包括陆上吊运和水上吊运。当方块制造场和储存场与转运码头的距离较近时,通常直接用预制场的移动式龙门起重机吊起方块行驶到转运码头装船。当距离较远时,须用平板车把方块运到转运码头,用专门的起重设备装船。当方块制造场布置在岸边,并位于起重船的工作半径之内时,则可以利用起重船直接转运的方式。

方块的起吊方法是,在起重吊钩下吊以丁字吊杆(又称马腿),将丁字吊杆插入方块的吊孔,然后转90°,则丁字吊杆端头卡在吊孔中,起重机收起吊钩即可将方块吊起。丁字吊杆和吊孔的数目应根据起吊时端头与混凝土接触面的挤压应力来决定。若方块中预埋吊环,则用起重机吊钩直接起吊,吊环通常用一级钢筋制成,埋入混凝土内,为了便于方块的储存堆叠和安装,须在方块吊环位置设凹槽,使吊环顶部不高出方块顶面。

4. 方块的安装

下面仅叙述实心方块的安装。

在安装方块之前,必须对基床进行全面检查。如发现基床平面有损坏,须加以修整;如基床表面有淤积物,则应清除。同时,还须在基床上设置安装方块的水下基线。

1)方块的安装方法

方块安装日前一般采用水上安装法。为保证安装质量和安全,方块安装应在风浪不大时进行。方块安装的施工方法由地质条件、基床厚度以及建筑物的施工条件而定。在平面上,先安装外侧、后安装内侧。在立面上,大致可分为四种基本形式,即以单块为单元的阶梯式、以段(按变形缝划分)为单元的分层逐层式、以几段为单元的阶梯式和以整个码头为单元的分层逐层式。这四种形式传给地基的荷载的集中程度依次降低,当地基土压缩变形比较大时,安装后的墙身易产生不均匀沉降,但在安装时,起重船移动幅度小,移锚次数少,安装效率高。

具体选用何种形式,与地基土性质、码头长度、分段长度和层数,以及后续工序安排和风浪条件等因素有关。选用的原则是不均匀沉降小,受风浪破坏少,安装效率高和有利于后续工序的施工。

2)方块的安装顺序

开始安装方块时,先要确定起始的地点。对于与现有建筑物相连接的方块工程,可以从与旧建筑物相邻的一面开始;对于没有建筑物可依的,则可从任意一端开始。对于必须严格保持其中心位置的,则必须从中心开始,使误差均匀分布。

安装第一层方块时,尤其是靠基线的一排和第一块方块,要特别注意其平面位置和标高的准确性,因为上层方块都要以此作为依据。

在平面上安装方块的顺序应尽量使拟安装方块与已安装方块有两面相接。这种安装顺序可大大简化施工过程,并使安装接缝的交错排列达到最大准确度。

3)临时压载措施

为了使方块建筑物下的地基土和基床加速密实,在方块墙安装过程中或安装到顶层以后,要进行临时压载。压载可利用其他段尚未安装的方块作为压重。压载时间以达到沉降量符合计算规定为止,一般约为两周。根据建筑物类型、土质条件、抛石基床的厚度和土的计算应力的情况,可采用偏心压载或均布压载。若基床夯实质量较好,一般可不需压载。

5.2.2 沉箱岸墙的施工

随着港口工程日益向深水发展,沉箱逐步向高、大型转化,一些沉箱高达20米,重达数千吨。此外,为了满足各种使用的要求,沉箱形式也多种多样,有圆形的、矩形的,单格的,带趾的、带孔的、削角的,等等。这些均使预制沉箱的方式、方法和工艺等发生一系列的变革。

沉箱的施工程序是沉箱的制造、下水、浮运、沉放(分节预制的沉箱须接高)及箱内填充等。

1. 沉箱的预制方式

沉箱的预制方式很多,根据其预制和移动下水情况的不同,大致可归纳为以下几种。

1)滑道式

滑道式预制沉箱,有横、纵移式和纵移式,不论是横、纵移式还是纵移式,沉箱都是在平台上预制的,两者的主要区别如下。

横、纵移式的平台设在滑道的一侧或两侧,沉箱可预制一个出运一个,平台能及时周转;沉箱出运时,要先横移,而后纵移下水,除纵移车外,尚应配横移车,设备费用高。纵移式的平台设在滑道的纵轴线上,沉箱要成批预制和运出,平台不能及时周转,沉箱出运时不经横移直接下水,只需配纵移车,设备费用低。

2)船坞式

当沉箱的预制数量不多、预制期不长、工程附近没有固定的沉箱预制场,或即使有但不经济、不安全时,如附近有船坞可租用,且其技术条件(承载力、尺度和水深等)能满足预制和出运沉箱的要求,为减少设备投资,可利用该船坞预制。

(1)干船坞式。

根据船坞的大小,通常一次可预制数个沉箱。预制后向坞内压注水,让沉箱浮起,然后逐个出运。在向坞内压注水起浮前,为防止沉箱之间相互碰撞,需利缆绳系住沉箱,以减少其起浮时的摆动,并根据可能相碰的情况,在沉箱的一些边、角和部分侧壁设防撞护木。在起浮过程中,为防止缆绳断裂,应根据沉箱摆动情况适时收、放缆绳。在起浮后出坞时,用坞船的卷扬机及两侧拖缆小车(或电动绞车),将沉箱牵引至坞口,然后用拖轮从坞口拖至施工现场或专门的沉箱临时存放场。为防止沉箱撞坏坞口,应预先在坞口的侧壁设防撞护木。

(2)浮船坞式。

浮船坞一般是钢质的,少数是钢筋混凝土的。坞甲板是平的,预制沉箱时,可不设底模,只需铺不浸油的油毡原纸隔离层。根据船坞和沉箱的大小,一次可预制1～3个沉箱,沉箱出坞与船的出坞相同,即向坞底和侧墙的水舱内压注水,坞下沉至一定水深,沉箱起浮后用拖轮拖出坞,其他施工过程和操作与用干船坞预制沉箱相同。

3)吊放式

吊放式是在岸壁或码头承台上预制沉箱,然后用起重船吊沉箱下水。

4)挖掘式

挖掘式是在砂质岸边上预制沉箱,然后用挖泥船挖泥,使沉箱滑移下水起浮。

2. 沉箱的制造

制造沉箱时,需架设数量很多的模板,这是一项非常繁杂而且精度要求很高的工作。因此必须选择制作、立模和拆模都较方便,刚度大、周转率较高的模板形式。对于壁墙模板,大多采用组合式钢模板和工具式模板。但高度很大的沉箱也可考虑采用滑移式模板。固定式模板的立模和拆模都相当复杂,费工费料,现已不大采用。沉箱的底模板与侧模板不同,均做成一种形式,由梁木(12 cm×20 cm)和底板(厚40～50 mm)组成。底模板由支柱支承,该支柱遍布于整个制作台。

浇筑沉箱混凝土时,通常是用窄轨小平车运载混凝土桶至各个沉箱台座的起重机下,由起重机起吊卸在沉箱顶上工作台的漏斗内,再分送至各隔仓中的溜筒进行压注。现在很多预制场采用混凝土泵车,通过布料杆的竖向软管直接将混凝土输入模内。

混凝土的浇筑顺序是先浇沉箱底板,后浇侧壁和隔墙。壁墙混凝土的浇筑速度应基本一致,其高差以不超过1 m为宜。一般应一次连续浇筑完一个沉箱,以免出现接缝。在特殊情况下需分段浇筑时,施工缝不宜设在水位变动区、底板内、底板与壁墙的连接处、吊孔处以及吊孔以下1 m范围内。

水泥终凝后即进行浇水养护,混凝土达到一定强度后方可拆模,使用普通硅酸盐水泥的混凝土拆模后浇水养护时间不得少于10 d。

3. 沉箱的移动和下水

沉箱的移动,应在混凝土强度达到设计强度的80%后进行,下水时则应达100%。

在坞式沉箱预制场预制的沉箱,其移动和下水较为简单,即在坞室内充水使沉箱浮起并从坞门运出。这里仅介绍以滑道下水的情况。

1) 沉箱的移动

沉箱下水起浮过程见表5.2。

表5.2 沉箱下水起浮过程图

示意图	沉箱下水起浮过程
①开始挖泥	利用挖泥船开始挖泥的状态
②即将下水时的状态	挖泥工作进行中,沉箱下部的砂土剧烈地下降,沉箱后部略向上抬。砂土地基的承载力达到极限状态
③下水进行中的状态	挖泥船退避,沉箱后墙进一步上抬,边向前倾斜,边产生滑动的状态
④下水完成的状态	沉箱已停止滑动的状态

续表

示意图	沉箱下水起浮过程
⑤重新挖泥	利用挖泥船再次开始挖泥的状态
⑥即将滑动时的状态	继续挖泥,沉箱即将产生滑动的状态
⑦即将起浮的状态 有时则不滑水	沉箱以大致不变的倾斜度向前滑动,沉箱前部上面进入水中最深的状态,有的情况下,沉箱前部上面没入水中,有时则不滑水
⑧起浮完成的状态	沉箱起浮,摆动几乎已终止,可以进行拖运的状态

沉箱在场内的移动,目前常用垫车(或撬车)进行。移动沉箱时,先用千斤顶顶起沉箱,将垫车(或撬车)置于其下,就位后放松千斤顶,将沉箱放落到垫车(或撬车)上,然后用绞车将垫车(或撬车)沿横移轨道拖移至下水滑道的台车(设有相应轨道)上。对于大型的沉箱制造场,往往还设有纵移轨道,则沉箱须先从纵移轨道移至横移轨道上。

2)沉箱的下水

为保证沉箱下水的安全,必须在下水前做好下列准备工作:①沉箱缺陷的修补;②封闭通水孔,并根据设计要求在沉箱隔仓内填砂石或压注水压载;③沉箱封顶;④用张紧器将垫车(或撬车)固定在台车的轨道上,并将沉箱底模板与垫车(或撬车)连接以便沉箱浮起后回收底模板;⑤核算溜放水位等。

台车运载沉箱时,需用绞车缆索控制下滑速度,一般控制在 25～35 cm/s。下水滑道为钢轨滑道,滑道的坡度视沉箱的体积、重量而定,一般为 1∶8～1∶10。

滑道末端水深应满足式(5.1)的要求

$$H > T + H_1 + H_2 \tag{5.1}$$

式中:H 为滑道末端水深,m;T 为沉箱的吃水深度,m;H_1 为车(或撬车)和台车占用的高度,m;H_2 为富余水深,一般为 0.5～0.75 m。

此外,沉箱下水前,应对下水滑道进行全面检查,并用与设计荷载相当的试验荷载试运行,以检验滑道及牵引设备的可靠性。

4. 沉箱的浮运

沉箱下水起浮后,如不能及时运往沉放现场,可将沉箱停泊于避风水域,用锚缆固定。为增加沉箱的稳定性,可局部充水使它稍稍下沉,或临时存放在浅水处的松软平坦的海底上,为了避免浮起时因底部吸力大而造成的困难,沉箱最好放在卵石层上。

沉箱浮运前应做好拖运的准备工作,进行吃水、压载、浮游稳定的验算,并在沉箱的四角临时搭设木台,在其上安设绞车和带缆桩,沿沉箱中轴线和侧边固定标杆,以及铺设供工人在操作沉放时走动的木板过道等,远距离拖带宜采取密封措施。

沉箱用拖轮拖运,应在不超过 2 级浪的情况下进行。其拖运方法有跨拖法、曳拖法和混合拖运法三种,见图 5.1。

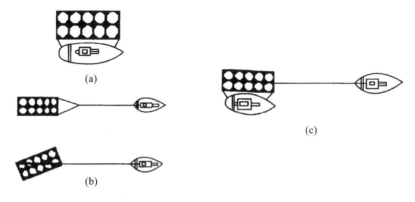

图 5-1 拖轮拖运的方法
(a)跨拖法;(b)曳拖法;(c)混合拖运法

跨拖法阻力大、行进速度慢、功率消耗大、易起浪花，在有风浪的情况下易发生危险，但对沉箱的就位有利。该法一般在运距不远、水域面积较为狭窄的条件下采用。

当运距较远、水域面积又较大时，可采用曳拖法。曳拖法有两种拖运方式：第一种方式如图5.1(b)中的上图所示，其行进速度较跨拖法快，但阻力还是较大；第二种方式如图5.1(b)中的下图所示，其阻力较小，行进速度快，但拖运过程中左右摆动较大，适于在水较深和宽广水域中进行长距离拖运。

在运距短、水域面积又较狭窄的地点，通常采用跨、曳混合的拖运方法，易于控制沉箱的稳定。

拖运沉箱时，其牵引作用点在定倾中心以下10 cm左右时最为稳定（正常航速条件下）。沉箱的浮游稳定性是个很重要的问题，在设计时必须进行核算。但为了增加沉箱浮游过程中的稳定性，常常采取临时压载措施，以降低重心。压载物可以是水、砂、石或混凝土方块等。

沉箱在浮运过程中，应注意防止承受侧面的外力，以减少摇摆。此外，还应注意缆索应具有一定的长度，不致使沉箱和拖轮互相碰撞。

5. 沉箱的沉放和填充

1）沉箱的接高

在正常情况下，不论采用何种预制方式，都是将沉箱预制至设计高度后出运。但当沉箱的吨位较大时，以滑道方式为例，如果因受预制平台承载能力或出运设施载重量的限制而不能预制至设计高度，则须在预制至一定高度后，运出场外进行接高。接高方式一般有坐底接高和漂浮接高两种。

（1）坐底接高。

坐底接高需建抛石基床，基床面积的大小与一次所需接高的沉箱个数有关。为方便作业，在基床上摆放沉箱的净距一般为2 m左右。基床顶标高的选取要满足沉箱接高前能趁潮浮运，能进行支模板、绑扎钢筋和浇筑混凝土的作业；接高后能趁潮抽水浮运或用起重船助吊，移出基床。如因沉箱吨位过大而不能满足上述要求，可考虑建深水和浅水两种抛石基床，先在浅水基床上接至一定高度，后移至深水基床上接至设计高度。坐底接高的优点是作业方便、安全，受风浪流影响小，可作业天数多；缺点是须建抛石基床，而且如基床顶过高，所需水深不足，接高作业完成后尚须挖除高出部分，因此所需费用高。坐底接高一般适用于所需接高沉箱数量多、当地水域风浪大、地基条件好和水深适当的情况。

(2)漂浮接高。

漂浮接高须抛锚或抛混凝土坠子,用缆绳系住沉箱。其优点是不需要建抛石基床、所需费用少;缺点是抛锚系缆占用水域面积大、受风浪影响大、工作条件差、可作业天数少(波高大于 0.5 m 时一般不能进行作业)。漂浮接高一般适用于所需接高沉箱数量少、当地水域风浪小和水深较大的情况。

不论是采用坐底接高还是漂浮接高,为少用船舶,不用大的起重设备,充分利用原预制场所的加工钢筋和拌制混凝土的设备,以及减少钢筋、模板和混凝土的运距,应选用原预制场近的码头或岸壁作为依托。此时,如采用坐底接高,在水深不足或地基条件差而需挖泥建抛石基床时,应考虑挖泥对码头或岸壁整体稳定的影响;如采用漂浮接高,为预防因走锚或断缆,致使沉箱与沉箱、沉箱与码头或岸壁、发生相互碰撞损坏的危险,沉箱周边应设防撞设施。

2)安装顺序及其控制

顺岸式和突堤式码头大多由一排沉箱组成,一般由一端开始向另一端安装,安装时,可用全站仪或 GPS 定位。常规方法也可于陆上设经纬仪直接观测其顶部,控制线距设计前沿线 $15\sim 20$ cm,如基床有向里的倒坡,设计前沿线应按坡度进行调整。对墩式码头,以墩为单元,逐个安装。如一个墩有数个沉箱,每个墩由一角开始依次进行沉箱安装,安装时,于陆上设两台以上经纬仪(或经纬仪与测距仪联合使用),采用前方交会法先安装一个墩的沉箱,在已安装的墩上用经纬仪和测距仪定线、测距,逐个安装下一个墩。

安装前,检查基床整平面有无扰动或基床面上有无异物;查清沉箱有无黏底及其清除情况,如有黏底,应采取措施进行处理。根据沉箱预制尺寸偏差情况,应事先选定缝宽控制值。

沉放第一个沉箱时必须有 4 个锚,以后的沉箱可改用 2 个锚,而将沉箱的另一端系于先沉下的沉箱的两个带缆桩上。第一个沉箱的安放,因不便控制,一般不易安好,所以只能先粗安(但不能占据第二个沉箱的位置和影响第二个沉箱的安放),然后在第一个沉箱上设控制点,因这时对第二个沉箱便于控制,应严格掌握第二个沉箱的安放标准,待第二个沉箱安好后再抽水起浮第一个沉箱,以第二个沉箱为控制点对第一个沉箱重新进行精确安装。沉箱坐落在基床上后,应及时检查偏位、缝宽,如不合格应抽水起浮(或用起重船助浮),重新安装,直至符合要求为止。

在沉放沉箱时,还应考虑潮位和潮流的影响。一般,落潮比涨潮易于控制,故以利用落潮沉放为宜。但若在落潮时沉放的位置不达要求,则需等到下一次潮水上涨时,才能将沉箱浮起重新进行沉放安装。沉箱沉落在基床后,需开进水阀门灌水,并如同开进水阀门下沉一样,随涨潮灌满水后即关闭进水阀门,让水留在沉箱内,以防止沉箱随涨潮而浮起,并增加沉箱抗波浪、水流的稳定性。

对非岩石地基,根据地基分布不均匀情况和技术要求,要随着安装进程,每隔数个沉箱,在顶部设置沉降、位移观测点,并测量初始值(沉箱内未填填料之前),以后按一定间隔时间,观测其沉降、位移并做好记录。

3)沉箱内的填充

在条件许可的情况下,一般沉箱下沉完毕后,应立即进行填充工作,要求在短时间内将沉箱填充到不会被风浪流推动的程度,以免沉箱发生位移和破坏箱壁与基床。安装后停置1~2 d,复测其位置,如合格,才充填满箱内的填料。必要时,为防止基床的淘刷,要考虑在基床上安放压肩块体,并且在已安沉箱的端头要安临时性的压肩块体,使末端沉箱不因基床淘刷而倾斜、位移,造成返工和延误后续沉箱的安装。必要时实施返工作业,一般要掏除箱内填料,抽水起浮后,重新安装。

填充的材料应按设计规定选用,一般采用混凝土、块石、渣石、碎石、砂等。填充时要保证均匀对称,各隔仓壁两侧的高差宜控制在1 m以内,以免造成沉箱倾斜、隔仓壁开裂。

填充的方法:对顺岸式和突堤式码头,应尽可能结合墙后的回填,形成通道,采用翻斗汽车从陆上进行填充;对墩式码头,一般是船运填料,采用人力或抓斗船进行填充。为防止填料砸坏沉箱的顶部,在其顶部要覆盖型钢、木板或胶皮。

4)沉箱间接缝内倒滤料的填充

当墙后无抛石棱体时,沉箱与沉箱之间采用对头接形式,两头有钢筋混凝土插板,插板与沉箱前后壁之间铺土工布,其空腔划分为3部分,从临水面向内一般分别填粒径为5~8 cm碎石和2~4 cm碎石、粗砂。填充时用3根导管同步填。

5.2.3 扶壁岸墙的施工

扶壁码头的施工要点如下。

(1)扶壁结构由立板、底板、肋板和胸墙等部分组成。为加快施工速度,除胸墙为现浇外,其他部分可作为一个整体进行预制和安装。由于它重量较大,不能浮游,安装时必须要有大型起重运输船配合。

(2)整体扶壁结构预制时,可根据施工条件采用立制或卧制的方法。立制时，施工高度较大，混凝土浇筑有一定困难，模板用料多，虽可用滑模，但由于高度不算太大且壁薄，混凝土易拉裂。但在预制和安装时，扶壁结构处于同一立姿，给安装带来很大方便。卧制时，施工高度小，模板省，混凝土浇筑容易保证质量，但在运输时需要空中翻身，给施工带来很大困难。现我国工程上绝大多数采用立制的方法。

(3)扶壁混凝土宜一次浇筑完成，以免出现施工缝。由于都是薄壁结构，混凝土通常采用附着式振捣器捣实。扶壁的吊孔一般设在肋板上，吊孔孔径为12~15 cm。每个吊孔配置两根受力钢筋，其锚固长度不小于30倍钢筋直径。吊孔的位置应在扶壁重心上方，并使吊点通过重心的垂线，以免起吊时倾斜和翻滚。对设有尾板的扶壁，宜在肋板根部设置进水孔4~5个，孔径为15 cm，以使安装时入水平稳。

(4)扶壁安装时，质量要求较高，要确保扶壁结构的垂直度，以使相邻扶壁之间的接缝平均宽度小于规定指标(一般为4 cm)。扶壁的安装过程一般如下：

①安装顺序常由一端开始向另一端安装，如码头较长，也可从中间开始向两端安装；

②安装控制方法与安装沉箱基本相同；

③由预制场或存放场至安装现场，扶壁同方块一样采用方驳运输，为防止在装卸时方驳发生横倾，扶壁的肋应平行于方驳的轴线，且扶壁的重心应位于方驳的纵轴线上；

④用起重船—吊装架进行吊装，吊点可以是预埋吊耳，或在肋上预留吊孔(孔内镶钢套管)；

⑤与沉箱相比，扶壁重量轻，重心偏离底板形心，稳定性差。安装时，一般边安装，边用型钢连成一体，协同抗浪(特别是斜向浪)。如可能遇有大风浪，则要及时回填墙后填料。

(5)扶壁背后无抛石棱体时，应在接缝处设置倒滤井，以防止墙后回填土从接缝中流失。当立板的悬臂长度不长时，在肋板外侧设置隔砂板；当立板的悬臂较长时，在立板后面设置隔砂板。为防止倒滤材料从立板、隔砂板之间的缝隙中流失，倒滤井外侧的倒滤材料的粒径必须大于安装缝的宽度。在施工中，如果安装缝宽超过倒滤材料的粒径，参照沉箱对头接立板和隔砂板之间的缝隙，应用混凝土插板遮挡，并在立板、隔砂板与混凝土插板间安设土工布。为了防止倒滤材料下沉后因胸墙下面出现空隙而造成漏砂，应在胸墙底面的后侧设置倒滤棱体。

5.3 胸墙及墙后回填

5.3.1 胸墙的施工

胸墙一般为现浇混凝土，只有少数小型码头为浆砌块石。现浇混凝土胸墙的施工要点如下。

(1)胸墙体积较大，除按设计要求分段外，为减小混凝土的一次浇筑量，可采取分层浇筑，但要采取措施处理好施工缝。

(2)非岩石地基，胸墙不一次浇筑到顶，而应预留一部分(约 20 cm)，待沉降稳定后再浇至设计标高。

(3)模板设计要考虑浪、流作用的附加力，以保证在分段处的平直。此外，为防止漏浆和浪、流的淘刷，模板的拼缝要严；模板与混凝土(已浇筑的混凝土)的接触处和各片模板之间，均应采取止浆措施。

(4)胸墙一般处于水位变动区，为保证混凝土质量，应趁低潮浇筑混凝土。因此，不论采用混凝土拌和船还是其他方式供混凝土，必须要有足够的供应强度，以满足在涨潮(被淹没的)2h 之前浇筑完毕。

5.3.2 抛石棱体和倒滤层的施工

在顺岸式码头中，方块码头都设有减压棱体(包括倒滤层)，棱体表面铺 0.3～0.5 m 厚的二片石层作为倒滤层的基层，沉箱和扶壁码头有时为减压也设有棱体。

沉箱码头的减压棱体(或回填土)应在沉箱内填料填完后进行。

棱体应按设计要求选用块石或当地产量大、价廉、坚固、质轻、内摩擦角大的材料。对于倒滤层，分层的一般由碎石层和"瓜米石"、粗砂或砾砂层组成；不分层的应采用级配较好的天然石料(如石渣、砂卵石等)或粒径为 1~8 cm 的碎石。倒滤层的上层可设土工布，土工布摊铺要平整宽松，不能拉紧，搭接长度应满足设计要求，并不小于 1 m。

减压棱体和倒滤层一般用民船或方驳于水上进行抛填。对于沉箱码头，为提高抛填速度，可考虑从陆上运料至沉箱上抛填一部分。抛填前，要检查基床和岸坡上有无回淤和塌坡(如有，必要时需进行清理)，并设立导标；抛填时，宜分段、分层进行,每层应错开一定距离,以免混杂,且应边抛边勤测水深。

棱体表面的二片石层抛完后,要进行整理,且顶面宽度应不小于设计值。各级棱体倒滤层厚度的允许偏大值(不允许偏小)如下:水上5 cm,水下10 cm。倒滤层表面的坡度按材料自然坡度进行控制。

倒滤层施工时各层必须逐层跟进,回填土应及时回填。否则倒滤层易受潮水、风浪袭击而坍塌。

5.4 防波堤施工

5.4.1 概述

防波堤作为防浪建筑物,其施工条件恶劣,可作业天数少。斜坡式防波堤本身在施工过程中就容易遭受波浪的袭击而破坏。斜坡式防波堤在未形成设计断面之前,其抗浪能力很差,更何况从堤心到护面是分段、分层逐步完成的,工序多,暴露范围大,遭受波浪袭击概率大,破坏程度高。一旦遭受破坏,将直接影响到港池内建筑物的施工,后果严重。因此,应在尽可能增加和充分利用可作业天数的原则下,认真研究其施工。

1. 斜坡式防波堤的施工特点

(1)斜坡式防波堤虽然不需要大型施工机械,但工程量一般都较大,施工条件较差。特别是对于建在浅水区域的斜坡式防波堤,水上材料运输和抛填施工可能需要趁潮作业,有效工作时间短,易造成工期延迟。

(2)斜坡式防波堤多在外海开敞水面上施工,施工船机和建筑物本身都直接受波浪袭击,而斜坡式防波堤在施工阶段对波浪的抵抗能力很弱。因此在确定施工方案和安排施工顺序时,必须充分考虑施工过程中堤身的安全性和稳定性,尽量减少和避免遭受波浪袭击。

2. 施工方案

按堤的类型和断面形式,施工方案可分为两类:一类是以陆上作业为主、水上作业为辅的陆上推进法;另一类是全部为水上作业的水上施工。在特殊条件下,也有全为陆上作业的陆上施工。

岛式防波堤,不论其断面为何种形式,一般只能用水上施工方案。突堤,堤心石顶标高在高潮位以上(确保堤顶通道不被淹没),且顶宽能满足陆上机械作业要求,此时如石料主要来源于陆上,又有大型陆上施工机械,宜用陆上推进的施工方案;有时为采用陆上推进施工方案,即便适当加宽、加高堤心石,也可能是经济合理的。在特殊情况下,如所处海域有长周期波,几乎无法用水上施工方案,可采取沿堤中心线设施工栈桥,用门机进行陆上施工的方案。

用陆上推进法施工有如下优点。

(1)陆上作业部分几乎不受波浪的影响,可极大地增加可作业天数,必要时还可昼夜作业,这样既可加快施工进度,缩短工期,如遇有大风浪,陆上作业还可抢做防浪加固处理,又可及时护面形成设计断面形式,减小波浪击毁施工中防波堤的概率和损失。

(2)采用陆上作业法成本低,机械利用率高,节省船机费用。

(3)可在大风来临前停止水上作业,但陆上作业还可抢做防浪加固处理,可缩短防浪的停工时间和减少浪击损失。

3. 施工安排

施工期间,应根据水文气象资料分析波浪和海况,按季节合理安排施工。

(1)在大浪季节里,为避免浪击损失,又为大浪季节过去后能开创更多的工作面,应根据可能遇到的波浪要素,按经验或通过模型试验拟定某一水位以下的堤心施工断面。拟定的原则是施工断面要小于设计轮廓线,而且要小到即使受风浪袭击,堤心石也不会滚落到设计轮廓线之外。如波浪比较小,为既避免浪击损失,又争取多完成一些工程量,也可缩小流水分段长度,增加分层层数,"步步为营"地进行施工。

(2)在大浪前、后的季节里,为多开工作面,以充分利用可作业天数,应加大流水分段长度,减少分层层数,配备足够的船机、劳力和储备充分的石料、护面块体等。

(3)根据海况变化,情况好(风、浪、流均较小)时,侧重安排防波堤迎浪侧的施工;情况差(风、浪、流均较大)时,侧重安排防波堤背浪侧的施工。

4. 施工方法和施工程序

在经济合理的总前提下,所拟定的施工方法应最大限度地增加可作业天数,并充分利用可作业天数和提高作业效率。例如水上吊安混凝土人工块体时宜选用抗浪和起重能力大,吊臂能旋转的大型起重船。波浪较小时,起重船驻位于堤的迎浪侧,波浪大时驻位于堤的背浪侧。起重船的起重能力大,可一钩吊安数块,吊臂长且能旋转,作业范围大,移船次数少,可大幅度提高吊安效率。为有效利用每一个可作业天,每天应收听天气和海况预报,结合施工现场情况作出合理的安排。对于建在软土地基上的斜坡式防波堤,必须分层按设计规定的速率加载,切不可盲目抢进度。其堤身部分的施工与一般斜坡式防波堤基本相同,但其水下棱体的施工应与堤心底层抛石同步进行,而且最好先抛水下棱体,后抛堤心石,以防止堤心石滑移。

(1)陆上推进施工的程序。

当突堤的堤顶用作通道时,其堤顶通常设有胸墙,这种堤顶较宽,堤心石顶标高较高,一般具备陆上推进条件。

陆上推进施工从堤根开始。由于堤根部分水深较浅,堤心石可以一次到顶向前推进。在堤身推进到水下 1.0~20 m 以后,整个堤身已很高,为防止继续推进造成塌坡,此后堤心石的抛填,原则上需分为两步进行。第一步粗抛,在水中抛填至±0.00 m(波高较大时,需适当降低);第二步由陆上继续推进,抛填到顶。堤心石成型后,即重点进行外坡工序,如垫层、护底、棱体以及护面等,以分段流水方式进行作业,其中护底和棱体基本上可与垫层同步进行。

安排胸墙的施工时应考虑以下两点。①若堤顶较宽,胸墙施工后不影响陆上机械及车辆通行,仍能继续从陆上向前推进,则施工较好安排,可多头展开;若堤顶较窄,胸墙施工后影响陆上推进,则应将胸墙的施工期适当后延。②如工期允许,最好让堤身经过一个大浪季节,使之经过较大风浪打击沉实后再进行胸墙的施工。胸墙完成后方可将坡肩处的护面层补齐,内坡成型一般可放在胸墙施工之后。

堤身施工应注意掌握施工季节。堤心石第一步抛至±0.00 m 以下时,其稳定性较好,基本上不受风浪的影响,全年均可进行,并可超前多抛。堤心石的第二步长高成型及抛垫层和护面等,应重点安排在非大浪季节进行,其分段流水的分段长度视工程量和运输安装能力而定,但不宜太长,如需在大浪季节施工,其分段流水应尽量缩短,并要"步步为营",且在风浪来临前,在堤身长高推进面及端部,用块石(必要时用护面块体)进行临时加固保护。对于在软土地基上施工的防波堤,其堤心的分层及间歇时间等,均须按设计要求进行。为加快施工进度,确保堤身安全,在底层抛石时,应布设沉降观测点,定期进行观测,根据观测结果,分析地基固结情况,调整上层抛石的间歇时间。根据以往的经验,通过观测分析实际沉降后,其间歇时间通常比设计规定的时间要缩短不少。

(2) 水上施工的程序。

凡不具备陆上推进施工条件的斜坡式防波堤一般均采用水上施工法。对于采用抛填混凝土方块的斜坡式防波堤,其底部堤心石的抛填方法与抛石堤基本相同,而其上部混凝土方块的抛填,则视其重量大小,选择相应能力的起重设备,进行逐层吊抛。这种结构的有利之处在于堤身形成过程中稳定性较好,便于施工。但全部采用混凝土方块的防波堤需用大量的混凝土,造价极高,因此目前国内很少采用。

下面以岛式防波堤断面为例,叙述水上施工的主要程序。

岛式防波堤的施工从一端开始,先抛棱体下部基础,接着抛棱体和护底,然后抛堤心石。堤心石原则上也可分两步进行:第一步先粗抛,标高控制在±0.00 m左右(波高较大时,需适当降低);第二步抛填到顶。内坡堤心的戗台,可作为第二步抛石中的一个分层。

堤心石抛至±0.00 m以下,其稳定性好,基本不受风浪影响,可超前多抛。堤心石±0.00 m以上的大量长高和成型,应重点安排在非大浪季节进行,并及时进行垫层和护面施工,其中尤应抓紧垫层抛石施工,使之先将堤心石包住,以提高抗风浪能力。如需在大浪季节施工,则应以水下抛石为主,在此期间进行堤心石长高及护面的施工时,应尽量缩短分段流水的分段长度,并应根据风浪预报情况,在大浪来临之前对堤身长高推进面及堤头进行保护。堤身和护面施工,在海况条件好时,应以外坡为主,但内坡也不应忽视,也要及时保护。因为这种斜坡堤的堤顶低、堤身窄,在护面没有全部完成时,往往波浪越顶会把内坡打坏。

5.4.2 防波堤堤身施工

1. 测量定位

防波堤施工前应进行海床测量,以准确掌握海底地形变化情况,并据此计算、复核工程数量和施工过程中控制抛填高程。斜坡式防波堤施工控制导标主要有断面标和里程标。断面标沿堤轴线每隔一定距离设一组,在堤头断面变化处和堤身转折处也必须分别设一组,每组断面标应在断面的堤轴线、堤边线及断面特征变化线方向上设立定位标志,用以控制防波堤的平面位置。里程标可设在陆上,也可沿堤轴线设置,用以标志施工区段。

2. 基础处理

在软土地基上修建的防波堤,须进行基础处理。根据软土厚度不同,处理的方法有抛石挤淤法、沙井排水加固法、置换法、铺砂垫层或土工布法、爆破挤淤法和分层加载预压法等。其中,铺土工布法和爆破挤淤法于20世纪80年代开始在我国采用。1984—1985年,深圳赤湾港首次采用铺土工编织布的方法处理了淤泥厚度平均达8 m的西防波堤软土地基;1985—1987年连云港西大堤施工中,首次用水下爆破排淤填石法处理厚达17 m的淤泥。

3. 抛填堤心石

抛填堤心石,不论是岛堤还是突堤,都从一端开始,突堤如采用陆上施工,则必须从堤根端开始。水上、陆上施工,因施工条件不同,其抛填方法也不尽相同。

1)水上施工

水上施工按前述施工程序进行。先粗抛、后细抛,抛至施工标高(设计标高加预留沉降量)成型。

(1)民船运抛是目前常用的抛填方法。它适用于浅水防波堤的抛填和深水防波堤的补抛及细抛。

(2)方驳运抛日抛量较大,也是目前较常用的抛填方法。它特别适用于深水防波堤的粗抛,也可用于补抛、细抛。

(3)开底泥驳运抛常用于深水防波堤的粗抛填施工,一次抛填量较大。

(4)自动翻石船运抛常用于深水防波堤的粗抛填施工,但因其抛填费用较高,一般只在无开底泥驳时才采用它。

(5)吊机—方驳运抛,这是一种辅助性补抛方法。它的抛填效率低,只有在用民船或方驳补抛不到施工标高时,才采用此法补抛。抛填时应定期测抛填断面图,初期可粗些,每20 m一个断面,之后应细些,每5~10 m一个断面。根据测量结果,按里程或区段控制需多抛或少抛的位置和再抛量。抛填时还应勤对标,勤测水深,控制坡脚位置和边坡坡长,使其不超过允许误差。

2)陆上推进施工

陆上推进施工抛填堤心石,按前述陆上推进施工的程序进行。

(1)拖拉机运抛。堤顶为一般宽度时,常用此法从石场直接运料,自卸、自抛。拖拉机的车速中等,转弯半径小,对道路条件要求不高,堤上无须局部加宽而设掉头区,因此抛填费用低、管理方便。

(2)汽车运抛。用汽车或翻斗车运抛,因轮压较大,行车道路距坡肩应有一定的距离,此时若堤顶宽度仅能允许单行线,则需隔一定距离增设错车和掉头区。有关水上的抛填和补抛,参见前述"水上施工"内容。

4. 抛填垫层石

堤心石抛填完验收后,特别是外坡,要尽快地抛填垫层石,以提高斜坡式防波堤的抗风浪能力。抛填垫层石与抛填堤心石一样,按水上、陆上施工条件的不同,其抛填方法也不尽相同。抛填垫层石后,尚须进行理坡。

1)抛填

(1)水上施工。

水上施工抛填垫层石的方法,有民船运抛、方驳运抛和方驳—吊机运抛三种,其具体抛法与抛填堤心石相同。块石质量在200 kg以下时,水上部分用方驳—吊机吊盛石网兜,定点吊抛;水下部分用民船或方驳运抛,并尽可能趁潮多抛,其中以民船运抛较为经济、方便。块石质量在200 kg以上时,水上、水下部分一般都用方驳—吊机运抛。

(2)陆上推进施工。

①水上部分抛填:a.拖拉机运抛块石,运抛至坡肩后,用人力往坡面掀(或用撬棍撬)抛,块石质量为100~200 kg时,用此法较为方便、经济;b.翻斗汽车运抛,当石场有装载机装车、道路条件较好,又无拖拉机时,或堤顶很宽、石料卸在坡肩上能用人力往坡面掀抛时,用此法较为经济合理;c.吊机吊抛,用拖拉机或翻斗汽车运石料,直接卸入网兜内,或卸下后用人力装入网兜,再用吊机吊盛石网兜,定点吊抛。

②水下部分抛填:民船运抛、方驳运抛、方驳—吊机吊抛的施工,均与堤心石水上施工相同。吊机吊抛时,施工方法亦同水上部分,但所用的吊机须有足够的吊重能力和吊臂长度。垫层块石一般都比较大而且重,抛填时应特别注意"宁低勿高",局部低凹处可在理坡时补抛。

2)理坡

垫层石质量常设计为护面块体质量的1/40~1/20。垫层的理坡要求与垫层石质量、护面块体类型有关,质量为10~100 kg、100~200 kg的垫层块石,其理坡后的允许高差分别为±20 cm、±30 cm。四脚空心方块的垫层石宜铺砌,其水上、水下部分的允许高差分别为±5 cm、±10 cm。垫层块石理坡的方法有滑轨法和滑线法两种。

5. 抛填压脚棱体和护底

压脚棱体有用块石的,也有用干砌块石或用与坡面相同的护面块体的。用块石时,块石质量一般设计为护面块体质量的 $1/10\sim1/5$,比垫层块石还大,因质量大,其抛、理均比较困难。如护面为四脚空心方块或栅栏板,应注意其常因块石压脚棱体表面凹凸不平,而易于向坡脚滑移。不论压脚棱体为块石还是块体,均用水上施工或陆上推进施工,其抛填或吊安的方法,与垫层或护面块体的施工基本相同。护底离堤中心较远且较薄,一般只能于水上用民船或方驳抛填,其具体抛法与水上抛填堤心石相同,但应勤测水深,控制其抛填厚度。

6. 护面层施工

斜坡式防波堤的护面层形式有抛填、安放或干砌块石,浆砌块石,抛填方块和安放人工块体。其中前三种护面层与一般类似项目的施工基本相同。下面仅叙述安放人工块体护面层的施工。

1)混凝土护面块体的预制

目前常用作护面层人工块体的有四脚空心方块、栅栏板、扭王字型块体、扭工字型块体和四脚锥体。工程附近无固定预制场时,应尽可能选择在拟建工程附近布置临时预制场,以缩短从预制场至现场的出运距离。场地面积要比较大,除应有足够的预制台座外,还应有相应的堆存养护场所。

混凝土护面块体的种类较多,必须根据块体的形状特征,选择其预制成型方式和制作方式。同一种块体,不同的成型和制作方式,决定了模板的形式和结构,混凝土入仓、振捣和保护外形的难易程度,混凝土运输和构件的起吊方式,预制和存放所占用场地的面积。

混凝土护面块体的外形较复杂,模板的制作和加工通常较困难,块体的底模可根据制作方式分别采用混凝土地坪和混凝土胎模或钢模(固定在混凝土地坪或钢支架上),侧模一般用钢模。某些块体的预制可能需设上模和芯模,上模可采用钢模或木模板,在混凝土初凝后可拆除,芯模可用充气胶囊或钢木芯模。

2)安放混凝土护面块体

目前护面层人工块体四脚空心方块、栅栏板、扭王字型块体、扭工字型块体和四脚锥体的设计层数:前三种为单层,后两种为双层。

安放人工块体护面层,首先要按设计的安放图案选定安放方法。在抛填垫层石过程中,为避免因风浪而遭受破坏,应及时覆盖垫层石,分段由下而上安放人工块体。其安放根据施工条件的不同,亦分为水上施工和陆上推进施工。不论如何施工,为充分利用可作业天数、提高安放效率和降低成本,除选用适宜的施工设备外,尚需选择块体自预制场至安放现场的运输方式和吊安方式。在决定规则安放或随机抛填后,尚需选定安放方式。一般来说,吊安设备起重能力小时,一钩吊一块;起重能力大时,根据情况可考虑一钩吊数块。

块体的安放采用水上施工,可用吊机—方驳或起重船安放块体。采用陆上推进施工,用吊机安放块体,如所用吊机起重能力小,坡脚部分块体可辅以水上施工。不论是水上施工还是陆上施工,规则安放块体时须用人力(水下用潜水员)扶正定向,但一定要注意安全。如安放扭工字型块体,为避免因偶尔碰及已安块体,自动脱钩后突然下落而砸伤人,应禁止直接用人力扶正,宜用带钩的长棍支顶块体的横杆或用插销系扣方法扶正定向。

第6章 桩式码头施工

6.1 桩工基础

6.1.1 概述

各种各样的桩在水运工程中的应用极为广泛,在高桩码头和板桩结构工程中,桩不仅作为基础,而且是重要的主体结构。因而桩工在水运工程施工中占有很重要的地位。

根据桩身材料的不同,有木桩、钢筋混凝土桩、预应力钢筋混凝土桩、钢管桩和大直径混凝土管桩之分,木桩是人类最早应用的桩,因木材紧缺并且容易腐烂,除少数盛产木材地区的某种特殊形式的码头结构(如黑龙江地区桩基钢筒重力式码头)之外,已基本不用。根据桩的制作方法,有预制桩和就地灌注桩。根据桩的承载力划分有支承桩、摩擦桩。根据桩所起的作用不同,有锚碇桩和防渗板桩等。

桩的截面形状有方形、矩形、圆形和管形等,港口工程中应用较多的是预应力钢筋混凝土空心方桩。钢板桩有槽形、Z字形、平板形,钢筋混凝土板桩大多采用矩形。

6.1.2 预制桩的施工方法

1. 桩的制作、吊运和堆存

1)桩的制作

(1)钢筋混凝土桩。

钢筋混凝土桩及预应力钢筋混凝土桩,一般都在专设的预制厂制作。但如果工地离预制厂较远、运输不方便,且工程规模较大、工地又有条件预制,非预应力桩也可在现场制作。对后张法预应力管桩,先用离心法在工厂预制成管桩节,然后运往工地现场,在预留孔内穿高强度钢丝,通过施加预应力进行拼接。

(2)钢管桩。

钢管桩一般在专门工厂生产成单节管桩,运到工地后拼装焊接,加固桩顶及桩尖,并进行防腐处理。钢管桩尽量采用螺旋形焊接,当分段拼接时必须在接头内侧加焊一衬套,以确保接头牢固、平直、可靠。

钢管桩的桩尖有全封闭、半封闭和开口三种形式。开口桩沉桩较容易,在砂土中形成土塞后承载力并不减小;在黏性土中优点并不突出,其最终的承载力比同直径的闭口桩要小20%左右。为了兼有开口与闭口两者的优点,一些工程采用了半封闭式桩尖。在实际工程中大多采用开口桩,但有的为了穿透护岸的抛石层,也采用锥形的封闭桩尖。

2)桩的吊运和堆存

桩从制成到沉桩到位,中间要经过吊运和堆存。无论是钢管桩还是钢筋混凝土桩,在吊运和堆存时都要注意不能使桩产生损伤和变形。因此,桩的吊点及堆存支垫的数目和位置,都要根据桩的结构性能及工艺过程,通过计算确定。桩是对称配筋的,吊运和堆存时应使桩身产生的正负弯矩相等,并且弯矩值应在安全范围以内。

钢筋混凝土桩长不超过 20 m 的一般采用两点吊,超过 20 m 的长桩应采用多点吊。

桩在预制、运输和沉桩时,吊绳与构件水平面所成夹角不应小于 45°,吊点位置偏差不应超过 200 mm,如用钢丝绳捆绑,为避免钢丝绳损坏构件棱角,吊运时宜用麻袋或木块等衬垫。

桩堆存时要注意支垫必须设在吊点位置处,堆放层数取决于地基承载力的大小并不超过 3 层。

2.锤击法沉桩

预制桩通常利用外力沉入地基中,锤击沉桩是最常用的方法。锤击法的主要沉桩设备是打桩锤、打桩架及其附属设备,如替打、桩垫等。高桩码头一般都是由打桩船在水上打桩,打桩船的移动和定位固定全靠锚缆系统,船上还备有平衡系统供打桩时平衡船体之用。打桩船除可打直桩外,桩架还可以俯仰而打斜桩,最大斜度可达 3∶1。岸边水浅,当打岸边的桩时,打桩船一般靠不到岸边,若打桩船距岸边不远,可吊龙口施打。若打桩船离岸边太远,吊龙口也无法施打,则只能先开挖以满足打桩船靠近岸边的吃水要求。若水深能满足打桩船吃水要求和没有危及岸坡稳定的陡坡,桩式码头打桩前一般不需要挖泥。如需挖泥则应分层开挖,台阶高不能超过 1 m,尽可能不超挖和欠挖。

1)打桩架的高度

打桩时,要根据桩长、打桩方式来选择打桩架的高度。打桩架的高度可按式(6.1)计算

$$H \geqslant L + H_1 + H_2 + H_3 - H_4 \tag{6.1}$$

式中:H 为从水面计算的桩架有效高度,m;L 为桩长,m;H_1 为桩锤及替打高度,m;H_2 为滑轮组高度,m;H_3 为富余高度,m,一般取 1~2 m;H_4 为施工水深,m。

我国打桩船的桩架最大高度达 80 m,有效高度为 70 m,可打 70 多米的长桩,可施打桩的最大直径为 2.5 m。

2)打桩船的抗风浪性能

打桩船的拖航和打桩作业均受风浪的影响,一般在近海作业的打桩船,只能在 5 级风、3 级浪以下拖航和打桩。在风浪大而且频繁的地区施工,宜用设在临时施工栈桥或海上施工平台上的打桩机打桩,这样可以大大增加施工时间和提高利用率。

3)桩锤

(1)桩锤的种类。

锤击法常用的锤有蒸汽锤、柴油锤、液压锤等。

蒸汽锤有单动锤和双动锤之分。单动锤冲击部分的上升是由蒸汽压力推动,达到顶点后自由落下。它通过调整冲程来改变冲击能和频率的大小,频率一般为 50~80 次/min。双动锤冲击部分的上升、下落均由蒸汽压力作用,它通过高速汽阀的进汽量来改变冲击能,其频率一般为 100~200 次/min。蒸汽锤打桩效率低、设备笨重、成本高,但锤的质量大,使用稳定可靠。

柴油锤的动力来自柴油内燃机,它利用锤的冲击部分(活塞或往复运动的缸体)下落时的冲击能量使桩下沉。柴油锤在低温时启动困难,在软土上打桩时贯入度大,不易反弹,往往不能连续工作,打击力不易控制,施工时存在着残油飞溅、噪声和振动等公害。

液压锤由锤筒、锤头活塞和无杆活塞等组成,筒腔内充满高压氮气和油。打桩时锤身被两个液压缸驱动顶起,下落时锤头接触桩顶,因重量很大的锤筒继续下降,大量动能通过高压氮气紧压在桩顶上,将桩压入土中。氮气的缓冲作用使极短时间的强大冲击力变成了较长时间的较大压桩力。通过调节补充无杆活塞

和锤筒之间的油量,控制氮气空间的大小,就可以调节其缓冲性能,达到改变打击力大小和打击时间长短的目的,从而提高打桩效率,也可使桩头避免被打碎。

(2)桩锤的选择。

桩锤是沉桩的主要设备,桩锤的选择必须满足两方面的要求:①满足克服沉桩阻力的要求;②满足沉桩速度和质量的要求,使沉桩效率高并保证桩身完好。

桩锤应尽可能通过试桩选择,若无条件进行试桩可根据当地或其他类似地区的经验选择。在同样满足桩锤冲击动能要求的前提下,锤重应选大些为好,这样可以提高冲击能量的有效利用系数。

4)替打及桩垫

替打及桩垫紧挨在桩顶之上,在锤击时,它们起缓冲作用并使桩顶受力均匀,保护桩头不被击碎。把桩顶送至设计标高时,替打伸出龙口的长度不超过替打长度的 1/2,最多不超过 2/3,这是为了保证在沉桩时,锤、替打和桩三者的轴线在一条直线上。

5)平衡装置

用打桩船沉桩时,随着沉桩的进程,船体因局部增荷作用会造成船身倾斜。为保证桩位和桩身倾斜度的准确,打桩船上往往设有平衡装置使船身保持平衡。

平衡装置有平衡车式和平衡水舱式两种类型。现大多用后者。

6)背板

背板是在龙口上固定桩位的设备。沉桩时可使桩顺着龙口的方向滑动。在打斜桩时,背板还可承受部分桩身重量。

3. 振动法沉桩

1)振动法沉桩的原理

振动法沉桩是在桩头上刚性连接一个振动锤,使桩与锤形成一个振动体系,由锤内几对相对放置的偏心块产生振动力,可强迫与桩接触的土壤也发生振动,破坏原来的土壤结构,减少了对沉桩的阻力,使桩在振动体系的压重作用下沉入土中。

2)振动法沉桩的夹具

用振动锤沉桩时要将振动锤夹在桩头上。因此对夹具要求:①能夹得紧;②夹板的材料要有一定的硬度和耐磨性能。不同的桩应采用不同的夹具。

4. 射水法沉桩(水冲法)

1) 射水法沉桩的原理

在桩尖内部或外部设有冲射管,从管内喷出高压水来冲刷破坏桩尖下的土壤结构,使一部分土沿桩周涌上地面,因而减少了桩侧表面与土壤间的摩擦力和桩尖阻力,桩在自重及压重的作用下沉入土中。停止射水后,经过一段时间的休整,松动的土又逐渐恢复原来的结构,变得紧密,并附着于桩的表面,土对桩侧的摩擦力和桩尖阻力重新得到恢复,使桩具有一定的承载能力。

凡地基是能被高压水冲开的土壤(如砂、砂砾土、砂黏土及黏土),都可以用射水法沉桩,其中以砂性土效果为最好。射水法沉桩效率高,但由于破坏了土的结构,冲出的孔比桩径大,桩下沉时易发生倾斜和偏位,土壤(特别是黏性土)一时不易恢复原有的强度,承载力会有某种程度的降低。

2) 射水法沉桩的机具

射水法沉桩所用的机具,除用锤击法的全套机具外,还有射水系统,包括高压水泵、压力管、橡皮软管、射水管及喷嘴。

高压水泵一般采用离心式多级泵,所需型号根据桩的断面、下沉深度及土壤性质等因素选定。砂性土中沉桩应选用较大流量、较低水压的泵;在黏性土中则选用较高水压、较小流量的泵;在砂卵石中则选用较高水压、较大流量的泵。桩入土越深,所需水压和流量也越大。根据射水管的布置不同有内冲内排、内冲外排及外冲外排,对开口管桩,还可采用内、外冲水结合的方法。

射水法沉桩的施工顺序:吊桩就位,压锤下沉,开动水泵,下放射水管并不断上下抽动。桩发生偏斜时,及时通过增开或关停相应的喷水管来进行调整。射水法沉桩对土壤的破坏作用大,并将影响桩基承载力。在实际工程中一般是锤击和水冲相结合,以锤击为主。若桩下沉有困难才辅以水冲,并以土的阻力大小调整水压、流量及锤击频率,而且在快接近设计标高(1~2 m)时应停止水冲,用锤击法或振动法把桩沉到设计标高。沉桩时,应在已知地基的地质资料或认真进行分析判断后,认为普通沉桩有困难时再决定射水,并设计确定射水沉桩方式和桩的结构。内冲外排、外冲外排对桩的承载力影响较大,桩易偏位、倾斜;内冲内排,泥浆从桩顶排出,特别是在冬季沉仰打桩时,溢出的泥浆不仅污染打桩船甲板,而且如结成冰,对安全不利,施工条件很差。

5.压桩法沉桩

压桩法是一种新的沉桩方法,它是借助桩架自重及压重,通过滑轮换向把桩压入土中的。压桩法一般采用分段压入、逐段接长的方法。压桩法最大的优点是减少打桩振动和对周围土的扰动破坏。用水上压桩法下沉斜坡上的桩可以解决斜坡上打桩滑移问题,并且施工噪声小。压桩法较适用于均质的软土地基,砂土及其他硬土层由于阻力过大不宜采用。陆上桩基施工中受到桩架高度限制,长桩需分节压入,在沉桩过程中需接桩,给施工带来不便。另外港口工程中常采用的斜桩,因桩很长、承载力很大,加上斜桩荷载施加困难,所以一般不能压入。

6.2 高桩码头桩基施工

高桩码头桩基施工的主要工作有桩的预制和运输、设置打桩定位基线及测量平台、定位沉桩、桩的临时固定和处理。

6.2.1 制桩和运输

港口工程上使用的桩大多为先张法预应力钢筋混凝土空心方桩,它必须在专门的预制台座上整根预制。预制厂在安排生产计划时应根据用桩的先后顺序,分类提前安排生产,保证在沉桩过程中不会因缺桩而导致沉桩作业停工。但也不宜过早提前生产或制桩速度过快,这样会造成堆场存放超量和大量流动资金积压。在制桩总数量上要有一定的富余(常为 $1‰\sim2‰$),以防止施工中因基桩损失而影响工程进度。用离心法预制的钢筋混凝土管桩和钢管桩,可分节预制后拼接成符合设计长度的桩。水运工程上桩的运输,一般采用水上驳船。

6.2.2 测量基线的设置

打桩定位是较复杂的测量问题,这里仅就一般过程常规的测控略做介绍。

为使桩沉放到设计位置,需要测设施工基线和桩位控制点,以便准确定位。通常设两条基线,其中一条与拟建码头岸线尽可能平行,另一条最好与之垂直。施工基线应该布置在地面平整、无位移和沉陷的地方,应尽可能不受外界条件的影响。若无岸线和已有建筑物可供利用,也可设专门的打桩测量平台或施工栈桥。

定位前，应先根据桩位布置图计算出各桩在施工基线上的控制点位置和控制线的方位角，并在基线上把各控制点位置精确地测量出来，然后在控制点上架设仪器，按计算出的方位角进行控制。

若不能设置上述两条垂直的基线，也可布设两条任意夹角的基线（以使测量夹角在30°～60°为宜），或只设一条与码头轴线平行或倾斜的基线，用两架或三架经纬仪以任意角前方交会法进行打桩定位，通常用两架经纬仪定位，一架经纬仪校核。但采用GPS定位或全站仪测控是今后发展的方向。

施工基线要与工地控制网相衔接，并建立坐标系统，精度要符合规范要求，测设基线前必须对控制点进行复测，基线设置后应请监理验收。

6.2.3 沉桩作业

1. 沉桩方法的选择

在具体的工程上选用何种沉桩方法，需要根据码头工程的地理位置、地形、水位、风浪、地质等自然条件，以及工程规模、机械设备、材料、动力供应情况、工期长短等进行详细的调查研究和技术经济比较来确定。对于远离岸边的水上沉桩作业，一般情况下采用打桩船打桩。若海上施工地点风大浪高，打桩船有效作业时间很少，有条件时可以考虑采用海上自升式施工平台进行打桩，这样能避免风浪的不利影响。

对于邻近岸边的桩，在水深足够时可用打桩船打桩。若水深不够，则分几种情况：若浅水区桩位在打桩船吊龙口的伸距范围内，则打桩船吊龙口打桩；若涨潮时能满足打桩船吃水要求，则可趁潮施打；当浅水区桩位超出吊龙口的伸距范围，趁潮也无法施打时，则要先进行挖泥，以便打桩船靠近岸边进行沉桩作业，也可以搭栈桥，由陆上打桩架打桩，不过这样要增加临时费用，要有一定的准备时间，并要起重船配合，其好处是沉桩时可以少受气候、潮水、风浪的影响，沉桩的进度快、质量好。

2. 沉桩顺序的确定

沉桩的先后顺序合理，对沉桩工程的顺利进行和沉桩质量有一定影响。在拟定沉桩顺序时应考虑以下几个方面的问题。

1）要考虑到所有的桩位都能被施打

由于具体码头，特别是高桩墩式码头的桩基布置比较密集和复杂，受到水位、地形、打桩船性能的约束,如打桩顺序考虑不周,就可能使打桩出现困难,甚至不能施打,造成必须改变桩基布置和结构设计的后果。在确定打桩顺序时,为操作简便,又能保证每根桩都能被施打,常在桩位图上用同一比例尺的打桩船纸模尝试能否施打,定出打桩的顺序或可编制相应的计算机程序进行桩基工程仿真模拟分析。

2)要考虑到水位、水深和风、浪、流的影响

打桩船有一定的吃水和抛锚定位的方法,在拟定打桩顺序时应考虑到打桩水位、水深和风、浪、流的影响。

3)要考虑到工程的分段

为了有利于后续工程的施工,整个码头工程要分成几段按流水作业的方式组织施工,打桩顺序应满足分段的要求。在拟定分段长度时要考虑沉桩的方便,也要考虑各个工序在一个施工段里时间安排的均衡性,还要考虑施工的安全性,实际工程中一般以结构段来分段。

4)要考虑到土壤变形的影响

对于群桩(桩距$<3D$,D 为桩径或方桩的边长)沉桩,土壤受到压缩变形及孔隙水压力的复杂作用,各桩相互之间有一定影响,先打的桩的位置和高程可能受到后打的桩的挤动,由于土壤已被先打下的桩挤实,后打入的桩可能遭遇沉桩困难,也可能使建筑物产生不均匀沉降。为了使先打的桩不影响后面桩的施打,码头沉桩通常采用阶梯形推进。

5)尽量减少沉桩对岸坡稳定的影响

打桩要引起强烈振动,要在正常固结的土中沉入许多根桩,要排出相当体积的土和孔隙水,所以必然使土体结构遭到破坏。孔隙水压力的消散,不同的土壤所需时间差别很大。沉桩引起的超静孔隙水压力使土体颗粒脱离接触,岸坡抗滑稳定性大大减小。为了使超静孔隙水压力减少积聚,最好采用顺岸打桩的顺序,由岸边向外逐排打设(但要考虑抛锚、移船等作业的方便)。当用一条打桩船打桩时,最好采用顺排间隔沉桩法;采用多条打桩船同时打桩时,应在打桩船之间保持相当距离,使同一断面里相邻桩的下沉有一定的时间间隔,让土壤中因沉桩引起的超静孔隙水压力得以消散。

6)尽量减少打桩船移架、改架、移锚的次数

打桩船打桩时移架、改架、移锚均需占用相当的工作时间,次数越多效率越低。因此,为了使所拟定的打桩顺序移架、改架、移锚次数最少,必须对桩位布置、沉桩顺序,特别是桩的平面扭角等要认真分析,事先做好沉桩设计。

7)考虑施工水域船舶锚缆的布置

施工水域船舶锚缆的布置对方便、顺利地沉桩十分重要。布置时要了解工作船的尺度,研究锚船及运桩方驳的停泊位置,使打桩船取桩方便,从取桩到打桩,打桩船的缆绳不要在已打好的桩中间穿来穿去,使打桩船无法移动,或缆绳受力后造成已沉好的桩受到侧向力而移位,甚至被折断。进行锚缆布置时,还应使各种工作船之间相互协调,避免干扰。

3. 沉桩质量控制

1)制桩质量

桩在制作过程中的各工序必须经过质量检验,合格的桩方可出厂。桩运到工地后要进行验收,主要查看有没有出厂合格证,运输中有没有碰伤,外形是否符合要求,不合格的桩不能应用于工程。桩身外观应笔直无弯曲,表面无外露铁丝、蜂窝、麻面、露筋等缺陷,材质均匀,桩顶平面应平整并与轴线垂直,桩尖必须对称居中。

2)沉桩控制

(1)偏位控制。

沉桩时发生偏位是难以避免的。但为了保证上部结构的位置及受力条件改变不超出允许范围,桩位偏差必须控制。一般情况下,直桩桩顶偏差不得大于 10 cm,斜桩桩顶偏差不得大于 15 cm,在无掩护的海港和长江上沉桩,可放宽到直桩 15 cm,斜桩 20 cm,对离岸式码头的大直径混凝土管桩和钢管桩,直桩可允许 250 mm,斜桩允许 300 mm。桩轴线倾斜偏差不得大于 1%。造成沉桩偏位的原因很多,大致有桩本身的质量,风、浪、流的影响,地形地质条件,沉桩操作不当、测量有误等。因此,为了保证沉桩的正位率常采取以下措施:①要检查复核施工基线,采用有足够精度的定位方法;②沉桩要安排在风、浪、流都较小的时候进行;③要及时开动平衡装置和松紧锚缆,防止船位走动,维持打桩架规定的倾斜度;④掌握在岸坡上打桩的规律,特别是打斜桩的规律,下桩时向岸边偏移一定的距离,以保证沉桩完毕后的最终位置恰好符合设计要求;⑤沉桩过程中应经常用经纬仪检查桩位及轴线倾斜情况,发现偏差及时纠正;⑥沉桩偏位还常与岸坡稳定相联系,沉桩过程中岸坡出现滑动常伴有已沉好的桩位置走动的先兆。因此,对已沉好的桩应及时夹桩和设法整体固定,对它们的位置要定期观测,如发现有走动,应首先暂停沉桩,然后研究对策,采取措施,如限打跳打、停停打打、限制沉桩速度或削坡减载、抛石压脚等。

沉桩结束后要检查基桩偏位的大小,是否满足搁置长度要求,需不需要局部扩大横梁,基桩能否被现浇横梁包住,决定是否需要补桩等。

(2)贯入度和标高控制。

桩打好以后,应保证满足设计承载力的要求,一般是在控制沉桩桩尖标高的同时,控制打桩的最后贯入度(通常控制最后贯入的100 m或最后锤击的30~50击,其平均每击的下沉量),即"双控"。

桩尖最终必须落在持力层上,由于桩尖未打到持力层而造成工程事故的情况在国内外多次发生,控制桩尖标高就是要使桩尖落在设计的持力层上。沉桩阻力反映了桩尖处土层的情况,也在一定程度上反映了桩的承载能力,阻力越大,说明桩的承载能力越强。沉桩阻力大,表现为沉桩的贯入度小。贯入度(沉桩阻力)的影响因素很复杂,除了土质条件,还与锤型、桩垫、锤击速度、冲程大小、落距高度等有关。在锤击过程中由于土体中孔隙水压力突增,有效应力降低,使桩侧阻力大为减小,特别是黏性土,因此,贯入度又不能完全说明桩的承载能力。想通过贯入度来确定承载能力,比较可靠的方法是结合桩的静载试验进行数理分析,找出相应的贯入度,并结合实践经验来确定。

在实际施工中,经常会遇到桩未沉到设计标高,贯入度已很小,甚至桩头已被打烂;或者桩已沉到设计标高,但贯入度还远未满足设计要求。遇到此类情况应慎重处理,一般情况下,在黏性土中以标高控制为主,贯入度可作校核,桩尖落在砂性土或风化岩层等时,应以贯入度控制为主,标高控制作校核。

(3)桩的裂损控制。

锤击沉桩时,由于应力波的传递和反射,在桩身各部位会产生压应力或拉应力。影响锤击应力的主要因素是锤、垫、桩和土质。就锤而言,锤速增加比锤重增加对锤击应力的影响更明显。软而厚的桩垫可增大应力波的波长,减小桩身应力。锤击拉应力的大小,在很大程度上取决于桩长与波长的比值,桩长小于应力波长时,拉应力小。当桩尖由硬土层进入软土层时,锤击贯入度增加,桩身拉应力也增大。桩尖由软土层进入硬土层时,桩身亦有可能产生较大或最大的拉应力值。在沉桩前要查看桩位处的地质情况,要检查所用的桩是否符合规定的质量标准。在沉桩过程中要随时检查桩锤、替打和桩身三者的轴线是否在同一直线上,注意贯入度有没有异常变化,检查桩顶破碎的程度等。正常情况下预应力钢筋混凝土桩应不出现裂缝;非预应力钢筋混凝土桩应尽量避免产生裂缝。

(4)桩的临时固定和缺陷处理。

沉桩完毕,必须及时夹桩、方木顶撑和拉条固定,以防止在风、浪、流和土坡滑移及斜桩自重挠曲作用下基桩倾倒或折裂,严禁在已沉入的桩上系缆靠船等。在沉桩作业期间,为保护已沉好的桩不被碰倒撞断,必须在适当的位置竖立警告牌,设置警示装置,晚上需设置红灯,特别是引桥较长、涨潮时桩顶可能被淹没的码头工地,最好能用岸电设置成串的红灯,在船舶上行、下行两个方向施放浮筒,防止无关船只闯入施工区。

沉桩时,有些桩尖标高离设计高程差距较大,有些桩平面上偏位严重,有的桩头被打烂,有的管桩由于地下孤石的阻挡,甚至被打瘪,出现这些情况后必须妥善处理。

①若桩头被打烂,应将开裂不牢固的部分凿去,然后才能浇筑桩帽或现浇横梁,若桩顶标高不够应接高或将桩帽底局部放低。

②当桩尖达到设计标高时,贯入度仍很大(桩尖没有进到持力层),则必须继续沉桩,直至贯入度满足要求后,沉桩方能停止。这时桩顶高程肯定已低于设计标高,若差距不大,可在现浇桩帽时局部放低;若差距较大,应将桩接长,使桩顶达到设计标高。若桩顶已沉到施工水位附近,但贯入度仍然很大,必须继续沉桩,否则承载力不能满足要求,但继续沉桩将使桩顶沉到施工水位以下,影响接桩时,应将桩接到足够长度以后再继续沉桩。

③沉桩时也会因地质资料不准确,可能桩尖已达到硬土层,如岩层或风化岩层等,但沉桩标高离设计标高还有一定距离,若差距不太大,桩入土已较深,这时可将高出桩顶设计标高的桩身部分截去。

④若在桩入土后不久即遇到未探明的钙质砂盘或其他障碍物,例如有的旧码头改造,沉桩不久就遇到掉入水底的钢板等无法继续沉桩,应将桩拔出,将钢板清除后再继续沉桩;对钙质砂盘应钻孔穿透后再继续沉桩,如确有困难,可改为钻孔灌注桩,但必须与设计部门取得联系。

⑤大管桩沉桩若遇到在桩已沉到相当深度后管桩被孤石阻挡或挤瘪的情况,应慎重处理。如果桩沉入的深度已能满足嵌固的要求,可在桩的入土部分将管内泥土清除并填注水下混凝土,以改善被损坏的大管桩的受力条件。若大管桩刚入土即被未探明的孤石挤瘪,则应拔出,适当处理后再沉桩。

⑥沉桩时若遇到碰桩,应与设计单位联系,一般情况下桩交叉处的净距应不小于50 cm。

6.2.4 接桩、截桩

基桩沉好后,桩顶高于或低于设计标高,需截桩或接桩。如高于设计标高,则在立好现浇桩帽或横梁的底模后用风镐凿除,在距设计标高附近处应改用手工凿,避免破坏余下的桩身,截断时应注意主筋在设计标高以上需保留满足锚固的长度,并不少于 50 cm,严禁在设计桩顶标高处将主筋截断。为防止截下的桩头倾倒伤人,截断前要采取措施将其吊住。桩顶若低于设计标高,如桩顶有损伤的混凝土,则需将损伤部分的混凝土凿除,再用焊接方法将受力钢筋加长到满足要求为止,然后加浇混凝土将桩接到设计标高,并使受力钢筋在桩顶设计标高以上不少于 50 cm。

6.2.5 灌注桩施工

灌注桩就是在预定桩位上钻一定直径的孔,或打入钢管成孔至设计深度(钢管可在浇筑混凝土时边浇边拔起回收),清理钻孔后放入钢筋笼进行水下浇筑混凝土,边浇混凝土边拔起导管并捣实混凝土,待混凝土达到一定强度后,凿去桩头上强度差的混凝土。

预制桩施工速度快,机械化程度高。但当遇到如下情况时,采用就地灌注桩就比预制桩优越得多,并可以节约大量钢材、木材和劳动力,所用机具也比较简单,造价可大大降低。

①土层变化复杂,桩长难以准确地控制。

②随着荷载的增大,工程上要求采用大直径和变直径的桩,以提高单桩承载力

③随着水深不断增加,桩长也要增加。

灌注桩在桥梁工程及工业与民用建筑中得到了广泛的应用,在港口的后方陆域工程中也大量采用,在有些码头的引桥上也有用灌注桩的。灌注桩的缺点是断面大、消耗的水泥多和不能做成斜桩。其优点是无噪声、无振动、对地基土无挤压、直径和桩长可根据需要确定、施工设备简单。灌注桩按成孔的方法不同分为钻孔灌注桩、钢管成孔灌注桩(夯扩桩)、挖孔桩和扩孔桩。

1. 钻孔灌注桩

这种桩的施工主要包括成孔和制桩两个施工过程,根据土质和钻孔方法不同,其施工方法可以分为冲击钻钻孔法和旋转钻钻孔法两类。

1)冲击钻钻孔法

这个方法的施工顺序是:钻孔及排渣→清孔→下钢筋笼→安放混凝土浇筑导管→水下浇筑混凝土→混凝土养护→凿桩头→接长和进行后续工作。

冲击钻钻孔法是利用钻机钻头下落时的冲击能量破碎土壤,冲击成孔,用套管护壁。国内常用的钻孔机械为乌卡斯(YKC)冲击式钻机,钻头为十字型合金钻头,清渣用空气吸泥机。对于有较大卵石夹层的地基可以用冲抓锥出渣。这种方法适用于在坚硬岩层中钻孔,但效率较低。

2) 旋转钻钻孔法

它是目前国内应用最多的方法,是利用钻机头旋转切削土壤成孔。由于对土壤的冲击扰动小,一般不用套管,而用泥浆固壁的方法保护孔壁,为了保护孔口,在地面钻孔处设有较短的护筒。国内常用的旋转钻机是普通旋转钻,有 QJS 型旋转钻机,以及电机在水下的潜水电钻,如 QSZ 型潜水电钻。这些钻机配备了锥形钻头、牙轮组合钻头、叶形钻头、球形钻头,可根据不同的土质选用不同的钻头。旋转钻切削下来的渣土通过泥浆循环置换带走。潜水电钻由于动力、减速机构与钻头紧密结合在一起,靠近切削部位,钻孔效率高,工作时噪声小,操作劳动条件也大为改善。其钻孔直径为 450~800 mm,钻孔深度可达 50 m 或更长。

2. 钢管成孔灌注桩

这种灌注桩目前在国内得到广泛采用。施工时由打桩机将桩管(钢管)打入土中成孔,然后灌注混凝土,抽出钢管即可完成。

钢管成孔灌注桩施工工艺过程如下:将桩管对正预先埋设在桩位上的预制钢筋混凝土桩尖;校正桩管垂直度和锤打桩管至要求的贯入度和标高,然后灌注混凝土,并不时提插混凝土导管,从而使混凝土密实。

3. 扩孔桩

近年来,为了寻求提高就地灌注桩的单桩承载力,发展了使桩身或桩尖扩大,以增加桩尖阻力和桩侧摩擦力的方法。其打孔的方法有爆破扩孔、机械扩孔和夯扩孔。因扩孔桩在港航工程中应用得不多,这里对它们就不做详细介绍了。

4. 就地灌注桩施工中的主要技术问题

与预制打入桩相比,就地灌注桩的主要技术问题是质量不易控制。常产生的质量问题如下。

(1) 桩的垂直度不达标,桩孔弯曲形成弯曲桩,中心距偏差大。

(2) 孔底土渣沉积较多。这是因为钻孔后浇水下混凝土前的清孔工作未做好,影响桩端阻力和使桩的沉降加大。摩擦桩沉渣厚度不能超过 30 cm;端承桩沉渣厚度不能超过 5 cm。

(3)桩身混凝土浇筑质量不好,桩的直径不易保证,常发生超径或形成缩颈断桩。

6.3 上部结构施工

6.3.1 现浇桩帽和现浇横梁

高桩码头的上部结构为预制安装时,基桩上均设有现浇桩帽。根据基桩布置情况,桩帽的形式通常有单桩桩帽和叉桩桩帽,有的还有双桩桩帽或簇桩桩帽。高桩码头为了增强横向排架的整体性,通常不采用现浇桩帽,而是直接在桩上现浇横梁。现浇横梁可发挥横梁的作用,还替代了桩帽的作用,而且使排架内所有的桩能更好地连成整体。所以很多高桩码头的横梁都是现浇的。

1. 现浇桩帽和横梁的模板支承系统

模板支承系统按传力方式不同,可分为夹桩式(围图木)、悬吊底模式和悬吊侧、底模式,有的钢管桩采用焊钢牛腿进行支承。不管采用何种支承形式,模板支承系统均必须注意有足够的强度和刚度。

1)夹桩式(围图木)支承系统

夹桩式支承系统根据所需支承力的大小,由一至三层夹桩木和螺栓组成。其支承能力取决于围图木与桩之间的夹紧力和摩擦系数。为确保所需的夹紧力,螺栓螺母宜用扭矩扳手拧紧。有时夹紧后围图木被太阳暴晒后会干燥收缩并造成围图木松弛,从而使围图木与桩之间的摩擦力减小,这会严重影响支承能力,故应再次拧紧。

夹桩式支承系统虽然操作方便,但支承能力较小,且常难以准确计算,适用于支承重量较小的桩帽。

2)悬吊底模式支承系统

常用的悬吊底模式支承系统由夹桩木(为了在开始时放置焊牢的组合槽钢,用钢筋吊住后,它就不起支承作用)、组合槽钢、反吊螺栓(是在横梁浇筑时将横梁混凝土等荷载传给桩的受力构件,在桩顶上必须与桩上主筋焊牢)、方木搁栅、底模板、侧模板、斜撑方木、钢管竖夹条、横夹条、方木内撑和对拉螺栓等组成。松紧反吊螺栓上的螺母可调整底模标高。这种悬吊底模式支承系统,在现浇横梁和重量较大的桩帽时,已广泛替代夹桩式支承系统。

拆模时截除螺栓吊杆和双螺母(可重复使用),用水泥砂浆或环氧树脂堵孔。

3)悬吊侧、底模式支承系统

此支承系统由钢扁担梁和钢支墩组成。这种支承系统须配以钢侧模和钢楞,它适用于平面尺寸大、重量大的桩帽。

2. 模板

1)底模

搁栅用方木,底板用木板。底板标高采用二次抄标高法,抄好第一次标高(搁栅)后立底模,然后再进行校核(底板),并测量平面位置,核对基桩偏位,发现问题及时检查纠正。

2)侧模

一般用组合式钢模板或胶合模板,并用钢管做2～3道横夹条,每50 cm设置一道竖夹条,竖夹条上下用对拉螺栓拉紧,用方木斜撑。封头进行两次放线,确保封头呈一条直线。模板拼缝应不漏浆,常采用夹马粪纸和贴胶带纸等来防止接缝漏浆。底板四周侧面胶上海绵条,然后用帮夹紧(帮包底),以确保不漏浆。

3. 浇筑混凝土

浇筑混凝土前,现场绑扎钢筋或安装预制钢筋骨架。通常是成批地进行桩帽浇筑、横梁浇筑。浇筑时一般采用混凝土搅拌船供料,人力振捣。零星小桩帽大多采用陆上拌和混凝土,由翻斗车或舢板运混凝土,人力下灰和振捣。振捣时应防止漏振,振捣棒切忌碰钢筋和模板,防止侧模板与钢筋之间保持保护层厚度的混凝土(或砂浆)垫块被振掉,振捣时间要适当。

海上浇筑桩帽、横梁混凝土,需用淡水养护或涂养生液。养护的淡水用水驳供应。

6.3.2 上部结构安装

为了减少现场施工的工作量,高桩码头上部结构大多采用预制叠合结构,因而高桩码头施工离不开起重安装。随着机械化程度的提高,构件日益大型化和组合化。施工时安全、快速、经济地组织起重安装工作,是码头工程顺利施工的关键。上部结构安装包括梁、板、框架、靠船构件等的安装。

1. 构件的预制吊运

大型工地对于非预应力钢筋混凝土构件,大部分在工地附近的现场预制场预制。预应力构件,一般均在基地预制场预制。水运工程预制构件一般由驳船装运,由浮吊进行水上安装,所以预制场要邻近水域,并有良好的落驳条件。基地预制场有大型龙门吊车及横移车,设备都较齐全,构件的纵横运输十分方便。工地附近的临时预制场则必须考虑吊运、落驳等条件,否则会影响构件的供应和安装进度。构件预制好后,应缩短预制场地占有时间,加快预制场地周转,以提高利用率。堆存预制件的场地要平整坚实,堆存的层数应视构件的强度、存放时间及安装先后次序等综合考虑。构件预制质量要符合《水运工程质量检验标准》(JTS 257—2008)(以后一般简称为"水工标准")、《水运工程施工监理规范》(JTS 252—2015)(以后一般简称为"水工规范")、各种码头的设计施工规范和相关的数十种配套规范及规程。

构件在起吊运输时必须要达到足够的强度,并采取适当的保护措施。常用的吊具有:钢丝绳或链条做的吊索(千斤索);钢扁担(横吊梁);专门的吊具(如吊钩、卡环、夹具等)。吊点位置(根据配筋情况确定)必须符合设计要求,对高大构件的吊点应低于顶点,高于重心,一般的钢筋混凝土梁采用两点吊,板采用四点吊。吊点和起吊方式的选择,还要考虑起重机械的起吊高度及伸臂长度。

2. 构件安装

将构件安放到设计位置,是安装工程中最主要的工作。构件的安装方法,与结构的特点、起重机械性能等有关,也与构件的运输与工地的现场布置有关。

1)安装前的准备工作

(1)核对基桩偏位值,如因梁板在桩帽上的搁置长度不满足,或梁内弯起钢筋位于桩帽内而不起抵抗剪力作用,应根据实测偏差值,提前预制加长或缩短的梁板。

(2)核对构件的编号、数量及外露钢筋、预埋铁件、预留孔、强度、尺寸、凿毛和检查缺陷修补,对非对称型构件要作出明显标记,以免安错位置或方向。如不符合设计要求或不符合质量验收标准,应预先处理或重新预制。

(3)在条件允许的情况下,应选择起重量大、伸臂长、起吊高度高、能做360°

旋转的起重船。

(4)根据基桩和桩帽的施工流水情况,事先制订安装方案,使起重船移位最少、效率最高,安装后易于分段形成整体。如果采用陆上安装,应根据梁板的负荷能力划分起重机各次驻位的方向和支腿支承点的位置(一般应选在梁上和梁的端头附近)。

2)梁安装

首先要在每根梁的搁置处抄好标高(标高要标记在梁底设计标高以下 5 cm 处),放好梁边和顶端的安装位置线。然后用一根 4 cm 宽直尺,根据标高对搁置处进行找平(留 1 cm 为坐浆厚度)。超高部分须凿除,对低凹部分,若仅低 1~2 cm,则用高一强度等级的砂浆找平,低 2 cm 以上则需用细石混凝土找平,从而确保安装标高的正确,也为保证安装倾斜度正确提供了好的基础。安装时,预制梁在方驳上应划好明显的搁置长度标志,以便于构件就位和保证搁置长度正确。安装时应做到边铺砂浆边安装,边安装边勾缝。安装时必须要有测量工配合,安装好后应立即检查并记录梁的侧向倾斜度(用吊线法)和两端的搁置长度。

如果梁搁置在桩帽上,则其连接要区分梁与桩帽是简支还是固接。一般在桩帽两边有钢筋向上伸出,若是简支,仅需设置挡块(耳块),将梁与挡块间用油毡隔开成变形缝。若是固接,则梁上有钢筋向横向伸出,应与桩帽上伸出的钢筋绑扎在一起后整体浇筑混凝土,浇筑前梁的侧面应凿毛,使耳块和安装的梁之间形成施工缝。

3)板安装

在高桩码头中,按支承情况不同,板可分为两边支承板、四边支承板和四点支承板。其中两边支承板为梁板式高桩码头的后方承台和前方承台连续板;四点支承板为无梁板式高桩码头的双向连续板(现很少采用)。简支板和连续板在起吊和安装上与梁一样,为防止边板边沿搁置悬出梁端而无法放线,边板的边沿标志线也像标高一样缩进 5 cm,安装时板边搁出标志线 5 cm。安装时若有个别的钢筋相碰可用撬棍拨开,拨不开的(非受力筋)可用气割切断相碰部分,但安放稳定后须用电焊焊上。

4)靠船构件安装

在高桩码头中,除前板桩式码头外,其他形式的码头均设有靠船构件。因靠船构件的重量重、重心靠前、支承困难,所以安装靠船构件就要特别小心。在靠船构件与梁板之间的接头(缝)混凝土浇筑牢固之前,严禁非施工船舶接近,以免将其碰倒。

5)构件的稳固

构件安装就位以后,要立即采取措施予以稳固。靠船构件安装前,用槽钢穿过构件预留的安装孔。安装时,靠船构件就通过这两个槽钢支承在钢围囹上。为了防止靠船构件向前下滑,靠船构件上要加一顶撑(斜撑)。纵梁及吊车梁由于高度较大,安装就位搁在下横梁上以后,应立即在节点将两根相接的梁底部伸出的钢筋的1/2互相间隔焊牢,并使两侧的钢筋与下横梁上伸出的箍筋焊接起来。为防止倾倒,两面应用斜撑撑牢或拉住。叠合板在安装就位以后,要将梁上两叠合板接头处伸出的钢筋间隔地焊起来。焊接的钢筋常规做法是每米不少于3根。

6)轨道安装

在高桩码头上,一般设有大型起重机(门机或桥吊)的轨道。轨道的安装常采用吊轨法,沿轨道按一定间距安设吊轨架,以固定轨道的位置,采用吊轨法施工,不仅可牢固地固定轨道的位置,而且可使轨道下混凝土与轨道底能完全紧密接触。轨道的轴线位置和标高,同一般测量一样,用经纬仪和水准仪施测和控制。但为确保两条轨道在同一断面的高差不超过允许值,应沿中心线支立水准仪,使同一断面测点的前视距离完全相等。

现在轨道安装还常采用预埋螺栓定位钢板的方法。具体做法是,将固定螺栓上下用螺母拧紧在定位钢板上(定位钢板上的孔严格按设计位置加工好),按设计规定给外露的螺栓涂上黄油,然后用两层塑料纸包裹好;将带螺栓的定位钢板(需焊上锚爪筋)按预埋铁件严格准确地定位并固定住(与轨道梁上部钢筋焊牢),高程和水平位置经复测都符合要求后再浇筑混凝土,待混凝土硬化后将塑料纸剥去,拧下上面的螺母,安上钢轨,拧紧压板螺母,试运行1个月后再次拧紧螺母,然后填沥青砂,使轨道螺栓、螺母与空气隔绝。这样固定的钢轨在施工中调整和固定定位钢板的位置都比较容易。钢板下面也可不用螺母,而用焊接来替代,但这时螺栓位置不易控制。这样安装的钢轨虽比较牢固、精确,但损坏后不易修复。另外一种方法是在轨道梁上预留孔,用硫黄砂浆来固定扣住钢轨的螺栓。这种方法固定钢轨不如预埋螺栓钉住钢板的方法牢固,但它损坏后容易修复。

6.3.3 现浇混凝土

在高桩码头上,结构为预制安装时,梁与梁、板与板、梁与板和靠船构件之间的接头(接缝)很多,这些接头(缝)和横梁现浇部分,面层及悬臂梁、板等均需现浇混凝土。现浇混凝土的施工作业包括立底模、侧模,绑扎钢筋,浇筑混凝土。

1. 浇筑混凝土的方法

对于混凝土的浇筑,通常有陆上浇筑和水上浇筑两种施工方法。

1)陆上浇筑

陆上浇筑时,混凝土搅拌系统设在码头附近的场地上,在已浇筑好的码头或引桥上运输或现场搭设临时的施工脚手架作为通道,以流动运输工具(如机动翻斗车、混凝土搅拌运输车及小型的手推劳动车和泵车等)输送混凝土至浇筑面。

2)水上浇筑

将制备混凝土的一套装置(包括储料系统、配料系统在内),设在专用的船上,成为水上混凝土工厂。将水上混凝土工厂靠近浇筑地点,制备好的混凝土由混凝土泵通过布料杆输送到浇筑面或用混凝土罐由起重机吊运到浇筑面。码头离岸较远,特别是对一些孤立的与岸上尚无通道联系的墩台、桩帽、横梁等,用混凝土搅拌船进行水上浇筑优点十分突出。

2. 现浇混凝土的施工工艺

1)现浇板缝

高桩码头的面板常采用预制叠合板,两块相邻的预制板之间总是留有一定宽度的缝,其现浇工艺如图 6.1 所示。底模板厚度常为 30 cm,长度应根据实际情况而定,一般为 3 m 左右。若实际板缝还要长得多,可分成几段拼合。制作时必须把模板邻混凝土面压光刨平。板缝宽度在 20 cm 以内,$\phi 12$ 反吊螺栓间距为 70 cm,若宽度大于 20 cm,就考虑布置双排反吊螺栓。套在反吊螺栓外面的硬塑管,内直径应大于螺栓 4 mm,并嵌进底模板 2 mm,以便于拆模。

2)现浇悬臂板

在高桩码头的边缘,一般总有部分悬臂板需要现浇。根据模板承受荷载的大小,其工艺也有所不同。在荷载较小、底部搁栅(或其他支点)能承重的情况下,采用如图 6.2 所示的施工工艺,木支架间距由计算确定。在荷载比较大、底部搁栅(或其他支点)不能满足承重条件的情况下,可采用如图 6.3 所示的施工工艺,角铁支架间距由计算确定。

在荷载更大,上述两种施工工艺都不能承受的情况下,可采用如图 6.4 所示的施工工艺。

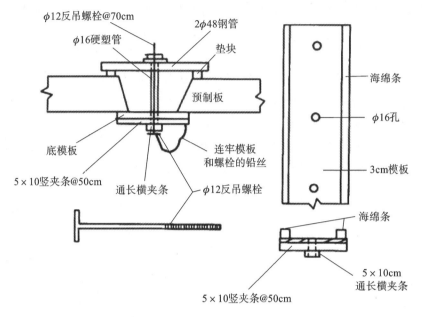

图 6.1 现浇板缝工艺

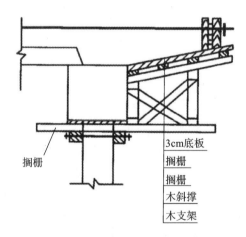

图 6.2 现浇悬臂板工艺(一)

3)现浇护轮槛

护轮槛和码头面层都是码头的形象工程,不仅要注意混凝土的内在质量、表面质量,而且要十分注意其外观整体形象。标高要整齐划一,轮廓线要通长笔直,模板立好以后应反复检查确保质量。其施工工艺和模板架立非常重要。具体施工步骤如下:

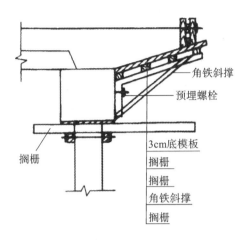

图 6.3 现浇悬臂板工艺(二)

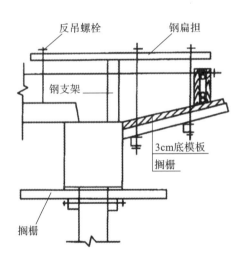

图 6.4 现浇悬臂板工艺(二)

(1)在测量工指挥下,对已浇(或预制)面板外沿口凸出部分弹线整平,并用地板胶通长贴好海绵条。

(2)在护轮槛内模板位置的面层上弹线确定立模的位置,用地板胶黏海绵条,立模,内侧用带有钢筋的混凝土垫块支撑,将混凝土垫块电焊固定。

(3)钢筋支架电焊,将模板固定并作适当调整。混凝土垫块位置在钢模板拼缝处,且间距不大于100 cm,模板拼缝内要夹好马粪纸,模板内侧涂好脱模剂。竖夹条底部木垫块必须同竖夹条固定牢靠,内外侧模板分别调整后,上口ϕ12的对拉螺栓分别用ϕ48钢管横夹条点焊固定,以确保宽度准确和模板不移动。

浇筑混凝土时必须用2 m长直尺进行顶面找平。浇筑混凝土后应及时覆盖和养护,拆模后必须及时清理,如有表面缺陷,立即对表面进行修补。

4)现浇码头面层

现浇码头面层混凝土,面广量大,浇筑前必须做好充分准备。

(1)码头面层混凝土主要是预制叠合板的现浇部分,它先于护轮槛浇筑。两侧模板在护轮槛筋内侧面外挡,用3 cm木板或铁皮等临时支立,以挡住混凝土为目的,但要考虑拆除方便。混凝土浇筑完毕后应及时拆除并清除松散的混凝土。

(2)标高控制,每个标高点焊两根直钢筋(要与面层钢筋焊牢),在比面层顶面设计标高降低48 mm处焊上一根横向钢筋(在横向钢筋上搁置48 mm钢管,这样钢管上部顶面正好是面层的设计标高)。抄面层标高统一降低48 mm,标高点纵向间距为2 m,且在一条直线上,横向间距根据码头面宽度而定,一般为3 m。为避免抄标高误差,测量工抄标高只抄中间和两侧标高,码头坡度中间处的标高用拉麻线控制。

(3)混凝土浇筑宜纵向条形交替前进。浇筑混凝土时,先用混凝土振捣棒进行振捣,待混凝土粗平后再用平板振捣器顺48 mm钢管进行施振和细平。完毕后抽掉$\phi 48$钢管,凹进部分适当加混凝土并整平。

(4)混凝土磨面要三粗磨三细磨,即要进行三次磨面。每次磨用木楔粗磨,再用铁板细磨。特别要掌握好最后一次磨面时的混凝土收水时间。

(5)护轮槛处的混凝土磨面一定要磨到护轮槛内侧钢筋根部处,以便保证护轮槛根部处的面层平整,减少修补和清理。

(6)浇筑完毕,及时覆盖和养护。

浇筑水位变动范围内的节点和桩帽、横梁的混凝土时,应掌握施工水位的变化情况。在有潮汐的地方施工,新浇混凝土应加早强剂,新浇混凝土至少2 h以后才允许被淹没,以免水泥浆被冲走,影响混凝土质量。施工时要注意新老混凝土结合面(施工缝)的处理。结合面一定要凿毛(石子露出表面即可,不要求露出石子一半,防止留在老混凝土中的石子松动),用清水冲洗干净,浇筑前刷一层净水泥浆(随浇随刷,浇混凝土前不能干)。

在浇筑码头面层时要特别注意防雨、防冻及养护。在外海无掩护水域施工时,要考虑到风浪对模板的作用,新浇混凝土的部位应距离锤击沉桩处至少30 m。在混凝土正式浇筑前,要对模板、排水管、钢筋及预埋件(数量及位置)等再次检查,确认无误以后才能开始混凝土浇筑。

6.4 板桩码头施工

6.4.1 概述

板桩码头是一种轻型结构的码头,也是码头的一种主要结构形式。本节介绍比较典型的、带有锚碇系统板桩码头的施工。设计的板桩码头前沿线所处的位置有在水域中或在陆上的区别,故板桩码头的施工特点也不尽相同。

1. 当设计码头前沿线在水域中时

(1)板桩墙需用打桩船施打。

(2)根据水位情况,如水深大,能满足打桩船的吃水要求,应先施工码头主体(包括锚碇系统和陆域填土),后挖泥。如水深不够,而且挖泥厚度较大,宜选择适当的挖泥船分两次挖泥,第一次仅挖到水深能满足打桩船吃水要求为止,在码头主体施工完成并且墙后填土已固结后再进行第二次挖泥(板桩墙前挖到港池底部)。这样做既可减少码头向水域的位移,又可减少挖泥和减少墙后填土的工程量。

(3)为使码头逐步形成整体,避免已打板桩墙因后面打桩的振动和土坡滑动的共同作用而产生过大的前倾,应及时进行锚碇施工和墙后的分层回填。

(4)为妥善安排板桩墙、锚碇系统和墙后填土这三个工序的施工,应了解拉杆式锚碇系统位置的确定原则。以锚碇板为例,板桩墙设计水底泥面以下第一反弯点以上土的主动破裂面与锚碇板前土的被动破裂面,从有利于板桩墙的稳定出发,最好在码头地面处相交,而不允许锚碇板前土的被动破裂面与板桩墙相交。

2. 当设计码头前沿线在陆域内时

(1)先在陆上施工码头的主体(包括锚碇系统和陆域填土),主体施工结束后再进行港池挖泥。

(2)在陆上施工码头主体,施工简便,质量易于得到保证,挖泥前板桩墙不会前倾。

(3)如挖泥厚度较大,亦宜分两次挖泥,且在两次挖泥之间要有适当的间歇时间,使板桩墙前倾缓缓发展,以减少前倾量。

无论码头前沿线在水域内还是在陆域内,都要特别注意以下事项。

(1)码头主体完工之后的挖泥应沿纵向均匀地进行,且要防止碰坏板桩墙和严格防止超深。如超深大于设计规定,应用适宜的材料(如砂)进行填补,以免降低墙前的被动土压力。

(2)帽梁的施工,应在墙前挖泥后,墙顶位移已趋于稳定时再进行,以便调整帽梁尺寸,使码头前沿线位置偏差符合质量标准,并可防止帽梁产生有害的裂缝。

(3)在挖泥过程中,应对板桩墙和锚碇的位移进行监测,发现危险的迹象应立即停止挖泥,并采取其他有效措施减少位移,保持稳定。

6.4.2 板桩的打设

1. 导向梁和导向架

在施打板桩墙时,所用设备与打普通桩一样,不同的是,为了控制墙的轴线位置、保证桩的垂直度、减小桩的平面扭曲和提高打桩的效率,需设置导向梁或导向架。设置导向梁、导向架的要点如下。

(1)按导向梁和导向架移设的难易程度、夹持已打桩的所需长度和打桩效率的高低,选择适宜的设置长度。

(2)为了使导向梁和导向架具有足够的刚度,要适当地选择导向梁的材料和断面,以及导桩的材料、断面、间距和入土深度。

(3)导向梁距板桩墙顶的距离应大于替打套入桩头的长度,否则板桩将无法施打到设计高程。

2. 施打方式

板桩墙的施打可以单独插打和分段分组打,每组一般为3~4根,每段由若干组(一般为20根桩左右)组成。分组分段打时先把该段所有板桩都插好,再沉入土中1~2 m,让其稳定,然后分组。台阶式的施打板桩方法生产效率低,插立后的桩呈壁状而受风浪影响大,施工复杂,但最后打成板桩墙的质量好,紧密而垂直,锁口不易脱开和拉坏,桩不易扭曲,墙表面不易错牙。单独插打的优缺点恰好与分段分组打相反。因而质量要求高时宜采用分段分组打。闭合式的格形板桩墙应在陆上一次拼装好或在水上通过圆形板桩结构导向架一次插好,以保证板桩位置的准确,然后再分组下沉。单独打钢筋混凝土板桩时宜一次打一根,钢板桩、槽形板桩可一次打一根或三根,"Z"形板桩因断面为非对称形,为避免偏心锤击和防止桩扭转,宜一次打两根。

板桩施打过程中易发生倾斜,几乎都是板桩头部向前进方向斜倾。接合部分的摩擦、锤打偏、土压力作用等是产生偏斜的原因。若不及时予以防止和修正,其倾斜将会积累,倾斜大了很难再校正,必然会影响板桩墙的施工质量。

3. 施打要点

(1) 不论采用单独插打还是分段分组打的方式,一般用外龙口的打桩船(架),且架高要满足插立板桩的要求,锤的外伸距离能够得着所打板桩的形心。

(2) 钢板桩的施工要特别注意榫口。若榫口不直,在板桩下沉时会发生卡桩,使板桩下沉困难,或把已打好的桩带下去。榫口在沉桩前通常要用不短于 2 m 的钢板桩做通过检查。为减少锁口阻力和填塞锁口缝隙,可在锁口内涂以润滑油。

(3) 钢板桩的施工还要注意转角桩的加工,转角桩一般均在现场根据需要拼制。为了避免焊接变形,最好采用铆接。如采用焊接,则必须从结构到焊接工艺等方面采取措施,以减少和避免焊接变形。

(4) 打桩方法一般采用锤击法,如遇砂土地基可改用振动法。为了提高打桩效率和避免打坏桩头,宜采用大锤"重锤轻打"。

(5) 打钢筋混凝土板桩用的替打,在构造上与打一般的钢筋混凝土桩的替打相同,亦用铸钢或钢板焊成,其内、外壁尺寸如下:外伸长度以 10~20 cm 为宜;间隙量一般为钢板壁厚的 2 倍(过大,替打不易安稳,且易产生偏击;过小,替打不易插入,如桩顶被打坏,还不易拔出)。

(6) 当钢板桩的锁口为环型、套型,或为阴阳型,而且阴榫朝着打桩前进方向时,为防止泥砂进入阴榫内口,要用塞子堵塞榫口的下端部。

(7) 板桩墙开始的几根桩施打的质量很重要,施打时要特别谨慎,因为每根桩的正位情况对后续桩的正常施打有很大影响。

(8) 当土层变化较大,且需分区确定桩长时,为避免在现场接桩,影响施工进度,钢筋混凝土板桩"宜长勿短",即宁可截桩,不要接桩。

6.4.3 锚碇系统

在有拉杆式锚碇的板桩码头中,锚碇系统是最终承受板桩墙土压力的结构。

锚碇系统包括锚碇体、拉杆、锚碇板前的抛石棱体。

1. 锚碇体

1）锚碇板

锚碇板基础的灰土和碎石应夯实整平。连续板在现场就地支模,现浇混凝土;非连续板可预制埋入。板前构成被动土压力的灰土或块石棱体,以及板后的回填土,均应按相应的技术要求,切实保证施工质量。锚碇板及拉杆一般在板桩墙的顶部,位置较高。为了方便,锚碇施工往往要回填到接近拉杆的高度才进行。但是,若待回填到较高高度方进行锚碇施工,没有锚碇板的锚碇作用,板桩墙会因土压力的增大而发生稳定问题。因此,既要考虑施工的方便,又要保证板桩结构的合理受力。

2）板桩式锚碇

板桩式锚碇一般位于陆域内,其施工方法与板桩墙打设相同。锚碇板桩可利用板桩墙上截下来的短板桩等。

3）叉桩式和斜拉桩式锚碇

如果板桩墙后面没有足够长的距离供设置拉杆、锚碇板等,常采用叉桩式锚碇或斜拉桩式锚碇。斜拉桩式锚碇和叉桩式锚碇因距离板桩墙较近,如先打板桩再打锚碇叉桩(或斜拉桩),板桩会受到因打叉桩(或斜拉桩)引起的土的侧向挤压力而倾斜,为避免出现这种情况,应先打叉桩和斜拉桩,然后打板桩墙。另外叉桩或斜拉桩如位于斜坡上,会因受后续打桩振动和土坡滑动的影响而易倾斜、位移,施打后应及时夹桩和临时固定。

2. 拉杆

拉杆是板桩墙与锚碇体之间的传力构件,大多用 40～80 mm 圆钢(3号钢或延伸率不低于18%的高强度钢)制成,两端为铰接,节间用张紧器相连,这样可调节初始应力,使应力符合设计要求。钢拉杆的外观和几何尺寸要进行目测和抽样检查,焊接接头的轴线偏差应不大于 $5d/100$(d 为拉杆直径),且不大于3 mm;焊缝要饱满,严禁有裂纹、气泡、咬边和凹陷;张紧器丝杆的丝扣与螺母,以及垫板、阴阳榫和插销均要逐件逐套进行检查,必要时应编号配套,以方便使用。

在装卸运输和存放过程中,要妥善设置吊点、支垫,用麻布类材料包裹丝扣,以免钢拉杆出现残余变形和损伤丝扣。如设计对拉杆的安装支垫无具体规定,可将拉杆搁置在垫平的垫块上,垫块的间距取 3 m 左右。钢拉杆一定要进行防腐处理。很多工程的失事是拉杆断裂造成的,防腐不善和产生过大的挠曲变形而裂开是其重要原因。钢拉杆的防腐处理,一般是除锈后涂防锈漆,外缠沥青玻璃纤维布片。为减少安装后的防腐处理的工作量和方便操作,宜在存放场内预先将拉杆的杆身做好防腐处理。

拉杆安设应按一定间距(4~6 m)沿各条拉杆轴线设木桩或钢筋混凝土短桩,作为拉杆的支承点,以消除或减少拉杆因自重而产生的附加应力。如不设支承桩而就地铺设,拉杆上面应设防压罩,且罩内顶面应距拉杆顶面 15~20 cm。安设两端有铰的拉杆时,要使铰的转动方向处于垂直平面内。拧拉杆的螺母时,一般以拧紧(露出 2~3 道丝扣)即可,不要过于张紧。若需调整初始应力,可由调节张紧器来调整。未做防腐处理的部分和在安装过程中防腐受到损坏的部分,在安装好后要及时补做防腐处理。

6.4.4　墙后回填

板桩墙后的回填应在拉杆安装之后进行。如锚碇系统为板式锚碇,回填顺序应尽可能先填锚碇板前被动土压力区的土。填筑应沿码头纵向均匀地逐步进行。水下部分的填料宜用砂、砾石、块石等透水性好的材料;水上部分可填砂、石和无腐蚀性、无膨胀性的黏性土。对地震基本烈度在 6 度及以上的地区,不宜填易液化的粉砂、细砂及亚砂土。在钢板桩墙后及拉杆周围严禁用煤渣、矿渣等含腐蚀性成分的材料填筑。码头前沿线如在原陆域范围内,采用陆上回填;如在原来的水域中,可由陆上运输工具运料,采用从内向外逐步推进填筑的施工方法,也可以用船运料,采用皮带机或吊机上方驳,在墙后进行抛填。另外,也可采用抽砂船从海底取砂,用砂泵及管道输送到填土区吹填。

在陆上回填时,铺土(推土机或其他运土机械)和夯实(柴油夯实锤或吊机吊夯锤)均应沿与拉杆平行方向进行,只有在拉杆上填土达一定厚度后,方可沿与拉杆垂直方向进行,以免使拉杆(拉杆下的填土必须夯实)压弯和挠曲下沉。在夯实过程中,考虑土对板桩墙有一定的挤压力,应经常观察板桩墙和锚碇体的变形和位移情况。夯实要分层进行,施工速度应控制不能过快。

为防止墙后填土的流失,板桩接缝特别是钢筋混凝土板桩接缝,常需做必要的处理,钢筋混凝土板桩常为带有凹凸榫槽的矩形板桩,一般一边下端是凸榫,而上端是凹榫,另一边下端削角,而上端两侧均为凹榫,并且从上到下都带凹榫。带凹凸榫和削角,在打桩时可起导向和板桩间互相挤紧的作用。在板桩打设完毕之后,应用高压水或压缩空气,清除凹槽内的泥砂,用塑料薄膜制成不透水的软管,其周长应适当大于空腔的周长,使管底适当配重,以沉入腔内,然后用漏斗从管口徐徐填入水泥砂浆,边填边捣实,以水泥砂浆充满空腔,并与腔壁有良好的黏合,防止墙后填土流失。还有一种方法,是用玻璃丝布制成长 50 cm 左右的小袋,内盛灌筑材料,逐个投入凹槽形成的空腔内并辅以捣实。

钢板桩的接缝处:由于有些锁口较紧,咬合较好,其缝隙在使用中会逐渐被砂、土所堵塞;有些锁口咬合不严,可先用高压水喷射,把接缝部分的土、砂挖动,通过送入压缩空气,把土、砂带出来,然后将帆布之类做成的细长布袋塞进去,灌以水泥砂浆以堵漏。钢筋混凝土板桩和钢板桩在打设过程中有时会严重脱锁,在水上部分脱锁能直接发现,在水下一般应由潜水员检查探摸。对少数严重脱锁、形成较大缝隙的,应在缝隙的墙后补打板桩以堵漏。

第7章 码头工程质量控制

7.1 混凝土和钢筋混凝土工程质量控制

7.1.1 模板和钢筋工程质量控制

1. 模板工程质量控制

1) 模板的作用与质量要求

模板不仅是保证混凝土结构或构件的形状、外形尺寸和相对位置的模具,而且是在浇筑混凝土及其未能受力的一段时间内承受混凝土和钢筋重量、混凝土侧压力等施工荷载的结构。模板质量的优劣,将直接影响混凝土的质量。因此,模板工程质量的控制和检验,是保证和控制混凝土质量的重要环节。

模板工程一般由模板本身和支架系统两部分组成。对其基本要求如下。

(1)模板尺寸、高程必须准确,以保证浇筑结构的形状和尺寸。

(2)模板及支架必须具有足够的强度、刚度和稳定性,以防止模板及支架在混凝土施工过程中发生破坏、失稳或不允许的变形。对充气胶囊内模和向内倾斜的侧模板必须采取防止上浮的措施。

(3)接缝不漏浆,邻混凝土的表面平整光滑,以保证结构的外观质量。

(4)构造简单,拆装方便。

(5)尽量采用标准模板,且标准模板的尺寸和种类的数目应尽量减少。

(6)模板的周转率高,材料用量少,费用省。

模板按照其在混凝土浇筑过程的状态分为固定式模板和滑动式模板两种。本节仅对固定式模板的质量控制作一简单介绍。

2) 模板制作质量控制

(1)模板应有设计。重要结构、构件的模板和特殊形式的模板及其支架系统,应有专门设计或验算,并有模板设计图。

一般小型构件模板和常规模板,应有模板施工草图或拼装图。可根据施工经验和有关规程选择模板形式及主要支撑的断面尺寸。

(2)模板的拼装和支立,应按设计图或施工草图进行。

(3)应对照模板设计图或草图进行检查验收,对于关键部位,应注意观察检查,对主要尺寸,应用尺复核。

3)模板拼装质量控制

为了防止混凝土表面出现砂斑、砂线、裙角露石和粘皮等缺陷,模板拼缝和表面质量应符合下列要求。

(1)模板拼缝。

①木模板与混凝土接触面应刨光,拼缝要紧密以防止漏浆。

②钢模板拼缝处应用小方木、软橡胶或塑料管等材料镶嵌紧密。

③模板与已浇混凝土或岩石的接缝以及两段模板间的接缝,均应镶嵌平整。

④模板隅角部分应装设三角条使其成钝角。

⑤侧模与底模拼缝宜采用帮包底的支模方法。

(2)模板表面质量。

①表面应洁净,邻混凝土面应光滑,不得有残灰黏结。

②邻混凝土的模板面应涂刷脱模剂,并不得污染钢筋。底膜上可铺垫水泥袋纸或塑料薄膜。

③底胎模表面应平整、光滑,不得产生下沉、开裂或掉皮等现象。

④模板内清洁无积水和杂物。

4)模板制作与安装允许偏差的检验

为保证混凝土和钢筋混凝土的质量,对允许偏差、检验数量和方法,要求按标准严格执行。

预埋件、预留孔的安设一般由模板工序负责,因此列入模板工程进行检验。在检验时,除核对数量、规格、位置外,还应检查其固定方法和固定卡具是否可靠,以防止在混凝土浇筑过程中发生不允许的偏差。

2.钢筋工程质量控制

钢筋工程质量控制,包括对原材料及施工工艺的控制。钢筋工程的施工流程大致分为钢筋焊接、钢筋冷拉、钢筋制作和钢筋绑扎与装设四项工序。

1)钢筋原材料的质量控制和检验

(1)钢筋的品种、规格和质量必须符合设计要求和国家有关标准的规定。钢筋混凝土结构所用的钢筋、钢丝、钢绞线的品种和规格必须符合设计要求,其质量必须分别符合《钢筋混凝土用钢》(GB/T 1499)、《预应力混凝土用钢丝》(GB/T 5223—2014)、《预应力混凝土用钢绞线》(GB/T 5224—2014)等国家标准。

(2)钢筋混凝土和预应力混凝土结构所用的钢筋、钢丝、钢绞线均须有出厂合格证或品质证明。在使用前必须按规定抽样复验,合格后方可使用。对进口钢筋还需做化学成分分析。

(3)取样数量和试验项目。钢筋的验收分批和抽样数量应符合有关标准的规定,一般应取同一炉号、同样截面尺寸的钢筋,重量不大于60 t为一批。在每批钢筋中,在表面质量和尺寸均合格的2根钢筋上,各取2个试件,分别做抗拉和冷弯试验。低碳钢丝的抽样复验,可按盘数的5%(但不少于5盘)做外观检查,合格后,任选3盘,并在每盘的任一端截取两个试件,分别做拉力试验和反复弯曲试验。

(4)验收标准。在拉力试验和弯曲试验中如有一个试验项目的一个试件不符合国家标准《钢筋混凝土用钢》(GB/T 1499)、《预应力混凝土用钢丝》(GB/T 5223—2014)有关的规定,则另取双倍数量的试件,对不合格项目做第二次试验。如仍有一个试件不合格,则该批钢筋不予验收。

(5)对进场的钢筋应妥善保管,注意防污、防锈。

2)钢筋接头的质量控制

(1)钢筋焊接接头的一般规定。

①钢筋的接头应采用闪光对焊,当不能进行闪光对焊时可采用电弧焊(搭接焊、帮条焊、坡口焊等)。

②Ⅳ级钢筋的接头必须采用闪光对焊,并必须采用"闪光、预热、闪光"焊的工艺方法。

必要时尚应进行焊后的通电热处理,以提高塑性。

③冷拉钢筋的焊接应在冷拉前进行(预应力筋的螺丝端杆除外)。

④焊接钢筋的焊工应有相应的资格证。

(2)闪光对焊接头的一般规定。

闪光对焊的接头应定期分批进行外观检查和机械性能试验。

①外观质量检查。钢筋闪光对焊接头处的钢筋轴线偏移不大于$0.1d$(d为钢筋直径),且不大于2 mm,弯折不超过4°。接头处(包括热影响区)不得有裂纹。由于不同等级的钢筋在不同施焊条件下的烧伤敏感性不一样,对质量影响也有一定区别,故对各级钢筋和施焊条件分别予以规定。

②机械性能检验。在焊接钢筋中取6个试件,拉力和冷弯试验各用3个。

在3个拉力试件中,如有1个试件的抗拉强度不够,或有2个试件断在焊缝处,则应另取6个试件重新试验。第二次试验如有下列情况之一者,该批焊接钢筋即认为不合格:a.有1个试件的抗拉强度低于该级别钢筋的抗拉强度;b.有4个试件在焊缝处发生断裂。

在3个冷弯试件中,如有1个试件不合格,则应另取6个试件重新试验,第二次如仍有不合格者,则该批焊接钢筋即认为不合格。

(3)电弧焊接头的一般规定。

①外观质量检查。电弧焊接头存在裂纹、咬边、焊瘤等缺陷,对接头的强度影响较大,因此在施焊后应将焊渣敲除干净并逐个进行外观检查。各种形式的电弧焊接头均应符合该焊接工艺的技术要求,接头的外观检查应符合规定。

②机械性能检验。钢筋的类别、直径、焊条牌号不同,或调换焊工时,均应先用相同材料、相同焊接条件和参数在施焊前制作两个抗拉试件,试验结果大于或等于该类钢筋的抗拉强度时即合格(无须再从成品中抽样检验)。

③焊条质量检查。电弧焊接所用的焊条必须与母材匹配,各种型号的焊条必须具有出厂合格证,焊条的贮藏应符合"水工规范"的规定。

(4)电渣压力焊接头的一般规定。

要重点检查焊包是否均匀,表面是否有裂纹和明显烧伤。

(5)钢筋焊接接头的一般规定。

钢筋焊接接头的允许偏差、检验数量和方法见"水工标准"。

(6)绑扎接头的一般规定。

直径小于25 mm的受力钢筋允许绑扎,其搭接长度应符合"水工规范"。

3)冷拉钢筋的质量检查

冷拉钢筋的质量检验分为冷拉钢筋机械性能试验和冷拉钢筋外观检查,机械性能必须符合要求,钢筋表面严禁有裂纹和缩颈。

4)钢筋制作的质量检验

(1)直钢筋质量检查。钢筋应平直,不得有不能调直的局部硬弯。钢筋应无颗粒状或片状锈皮,如有,在钢筋使用前应清除干净。

(2)弯钢筋质量检查。

①弯折钢筋。弯折点处的圆弧内半径:Ⅰ级钢筋不宜小于钢筋直径的10倍;Ⅱ级钢筋不宜小于钢筋直径的12倍。

②弯钩。作180°圆弧弯曲,钢筋弯钩的弯曲内径不应小于钢筋直径的2.5

倍。设计有要求时,作135°圆弧弯曲,Ⅱ、Ⅲ级钢筋弯钩的弯曲内径不宜小于钢筋直径的4倍。当采用手工弯钩时可带有适当长度的平直部分。

③箍筋。箍筋末端应有弯钩,弯钩的弯曲角度不宜小于135°。弯钩的长度应符合规定。

(3)钢筋制作的允许偏差、检验数量和方法见上述标准。

5)钢筋绑扎与质量检验

(1)钢筋骨架质量的基本要求。

①钢筋的品种、规格和数量必须符合设计要求,钢筋在绑扎及装设前,应对钢筋的锈污进行清除。施工中如需以另一种类别或另一种直径的钢筋代替应符合设计要求,并符合"水工规范"的规定。对于重要构件中的钢筋和预应力混凝土构件中的预应力筋,尚应征得设计单位的同意。

②受力钢筋接头的设置。

a.在受拉区同一截面内,受力钢筋的接头面积,不得大于受力钢筋总面积的50%。

b.受弯构件仅配置一根受力钢筋时,接头应设置在小于1/2最大弯矩处。

c.接头(包括焊接与扎接)距钢筋弯起点应不小于10 d,并不应位于最大弯矩处。

d.同一截面内同一根钢筋只允许有一个接头。

③钢筋骨架应有足够的稳定性,如稳定性不够,应增加扎结点或支撑点。

④钢筋骨架伸入支座的锚固长度及外伸长度,必须符合设计要求。

⑤除设计有特殊规定外,桩、柱、梁骨架的箍筋应尽量与主筋垂直。箍筋弯钩的搭接应沿轴线方向交错布置。

⑥绑扎钢筋的铁丝头不得伸入混凝土保护层内。

⑦保护层厚度必须符合设计要求,水泥砂浆或混凝土垫块的强度应比构件本体混凝土强度高一级,在钢筋的侧向应设置带有铁丝的垫块并与钢筋扎紧。双层钢筋尚应用短筋支撑以保证钢筋位置。

(2)钢筋骨架绑扎与装设的允许偏差、检验数量和方法见"水工标准"。

7.1.2 混凝土的质量控制

混凝土的质量控制包括原材料、配合比、运输、浇筑、拆模、养护控制以及质量评定。

进行质量控制必须配备相应的技术人员和必要的检测及试验设备,建立和健全必要的技术管理与质量控制制度。

实施质量控制,应在生产过程中随机取样进行质量检测,应用各种质量管理图表进行动态管理,控制整个生产和施工期间的混凝土质量,并遵照升级循环的方式,制定改进与提高质量的措施,完善质量控制过程,使混凝土质量稳定提高。

1. 原材料的质量检验与控制

1)水泥

水泥质量应符合国家标准。对于Ⅰ、Ⅱ级建筑物,水泥标号不得低于425号,对于Ⅲ级建筑物,水泥标号不得低于325号。水泥品种宜采用普通水泥、硅酸盐水泥、矿渣硅酸盐水泥。掺入粉煤灰代替部分水泥时,应保证不降低混凝土的密实性和抗冻性。

2)细骨料

(1)应采用质地坚固的天然河砂,其技术要求按混凝土和钢筋混凝土施工中有抗冻要求的规定执行。

(2)不宜采用海砂。受条件限制只能采用海砂时,应保证混凝土拌和物的氯盐含量符合规定。海砂的含盐量不宜大于 0.07%(以氯离子占水泥重量百分比计),超过此值,应以淡水淋洗或露天堆放以备雨水冲洗。

3)粗骨料

(1)粗骨料应采用质地坚固的碎石、卵石。

(2)粗骨料应有适当的级配,其最大粒径应同时符合下列要求:

①不大于构件截面最小尺寸的 1/4;

②不大于钢筋最小净距的 3/4;

③在浪溅区,不大于混凝土保护层厚度的 2/3;在其他区,不大于混凝土保护层厚度的 4/5。

4)拌和及养护用水

(1)不得采用海水拌和,应尽量采用城市供水系统的饮用水。

(2)拌和用水不得含有影响水泥正常凝结或硬化的有害杂质,拌和用水中氯离子含量不宜在 200 mg/L(相当于占水泥重量的 0.01%)以上;pH 值不小于 4,硫酸盐含量(以硫酸根离子占水泥重量百分比计)不大于 0.22%。

(3)大气区、浪溅区和水位变动区的构件养护,不能使用海水。具体规定见混凝土养护。

5) 外加剂

(1) 为改善混凝土的耐久性、和易性,拌制混凝土时宜掺外加剂。外加剂应有品质检验资料,说明对钢筋防腐蚀和混凝土性能无不利影响。

(2) 应确保混凝土拌和物和氯盐含量不超过规定,外加剂中的氯离子含量不宜大于水泥重量的 0.02%。

6) 原材料贮运

(1) 水泥应分类存放、明确标记,不得混杂并防止受潮。

(2) 粗、细骨料和钢筋在运输及存贮过程中不得接触海水,并防止其他污染。不同产地、不同规格的骨料,应防止相互混杂。

7) 原材料的采购

在材料采购时,施工单位应向监理提供产地和生产厂家,然后由监理会同施工单位检查其资质和质量保证体系与措施,经认可后,对材料进行封样,以后出厂的材料质量按此样标准进行验收。材料到场后,施工单位需核查其质保书,并根据规范要求,由施工单位按批量抽验,其报告交监理审核。为了督促施工单位加强管理,凡缺少以上任一环节,监理都可拒绝验收。

2. 混凝土配合比的确定与控制

混凝土配合比的确定,应使混凝土达到设计要求的强度等级、耐久性指标以及要求的稠度等,并做到合理使用材料及节约水泥。

(1) 考虑到混凝土的不均匀性,其配合比强度 $\overline{R'}$ 按式(7.1)确定

$$\overline{R'} = R - \sigma_0 + 2\sigma \tag{7.1}$$

式中:R 为设计标号;σ_0 为实际统计均方差的平均水平,MPa;σ 为工地实际统计的均方差,MPa。

其中,σ 可按式(7.2)计算

$$\sigma = \sqrt{\frac{\sum_{i=1}^{n}(X_i - \overline{X})^2}{n-1}} \tag{7.2}$$

式中:X_i 为第 i 组混凝土试件强度,MPa;$\overline{X}$ 为 n 组混凝土试件强度的平均值,MPa;n 为统计试件的组数。

(2) 混凝土水灰比最大允许值及最低水泥用量应符合前述混凝土质量要求中的规定。

在常用的混凝土等级范围内混凝土的最大水泥用量不宜大于 500 kg/m³。

(3)混凝土粗骨料最大粒径尚应符合前述原材料的质量要求。

(4)对没有耐久性要求的混凝土也可按早期推定的混凝土的强度进行设计,但必须保证强度推定式有足够的精度和较好的适用性。

(5)泵送混凝土配合比应根据输送管道的管径、输送的垂直距离、水平距离、弯头设置及泵送设备的技术条件等因素进行设计,使混凝土既达到要求的质量指标,又具有良好的可泵性。

泵送混凝土配合比除参考普通混凝土配合比设计和试配确定外,尚应符合下列规定:

①碎石最大粒径与输送管内径之比,宜小于或等于 1∶3;卵石宜小于或等于 1∶2.5,通过 0.315 mm 筛孔的砂不应少于 15%,砂率宜控制在 38%~45%;

②最小水泥用量宜为 300 kg/m³;

③混凝土的坍落度宜为 80~180 mm;

④混凝土内宜掺适量外加剂及粉煤灰。

(6)粉煤灰混凝土的设计强度等级、强度保证率、标准差及变异系数等指标应与普通混凝土相同。

①混凝土中掺用粉煤灰可采用等量取代法、超量取代法和外加法。粉煤灰混凝土配合比,应按绝对体积法计算。

②有耐久性要求的粉煤灰混凝土配合比设计应采用超量取代法,同时掺入减水剂;当混凝土超强较大或配制大体积混凝土时,可采用等量取代法;当主要为改善混凝土和易性时,可采用外加法。

③粉煤灰的含水量大于 1% 时,应从粉煤灰混凝土配合比用水量中扣除。粉煤灰混凝土中掺入引气剂时,其增加的空气体积应在配合比设计的混凝土体积中扣除。

④粉煤灰在港口工程混凝土中取代水泥的最大限量(以重量计),应符合"水工规范"的规定。

(7)混凝土配合比必须由施工技术负责人或监理工程师签发,在施工过程中不得随意改变。

(8)混凝土配合比在使用过程中,应根据混凝土质量的动态信息,及时进行调整。

3. 混凝土质量的生产控制

混凝土的生产控制应包括混凝土原材料的称量,混凝土的拌和、运输、浇筑、养护和模板的拆除等工序的控制,切实保证混凝土质量符合设计要求。

施工单位应根据设计要求和工程情况,提出混凝土质量控制计划和标准,建立完善的混凝土现场施工质量保证体系,制定必要的混凝土生产管理制度。

在施工过程中,应对各工序取得的质量指标数据定期加以统计分析,并采用管理图表,对施工过程中的混凝土质量进行管理,及时采取针对性措施和对策。

施工单位应积累完整的混凝土生产全过程的技术资料和质量检测资料,并分类整理存档。

1)原材料的称量

(1)原材料配料时,应按配料单进行称量,不得任意改动。

(2)进行混凝土原材料称量时,其偏差不得超过规定数值。

(3)每一工作班正式称量前,应对称量设备进行零点校核,如称量系统失控应及时进行纠正。

(4)施工过程中应检测骨料含水率,每一工作班至少测定2次。当含水率有显著变化时,应增加测定次数,依据测定的结果及时调整用水量和骨料用量。

2)混凝土的拌和

(1)混凝土拌和物各项质量指标应符合规定。

(2)混凝土拌和时间应遵照拌和机的使用说明,冷天施工连续拌和的最短时间应比常温时延长50%。掺粉煤灰时拌和时间应延长1 min。对混凝土拌和时间,每一工作班至少检查2次。

(3)混凝土拌和完毕后,应按下列要求检测拌和物的质量指标。

①混凝土拌和物的稠度和含气量应在拌和地点和浇筑地点分别取样检测,每个工作班对坍落度至少检查2次,含气量至少检查1次。

②在混凝土预制构件厂(场),如混凝土拌和物从拌和机出料起至浇筑入模的时间不超过15 min,可仅在拌和地点检测。

③必要时应检测混凝土拌和物的其他质量指标。

④拌和时材料监理人员应依据质量检验流程图,督促施工单位加强管理、确保质量。例如,材料监理人员在对现场拌和混凝土进行监理时,首先由施工单位向监理人员提供有关配合比和试验结果,并介绍混凝土拌和过程中质量检验流程。监理工程师据此制定混凝土拌和质量控制体系。

3)混凝土运输

(1)混凝土拌和物运到浇筑地点时,应不离析、不分层,组成成分不发生变化,并应保证施工必要的稠度。否则应对混凝土拌和物进行二次拌和。二次拌和时,不得任意加水,必要时,可同时加入水和水泥,保持其水灰比不变。

(2)采用皮带运输机运输混凝土拌和物时,应考虑皮带机倾角、运转速度、砂浆损失、供卸料方式等。

(3)商品混凝土的运送应按《混凝土质量控制标准》(GB 50164—2011)中的有关规定进行。

(4)采用泵送混凝土时,除了保证上述运输质量,供应的混凝土量应保证混凝土泵的连续工作。如因故间歇,间歇时间不宜超过 15 min。

4)混凝土浇筑前检查

(1)浇筑混凝土前,应检查模板、钢筋、保护层、预埋件和预留孔等的尺寸、规格、数量和位置,其偏差应符合"水工规范"中的有关规定。并应检查模板支撑的牢固、稳定,接缝的密封情况,并应清除模板内的杂物、积水。

(2)钢筋的保护层厚度应符合设计要求,其尺寸允许偏差为 $-5\sim 10$ mm。混凝土浇筑前还应检查钢筋的位置和数量,并应绑扎牢固。绑扎铁丝不得伸入保护层内。

(3)钢筋表面不得有锈屑、油污、泥浆、盐渍或其他可能影响耐久性及握裹力的有害物质。

5)混凝土浇筑

(1)混凝土在浇筑过程中应均匀、对称地下料和振捣。下料高度不得超过 2.0 m,否则应采取缓降措施,以保证混凝土的均匀性。

(2)混凝土应振捣密实,不得漏振,避免出现露筋、空洞、缝隙、夹渣、松顶等现象。

(3)混凝土拌和物运送到浇筑现场时,浇筑允许间歇时间应按现行规范执行,并根据混凝土硬化速度和振捣能力经试验确定。

(4)混凝土在浇筑过程中,发现原材料、稠度不符合规定,或有分层离析现象时,应立即查明原因,妥善处理后再继续浇筑。

(5)浇筑时,应随时检查模板、支架、钢筋、预埋件、预留孔和垫块的固定情况,当发现有变形、位移时,应立即停止浇筑,并应在已浇筑的混凝土凝结前进行修整。

(6)浇筑混凝土的分层厚度应根据气温、浇筑能力和振捣设备综合分析确定。

(7)新旧混凝土接槎处,应按"水工规范"的规定进行认真处理。

(8)在浇筑混凝土时,应制作为控制结构或构件的拆模、吊运、张拉、放松和强度评定用的立方体强度试件,必要时还应制作抗冻、抗渗或其他性能的试件。试件的取样与制作应按规定执行。

6)混凝土养护

(1)为保证混凝土有适宜的硬化条件,并防止发生不正常的收缩,应在混凝土浇筑完毕后及时加以覆盖,结硬后浇水养护等,使混凝土经常保持潮湿状态。养护方法应根据构件外形选定,一般采用盖草袋洒水、砂围堰蓄水、塑料管扎眼喷水、涂养生液、覆盖塑料薄膜等方法。当日平均气温低于3 ℃时,不宜洒水养护。

(2)气温在0 ℃以下严禁洒水养护。

(3)混凝土潮湿养护的时间不应少于14 d。

(4)混凝土和钢筋混凝土养护用水应遵守下列规定。

①混凝土宜采用淡水养护,在缺乏淡水的地区,可采用海水保持潮湿养护。

②海上大气区、浪溅区和水位变动区的钢筋混凝土预制构件不得使用海水养护。

③现浇构件中,在北方浪溅区和水位变动区采用淡水养护确有困难时,灌筑后应妥善封顶,四天后拆模,再用海水保持潮湿养护或采用养生液养护,当同时使用海砂作细骨料时,其水灰比不得大于0.50或在所拌制的混凝土中掺0.5%~1.0%(占水泥重)的亚硝酸钠。在南方浪溅区和水位变动区采用淡水养护确有困难时,应将水灰比减小0.05,保护层增加1 cm或掺入0.5%~1.0%(占水泥重)的亚硝酸钠,并在灌筑后妥善封顶,四天后拆模,再用海水保持潮湿养护或采用养生液养护。

(5)混凝土强度未达到2.5 MPa以前,不得在已浇筑的结构上来回行走、运送工具或架设上层结构的支撑和模板。

7)混凝土拆模

(1)在拆除模板的过程中,混凝土表面、棱线、棱角不应遭受损伤,结构构件不得发生变形,当出现局部损伤或变形时,应及时查明原因,采取措施加以处理。

(2)模板拆除前,应确认混凝土的强度已达到现行"水工规范"规定的强度。

(3)浪溅区和水位变动区现场浇筑混凝土的拆模时间应按上条规定适当延长。

(4)对空心胶囊内模或预留孔内模,应以混凝土强度达到能维持其结构构件不发生变形方可拆模。

7.1.3 混凝土质量缺陷处理

1. 处理原则

对混凝土缺陷应按相关原则,并根据该工程的特点进行处理。有关规定如下。

(1)当缺陷不影响结构的使用性能时,可由施工单位提出处理方案,经监理工程师同意后进行修补,经修补后,重新检验评定。

(2)当缺陷影响结构性能时,施工单位必须会同设计、监理和建设等单位共同研究处理,并报质量监督站。

(3)混凝土试件强度、抗冻或抗渗标号不合格时,可采用从结构或构件中钻取芯样或采用无损检验方法对其强度、抗冻或抗渗标号进行测定。

(4)重大的混凝土质量缺陷应由施工单位会同设计、监理和业主共同研究提出处理意见,并报送质监站和上级主管部门审定。

2. 混凝土缺陷分类

混凝土的缺陷包括强度不够、裂缝、露筋、蜂窝、缝隙夹渣、麻面、砂斑、砂线等。

(1)裂缝。混凝土产生裂缝的种类和原因很多,对工程结构的危害程度不一,一般情况下,预应力混凝土和有防渗要求的混凝土,严禁出现裂缝,对于一般性混凝土构件,设计是允许出现裂缝的,但裂缝宽度不得大于规范规定。

(2)露筋。露筋是指钢筋没有被混凝土包裹而外露的严重缺陷。如有出现,该构件修补之后只能评为合格。

(3)空洞(严重蜂窝)。空洞是指混凝土表面出现的深度大于钢筋保护层或50 mm的洞穴和严重蜂窝。如有出现,经修补后该构件只能评为合格。

(4)缝隙夹渣。缝隙夹渣是指混凝土施工缝处(包括混凝土浇筑间隔时间长,施工中未按规范规定进行处理的施工缝)出现的明显的缝隙或夹有杂物、松散物等缺陷。如有出现,经鉴定可进行修补的,修补后该结构或构件只能评为合格。

(5)蜂窝、麻面和砂斑、砂线。

①蜂窝是指混凝土表面无水泥浆而露出石子深度大于5 mm、但不大于保护层或50 mm的缺陷。

②麻面是指混凝土表面无水泥浆,露出石子深度不大于 5 mm 的缺陷(俗称"露石")和因模板所造成的表面砂浆层剥皮缺陷(俗称"粘皮"),以及大片密集的非露石性气泡。

③砂斑、砂线是指混凝土表面出现砂纸样缺陷,细骨料(砂)未被水泥浆充分胶结而外露,用木板、硬纸轻刮可以刮落的缺陷,片状的(宽度大于 10 mm)称为砂斑,线状的(宽度在 10 mm 及其以下)称为砂线。

3. 常用的处理方法

当混凝土达到规定的拆模强度,拆去模板之后,如果发现缺陷,要分析其产生原因和严重程度,并根据缺陷部位的重要性,分情况予以修补。

(1)对于不影响结构使用性能的表面小蜂窝、麻面或露石。修补方法一般是先用钢丝刷清理表面和用压力水冲洗,再用 1∶2～1∶3 的水泥砂浆填满抹平,并加强养护。对于稍大的蜂窝或露筋,可按其深度凿去薄弱的混凝土层,用压力水冲洗后,再用比原标号高一级的细石混凝土填补,并注意养护。

(2)对于影响构件安全的空洞(大蜂窝)和露筋。修补时一般可彻底清除软弱部分,清洗干净,用比原标号高一级的细石混凝土或水泥砂浆借高压水泥喷枪或压力灌浆进行修补。

(3)裂缝。当裂缝较细、数量不多时,可将裂缝加以冲洗,用水泥浆抹补;当裂缝较大、较深时,应沿裂缝凿去薄弱部分,用水冲洗,再用水泥浆或环氧树脂抹补,或用压力灌浆法修补。

(4)对于强度和标号不合格者,如无法弥补,则应降级使用,或返工重做。

7.1.4 预应力钢筋混凝土工程质量控制

1. 预应力钢筋混凝土构件制作简介

预应力钢筋混凝土构件制作的基本方法分为先张法和后张法两种。

先张法是在浇筑混凝土前将钢筋张拉到设计控制应力,并用锚具将其临时固定在两端的台座上,然后浇筑混凝土。待混凝土达到一定强度,能保证预应力筋与混凝土之间有足够的黏着力之后,放松预应力筋,钢筋回缩,借助混凝土与预应力筋的握裹力,使混凝土获得压应力。此法工艺简单,应力控制较后张法准确,而且适用范围广,因此我国港口航道工程大都采用此法生产预应力钢筋混凝土构件。

后张法是在构件设计配置预应力钢筋的部位预先留出孔道,待混凝土达到设计强度后,将预应力筋穿入孔道,然后进行张拉锚固。张拉的反作用力通过锚固装置直接传给构件本身,使混凝土受到预压应力。然后向预留孔道灌浆,使预应力钢筋不锈蚀并与构件连成整体。此法是直接在构件上张拉,不需要专门的台座,适宜在现场生产。同时也可作为一种预制构件的拼装手段,先在预制厂制作小型块体,然后运到现场穿入预应力筋,通过施加预应力拼装成整体。但此法工艺过程复杂(如需留孔、穿筋、灌浆等),锚固预应力筋的锚具要永远留在构件上,故花费钢材较多。

2. 预应力钢筋混凝土构件质量控制和检验要点

(1)预应力筋的锚具形式和质量必须符合设计要求和有关标准的规定。锚具的锚固能力不得低于预应力筋标准抗拉强度的90%,锚固时预应力的内缩量不超过锚具设计要求的数值。预应力筋的锚具质量检验应按《混凝结构工程施工质量验收规范》(GB 50204—2015)规定执行。其检验数量:外观检查,每批10%且不少于10套;硬度检查,每批5%且不少于5套;锚固能力试验,在上述两项合格后,每批抽取3套。

(2)预应力筋墩头强度必须符合规范规定,外观和外形尺寸符合有关标准规定。因为墩头质量直接影响到钢筋张拉施工的安全和预应力值的损失,施工中必须进行检查。

(3)先张法预应力筋放松时和后张法张拉预应力筋时,构件混凝土的强度不得低于设计强度的70%。

(4)后张法预应力筋的孔道灌浆必须密实饱满,水泥浆强度必须符合设计要求和规范规定。并应逐件做好记录,留置强度试块。构件在起吊时,其孔道灌浆的强度也必须符合设计要求,如设计无规定,则不应低于15 MPa。

(5)预应力筋的张拉程序应符合规定。张拉预应力值与设计规定值的偏差:机械张拉,不应超过±5%;电热张拉,不应超过-5%~10%。

(6)后张法的多根钢丝同时张拉时,构件断丝和滑丝的数量不得大于钢丝总数的3%,且一束中只允许有一根。先张法的钢筋拉断时,应进行更换。

预应力筋锚固后的外伸长度和防腐处理应符合设计要求和规范规定,其目的在于保证预应力构件的耐久性。

(7)预应力构件的允许偏差、检验数量和方法见"水工标准"的有关规定。

7.2 重力式码头和防波堤工程质量控制

7.2.1 重力式码头与防波堤的共同特征和主要差别

重力式码头与直立式防波堤的共同特征较多,它们的基本组成部分相似,施工程序也大致相同。它们都具有基础、墙身和上部结构,基础施工都有开挖、抛石、夯实和整平等工序。墙身的施工均包括构件预制、吊运和安装。因此,施工、监理的主要工作内容、程序和控制要点是基本相同的。但是,重力式码头与防波堤的基本功能不同,码头的组成部分还有轨道及其他附属设施,码头上作用有起重运输机械、堆货,岸壁式码头的基本组成部分还有墙后回填,防波堤组成部分还有护面块体。

7.2.2 施工准备期的质量控制

施工准备期应检查承包单位施工的准备工作,其中具体应注意以下事项。

(1)航务工程公司常将水下开挖及一些土石方工程等分包给疏浚工程公司和其他施工单位,应对分包单位进行资质审查。对其施工过的类似工程项目的质量、施工信誉、奖惩情况、职工(技术人员及技术工人)的素质等进行调查审核。

(2)组织设计交底。设计交底首先由设计单位介绍码头或防波堤的设计意图、设计的特点和对施工的要求。与一般码头和防波堤不同的地方应详细说明,特别是防波堤一般都建在水深、浪高、流急的海域,堤头、堤干离岸较远,施工难度大。设计的意图、特点、对施工的要求、施工程序和沉箱或方块海上安装的精度一定要明确。然后由施工单位及其他人员,包括监理提出问题,由设计代表回答质疑,协商解决存在的问题,写出会议纪要。设计人员对会上没有肯定答复的问题用书面形式解释或提交设计变更通知书。

(3)审查承包单位的施工组织设计,包括施工方案、技术措施、船机设备和技术交底安排。如抛泥区的选择,对环境的污染,沉箱拖运的方式和安装定位,水上混凝土浇筑方法等。技术交底通常分级进行,应对该工程施工特点,施工区域的水文、气象、地质地貌,施工时应注意的事项,具体的施工程序、方法及技术要求,所执行的规范和质量检验评定的标准,保证施工质量及施工安全的措施进行布置、介绍,并在施工前将书面材料送交监理一份。

(4)检查承包单位施工船机设备是否符合施工组织设计确定的要求。如混凝土搅拌机、电焊(对焊、弧焊)机、空气压缩机、高压水泵、钢筋加工机械、机械加工设备、木工机械的数量及状态,大型施工船只的到位情况,挖泥船的类型与开挖的土质是否适应,抛石船只类型、数量、大型浮吊的性能等。

(5)若进行水下爆破,要求施工单位必须具有水下爆破作业许可证,并且监理应对爆破方案及安全措施进行审查。

(6)核查施工现场的测量控制点、施工基线,检查承包单位的测量数据,检查设置的水尺和挖泥标志是否正确可靠。

(7)检查承包单位材料的准备情况。材料的质量必须按程序严格进行控制。基床、斜坡式防波堤的堤心石、垫层的石料质地、大小、强度应符合要求。另外还必须审查混凝土及其他混合料的配合比。承包单位必须在混凝土浇筑开始前,按规定时间提前将选定的混凝土配合比及有关的试验材料提交监理工程师审批。

(8)查看施工现场布置,检查施工水域是否有影响施工的障碍物需要清除,检查四通(水、电、路、通信通)一平(场地平)和大型临时设施等开工准备工作的情况。

(9)检查承包单位的质量自检系统,包括专、兼职质检员,工地试验室的仪器设备和有关的操作规程及规章制度等。

(10)对采用的新工艺、新方法,监理必须进行审查。像爆破挤淤等的质量要求和安全防范措施必须落实。

(11)签发开工报告。承包单位必须按合同规定的时间提交工程的开工报告。

7.2.3 基础工程的质量控制

基础承受着墙体和上部结构自重及外部荷载,对整体稳定起着重要作用。基础工程包括基槽开挖、换砂或做砂垫层、基床抛石、基床夯实和基床整平。

1. 基槽开挖

基槽开挖检查的要点主要如下。

(1)为保证断面尺寸的精确和边坡的稳定,特别是靠近岸边的基槽,需要分层开挖,每层厚度应与施工组织设计符合和满足具体工程的要求。

(2)开挖过程中应定期检查水尺零点和挖泥标志有无变动。

(3)开挖断面尺寸不应小于设计要求,底部不得出现浅点。

(4)基槽开挖至设计标高时应核对土质,并及时办理验收手续。对有"双控"要求,即有标高和土质要求的基槽,如土质与设计要求不符,应继续下挖,直至该土层出现为止。

(5)基槽开挖结束应及时进行验收。对分项(隐蔽)工程的验收,承包单位必须按规定时间提前通知监理。若超过规定时间监理未进行验收,承包单位有权进行下一分项工程(覆盖)施工。如事后监理提出该工程质量有问题,要求剥开检查,承包单位应予以剥开。如果查不出质量问题,一切责任(工期延误、材料、资金损失)由监理(或业主)承担。剥开后检查,如查出质量确有问题,则一切责任由承包单位承担。

2. 换砂或做砂垫层

地基承载力太差,则需换砂或做砂垫层,应督促和检查的要点如下。

(1)砂的规格和质量必须符合设计要求和规范的规定。

(2)抛砂前应检查基槽的回淤情况,如发现有明显变化应进行处理,基槽挖泥验收后应及时抛砂,对回淤严重区域应采用边开挖、边验收、边抛填的施工方法。

(3)抛砂厚度及范围、顶面标高要符合设计要求,其偏差不应超过允许范围。

3. 基床抛石

基床抛石应督促和检查承包单位的质量控制点主要如下。

(1)抛石前首先应对上道工序进行检查,进行基槽断面复测,回淤不得超过 30 cm。

(2)基床抛石宜用开底驳船。

(3)抛石的原材料质量要符合下列要求。

①块石应无风化,不打夯基床块石强度不低于 30 MPa,打夯基床块石强度不低于 50 MPa。

②块石质量应在 15~100 kg,对有可能遭受波浪水流冲刷作用的部分需用大石块护面。

(4)当地基为软土时,在基床底部一般应铺设 0.3~0.5 m 厚的砾石或碎石作为反滤层,起到减少块石陷入土中的作用。

(5)抛石顶面标高应随时测量,掌握宁低勿高的原则,在考虑预留打夯(或自然沉实)沉降量后,不能超高,也不能出现大凹塘。

(6)抛石应在风、浪、流均较小时进行,以保证抛石安全和位置的准确。为了使抛石位置准确,应设置抛石边界和轴线的定位桩,离岸较近时可设定位标杆。

(7)斜坡式防波堤对地基的承载力要求较低,一般可直接抛石。但如果遇到较厚的淤泥层,则仍需换砂,否则在今后的使用中会导致沉降过大。

4. 基床夯实

为了减少基床承受上部荷载后发生过大沉降和不均匀沉降而影响建筑物的安全使用,基床需要经过自然沉实或重锤夯实。

基床需要重锤夯实时,应就以下几点进行检查和控制。

(1)检查夯实方案是否符合要求。

(2)检查承包单位是否进行了技术交底。

(3)打夯时为避免发生倒锤,要求承包单位夯实前应对抛石基床顶面进行适当整平,局部高差不应大于 30 cm,检验方法用测深水砣检查。

(4)夯实的范围、分层厚度、分段搭接长度应符合设计规定。如设计未规定,夯实范围可按建筑物底面向外各加 1 m,当分层夯实时,根据分层处的应力扩散线向外各加 1 m。分层厚度一般不超过 2 m,分段打夯的搭接长度不小于 2 m。

(5)基床夯实时应合理选择夯锤的重量、底面积及夯锤的落距,保证夯实冲击能不小于 $120 kJ/m^2$。一般夯锤重 4~6 t,落距在 2~3 m。

(6)夯实次数应通过试夯决定。如不进行试夯,一般夯两遍,每次压半夯,保证每处夯击 8 次。

(7)由于预留沉降量不足或欠抛,基床夯实后顶部与设计标高有较大差距时应补抛。若补抛块石的厚度大于 50 cm 且连续面积超过一个方块或扶壁的底面积,或者超过一个沉箱底面积的 1/3 应进行补夯。

(8)基床夯实后监理应进行验收。按土质和基床厚度划分的每一夯实段(一般不超过 100 m)抽查不小于 5 m 的一段基床进行不压夯的复打,测量其沉降量,每 1 m 为一个断面,每一断面上 1 m 一个点,复打前后标高相差平均不超过 30 mm(防波堤为 50 mm)为合格。对离岸码头可采用选点复打一夯次进行验收。选点数不少于 20 点,并应均布于选点的基床上,平均沉降不应大于 50 mm。

多层夯实的基床顶层必须验收,其余各层是否验收视工程情况而定。

基床下地基较好,基床厚度较薄,工期不紧也可采用自然沉实法。让基床经过一个风暴季节或 6~8 个月的时间,使之自然沉降密实。采用这种方法应预先将基床粗平,上面覆盖保护方块,以免基床被波浪、水流冲毁。

5. 基床整平

为了使基床能够均匀地承受上部荷载的压力,必须进行基床顶面和边坡表面的整平。

对于墙后填土的重力式码头,预留倒坡能增加码头的抗倾、抗滑稳定性,还有一部分重力式码头要求整平后形成向里倾斜0.5%～1.5%的倒坡。

整平工作目前主要还是依靠潜水员进行。施工时在基床两侧适当位置安放两条钢轨(导轨),钢轨顶面不能弯曲,严格控制其标高与基床顶面(包括预留倒坡)的设计标高差小于10 mm。整平方法是大块石间不平整部分用8～15 cm的二片石填充,二片石间不平整部分用3～8 cm碎石填充,然后用刮杆沿钢轨表面将碎石刮平。

水下基床整平的检测方法可用通长的钢管在钢轨上滚动,由潜水员检查基床顶面与钢管的接触情况。或2 m一个断面,用水准仪和水深测杆测定钢轨内侧1 m处和中心线处基床顶面标高。承包单位自检合格后填报表,然后由监理抽查。

墙身下及边线外0.5 m范围的基床要求极细平,极细平精度为±30 mm。基床肩部和护肩方块下及底边外0.5 m范围的基床要求细平,细平精度为±50 mm。水下基床整平的允许偏差、检验数量和方法必须符合"水工标准"的规定。

在基础施工过程中,水尺应设置在不易被撞和遭到破坏的地方,应禁止无关船只进入施工区水域,特别是整平以后严禁船只在基床上抛锚和抛扔异物。

7.2.4 墙身结构的质量控制

墙身结构是重力式码头和直立式防波堤的主体部分,常由方块和沉箱等组成。

1. 主要预制构件质量控制

对墙身预制构件质量控制检查的要点如下。

1)方块

方块节省钢筋,耐久性好,施工工艺简单。方块分实心方块和空心方块,空心方块又分有底和无底。

(1)实心方块是大体积混凝土,应掺块石,但所掺块石应分布均匀,不得成层,块石总量应控制在方块体积的 20%～30%。浇筑方块时要防止出现黏底、松顶、鼓肚、漏浆及裂缝等缺陷。

(2)码头临水面的方块因受水位变动的影响,在物理影响与化学影响的双重作用下易于破坏,所以临水面方块的混凝土,应比陆域一侧方块的混凝土标号提高一级。有时也采用未风化、无裂纹、抗冻性好的花岗石镶面。

(3)方块的外形对安装质量影响很大,必须严格检查。方块应在同一位置写有型号、规格和编号。

(4)方块码头的卸荷板能减小土压力,能利用其上填土的重力增加码头抗倾、抗滑的稳定性,使基底应力均匀。卸荷板是悬臂结构,可配钢筋,也可不配钢筋,由计算确定。卸荷板上要安装护舷,故还应注意检查预埋件的数量、位置等。

2)沉箱

沉箱分矩形沉箱和圆形沉箱。圆形沉箱常用于墩式码头,矩形沉箱常用于岸壁式码头和防波堤,矩形沉箱又分前后对称和不对称两种。

(1)码头上沉箱因安装护舷,上部有预埋件应注意检查。

(2)沉箱在高度方向一般都分段预制。若不超过三段的沉箱要评为优良,则每段都必须优良。若分段在三段以上,则允许有一段为合格,其余为优良,但合格一段不在水位变动区,该沉箱可评为优良。

(3)预制沉箱应有编号、出厂合格证,并设有水尺。沉箱的外形尺寸对安装质量的影响很大,应按"水工标准"的规定进行检查。

3)扶壁

扶壁只能用于岸壁式码头。由于受起重能力的限制,它不能像沉箱那样做得很大。扶壁也是薄壁结构,它的检查与沉箱相近。扶壁的吊孔设在肋板上,一定要在重心的上方。每个孔应配两根受力筋,其锚固长度不小于 $30\,d$。对设有尾板的扶壁宜在肋板根部设置进水孔,以便安装时入水平稳。与沉箱一样,扶壁上部要安装护舷,检查时应核对预埋件的数量和位置。扶壁应该有编号,有出厂合格证等资料。

方块、沉箱和扶壁的实测项目偏差应不大于"水工标准"的规定。

2.墙身安装的质量控制

做好墙身安装是保证码头和直立式防波堤质量的重要一环,要做好以下几点工作。

(1)检查承包单位编制的墙身安装施工组织设计、技术交底,并要求书面交监理工程师审查、批准。

(2)逐件检查构件质量,检查验收资料是否齐全,手续是否完备。

(3)安装前应对现场进行检查。测量控制点和基准线的设置是否符合要求,并对控制点的坐标进行复核。对基床整平进行检查,检查基床有没有遭到破坏,有没有边坡塌方,上面是否有掉物,有淤积覆盖时还应清淤。

(4)安装时要求承包单位做到使构件底面与基床顶面平行,避免一个角先触地而破坏基床。安装过程中还应避免构件相互碰撞,在易碰部位要设置木块、胶垫等。

(5)沉箱和空心方块等安装就位后,要求施工单位必须及时充填压载。

(6)方块码头为避免棱体自然沉实后与卸荷板脱空过大、使倒滤结构破坏而产生漏砂,卸荷板应在棱体抛到卸荷板底标高,并稳定一段时间后再进行安装。

(7)检查安装位置,其偏差应不超过允许范围,特别是码头前沿线应顺直。

(8)要求承包单位在安装前注意气象与水文预报,应在风、浪、流均较小的情况下进行安装。沉箱拖运要注意浮游稳定。

(9)要求安装过程用经纬仪进行控制,并做好记录,必要时应绘安装平面图、立面图。墙身安装结束后监理应组织检查验收。

3. 倒滤腔(井)结构

对于沉箱(扶壁和一次到顶的空心方块)码头,由于接缝少,为节省块石常不设抛石棱体和倒滤层,而在接缝处设倒滤腔(井)。和倒滤层一样,它的作用是在一定水头作用下,允许水流通过而保护填土不流失。施工时应注意控制以下几点。

(1)倒滤腔(井)所用材料的规格和质量必须符合设计要求和规范规定。

(2)为防止沉箱(扶壁和空心方块)接缝宽度过大,而使倒滤腔(井)内的碎石漏出,应对安装接缝进行水下量测检查。如缝宽大于碎石粒径,应采用钢筋混凝土插板。

(3)为确保倒滤腔(井)中碎石不混乱,可采用可提起的临时插板。当碎石填到一定高度时逐步提起,以保证倒滤腔(井)内倒滤结构的分层不掺杂。

(4)倒滤腔(井)填石以后必须让其自然沉实一段时间,观察10天内沉降量不超过100 mm方可浇筑胸墙。如大于100 mm应补填碎石,并继续让其自然沉实直至满足10天内沉降量不超过100 mm方可进行上部结构施工。为了防止倒滤腔(井)中倒滤材料下沉后在胸墙下面出现空隙而造成漏砂,应在胸墙底部的后面设置倒滤棱体。

4. 斜坡式防波堤及混合式防波堤斜坡段的堤身

1) 对堤心抛石的要求

斜坡堤堤心一般采用10~100 kg块石抛填,无级配要求。软土地基上的抛石顺序:当有压载层时,应先抛压载层部分,后抛压载层以上的堤身部分;当有挤淤要求时,应从断面中间向两侧抛填。抛石断面平均轮廓线不得小于设计断面,坡面坡度应符合设计要求。

2) 对垫层石及抛理的要求

斜坡堤护面的垫层块石质量应不小于护面块体质量的1/40~1/20,垫层的厚度常取两层块石的厚度,外观无严重风化、裂纹,不呈针状、片状,在水中浸透后的强度不低于30 MPa。当护面层为扭工字体、四脚锥时,应检查垫层的坡度和表面平整情况。10~100 kg块石允许偏差为±200 mm,100~200 kg块石为±300 mm,200 kg以上块石理坡可安放块石,其允许偏差:200~300 kg的块石为±400 mm,300~500 kg块石为±500 mm,500~700 kg块石为±600 mm。用四脚空心块和格栅板做护面层时,垫层石对整平要求更高,宜采用块石铺砌。水下施工允许偏差为±10 cm,水上施工为±5 cm,要求采用外形方正的毛石料。四脚空心块的最大质量一般为4 t。

3) 对护面层的要求

斜坡式防坡堤的护面层是经受波浪打击的部分,必须具有较好的稳定性。由于大块石开采和运输都很困难,而且稳定性也不好,我国较多采用各种混凝土异形块体。异形块体质量大,嵌固性好,空隙率高,消能效果好,不容易被冲走、拔出,稳定性好。最常用的异形块体有扭工字体、四脚空心块和四脚锥等。

护面块体安放质量要求如下。

(1) 护面块体安放后就有可能受力,应防止混凝土强度不足,安放时块体应达到规定的龄期和强度。

(2) 安放前应检查垫层的坡度和表面平整情况,保证护面块体的安放质量。实际工程中,大部分斜坡式防坡堤的破坏都是从垫层开始的,所以要重视垫层质量的检查。

(3) 扭工字体和四脚锥安放方式应符合设计要求和规范规定,采用不规则安放时不能有漏放和过大隆起。四脚空心块和格栅板应安放稳固,主要着力点应坐落在垫层石的结构上,不允许在块体的四角或四周同时用低于垫层石规格的块石支垫,但允许用一层片石支垫块体的1~2个角。

7.2.5 上部结构及墙后回填的质量控制

1. 上部结构

重力式码头和直立式防波堤的上部都设有胸墙,沿其长度方向每隔一定距离都要设置变形缝。

1)胸墙

胸墙与下部墙身连成整体,码头的胸墙还与系船柱块体等连成整体,上面装设护舷,一般为现浇结构。胸墙也是大体积混凝土结构,码头的胸墙上面预埋件较多,有工艺管沟、门机轨道,模板比较复杂。胸墙的前沿线和顶标高能起到调整平面位置和高程的作用,在软土地基上,胸墙宜放在后期浇筑,并适当预留沉降,其预留沉降应扣除浇筑时已发生的沉降。为了有利于加强码头的整体性和提高卸荷板的卸荷作用,胸墙位置越低越好,但是其底面高程应略高于施工水位。应保证胸墙的混凝土浇筑后2小时内不被潮水淹没,在水位变动区最好用快硬性水泥的混凝土浇筑。

在受冻地区,为了提高码头的耐久性,还常采用花岗石镶面、环氧砂浆勾缝。勾缝应密实牢固,平整清晰。花岗石要选未风化、尺寸方正适宜的石料加工,砌筑应丁顺交错、上下错缝,搭接长度不小于10 cm,砌缝宽度在10~13 mm。

2)变形缝

由于地质条件不同和局部荷载差异及温度引起的热胀冷缩,胸墙和墙身沿码头长度方向应每隔一定距离设置变形缝,以减少地基不均匀沉降和温度变化在结构内产生附加应力。缝宽采用2~5 cm,必须做成胸墙和墙身一致的上下垂直通缝,变形缝垂直面要规则平整,保证自由沉降,防止沉降后局部受力。现场浇筑混凝土变形缝应用弹性材料填充。如用板材填充,最好用红白松并做防腐处理。

码头和防波堤应按设计要求设置位移、沉降的观测点,以便进行位移和沉降观测。

2. 墙后回填的质量控制

岸壁式码头还有墙后回填,包括抛石棱体、倒滤层和回填土。

1)抛石棱体

岸壁式码头的墙体后面常设置抛石棱体,特别是方块码头。抛石棱体能减少土压力,便于做倒滤层,防止填土流失。施工时应注意控制以下方面。

(1)抛石棱体所用石料应是当地量大、价廉、质轻、无明显风化、强度不低于 30 MPa、质量在 10～100 kg 的块石。

(2)在抛填前应对基床和岸坡进行检查,如有超过规定的回淤和塌坡应进行清理。棱体断面的平均轮廓线不得小于设计断面,坡面的坡度应符合设计要求。

(3)抛石棱体顶面和坡面的表层应先铺 0.3～0.5 m 厚度的二片石,其上再设倒滤层。

2)倒滤层

对倒滤层施工应有如下要求。

(1)倒滤层所用材料必须符合设计要求。

(2)分层分段施工时必须满足厚度和连续性要求,不允许间断和掺杂。

(3)倒滤层铺好后应及时回填,否则易受潮水、风浪袭击而坍塌。因此倒滤层各层应逐层跟进,对铺好的倒滤层应及时验收、及时回填。

(4)对倒滤层的施工应经常检查,发现问题要及时处理,并做好记录。

(5)倒滤层不应紧挨卸荷板的尾部。这里常因棱体的自然沉实而发生倒滤层结构破坏,造成漏砂。

3)回填土

回填土应分层夯实。每层厚度不能太厚,人工夯实每层厚 0.2 m,机械夯实每层厚 0.4 m,密实度应符合规范规定和设计要求。回填土施工速度不能太快,应让填土充分固结。

7.2.6 浆砌块石重力式结构质量控制简介

在水运工程中,内河小型重力式码头直立式护岸和挡土墙等较多地采用浆砌块石结构。对浆砌块石重力式码头质量控制的要点如下。

(1)石料外形尺寸要符合要求,要规整,无针状、片状,外表洁净,质地坚硬、无风化剥落和裂纹,强度一般不低于 50 MPa。

(2)水泥砂浆应在拌制后 3 小时内用完,当气温在 30℃ 以上时时间还应缩短。对水泥及砂子的要求同混凝土。砌筑砂浆强度不低于 10 号,当耐久性有特殊要求时不低于 20 号,勾缝砂浆不低于 20 号。水泥砂浆应按规定留置试块。

(3)基坑开挖一定要放安全坡,基坑高程、宽度一定要符合设计要求,墙脚埋深要在最低冲刷线以下不少于 50 cm,放线要准确。

(4)做好垫层。在做垫层前要清坑,将扰动土清除,并按设计要求及时填铺碎石并夯实,厚度视地基承载力而定,最薄不应少于 20 cm,垫层上要浇 10～20 cm 厚的素混凝土。若地基承载力不够应做基床。

(5)若人工拌制砂浆,应在铁板上进行,按配比干三遍、湿三遍地拌和。

(6)砌筑石块应上下左右错缝,不能出现超过 1 m 长的水平和垂直通缝。砂浆要饱满,块石要坐实,嵌挤紧密,无空穴、无松动,块石之间最小缝宽不小于 1 cm,块石间大的缝隙应用二片石填实楔紧。三角缝宽最大不超过 8 cm。

(7)要定位拉线浆砌,保证外形符合设计要求,定位准确,面要平整。迎坡面、后坡面不能比设计的面有前倾,后倾不超过 $H/100$(H 为垂直高度),端面线符合设计要求。

(8)变形缝应上下垂直平滑,能自由错动,放置油浸木丝板或三层以上油毡纸,并设倒滤结构。

(9)表面勾缝应先清理灰缝,然后浇水湿润,勾缝砂浆应黏结牢固,墙身表面应洁净,砌筑早期应进行养护,勾缝外形应使岩面外露部分基本形成椭圆形状。

(10)顶部应有 20～30 cm 的混凝土压顶。

(11)按设计图设置预埋件,填土应分层夯实,控制施工速度不能过快。墙体应设置排水孔,最低一层排水孔应低于最低水位,并做倒滤结构。黏土表面应有排水系统,将地表水排除、减少渗流。

7.2.7　交工验收及保修期的质量控制

交工验收和保修期是施工全过程的最后一个阶段。

1. 交工验收的规定

(1)工程项目按照工程合同规定和设计图纸要求已全部施工完毕。
(2)分部、分项工程质量全部合格、无隐患。
(3)设备调试、试运转或试压达到设计要求。
(4)工程上存在的主要表面缺陷已按规范或有关标准修补完毕。工程范围内场地整洁。
(5)竣工资料齐全,并符合有关规定。

有些工程因生产需要,虽未按设计规定的内容全部建成,但对生产影响不大,或工程基本符合交工验收条件,但由于少数次要项目及某些特殊材料短期内不能解决,也可办理交工验收的手续。对这类工程项目验收时,要将未建完部分列出清单,注明原因,报监理工程师以确定解决的办法,并在验收文件中注明。

2. 交工验收的主要依据

(1)上级主管部门的有关工程交工验收的文件和规定。

(2)工程设计文件。包括施工图纸、设计说明书、设计变更通知、设备的说明书等。

(3)招标、投标文件和工程合同。

(4)施工技术验收标准及规范。

3. 交工验收质量控制

在交工验收时,应做好以下工作。

(1)码头或防波堤施工基本结束后,要求承包单位按规定对资料,包括竣工图、材料试验资料、设计变更通知、业务联系核定单、监理通知和处理回复等进行分门别类和全面系统的整理。竣工图一定要反映实际施工的情况,凡按原设计图纸施工没有变动的,可用原设计图纸,加盖施工单位竣工图鉴。在施工中有一般性变动,且变化幅度不大,可在原施工图上进行修改,并附设计变更通知单和施工说明,加盖"竣工图"标志。改动较大者应按变更后的设计和施工实际情况重新绘图,最后按规定装订成册。

(2)要求承包单位对工程进行全面检查,同时监理也要进行检查。发现问题及时整改,需要修补的抓紧修补,并对整改和修补要像施工时一样进行质量检查和控制。承包单位在资料整理、自检合格后提出"交工验收申请"报送监理。

(3)建筑物的总体尺度是反映工程全貌的重要资料,工程竣工时监理应要求承包单位按规定进行测量,包括总长度、顶面标高、前沿线位置(防波堤轴线位置)、前沿水深。设置的位移和沉降的观测点的坐标和高程也应测定,并向业主移交测定的资料。

(4)要求承包单位对码头前沿和施工水域进行扫海清障,保证船只的安全航行和靠泊。

(5)监理在收到"交工验收申请"后,首先应审查资料,检查该单位工程材料合格证,抽检试验资料及每道工序的质量验收单。组织对工程进行初验,当符合相关验收规定时则签认"交工验收申请"。

(6)在验收会上监理工程师应报告有关质量的监理工作情况,发生的质量问题的处理结果,以及对质量评定的意见。

(7)对验收中发现的工程缺陷和有待扫尾的工程,应责成承包单位限期修复和完成。

4. 保修期质量控制

在保修期,质量控制的工作如下。

(1)有未完工程时,监理应督促承包单位抓紧结束扫尾和修补工作。

(2)若竣工资料没有整理完成,要督促承包单位继续进行竣工图纸和竣工资料的编制和整理。

(3)在保修期内发生工程损坏,监理工程师应在查明责任后督促承包单位维修,防止缺陷继续扩大,并对修补的实施仍要进行方案、技术措施审查,原材料控制,旁站监督和验收检查。若在保修期承包单位不进行或未能进行此类修复工作,则业主有权雇用其他施工单位完成修复工作并付给报酬,由此发生或伴随发生的全部费用从业主应付给承包单位的款项中扣除。若结构损坏属业主管理不善、使用不当造成的,修复费用则应另行付款。

(4)督促设计和施工承包单位对工程进行回访,了解码头的使用功能和其他质量问题。特别是检查倒滤腔(井)和码头后填土有没有流失、造成漏砂,发现迹象应采取措施加以补救。

(5)在保修期,应提请业主定期对码头和防波堤的位移、沉降、倾斜度和码头前沿水深进行观测。

(6)在保修期结束前,监理应对工程进行全面的质量检查,以确保工程不留隐患。

7.3 高桩及板桩码头工程质量控制

7.3.1 高桩与板桩码头的共同特征和主要区别

高桩与板桩码头都是适用于软土地基的码头结构形式。它们对地面超载的适应性都比较差,在码头施工工艺上,钢筋混凝土桩的预制、钢桩的订货和沉桩方面基本相似。如高桩码头的挡土结构采用板桩,则两者更为接近,所不同的是桩的受力条件不一样。高桩码头的桩一般为轴向受力,其上部结构复杂,而板桩是承受侧向土压力,上部结构简单,在墙后有较复杂的锚碇系统。

7.3.2 施工准备期的质量控制

施工准备期应按规定对承包单位的开工准备情况等进行检查。其中主要应注意以下内容。

(1)对承包单位的资质和质量保证能力应进行审查,包括施工经历、业绩、职工素质、各类技术人员的职称和熟练技术工人的数量等。对特殊工种如电焊工、试验员等均要求取得相应的资格证书。企业组织管理水平应较好。

(2)组织图纸会审和设计交底。特别是结构比较特殊和复杂的码头更应重视。

(3)检查承包单位船机、人员和材料的准备情况。打桩船、浮吊、混凝土搅拌船的生产能力应与施工条件相适应。

(4)检查测量平台的布置,复核控制点的坐标、高程和施工基线。施工基线应尽量与拟建码头的前沿线平行或垂直,控制点应坚固、稳定,施工基线测定后应沿基线设置码头定位控制点,并绘制施工基线测量平面图。

(5)检查承包单位的质量自检系统。对委托生产预制构件的混凝土构件预制厂也要进行质量自检系统检查。

(6)审核混凝土配合比及有关的试验资料。

(7)对施工现场场地布置,生产、生活大临设施等进行检查,施工水域有影响沉桩(或影响打桩船抛锚带缆)的障碍物应预先清除。

7.3.3 施工期的质量控制

1. 岸坡开挖

打桩前进行岸坡开挖一般有两个原因:一是水深不足,打桩船到不了位;二是岸坡过陡,打桩时可能引起岸坡失稳。为了有利于板桩墙等的受力,板桩码头一般总是在施工的最后阶段才进行前沿挖泥。岸坡开挖质量控制的要点如下。

(1)检查施工单位开挖前进行技术交底的情况。

(2)检查开挖范围和开挖断面,其平均轮廓线应符合设计要求,坡度不能陡于设计要求,分层开挖的台阶高度不能超过 1 m。

(3)要求承包单位陆上开挖的边坡应平整,不允许有贴坡现象。

(4)板桩码头前沿不允许超挖,高桩码头前沿超挖不应大于 100 mm。

2.桩基工程

桩基工程是高桩和板桩码头主要的分部工程。

1)桩的质量检查

对预制桩的质量检查主要有以下几点。

(1)沉桩前必须对桩的规格质量进行检查验收。每批桩应有出厂合格证,还要检查运输途中有无损坏,桩顶是否倾斜,桩尖有无明显偏歪。桩顶面倾斜不应大于边长的1%,过大将使桩头易被打碎,桩尖对中轴线偏斜不应超过 15 mm,否则沉桩容易产生偏位。

(2)拼接桩的接头是保证整桩受力良好的重要环节,过去一些工程发生断桩质量事故大多是接头不良所造成的,因此对接头节点应专门检查和记录。上下节桩应保持在同一轴线上,对混凝土桩偏差值不得大于 10 mm,对钢管桩偏差值不得大于 3 mm,弯曲矢高均不得大于桩长的 0.1%。钢管桩焊接接头的焊接质量必须符合设计要求,并在内部加焊一衬套。钢筋混凝土桩接头处应拼接严实。如有斜缝须用钢楔垫实并用电焊封闭。法兰连接要检查配件是否齐全,上下法兰是否平行,螺栓是否逐个拧紧并焊牢,避免螺栓在锤击过程中发生松动。

(3)钢板桩。

①钢板桩的加工制作,是指钢板桩的接长和异形钢板桩的制作。板桩钢材和连接材料的型号、规格和焊接质量必须符合设计要求和规范的规定,焊工要持证上岗,接头要经过试验,无损探伤的方法、数量、部位和结果必须符合要求。弯曲矢高应不大于 $2L/1000$,正向弯曲矢高不大于 $3L/1000$(L 为板桩长)。

②钢板桩的锁口应用不短于 2 m 长的板桩进行通过检查。

③对锁口可靠程度进行检查。

(4)钢筋混凝土板桩。

预制钢筋混凝土板桩的质量控制大体上同钢筋混凝土方桩,但板桩有凹凸榫槽,凹槽一侧桩尖削成斜角。

①榫槽中心对桩轴线偏移量,按"水工标准",每侧在 2 个三分点处进行检查,其偏移量不应超过 7 mm。

②榫槽表面错牙不应超过 3 mm。

③检查桩尖对桩纵轴线的偏斜(只指板桩平卧状态下桩尖向上或向下的偏斜)不应超过 10 mm。

2)沉桩控制

对沉桩的控制包括偏位控制、承载力控制、裂损控制和打桩过程中的岸坡稳定控制。

(1)桩的偏位控制。

造成沉桩偏位的原因大致有:测量控制有误;地质地貌影响;风、浪、流的影响;打桩操作水平低;桩本身质量有问题。因此打桩时应经常检查控制点和施工基线,测量控制观测点必须离打桩点50 m以外并谨慎施测。对地质情况和水中有无障碍物应了解清楚。打桩应选择风、浪、流均较小时进行。打桩操作应由经验丰富的技术人员在打桩船上指挥,掌握打桩规律,下桩有适当的预留量或通过试打桩选择最佳的打桩工艺和控制标准,保证沉桩完毕后的最终位置符合设计要求。

沉桩结束,桩顶允许偏差对直桩是10 cm,对斜桩是15 cm,桩纵轴线倾斜偏差不超过1%。在无掩护水域,桩顶偏差可放宽到对直桩15 cm,对斜桩20 cm。

(2)桩的承载力控制。

沉桩结束,要保证桩有足够的入土深度,并且桩尖一定要落在持力层上。贯入度在某种程度上反映了沉桩阻力和桩尖土层的情况,所以沉桩过程中一般同时控制桩顶标高和打桩的最后贯入度,即"双控"。沉桩过程中超静孔隙水压力的存在会使黏土中桩侧阻力降低,所以一般黏性土中以标高控制为主,贯入度可作校核。在砂性土中或遇风化岩层时,以贯入度控制为主,标高作校核。打桩过程中如遇异常情况应做好详细记录,与设计和施工人员共同分析研究并慎重处理。

对重要工程、大型工程应进行桩的承载力校核试验。试桩数应根据地质条件、桩的类型和总桩数确定。试桩应选在钻孔附近3~10 m范围内。水上试桩较困难,试桩前必须做好充分的准备。一根桩的试验应连续进行,不能中断。试桩应在风平浪静时进行,50 m范围内不得进行沉桩作业,并防止漂浮物碰撞试桩。

(3)桩的裂损控制。

对于预应力钢筋混凝土桩,沉桩结束不允许出现裂缝,非预应力钢筋混凝土桩应尽量避免产生裂缝。在沉桩前要检查桩是否符合质量要求,沉桩过程中应控制桩锤、替打和桩三者在同一轴线上,注意观察贯入度是否有异常情况,桩头是否碎裂等。如果桩顶没达到设计标高已碎裂,则应将桩顶修补好了再打。

(4)打桩过程中的岸坡稳定控制。

沉桩过程中必须加强测量观察,要经常检查已沉好的桩位置是否有走动。打桩振动和超静孔隙水压力使土体结构破坏,受力条件恶化,岸坡稳定度降低。发现已沉好的桩有位移迹象,应立即停止打桩或放慢打桩速度,采取抛石压脚、削坡限荷和限打、跳打等措施。

(5)沉桩应按规定的程序进行,沉桩过程中应经常用经纬仪检查桩位并及时纠正,保证沉桩到位。沉桩后应及时夹桩。

(6)板桩沉桩要注意检查以下内容。

①沉桩后,钢筋混凝土板桩不脱榫,钢板桩要联锁,这是保证板桩码头工程质量的重要环节。对于脱榫和不联锁的判别一般采用观察法,必要时由潜水员进行水下检查。出现脱榫和不联锁应采取措施补救,并做好施工记录。

②钢筋混凝土板桩的凹槽清孔要彻底,填塞水泥砂浆应饱满,砂浆质量应符合设计要求。

③板桩在设计标高处的桩顶平面位置和桩身垂直度均应符合设计要求。桩顶平面位置和桩身垂直度均应以板桩墙调整前的数值为准。垂直于板桩墙方向上的板桩垂直度应不超过1%。沿板桩墙纵轴线方向的垂直度一般控制在1.5‰以内,超过1.5‰时,应采用楔形桩进行调整。

(7)沉桩过程中发生断桩和不符合要求的严重偏位时,应及时与设计院取得联系,以便妥善处理。

(8)桩的防撞措施。

在沉桩过程中和桩沉完以后,经常发生已沉好的桩在夜晚被民船撞断的情况,特别是引桥较长、涨潮时桩顶被淹没的码头,在桩上必须设置明显的警示装置(必要时可在过往船只上下行两个方向施放浮筒、浮标,封闭施工区水域),避免被意外撞断,造成不应有的损失。

3)桩帽

桩帽多为现浇钢筋混凝土结构,它能起到调整桩顶偏位、桩顶标高和满足上部结构搁置长度的作用。质量控制的要点如下。

(1)要求桩头必须伸入桩帽5~10 cm。桩头必须凿毛,松动和有裂缝的混凝土必须凿掉。如桩顶标高偏低,桩帽底标高可放低,或桩周围的部分局部放低。桩帽顶面必须平整,标高必须准确。

(2)桩的全部外伸钢筋应埋入桩帽内,桩帽内必须埋设锚固筋与其上部构件连接,埋置长度和外伸长度都必须满足钢筋的锚固长度要求。

3. 上部结构

上部结构形成高桩码头的地面,承受起重运输机械、堆货等荷载,并将它传给桩基,是高桩码头的主要分部工程。对上部结构的质量控制主要有以下几个方面。

1)主要预制构件质量控制

各种预制梁、板、靠船构件均应对照图纸,根据"水工标准"进行验收检查。对预制构件的成品进行验收检查可以起到一定的质量控制作用,但最好的办法应是向混凝土构件预制厂派驻监理人员,直接对构件的生产进行质量控制。若做不到,也可对预制厂在预制构件时事先进行质量交底,在预制过程中进行不定期、事先不通知的抽查。对发现的问题及时提出整改意见。

2)梁、板和靠船构件的安装质量控制

将构件安放到设计位置是安装工程中最主要的工作。水运工程预制构件大多数由驳船运送、浮吊安装。

(1)安装前应审查承包单位的安装组织设计和安全技术措施,检查承包单位的技术交底情况。

(2)检查现场周围是否有影响安装的障碍物等。进行二层安装时,一层安装的接头连接必须完成,并达到规定的强度,否则不允许进行二层安装。

(3)检查预制构件的出厂合格证,核对安装构件的型号、尺寸、质量、混凝土的强度和预埋铁件等。检查运输过程中是否有损坏。

(4)构件安装时应坐浆饱满,水泥砂浆应随铺随安,保证构件接触良好、受力均匀,搁置长度符合要求,安装后及时勾缝。构件伸入支座的钢筋不得随意切割,如非切割不可,要注意切口位置,做好记录,安装后及时焊接。对易倾覆的构件如手枪梁、桁架等,安装时要采取临时固定措施。

(5)构件安装完毕应进行验收检查,安装偏差应小于设计和"水工标准"规定的允许值。

3)现浇混凝土质量控制

在高桩码头上部结构中,现浇横梁(或预制横梁的上部)、纵梁上部、板缝、构件节点及面层、护轮槛等都需要现浇混凝土。

(1)码头上现浇横梁(或体积较大的桩帽)的底模板是铺设在钢围图(槽钢)上的。当混凝土方量较大时必须用吊筋螺栓拉住槽钢,吊筋螺栓又必须与桩上外露钢筋焊死。螺母能调节控制槽钢的高程,使底模高度符合设计要求。吊筋螺栓的粗细和数量应满足承载力需要,螺母必须满扣拧紧,双螺母应互相紧挨。有时由于桩的偏位引起桩不在梁的正中,更应重视模板的刚度,要保证模板在浇混凝土时受偏心力后不发生局部下沉和歪斜。浇筑前对模板钢筋工序应进行验收检查,特别是当码头面层预埋件较多时,应仔细核对预埋件的数量和位置。

(2)由于是水上施工,浇筑混凝土时要注意风、浪、流和潮汐的影响,对有可能淹没的部分最好采用快硬性水泥搅拌的混凝土,新浇的混凝土至少要浇好2小时以后才允许被淹没,并防止波浪和水流的冲蚀。

(3)浇筑面层时,应将掉在板缝、上横梁、上纵梁等结构上的松散混凝土凿掉除净。浇筑前应用压缩空气或高压水清除灰尘杂物,老混凝土和模板均应浇水湿润,并应注意新老混凝土结合面的处理。

(4)浇筑码头面层时,必须是原浆抹面,不得加浆和撒灰,应检查表面平整度和排水坡度。埋在护轮槛处的排水孔应有1/3埋到面层以下,保证排水畅通。

(5)在浇筑混凝土时应防雨、防冻和注意养护,特别是码头面层尤应注意。现浇混凝土潮湿养护不应少于10~14 d。

(6)对小尺寸构件或钢筋太密的地方应采用细石混凝土。

(7)顶面有大面积预埋钢板时,钢板应开排气和振捣孔,保证埋件底面与混凝土充分接合。

(8)码头的每一结构段均应埋设永久性测量标志,以便使用期间进行位移和沉降观测。

(9)对新浇混凝土在强度达到5 MPa前,浇筑现场30 m范围内不得打桩。

(10)浇混凝土之前应检查工地上的备用水源、电源。

4)板桩码头拉杆和锚碇装置的制作与安装

板桩码头的失事很多是拉杆断裂和锚碇结构前移造成的,所以拉杆和锚碇装置的制作与安装的质量很重要。

(1)拉杆的钢材种类、材质、直径,拉杆对焊的焊缝,螺杆的长度及螺母的高度均应符合设计要求。

(2)锚碇结构的材料和安设必须符合要求,锚碇装置前的老土应避免扰动,填土应分层碾压或夯实,保证锚碇装置受力可靠。

(3)拉杆安装后应施加并调整初始应力,并采取措施减少拉杆的挠度。

(4)拉杆应除锈,它的防腐处理应严格按规定执行,包裹层不得出现空鼓和防腐油未浸透等现象。

(5)严禁将含有腐蚀性物质的土料填筑在拉杆、板桩及锚碇装置附近。

7.3.4 交工验收及保修期的质量控制

1. 交工验收

高桩码头的交工验收要求和板桩码头及重力式码头不同,如在资料整理中,高桩码头还应包括打桩记录、试桩资料等,这些资料均必须完整,对钢桩还特别要检查防腐措施,扫海清障要注意有没有断桩对船舶形成威胁,沉桩用的临时设施要清除干净。总体尺度的允许偏差也稍有不同,高桩码头总长度允许偏差为 ± 100 mm,板桩码头的总长度允许偏差为 $-0.5b \sim +1b$(b 为板桩宽度),总宽度为 ± 15 mm,前沿顶面标高为 ± 15 mm,前沿线为位置 50 mm,前沿水深为 -500 mm~ 0,引桥、栈桥宽度为 $\pm 1.5B$‰(B 为桥宽)。

2. 保修期

高桩码头保修期除按常规要求进行质量控制外,还要注意以下几点。

(1)因为高桩码头、板桩码头对地面超载的适应性差,靠近码头前沿的堆场超载堆货常常是码头结构破坏的主要原因。要特别提醒业主,初期应适当减载使用,并逐渐增加到设计荷载,严禁超载使用。

(2)在整个使用期间,均应加强位移和沉降观测,定期对前沿水深进行测量,防止码头因冲刷而失稳。

(3)高桩码头的构件单薄,耐久性差,容易被损坏和产生不允许的裂缝等,应仔细检查。

(4)对钢板桩、拉杆和钢管桩的防腐效果应进行检查。

(5)一年以后,若交工验收时余留工程项目全部完成,工程竣工文件全部完成,新的缺陷和损坏均已修复并达到质量要求,则保修期即可终止。

7.4 港区道路与堆场质量控制

7.4.1 概述

港区道路与堆场是港口集疏运和存储系统的主要组成部分,是港口工程中的重要配套设施。

1. 港区道路

港区道路分为港内道路与港外道路。港内道路是指港区内部的道路系统,其特点与城市道路相似,位于市区以外的港外道路同一般公路。

港区道路分部、分项工程的划分见表7.1。

表7.1 港区道路分部、分项工程名称

序号	分部工程名称	分项工程名称
1	地基△	挖、填土石方,砂垫层,排水砂井,强夯,地基预压等
2	底层	砂石底层,碎石底层,灰土底层,水泥稳定土底层,块石(拳石)底层等
3	面层△	现浇混凝土面层,泥结碎石面层,沥青混凝土面层,级配砾石面层,混凝土块铺砌面层等
4	附属构筑物	侧缘石,人行道(现浇混凝土,铺砌面层),排水管沟,管沟盖板制作及安装等

2. 港区堆场

港区堆场又称货场,分为集装箱堆场、件杂货堆场、矿石及煤堆场。集装箱堆场荷载大,且只有四个箱角着力,装卸运输机具荷载大而集中,对堆场的要求高。为了使堆场存储有序,又能节省投资,集装箱都定位搁置,轮胎式龙门吊等都规定行车的线路。普通件杂货对堆场的保管条件和装卸运输机械进行货场作业的要求也比较高。本书主要介绍件杂货和集装箱堆场。

港区堆场分部、分项工程的划分见表7.2。

表7.2 港区堆场分部、分项工程的名称

序号	分部工程名称	分项工程名称
1	地基△	挖、填土石方,砂垫层,排水砂井,强夯,地基预压等
2	底层	砂石底层,碎石底层,灰土底层,水泥稳定土底层,块石(拳石)底层,素土压实底层等
3	面层△	现浇混凝土、钢筋混凝土面层,预制块铺砌面层,泥结碎石面层,沥青混凝土面层,级配砾石面层,料石铺砌面层等

续表

序号	分部工程名称	分项工程名称
4	附属构筑物	集装箱脚块(钢筋、混凝土),垛脚墙(模板、钢筋、混凝土),车行道板(模板、钢筋、混凝土),侧缘石,排水管沟,管沟盖板制作及安装等

3. 港区道路与堆场的施工程序

港区道路和堆场在结构和施工方面基本上相同,都由地基、底层、面层和附属构筑物组成,质量控制的程序和要点比较接近。略有不同的是在港口工程上沥青混凝土面层主要用于道路,钢筋混凝土面层主要用于堆场。在附属构筑物不同的方面,堆场还有集装箱脚块、垛脚墙等。

7.4.2 施工准备期的质量控制

港区道路与堆场在施工准备期的质量控制除常规的工作外,还应做好以下几点。

(1)港区道路与堆场很可能是分包工程,应对分包人的资质和质量保证能力进行审查。

(2)目前新建港区大多缺乏理想的堆场陆域,几乎都要进行地基处理。施工中新工艺、新方法不断推出,应对施工中将采用的新工艺、新方法进行审查。

(3)要组织好设计交底,设计的特点和施工的要求必须明确。

(4)承包单位进场的施工机械设备的数量、型号、规格和生产能力必须与施工速度和质量要求相适应。如压路机,采用大型振动压路机不仅施工速度快,而且施工质量有保证,小型压路机速度慢而且质量控制难度大。

(5)对承包单位将使用的材料应去料源进行质量抽检,合格后方能进场。

(6)审核承包单位所做混合料的配比及有关的试验报告。

(7)对测量控制点的坐标和高程进行复核。

7.4.3 施工期的质量控制

1. 地基处理

港区道路和堆场对地基的要求是必须稳定和具有较高的承载能力。为了提高地基的稳定性和承载力,减少沉降量,对不符合条件的软土要进行处理。

在港区道路与堆场上经常采用的软土地基处理方法有换土、砂垫层、排水固结、预压、强夯和振冲碎石桩等。

对地基处理的质量控制和要求分述如下。

(1)砂垫层。砂垫层所采用的砂的规格和质量必须符合设计要求,宜采用含泥量小于5%的中粗砂。砂垫层的范围及厚度应符合设计要求。一般厚度水下不小于1 m,陆上不宜小于0.5 m。陆上砂垫层压实后地基土的干土重力密度或贯入度要达到设计的要求和规范的规定。砂垫层施工时不得扰动地基土,砂应均匀填筑,陆上干地施工应在最佳含水量情况下分层压实。

(2)排水固结。排水固结有普通砂井、袋装砂井和塑料排水板等。排水砂井施工主要分为三个阶段:①铺砂垫层;②形成砂井;③压载施工。砂井形成地下水的垂直通道,砂垫层的作用是将砂井连成一片,形成横向通道。排水砂井砂的规格和质量要符合设计要求和规范规定,砂井的间距主要取决于所要求的固结时间,普通砂井常用2~3 m,袋装砂井和塑料排水板一般采用1~1.5 m。砂井直径水下为30~40 cm,陆上可小于30 cm,袋装砂井一般为7 cm左右,对塑料排水板一般宽度为10 cm。砂井的底标高必须达到设计要求,砂井灌砂严禁出现砂柱中断和严重"缩颈",如出现应视为废井,必须补打。施工时,一般通过水平位移和沉降观测控制加荷速率,边桩水平位移每昼夜宜小于3 mm,基底面中心每昼夜的最大沉降宜小于10 cm。

(3)预压。预压又分为堆载预压和真空预压,真空预压适用于土体在加固区域内能形成稳定负压边界条件的软土地基。预压的分级加载和预压效果等都是依靠观测仪器所提供的数据控制或判断的。因此,预压设置的测试仪器和观测装置的数量和位置必须符合设计要求。预压的分级加载速率和对地基垂直沉降、水平位移及孔隙水压力等的观测是防止土体破坏和保证预压效果的主要措施。施工中应做好记录,并绘制加载速率和土体垂直沉降、水平位移等曲线图。

①压实的作用。地基土通过压实提高土体的密实度,减小变形,提高承载力。

②影响压实效果的主要因素。影响地基土压实效果的主要因素有土的性质、含水量、碾压机械类型、压实功能、压实土层厚度、碾压遍数、地基或下承层的强度等。

③压实度标准。压实度标准应参照《公路工程质量检验评定标准 第一册 土建工程》(JTG F80/1—2017)。

(4)强夯。强夯在堆场地基处理中经常被采用,通过对表面进行重力夯实使较厚的松软土层挤实。强夯的锤重、落距、夯点布置必须符合设计要求,夯击次数和遍数、两遍之间的间隔必须符合设计要求,一般应经过试夯确定。强夯应离开周围已有建筑物一定距离。强夯中被扰动的表面层最后应经碾压处理。

(5)振冲碎石桩。这是一种不压载的软土地基处理方法,先将钢套管振冲至预定深度,灌以碎石,一边上提管子使砂石排到孔中,一边振动钢管,在向下振动时将砂石挤压到四周土壤中,形成一根密实的碎石桩,使它和桩间土组成强度较高的复合地基。

2. 地面底层质量控制

底层将面层传来的力扩散到地基中,它应具有足够的强度、刚度和水稳定性。用于港区地面的底层有灰土类底层、水泥稳定土底层、碎石底层及拳石底层。

对各种底层施工的质量控制和要求如下。

1)灰土类底层

(1)灰土类底层是指以石灰为结合料,掺入足量的水,与其他集料(包括砂、土、碎石、砾石及多种工业废渣)充分拌和成混合料,经压实和养护后所形成的结构层。配制灰土的主要原材料(如石灰、粉煤灰、黏土、砂等)和配合比必须符合设计要求,如设计无明确规定,则必须按《公路路面基层施工技术细则》(JTG/T F20—2015)执行。施工前应进行配比击实试验,取得"含水量与密度关系曲线",并确定最佳含水量。

(2)灰土碾压质量的基本要求如下。

灰土必须分层碾压密实,其分层厚度在压实后一般不大于 20 cm;分段施工的搭接处,须采用对接形式,前一段拌和后,留 5~8 m 不进行碾压,后一段施工时,将前段留下未压的部分一起进行拌和碾压;夯实碾压后的干土重力密度(即密实度)必须符合设计规定,如设计没有规定,必须按《公路路面基层施工技术细则》(JTG/T F20—2015)执行;密实度试验的土样采集应每一施工段(且不大于 1000 m^2)每层取一组土样,同时还应注意取样的代表性。

(3)灰土的拌和分为集中拌和(即场拌法)和现场拌和(即路拌法)两种,一般集中拌和的质量易于保证。灰土应拌透、拌均匀,达到颜色一致。采用现场拌和时,应特别注意拌和质量,不得将基层的回填料翻起。

(4)对灰土碾压后,表面应平整,无松散、起皮、裂缝和隆起。"松散"是指终压后表层不能成为完整板体的缺陷,"起皮"是指终压后表层上的片状、鱼鳞状缺陷,"裂缝"是指养护不良所造成的严重龟裂。

为了防治这些质量通病,应要求承包单位在施工前进行试验确定松铺厚度,施工中应控制好含水量、松铺厚度和平整度。终压后要加强潮湿养护,每次洒水后应用压路机压实,养护期间应实行车辆管制。

灰土类底层厚度偏差不超过其设计厚度的1/10,顶面标高偏差不超过±20 mm,表面平整度偏差不超过±20 mm。

2)水泥稳定土底层

(1)水泥稳定土所用原材料(水泥、黏土、砂、碎石、石屑等)的质量和配合比必须符合设计要求或《公路路面基层施工技术细则》(JTG/T F20—2015)的规定。应选择终凝时间长、标号较低的水泥,早强快硬水泥和受潮变质水泥不得使用。

(2)水泥稳定土底层的压实度和强度必须符合设计要求。"压实度"是水泥稳定土经碾压合格后,现场干土重力密度与最大干土重力密度的比值,是反映碾压密实性的指标。"强度"是水泥稳定土试块在规定的温度下养护6天、水中浸泡1天后的无侧限抗压强度,是反映力学性能的指标。每1000 m²底层应取压实度和强度试验试样1组,该分项工程的试样组数应不少于3组。

(3)拌和对水泥灰土碾压密实和强度有很大影响,为保证拌和均匀,应先干拌数遍后再洒水拌和,拌和后的混合料应颜色一致,一般不得有大于25 mm的土块和灰团。

(4)混合料摊铺后应碾压密实。用8~12 t压路机碾压时,每层的压实厚度不能超过15 cm,碾压完毕后应无大于5 mm的轮迹。碾压结束后应做干土重力密度试验。

(5)终压后应及时进行潮湿养护,一般不少于7 d。每天洒水次数视气候而定,要求在整个养护期间保持稳定土表层潮湿,同时注意封闭交通,以避免造成表面松散和产生龟裂。养护情况应做好记录。

(6)水泥稳定土底层施工偏差不应超过允许值。灰土和水泥稳定土应重点检查石灰和水泥的用量、最佳含水量的控制以及拌和方法等。远离铺筑路基拌和的材料在运送过程中应防止水分蒸发散失。

3)碎石底层

碎石质量应符合要求,要有一定的级配,并应分层碾压。为满足压实度要求,港区堆场和道路分层厚度一般应在15~18 cm,如用重型振动压路机可适当加大,经压实后表面应平整、坚实,具有符合设计要求的坡向,嵌缝料不得浮在表面或聚集成层。每一施工段且不大于 1000 m² 取一组土样进行压实度试验,并应不少于 3 组。施工偏差不应超过规定的允许值。

4)拳石底层

拳石底层一般是用单一规格的拳石做主骨料,用石屑加少量的碎石填满拳石间的孔隙,形成嵌锁结构,增加密实度和稳定性。拳石的规格和质量应按设计要求选用,拳石应直立靠紧,大头朝下嵌塞紧密,在铺第二层拳石前应将第一层表面的嵌缝料扫除,使拳石外露 5~10 mm,然后在上面排砌第二层拳石,主骨料之间的缝隙填料应均匀饱满,不得有残留缝隙未填满或填料堆集等。压实后,8~12 t 压路机驶过应无明显轮迹。施工偏差应符合"水工标准"的规定。

各底层的压实作业应随压随洒水,应遵循"先轻后重、先边后中、先慢后快"的原则,应于摊铺混合料、拌和与整形作业完成后进行,并应连续均匀地碾压到路基或路面的全部深度和宽度。

3. 地面面层质量控制

1)现浇混凝土面层

(1)港区堆场、道路主要采用现浇混凝土面层,其质量控制必须符合第 4 章有关混凝土的各项规定。大面积混凝土浇筑应注意分块和构造分缝,雨季要采取防雨措施。需要指出的是,对港区堆场和道路通常在设计时还有抗折强度的要求,故如设计提出要求,还应对同批混凝土进行抗折强度检验和判定。抗折强度试块组数同抗压强度试块组数一样,其测试方法一般采用小梁法。水中标准养护龄期 28 天的试块,抗折强度应符合下列规定。

①当试块组数多于 5 组时

$$\overline{R}_{zn} \geqslant R_z + K\sigma \tag{7.3}$$

式中:$\overline{R}_{zn}$ 为平均抗折强度,MPa;R_z 为设计抗折强度,MPa;K 为合格判定系数;σ 为抗折强度实际均方差,MPa。

②当试块组数多于 25 组时,允许有一组小于 $0.85R_z$。

③当试块组数少于 5 组时,其平均抗折强度不小于 $1.05R_z$,任意一组最低强度不小于 $0.85R_z$。

(2)混凝土面层应振捣密实,接槎平顺,表面应原浆压平,道路行车速度较高时,表面还应拉毛、压纹,并不得有空鼓、裂缝、石子外露、浮浆、脱皮和起砂等缺陷。对面层板块侧面的蜂窝等缺陷需按一般混凝土缺陷在下段混凝土板块浇筑前修补好。

(3)港区堆场和道路面层要特别重视排水坡度,雨水井排水口标高应比路面低 5~8 mm,保证排水畅通,无明显积水。

(4)地面伸缩缝的位置、构造处理应符合设计要求和"水工标准"的有关规定。对设有传力杆的板块,还应对传力杆(钢筋)及其位置进行检查。

(5)采用干硬性混凝土时,允许搅拌时先增大水灰比,浇筑后采用真空吸水工艺再将水灰比降低。

2)沥青混凝土面层

沥青混凝土面层是用各种不同大小颗粒的骨料和沥青在一定温度下拌和成混合料,经摊铺压实而成。在港口工程中沥青混凝土面层主要用于道路。

(1)对沥青混凝土原材料和配合比应进行检查,必须符合设计要求和《公路沥青路面施工技术规范》(JTG F40—2004)的有关规定。

(2)沥青混凝土面层应平整坚实,具有符合设计要求的坡向,排水通畅。应控制好沥青混凝土混合料的拌和、虚铺、初终压温度和施工缝及边角区的处理,接槎平顺、紧密,不得有脱落、掉渣、裂缝、堆挤、烂边和粗骨料集中现象。

(3)压实度是沥青混凝土面层的主要质量控制指标,必须符合设计要求和规范的规定。每一施工段,且不大于 1000 m² 取一个试样,并不少于 3 个。

(4)施工宜在干燥和较为炎热的季节进行。应注意天气预报,雨天过后,必须待骨料和基层晾干后才能继续施工。

3)铺砌面层

铺砌面层有预制混凝土块铺砌面层和料石铺砌面层两种,用得较多的是预制混凝土块(包括方形、六角形、八角形的一般混凝土面块和小方块、连锁块等高强块体)铺砌面层。

(1)预制混凝土块铺砌面层。

预制混凝土块的强度,外形尺寸和外观质量应符合规范规定,外购的应有出厂合格证。

块体边角应整齐,不得有裂缝、蜂窝、露石和严重麻面。在铺砌过程中应注意选块和选面,使表面整齐清晰、无明显缺陷。

底层与铺砌面层之间的找平层(又称垫层,如砂、砂浆、混凝土)应密实,厚度应符合设计要求,使面层整齐,块体受力均匀。

块体组砌、缝宽和灌缝应符合设计要求,保证板块间嵌锁紧密。与其他构筑物之间的缝隙应用同标号混凝土或砂浆捣实抹平并做缝,施工中应做到表面整洁,格缝清晰,无砂浆等污染。

(2)料石铺砌面层。

料石的材料规格和加工精度要符合要求。找平层(垫层)的材料及厚度要符合设计要求。

料石应注意选面,铺砌应嵌挤紧密、稳固、平顺,不应有明显起伏坑洼,应注意控制缝宽,不得有叠砌和浮塞。与其他构筑物之间如有缝隙也应用混凝土或砂浆捣实抹平做缝。

7.4.4 交工验收及保修期的质量控制

道路与堆场施工结束后,监理工程师按合同规定组织交工验收。

(1)核查承包单位在施工结束后整理的各项资料,包括竣工图、材料试验资料;核查承包单位工程质量自检的情况和自检报告。

(2)监理工程师收到"交工验收申请"后,应及时初验,立即组织监理实验室按合同规定的要求对交工工程进行竣工项目的现场检测,同时还应核查承包单位现场施工的原始记录。多种检查均合格后同意交工验收。

(3)在保修期应提醒业主经常进行检查,并督促承包单位对造成的损坏及时修补,发现隐患及时排除。

7.5 码头附属设施和轨道安装质量控制

码头附属设施包括系船柱、系网环、护轮槛、护舷、铁爬梯、软梯和铁栏杆等。轨道包括起重机(门机或装卸桥)轨道及火车轨道。最近设计建造的码头,火车一般不上码头前沿,所以码头上的轨道主要是起重装卸机械的轨道。

码头附属设施和轨道是保障船舶安全停靠、系泊和进行装卸作业的重要设备。

7.5.1 施工准备期的质量控制

码头附属设施和轨道工程的特点是需要采购许多设备和构件。所以码头附属设施和轨道安装在施工准备期除进行常规性的检查外,其中特别要注意原材料及采购的构件和设备的质量控制。

(1)系船柱,一般为定型产品,应采用国家定点生产厂家的产品。数量比较大时应对生产厂家的生产工艺、质量保证体系和检测设备等进行具体考察。产品到达以后必须进行外观质量检查,并检查随产品同时到的出厂合格证及有关试验资料。非定型产品,如1000~2000 kN系船柱,因使用的量少,必须单独设计和加工制造,一般只能焊接制造。所用钢材品种、规格、质量必须符合设计要求,对焊缝质量应严加控制,必须全部进行探伤检查,有怀疑的地方还应拍片检查,所有棱角必须呈光滑的圆弧形,无毛刺、节瘤。

(2)橡胶护舷均采用定型产品。其使用量比系船柱要大得多,在确定订货前应对生产厂家的资质和质量保证能力等进行考核。产品运到后应检查出厂合格证等资料。橡胶护舷通常都在水位变动区范围,其构配件的防腐处理应特别重视,最好采用不锈钢制品,海港尤其应该注意控制。

(3)钢轨一般都是国家大型钢厂的产品,应注意检查定尺长度和端面的平整度。特别是集装箱装卸桥轨道采用QU80、QU100型重轨,重型钢轨生产厂家少,生产的批量小。

钢轨的长短不一致,端面常有歪斜,少数钢轨有扭曲,靠近端部处还有不能矫正的硬弯。这些钢轨到货以后应及时加工,以便确定钢轨接头和预埋铁件的位置。

(4)对采用的新工艺、新方法应加强审核。

7.5.2 施工期的质量控制

1.系船柱制作和安装的质量控制

系船柱是系船设备中最通用的形式。根据使用条件不同分为普通系船柱和风暴系船柱。系船柱由柱壳、定位板、锚板、螺栓杆、垫圈和螺母等组成。码头上大多为金属系船柱,用生铁或铸钢铸成外壳,壳内灌满混凝土并布有插筋。

1)系船柱制作质量控制

对于系船柱制作质量,应注意检查以下内容。

(1)系船柱的铸铁(或铸钢)品种、型号和质量必须符合设计要求,制作厂家应提供材质试验资料和出厂合格证。

(2)焊接的系船柱,焊缝应符合设计要求。

(3)系船柱底盘应平整、无明显翘曲和节瘤。螺孔应清理干净,要求机械加工的,其加工精度应符合设计和机械加工精度要求。

(4)系船柱制作的质量偏差不应超过设计及"水工标准"的允许值。

2)系船柱安装质量控制

对于系船柱安装质量,应注意检查以下内容。

(1)系船柱规格和安装所用材料,包括螺母、定位板、所用的焊条以及螺杆的埋深、柱体插筋、填充混凝土等必须符合设计要求。

(2)羊角型和挡檐型等具有方向性的系船柱方向不能混淆。固定螺母应拧紧,并使螺栓外露2~3个丝扣,但不应高出底盘,底盘螺母孔的空隙最后用沥青砂填满。

(3)防锈处理和油漆颜色应符合设计要求。

(4)系船柱安装的平面位置和底盘标高的偏差应符合"水工标准"的规定。

2. 护舷制作和安装的质量控制

1)橡胶护舷质量控制

橡胶护舷有压缩型和充气型两种,目前大多采用压缩型。我国常用的压缩型橡胶护舷有V型、改良D型、圆筒型和鼓型四种。

(1)橡胶护舷及螺栓、链索、卡具和铁件等配件的规格、质量及防腐处理必须符合设计要求和有关规定。厂家必须提供产品合格证书和有关试验资料,监理要注意核查。对于有气密性要求的橡胶护舷在交货时和安装前均应进行气密性试验,监理人员应旁站。

(2)固定橡胶护舷的构造及其质量必须符合设计要求,监理应现场查看和检查施工记录及试验资料。

(3)固定式护舷底盘与码头的接触应紧密。螺母应满扣拧紧并使螺栓外露2~3个丝扣,螺栓顶端应缩进护舷内,深度应符合设计要求。

(4)悬挂式护舷安装后,监理应对连接卡具的锁紧构造进行检查。

(5)橡胶护舷安装的误差及检验方法应符合"水工标准"的规定。

2)钢护舷质量控制

(1)钢护舷的材料和制作焊接质量应符合设计和"水工标准"的规定。

(2)钢护舷锚固的方式、锚固件的制作质量,必须符合设计要求。钢护舷螺栓穿到护轮槛里面用螺母拧紧的,须注意护轮槛里面是一个斜面,应在预留螺栓孔的同时,预留垫圈和螺母的位置。

(3)钢护舷和配件的除锈、油漆应符合设计要求。

(4)钢护舷的安装偏差、检验数量和方法应符合"水工标准"的规定。

3. 轨道安装的质量控制

码头上轨道铺设有两种情形：一种是直接铺在码头结构上，如高桩码头的门机轨道直接铺在轨道梁上，重力式码头的前轨道有时直接铺设在胸墙上；另一种是铺设在单独的轨道基础上，单独的轨道基础又可分为轨枕道砟基础和钢筋混凝土基础梁两种，但码头上用轨枕道砟基础的很少。

在轨道安装质量控制方面的重点如下。

(1)轨道安装前，要对轨道和配件的型号、规格和质量进行验收(检查出厂合格证或检验资料)，符合设计要求和现行规范后方可使用。

(2)码头上的轨道螺栓一部分是采用硫黄砂浆或硫黄胶泥锚固的。为保证锚固质量，在检查验收时，除应检查螺栓预留孔的直径、深度，螺栓的埋置深度、中心位置外，必须检验硫黄砂浆或硫黄胶泥的强度和握裹力，并按设计要求留置一定数量的试件。还有一部分码头的轨道安装采用预埋定位板的工艺，将螺栓和定位板预埋在现浇部分的轨道梁内，混凝土与定位板齐平。用这种方法安装钢轨准确、方便、牢固，关键是在现浇混凝土前，注意检查定位板的预埋位置和高程。

(3)钢轨的垫板应平正，与轨道底部接触应紧密，局部间隙不应大于1 mm。

(4)钢轨接头处伸缩缝间隙，在冬天取7～8 mm，夏天取1～2 mm。

(5)钢轨接头处相邻两轨的高差不能超过1 mm，其值必须严格控制，以保证行车平稳。

(6)轨道螺栓承受的是冲击荷载，虽然弹簧垫圈防震，但使用一段时间后仍容易松动，为保证螺栓充分受力，螺母不脱口，在螺栓满扣拧紧后，要求有一定外露长度，一般为2～3扣。试运转一段时间后，所有螺母应再次拧紧。然后再将轨道梁上部包括螺母螺栓全部用沥青砂灌封。

(7)车挡、地锚坑是轨道的重要附属设施。为保证其使用功能，监理在检验评定轨道安装质量时应对其质量做相应的检查。

(8)轨道安装的偏差和检验方法应符合"水工标准"的规定。

7.5.3　交工验收及保修期的质量控制

在验收阶段再次按规范、标准和设计的要求对附属设施从原材料、制作、防腐到安装的质量进行实地查看。对这些构配件的防腐处理应重点检查，特别是橡胶护舷的固定构件。

在保修期内应经常检查这些构件的使用和损坏情况,督促承包单位及时维修和更换,提醒业主对轨道的固定螺栓在试运转一段时间后,对其螺帽进行全面检查和复控,最后用沥青砂灌封。对轨枕道砟基础更是要经常检查轨道的水平位移和垂直沉降,不断地调整。

第8章 码头工程施工与 BIM 技术应用

8.1 BIM 技术在复杂码头结构施工中的应用

8.1.1 BIM 技术的概念及特点

1. BIM 技术的概念

BIM(建筑信息模型)是"building information modeling"的缩写,这一概念最早是1957年由美国佐治亚理工学院的伊斯特曼(Chuck Eastman)教授率先提出的,他后来被誉为"BIM 之父"。

Chuck Eastman 教授通过分析数字信息技术具备的优势,对 BIM 的概念进行了相关的界定,旨在使 BIM 在建筑行业对整个工程项目全生命周期的模拟与控制得以实现,以及在一定程度上使工程建设各个项目的效率得以提升。BIM 以信息为突破口,打破了传统的设计、施工、运营、管理等各个阶段的屏障,减少了各种项目问题,实现了建筑信息准确、透明、实时共享和各阶段的自由流转。它利用 3D 数字技术模拟工程建筑物信息,从而实现建筑物模型的构建,使建筑公司能够准确、高效、安全地进行工程项目的施工管理。

2. BIM 技术的特点

结合 BIM 的定义,大致可以将其特点归纳为以下五个方面。

(1)可视化。

可视化简单来说就是"所见所得"的形式。对于工程建筑行业来说,BIM 的可视化有巨大作用。过去,当我们拿到图纸时,我们只能看到每个构件的信息都是用线条画在工程图纸上的,真正的结构形式需要工程项目参与人员想象。对于一些简单的项目,这种想象还是不错的,但如今有许多建筑形式和复杂造型不断被引入,因此,光靠人脑去想象的东西也就有点不切实际了,BIM 的可视化给我们提供了新的思路,让之前的线条式构件以一种三维立体实物图的形式呈现在人们的面前。毋庸置疑,BIM打破了传统的建筑施工图的局限性,借助3D数字技术,模拟建筑物全部信息,建立建筑模型,使施工人员借助BIM模型便可直观地看到二维图纸的三维立体图像,进一步实现对施工现场精准的有效布控,达到防范风险的效果。建筑信息模型也可以在同构件之间形成反馈和互动,并在整个项目过程中都是可视化的。因此,可视化结果不仅可以显示效果和生成报表,还可以用于工程项目设计、施工、运营过程中的讨论、沟通、决策。这些充分彰显了BIM的可视化特点。

(2)模拟性。

根据BIM的定义不难发现,BIM技术能够模拟建筑物的全部信息,利用有效防护措施对施工现场加以保障,从而提高建筑物的牢固性和安全性。它的模拟性在于不仅可以模拟建筑物模型设计,还可以模拟在现实世界中无法操作的事物。在设计阶段,BIM可以在某些方面进行模拟实验,例如日照模拟、热能传递模拟、节能模拟、紧急疏散模拟等;可以在施工和招标过程中进行4D(即三维加时间维度)模拟,从而给出安全合理的施工方案来指导施工,甚至可以进行5D模拟,从而控制成本,例如进行深井作业、高空作业施工等;在管理和运营后期阶段,可以模拟日常紧急情况发生时的处理方式,例如地震人员逃生模拟和消防人员疏散模拟等。这些都体现了BIM的模拟性特点。

(3)协调性。

协调在建筑行业中非常重要。无论是设计单位还是业主及建筑单位,始终在做协调与配合的工作。在项目实施的过程中一旦遇到问题,有必要组织相关工作人员开协调会议,找出问题发生的原因和解决方案,然后进行相应的调整和补救措施等以解决问题。难道问题只能在出现后才需要进行协调吗?在设计时,往往各专业设计师之间的沟通不到位,导致各专业之间发生冲突碰撞问题。例如,在管道布局中,分别绘制施工图纸,在施工过程中,恰好此处的梁等构件可能会阻碍管线的布置,这种情况是施工中遇到的常见问题。BIM的协调性可以解决这些问题。它可以在建设的早期阶段,对各专业之间的需求进行碰撞检测。当然,它的协调性还可以解决电梯井布置和净空要求、地下排水布置和其他布置之间的协调、防火分区与其他布置之间的协调等。这些都是BIM协调性的呈现。

(4)优化性。

优化性即在建筑工程施工过程中,对建筑信息、安全性等方面所存在的问题提出优化及改进方法的过程。整个工程设计、施工、运维的过程都是在不断优化的,它贯穿了整个全生命周期。优化和 BIM 之间没有必然的联系,但可以在 BIM 上进行更好的优化。优化受到信息、复杂性和时间的限制,没有准确的信息很难得出合理的优化结果。BIM 提供的建筑物信息包括物理信息、几何信息和规则信息,并且能在建筑物变化后自动修改和调整这些信息。建筑信息复杂程度较高时,参与者无法获得所有信息,必须借助先进设备和科学技术,BIM 配套的优化工具使复杂的工程项目有了优化的可能。从项目方案优化与特殊项目优化中,完美地体现了 BIM 的优化性。

(5)可出图性。

BIM 出图并不是大家常见的设计院用某些构件加工处理的图纸,而是通过可视化展示、模拟、协调和优化建筑物后所出的图纸。它可细节出图,也可大样出图,从而表达出 BIM 的可出图性。

8.1.2　复杂码头结构施工的总体施工安排

针对不同的码头结构类型应采取不同的设计方案,这里主要介绍沉箱码头的设计施工方案。

先按照布置原则具体考虑场地的施工条件,遵循施工布置的简化、便捷的原则。通常港区码头多采用重力式沉箱结构,从基槽挖至基岩,码头以抛石基床作为基础,墙身以不开孔沉箱为主,以现浇混凝土胸墙和现浇面层混凝土作为上部结构。工程地区所在位置基岩岩面标高差距明显,基床厚度不均且变化显著,需要施工团队与设计团队相互协商,认真负责地进行合理预留墙身,保证上部结构胸墙沉降量达到实际应用的标准,以此来确保工程的高质量。

施工现场各项施工工序的复杂程度较大、彼此联系紧密,制订出合理有效的施工方案与解决突发问题应急措施策略,加强对施工进度计划的严谨、科学性的评估,才能够有效地保证码头工程高品质、高效率、高效益完成。同时,沉箱数量较多,预制混凝土量也偏大,对工程进度的影响非常大,因此采用两条挖泥船分区进行挖泥作业,分为 7 个挖泥区,每一个挖泥区长度在 100 m 左右,挖泥从 6 ♯泊位开始向两端进行,并从 8 ♯泊位由东北端逐区段地向西南端进行。采用抓斗式挖泥船(配有 GPS)、拖轮或抓斗式挖泥船(配有 GPS)、回声测深仪、全站仪、水准仪等精密仪器。

8.1.3　码头施工的具体施工手段与方案

1. 高程控制测量

在工程开工前,对已知的高程控制点进行复核检测,并向业主、监理工程师提交"复核检测报告"。然后,根据工程需要以及施工现场情况合理地增添高程控制点,在已知的高程水准点的基础上,增加施工水准点的密度,确保工程的顺利进行。施工水准点的引测精度不低于四等水准测量精度要求。测量成果上报监理工程师进行审核校验,审核通过后还会定期复测高程控制网,每三个月复测一次。

2. 挖泥作业

采用抓斗式挖泥船进行挖泥施工,等挖泥船到达指定位置后,泥驳位于旁边,根据挖泥船上的显示区域进行排抓挖泥作业。采用分段分层挖泥施工方法,同时注意排抓的合理性,避免倒抓、漏抓的情况出现。待泥驳的数量达到额定数量之后,便开始进行抛泥作业。并且在施工过程中,加强船舶的检修以及确保泥驳航线的准确性。施工人员根据挖泥位置、土质标高与地质勘察资料的内容判断挖泥土样与标高的合理性。若出现二者不一致的情况,则需要与相关设计师、业主、监理人员进行及时商讨,共同寻找更加合理的解决方案。

3. 基槽验收

在每段每层挖泥完成之后应及时组织相关负责部门验收,以进一步地跟进水深测量工作。验收采用断面测量,断面测量工具采用测深仪和测量船(上配备GPS),每 5 m 一个断面,2 m 一个点。在施工时设立多把施工水尺,注意潮汐水位变化,水位通过水尺观测,每变化 10 cm 要通报一次,并做好记录。采用水准仪进行定期检查,确定现场水准点,进行水深测量检查时使用水准仪再次确定水深深度变化情况。

4. 基床抛石

基床抛石前需要检查基槽尺寸的变化情况,对有回淤的港区采取防淤措施,对于较厚基床用定位船定位,同时基床抛填的石材,采用沉箱顶的挖机和 180 t 履带吊搭配抛石铁盒、网兜等工具进行抛填,护面块石采用装配式抛石平台顶的

180 t 履带吊和四瓣抓斗进行抛填工作，混凝土护面块采用沉箱顶的 180 t 履带吊进行安放。采用橡胶轮胎对工具外侧进行防护修理，同时也可对已完成的钢管桩和夹桩结构进行防护。

8.1.4 BIM 技术的模型建立与应用

模型建立的主要手段是采取 Revit2014，在建模过程中可能也会运用其他软件进行辅助，在整个编码的过程中首先需要遵循规范、完整的原则，协调各部分的一致性与系统性，确保建模的每一部分都是以统一标准设计的。一定要确保收集整理的信息的准确度，没有准确的信息做不出合理的优化结果。

同时，BIM 技术可以将工程设计与项目投资回报分析相互结合，通过对工程设计以及项目投资的影响进行实时计算，业主可针对工程设计方案的具体要求，从多个角度进行分析选择，可以根据不同的条件选择适合自身需求的工程项目设计方案。对于复杂的异型结构，虽然是局部的建筑结构，所占整体比例较小，但是在投资与实际施工方面耗费的资金不少，甚至远远超出普通结构建筑。因此，可以利用 BIM 技术对特殊结构设计施工方案进行方案优化设计，显著地改进工程造价和缩短工期，促进建筑结构设计、施工的技术革新。

8.1.5 BIM 技术在码头施工设计的应用分析

在码头施工设计中，BIM 平台的自动分析系统可以帮助工程师和业主自动分析出设计的关键线路，并将相应的建筑构件通过高亮显示。

根据码头施工现场的工程进度，BIM 技术通过进度模型直观展示出后期的工程施工形态，并且可以利用施工模拟进一步检查工程的分配情况，系统分析工程中可能出现的工程延误后滞因素。工程设计人员在施工进度的提速方面，进行施工进度模拟，分析施工措施的关键性与可行性以及对施工线路的影响，如施工线路变化对施工工序的实际关系及影响。同时，BIM 技术在复杂码头结构施工中进行可视化进度管理，可以帮助进度施工对设计模型的展示与监督检查。BIM 技术清晰明确地展示出工程工序安排，对实际越冬防护措施中的施工状态进行合理预估和测评。

BIM 对施工现场工作开展的有序性、协调性做出科学严谨的安排，该技术对复杂码头工序搭接的协调防护设计具有十分重要的作用。在复杂码头结构设计施工中，BIM 技术可以协调并解决工程建筑的质量与安全问题，提前进行设计施工的预防与管理,进一步提升工程项目整体的整改能力与管理水平,并且也十分有助于项目施工管理和资源整合效率,在很大程度上改善码头建筑工程的整体品质。

8.1.6　BIM技术在复杂码头施工中的优势与劣势

BIM技术通过建立三维数字模型,集成了码头工程设计、施工、运营的全部工程信息,建立起完整的施工建筑模型,以此方法将码头工程项目各个关键性阶段与主要的工程参与人员所接手的工作有机结合。

在码头工程建设信息模型的建立过程中,BIM可以自动生成相关建设的图纸、文档、表格等,复杂码头建设项目各方面的工作人员采取信息共享和同步监理。因此,BIM技术的优势还体现在协助码头施工工程建设单位对工程运营管理方案进行改进和对材料施工技术进行改良,进行限额领料施工,很大程度上帮助建设单位控制工程造价。

然而在中国建筑行业中推广与普及BIM技术还有许多问题和困难需要解决。如今市场中的各类BIM软件及应用十分繁杂,并且BIM工程师等专业性人才也比较缺乏,专业操作人员的培养难度也相对较大,因此BIM技术的推广也变得困难重重。

8.2　港口码头施工模拟BIM技术应用

8.2.1　工程概况

为了更好地阐述BIM技术在码头与港口建设过程中的优势,本节通过某沿海城市在建造码头与港口过程中的实际应用来对比。其设计要求是要建造2个1000DWT级集装箱泊位、4个1000DWT级件杂货泊位,以及1个1000DWT级散货泊位。这是港口建造过程中的主要技术要求,再配合相应的设备,就能很好地完成港口的调度工作,在进行港口建造的过程中还要考虑在下游设置一个1000DWT级件杂货泊位。实际考虑的是采取2000DWT级别的设计。在进行码头建造的过程中,总的码头海岸线长为500 m,7个泊位码头依次进行模拟建造。在保证7个泊位码头岸线总长达到430 m的基础之上,还要预留一个泊位码头,其岸线长度是70 m。

8.2.2 结构型式以及施工方法

1. 结构型式

在采用 BIM 技术对码头建造进行模拟的过程当中,首先要确定的就是所采用的建筑结构。在港口工程中通常采用的是高框架结构。为了保证整个结构的稳定性,必须把多个排架设置在合理的地方。在选择柱基的过程中要根据其所要承受的最大承载力进行合理的建造选择,并且要保证每一根排架都有相应数量的柱基对其进行支撑,还要保证各排架之间的距离。在柱基上进行建造的过程中,要保证每一层现浇层都具有相应的间距,其中要求第一层标高为 3.8 m,第二层为 11.8 m,第三层为 19.65 m,第四层为 21.00 m。每一层之间的连接要经过科学的计算后选择合理的连接方式,保证柱基达到预期的设计要求。

2. 嵌岩桩的施工方案设计

为了保证整个工程的施工质量,做好地基是一个重要的部分,尤其要对嵌岩桩的施工部位进行详细的分析与钻研。在港口工程施工过程中采用的是 318 根直径为 1200 mm 的嵌岩桩。其中最关键的环节是保证嵌岩桩施工在水位上涨之前完成。若要达到这一目的,应当把 53 个排架依次排开,在两个排架之间配置相应的设备对地基进行打孔作业,提高嵌岩桩的建设效率。

3. 地基处理技术

在码头与港口施工的过程中,首先要做好对地基的处理。处理好地基是对整个工程提供质量保证的关键一步。在码头与港口施工的过程中,有的地基土松软,缝隙比较大,透水性比较强。对这部分地基进行垫压或者预压都是比较合理的处理方法。通常采用碎石、砂或者煤渣作为垫层,能够提高地基的承载力,降低地基的沉降量。而预压通常是在需要建造的地基上,通过对土进行压缩,排除土中缝隙里的空气与水分,增大土壤的密度,保证土的承载能力。

4. 施工结构组成

港口码头施工主要由以下两部分组成:第一部分是码头工程主体结构的施工,第二部分是码头工程附属设备的施工。港口码头的主体结构包括上部结构和下部结构。上部结构及下部结构由于各个部分的使用功能不同,在施工过程中也会有差别。由于上部设备在工作过程中会受到更大的承载力以及自身的重力,通常会针对上部结构安装相应的附属设备。上部结构,如高桩码头的梁、板,板桩码头的帽梁,以及重力式码头的胸墙等,主要作用在于将下部结构的构件连成整体和装设护木、系船柱、管沟、轨道等。下部结构主要用来遮挡水土的侵入,将码头自重及作用于上部结构的荷载传递到基础和地基中。所以下部结构在施工过程中要注意对整体地基的处理,保证为上部结构提供稳定的支撑。

5. 预制块体安装技术

在港口码头建设的过程中,有的时候由于交通受到限制或者现场环境的影响,需要采取措施对需要建设的部分进行预制块体的安装,因此也就会涉及对预制块体的安装技术的控制。在进行预制块体安装的过程当中,主要包括以下几个步骤。第一步是对需要使用预制块体的部分进行测量。先根据相应的技术手段确定安装基线,并且参照设计过程当中的安装位置与控制点进行安装。在安装的过程中,可采用一些比较先进的设备,比如全站仪可以更加正确、高效地提高安装效果。第二步是安装栅栏板,在栅栏板安装的过程中需要使用一些大型的起吊设备,有时还需要潜水员配合起吊设备来共同完成作业。第三步是安装扭王字块,在进行扭王字块安装的过程中,要先对扭王字块的质量进行检查,不合格的扭王字块坚决不能使用。不合格的扭王字块不仅会给工程的质量带来重大的影响,而且还会在后期的使用过程中危及港口人员的生命财产安全。同时,在安装之前要对地基表面进行全面而详细的检查,并且保证地基表面没有多余的杂物分布。只有做好了这些前提工作,才能进行扭王字块的安装。第四步就是梁板的安装,在安装的过程中要根据相应的安装顺序及安装规则有序地完成施工,保证安装的质量符合设计要求。

6. 质量控制技术

港口码头施工过程中最重要的一点就是要做好质量控制工作。质量控制主要体现为以下几点。第一点就是在港口码头施工过程中设置好相应的参考物。工程上主要以导标和定位船作为主要参考,而导标又可以分成基床中心型和顶面坡肩型两种类型。在设置定位船的时候主要把其设置在抛石位置,以保证定位船的设定位置没有回淤或者回淤量很少。一般工程认为当回淤量达到 25 cm 的时候就要采取措施进行清理。第二点就是抛石,在进行抛石作业之前要进行抛石试验。在抛石的过程中选择的石头粗细搭配要合理,底部可采用较为粗大的石头作为主要材料,在离水面较近的位置采用较细的石头作为主要材料。第三点就是夯实作业,在进行正规夯实作业之前也要采取相应的试验措施。在进行夯实作业的时候,为了避免夯实作业的质量出现问题,可以采取两次或者三次夯实作业。在夯实作业的过程中,要保证基床表面的平整度,避免出现局部凸起或者漏夯的部位。在夯实工作完成以后采取措施对作业面进行复查,复查的主要方式就是复夯,当复夯的下降量超出 5 cm 的时候就要使用水准仪测量,如果使用水准仪之后其沉降量不超过 300 mm 则不需要补夯,若超过 300 mm,就需要补夯。第四点就是补夯,补夯的主要作用是满足设计以及施工要求,保证作业面达到作业标准,为后续施工提供基础。

8.2.3　BIM 技术在港口码头施工中的应用

1. 编码标准

在使用 BIM 技术进行模拟的过程中,若想保证 BIM 技术能够得到有效的应用,在进行编码的时候,首先应当保证整个工作的规范性以及完整性。除此之外,还要保证编码之外的工作都按照相应的规范要求来完成。各个建筑部分在进行属性赋值的过程中,要根据相应建筑的材料特点进行合理的赋值。构件的信息要通过相应的存储器保存下来,以便于进行合理的调整。其次,在编码的过程中要采用专业的编码软件,在使用编码软件时,要根据具体的外部环境进行合理的选择。

2. 划分模型

采用 BIM 技术模型模拟之前要对整个模型进行不同区块的划分。模型区块划分完成后,首先要做的就是对各个部分进行名称的写入。在名称写入的过程中,要根据项目名称以及各个部位的材料属性进行定位,保证在名称以及材料属性写入的过程中不会出现重复的现象。

3. BIM 模型应用效果

在利用 BIM 技术进行模型效果建设的过程中需要使用专业的软件把效果图导入模型。根据最初的设计意图对模型进行修改,主要的修改方向是使三维效果图能够直观地反映建造模型过程中所存在的一些不合理或者不恰当的地方,对不合理的部分进行剔除与修正。此外,三维模型能够清晰表达建造意图,并且在后期可以根据三维模型在建造过程中进行监督对比。

4. 模型检查

在完成 BIM 技术模型导入之后,可以通过相应的模块进行整个模型的检查。在检查的过程中,可以通过漫游的方式更直接、直观地对整个模型的三维部分进行检查。通过碰撞检查的方式对整个模型中关键的长、宽、高以及相应的比例进行检查。同时还可以对整个建筑的协调性进行检查。在对模型进行碰撞检查的过程中,设计人员可以通过各个部位的碰撞,发现设计中存在的问题,通过设置相应的约束关系,对整个模型进行相应的优化。

8.2.4 施工过程的技术难点与解决措施

1. 基槽回淤与处理

在港口码头施工的过程中基槽回淤是常见的问题之一。因此,为了避免出现基槽回淤,在施工的过程中有必要采取措施派出专业人员负责基槽的挖掘。在选择挖掘船只时,要根据施工现场的具体环境以及所探测的海底岩石结构确定。除此之外,在施工以及监理的过程中要认真履行合同中的要求,最大限度避免基槽回淤。

2. 结构滑移和沉降处理措施

在港口码头建设的过程中,其建设面积相较于一般的工程更大,使得各个构件的结构较大。所以,一旦在填筑的时候出现失误,很有可能导致整体结构出现滑移或者大幅度的沉降。造成这种问题的原因之一可能是夯实不彻底,所以在前期要做好夯实工作。另外一种原因可能是回填作业的问题,为了妥善地避免和解决这种问题,在实际施工过程中要在施工部位覆盖材料。

3. 漏砂处理措施

传统的施工技术虽然比较成熟,但是烦琐、耗时,并且工程造价又极其昂贵,所以不适应现阶段社会发展的需要。由于当前建筑所采用的大多是钢筋混凝土的框架结构,工程量巨大,也就难以避免在混凝土中出现间隙,从而产生漏砂的问题,故在港口码头建设的过程中,应当以土工织物作为施工材料,采取有效的措施避免出现漏砂缺陷。

8.3 基于 BIM 的码头工程施工安全管理

8.3.1 BIM 建模原理及指导思路

码头施工安全管理是水运工程中的重要一环。为了更好地适应工程的发展需要，BIM 技术在码头工程安全管理中也得到了越来越多的应用。通过对 BIM 模型进行分析，可以详细地给出施工各个阶段的情况，在科学施工的前提下制定安全的预防方案，保证工程在安全、稳定的条件下有序进行。BIM 技术在码头工程施工安全管理中有一定的原理和技术路线。其基本原理如图 8.1 所示。

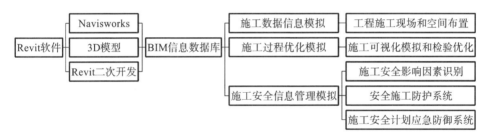

图 8.1　BIM 技术在码头施工安全管理中的基本原理

按照 BIM 技术在码头施工安全管理中的基本原理实施工程建设，可以准确地判定工程中存在的安全因素，及时进行施工安全调整，从而规避风险。

8.3.2 BIM 模型的建立

1. 软件的选择

BIM(building information modeling)技术是应用于工程建筑设计建造管理的一种数据化工具。通过各专业间的相关信息，在项目设计、施工和运维的全生命周期中进行信息的传递和共享，使工程施工过程中的各工种之间相互协作，从而提高生产效率、缩短工期和节约成本。

BIM 模型建立的效果是 BIM 能否进行的重要一步，据美国总承包商协会(AGC)统计，常用的 BIM 软件有 84 种，在项目进行前对 BIM 相关软件的选择也很重要。

(1)Bentley 系列软件。

Bentley 系列软件一般应用于基础设施,大致包括 Architecture、Structural、Building、Mechanical Systems、Building Electrical Systems 等。它们可以进行编辑和支持复杂几何曲面,也可以对修改前后的图形进行比较,具有数字签名和管理权限的功能。

(2)ArchiCAD 系列软件。

ArchiCAD 系列软件可以说是 BIM 软件的鼻祖,早在 20 世纪七八十年代就提出,ArchiCAD 系列软件大致包括 ArchiCAD、Artlantis Studio、EcoDesigner、MEP 和 ArchiCAD FM 等。它们拥有大量的数据库和外部应用程序,操作简单。

(3)Digital Project 系列软件。

Digital Project 系列软件最早应用于航空航天,与它相关的软件包括 Viewer、Designers、Photo Studio、Specialized Translators、Knowledgeware、Imagine&Shapes Primavera Integration、MEP/Systems Routing 等。它们善于处理复杂的表面,具有整合和处理庞大规模项目的功能。

(4)Tekla 系列软件。

Tekla 系列软件主要专注于钢筋的建模和算量,主要包括 Steel Detailing、Concrete Detailing、Engineering、Construction、Management 等。它们可以进行 4D 建模,对模型的时间和人员进行追踪,以及分析内部结构的功能,不需要额外转换也可输出分析报表。

(5)InfraWorks 系列软件。

InfraWorks 系列软件是 Autodesk 公司旗下的软件,大致包括 Civil 3D、Autodesk ReCap、AutoCAD、AutoCAD Map 3D 等。其动画模拟逼真,是使用者、设计者和业主进行沟通的一个平台,操作简单易懂。

(6)Revit 系列软件。

Revit 系列软件与 InfraWorks 系列软件一样,都是 Autodesk 公司旗下的。它们大致包括 Architecture、Structure、MEP、Quantity Takeoff、Navisworks、Robot Structural、Analysis、Ecotect Analysis 等,支持 SketchUp 类型文件,可对模型进行局部碰撞,简单易学。

近些年,我国也研发出了一系列 BIM 软件,如鲁班、广联达和品茗等。

2. Revit 族库的建立

"族"是 Revit 中具有强大功能的图元的类,它有助于轻松地修改和管理数据。Revit 中所有的图元都基于族,族有很多种类型,根据设计者对族不同类型的要求进行设计,不用通过复杂的编程语言就可以创建自己的构件族。Revit 族的发展是制约我国 BIM 发展的因素之一,每一个族文件都包含很多重要的参数信息。在使用 Revit 进行项目设计时,若事先拥有大量的族文件,可以让设计者发挥它的特长,直接在项目中导入相应的族文件,从而加快进度。根据族的特点可以将族分为以下三类。

(1)系统族。

系统族可以创建现场建筑设施所需装配的基本图元,例如墙、屋顶、楼板等,它能够影响环境下的标高、轴网和视图类型的系统设置,在 Revit 中是预定义的,不能直接从项目的外部导入,也不能保存到项目以外的位置。

(2)可载入族。

可载入族是用来创建构件的族,它可以创建建筑内和建筑周围的建筑构件和系统构件,也可以创建常规自定义的一些注释图元。它具有高度可自定义的特征,是经常创建和修改的族。与系统族不同,可载入族是在外部 RFA 文件中创建的,可导入项目中。对于多种类型的可载入族,还可以创建和使用类型目录,促进项目中可载入族的使用。

(3)内建族。

内建族是在项目需要专有构件时所创建的独特图元,它可以创建内置图形,以便它可参照其他几何图形,使其在所参照的几何图形发生变更时进行相应的调整。创建内建族时,Revit 中这个族包含单个族类型,创建时涉及许多与可载入族相同的族编辑器工具。

在创建族之前,要先画轴网,然后根据图纸要求,画出相应的族。把多个创建的族放在一个大型的平台上备用,就形成一个庞大的族库。

3. Revit 参数化设置

对 Revit 进行参数化设置,其实就是对项目中的构件族进行参数化的设置。参数一般包含一些属性,例如:基本属性文本型和数字型,外部属性几何型、描述型和功能型。常用族参数除了常规的数学运算和逻辑运算,还可以利用一些技巧进行取整、取奇数和取偶数等。下面主要介绍共享参数和可见性参数的应用。

(1)共享参数的运用。

可以通过一个实例来说明共享参数的功能和使用方法。实例的目的是要实现梁的配筋平法标注,钢筋是常规方法中标记的,其参数包括梁的数量、架立筋类型和箍筋类型等。实现方法是向族里添加参数,以便标签族和梁族可以同时调用这些参数,那么就需要使用共享参数的功能。一般操作如下。

①打开项目,在族管理选项里选择共享参数按钮,在弹出的对话框中编辑共享参数。

②创建一个共享参数文件,添加文件所需的参数,进而创建标签族和梁族文件,在所建的族中添加所需要的参数类型和信息。可选择系统自带的族模板来创建梁族,然后再把共享参数添加到族文件中,也可以选择结构板梁标签族创建标记族模板,然后再编辑标签,其他步骤与梁族添加一样,添加后按照共享参数的顺序和布置进行编辑,从而在形式上符合平法要求。此外,这些共享参数也可以作为被选定的类别和字段运用到过滤器和明细列表中。

(2)可见性参数的运用。

在创建族的过程中,我们会发现有些族的类型相同,只是在形状上有些不同,如果不想再另外去创建族,可设置族的可见性参数。比如说,二阶和三阶独立基础,除了阶数不同,外形都是类似的,那么我们在设计的时候,为了提高工作效率,可以建立一个二阶或者三阶的独立基础,然后在创建的族中设置参数,在属性框中找到可见性,设置可见性参数即可。设置完成后,可以在结构族中增加两个族文件,分别命名为二阶和三阶独立基础,可见性选择二阶就是二阶独立基础,可见性选择三阶就是三阶独立基础。此类简单的参数设置有助于很好地理解可见性参数的运用。

4. Revit 模型建立

建筑从业人员在运用 BIM 建模之前,要根据项目的特点,考虑模型信息的整合方式,会进行一定的准备工作。首先在开始建模之前需要进行项目设定工作,它包括项目的设置和敷地平面的建立。项目设置时,要根据 BIM 管理员提供的项目样板进行选择,然后输入项目名称、地址和编号等,通过经纬度或最近的位置来指示建筑物的位置。创立敷地平面时,可以根据敷地的定义来建立地形地表、指北针,指定地界线,加入敷地建板、整地地形表面和敷地组件等。完成项目设定工作后,可进行模型绘制,模型的绘制是按照一定的步骤进行的,首先设计项目初期配置,然后加入一些基本的建筑元素,建立不同的建筑模型视图进行模型检视,再根据需要加入更多的元素到模型中,以供后续开发设计,最后建立模型文件,以方便建筑商和工程师的使用。

简单来说,可以根据二维的施工建筑图建立三维模型,然后对模型进行分析,为项目施工时提供有效的安全条件。BIM 建模与应用的流程如图 8.2 所示。

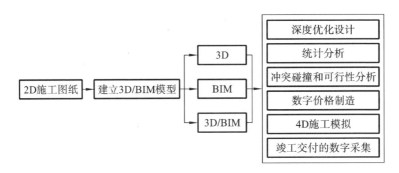

图 8.2 BIM 建模与应用流程图

5. Revit 二次开发

对某一特定的软件进行二次开发,需要遵循一定的顺序。首先要让软件开发出来的插件满足设计的需求,然后再进行功能的拓展和开发各专业建模的工具,从而满足目前图纸翻模的需求。目前国内的三维设计软件中,Revit 的应用比较广泛,因此将优先基于该软件进行二次开发。

(1)Revit API 的发展现状。

Revit 是 BIM 平台下的一款工具软件。Autodesk Revit 建模软件主要从事基础数据信息的开发和研究,并为应用程序和功能的拓展预留了足够的空间,用来进行二次开发应用程序研究。为此,欧特克公司推出了 Revit 8.0 版本相应的界面,用于进行该软件的二次开发。用户可以根据个人的需求,在调用应用程序编程接口 API(application programming interface)的基础上,对 Revit 平台进行拓展和开发新功能,并可根据实际需要对模型进行个性化设置。作为 BIM 的核心软件,Revit 利用 API 接口的拓展可更加适应和满足项目整个生命周期的需求。

目前,BIM 的二次开发和应用在国内比较普遍,相关的软件公司已经开发了一系列相关的应用软件,如 RISA、CSC、CSI、Navisworks 等。在 Revit 二次开发过程中,反常退出的状况罕见,对于它的安稳性不必担心。另一个方面就是

API 接口的形式安稳性。在最近的版本中,对 Revit API 的标准和架构也进行了优化,比如把 Element 参数替换成为 Element ld 类型的参数等。利用 API 接口的应用,在 Revit 平台上进行开发,开发出了概预算等相关的造价软件。因此,基于 Revit 平台开发的相关软件,在功能应用和拓展方面还有很大的空间。

(2)Revit API 的功能。

Revit 系列所有的产品都是参数化的,并且提供 API。从 2005 年开始,开发出的 API 接口在其应用和发展上已有十多年的历史。Revit API 不仅数量在增加,而且其功能应用范围也越来越广,并且 Revit 的内部功能也在逐步完善和拓展。Revit API 是.NET 编程接口,可以根据个人需要扩展 Revit 的相应功能,实现 BIM 的二次开发。其主要具有以下功能:

①创建、修改和删除模型元素;

②访问模型的图形数据信息;

③访问模型的参数数据;

④创建插件来自动完成一些重复的工作;

⑤创建插件来对 UI 进行增强;

⑥执行所有种类的 BIM 分析;

⑦转换数据到分析应用,连接到外部数据等,通过第三方应用来集成;

⑧自动创建项目文档。

由此可见,在适当的情况下进行合适的功能选择,可以大大简化软件操作,从而提高使用效率。

(3)Revit API 的开发工具。

Revit API 建立在 Revit 产品之上,它是一个类库,需要 Revit 软件运行才能工作。在进行 Revit 二次开发之前,需对一些软件资料进行准备,学习掌握 Revit2019、VisualStudio2019、NET4.7.1、C♯语言和 Revit SDK 等。Revit 使用了简化工作流的 Ribbon 界面,以下简要介绍 Revit API 的几种开发工具。

①Microsoft Visual Studio。

通过使用.NET 应用程序软件来创建面向对象的编程语言,VS 可以使用 C♯语言和 VB.NET 等编程语言进行开发工作。.NET 框架结构为 C 语言编程提供了清晰的逻辑结构和操作简单的设计环境。C♯语言具有快速应用的开发功能,可以通过它来进行 Revit 的二次开发。

②Microsoft Visual Studio Tools for Applications。

作为 Revit 自带开发环境的软件,它可以使用 VB.NET 和 C♯语言,根据原理将生成的"宏"附加到模型,并通过 Revit 的操作来实现开发功能,无须 VS 即可进行开发。

③Add In Manage。

该软件是欧特克公司官方创建的,是一款用来加载 Revit 的插件,可以不用重启软件就能对插件代码进行修改和运行。它包含在 Revit SDK 中。

④Revit Lookup。

它是 Autodesk 旗下开发的一款 API 对象插件,同样包含在 Revit SDK 中,可以不用写代码,用源代码进行自我编辑。

8.3.3 BIM 模型的码头施工安全管理界面的开发

1. 特定数据信息的抓取与识功能的实现

BIM 技术具有建筑信息模型的功能,它可以形象直观地模拟施工的全过程。可参照《建筑施工安全检查标准》(JGJ 59—2011)(standard for construction safety inspection,SCSI)对施工项目逐一进行安全检查。把 BIM 技术和 SCSI 结合起来,可以更加直观和更加安全有效地进行施工。

检查评定项目依据 BIM 的可视化特点可分为模糊项和直观项,用标识符号"√"表示直观项,其他检查项为模糊项。对识别的直观项和施工阶段进行分类整理,建立与传统的影响因素人、机、法、料、环境之间的对应关系,基于 BIM-SCSI 的施工安全影响因素体现了传统因素的表现效果,在不同的施工阶段考虑不同的安全事故因素,与 BIM 施工阶段的仿真模拟结合,更加注重灵活性和可变性,以便于后期更加有针对性。

2. BIM 与 SCSI 相结合的 Revit 的二次开发

根据上一节有关 BIM 的二次开发,掌握 Revit 的二次开发方式和开发环境配置,在建立 BIM 模型的基础上,对 Revit 进行二次开发。本书主要针对《建筑施工安全检查标准》中安全检查表在 BIM 中的灵活运用,确保施工安全管理有序便捷地进行。本书采用 Visual Studio2019 为代码资源管理器,利用 C♯语言编写安装器代码、插入界面代码以及插件代码。

图 8.3 为编写的安装器代码,是重要的第一步,图 8.4 是编写的插入界面代码,是呈现的中间环节,图 8.5 是编写的插件代码,是主要的呈现形式,图 8.6 是对插件进行调试的界面。

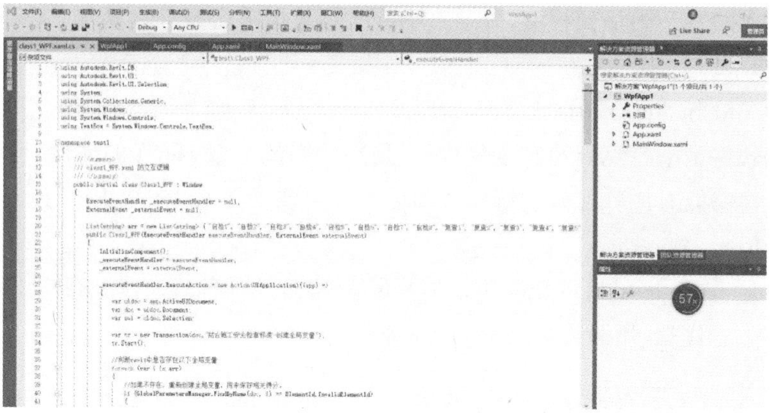

图 8.3 安装器代码

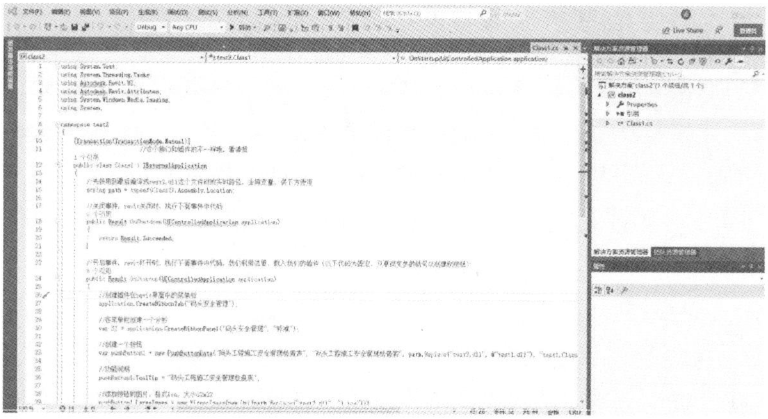

图 8.4 插入界面代码

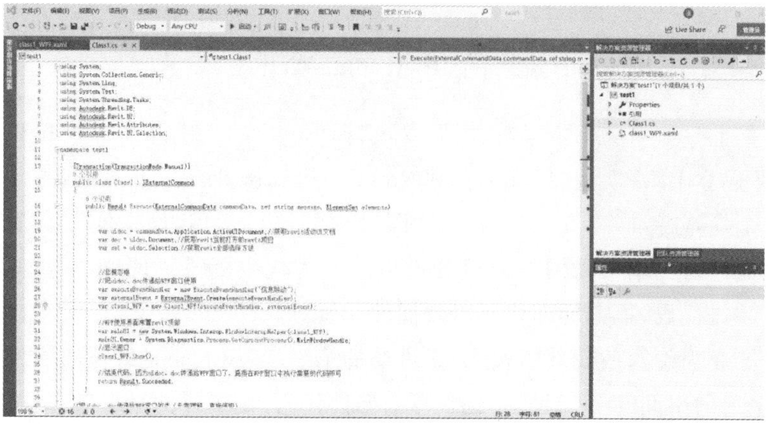

图 8.5 插件代码

第 8 章 码头工程施工与 BIM 技术应用

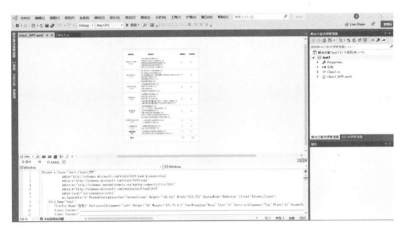

图 8.6 插件调试界面

插件在 Revit 中的查找与应用,如图 8.7 所示,可在 Revit 软件中附加模块的外部工具中进行。如图 8.8 所示,在插入界面代码导入 Revit 后,会在 Revit

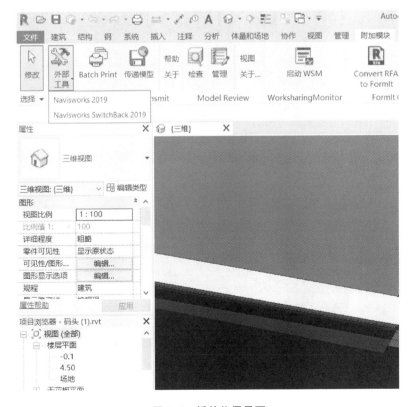

图 8.7 插件位置界面

中生成一个独立的模块,将其命名为码头安全管理。如图 8.9 所示,在码头安全管理中存放插件,并将其命名为码头工程施工安全管理检查表,便于可视化施工安全管理。SCSI 与 Revit 的二次开发相结合,可以及时有效地发现施工安全中存在的问题,然后根据调整方向进行快速纠正。

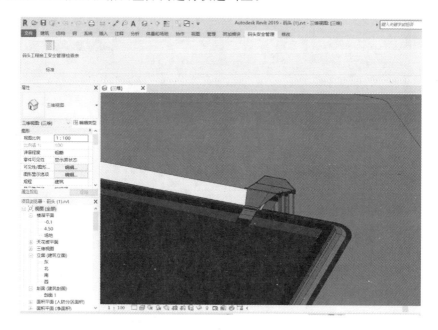

图 8.8 码头安全管理界面

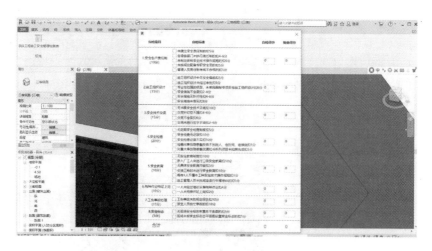

图 8.9 码头工程施工安全管理检查表界面

8.4 案例分析——以舟山朱家尖石渣运输码头为例

8.4.1 工程概况

舟山朱家尖石渣运输码头陆域道路工程,2016年由河海大学设计研究院有限公司设计,于2019年进行施工。该工程建设规模为建设一个石渣运输码头和两段公路,石渣运输码头总长49.31 m,跨塘段长度13.31 m,1∶12的斜坡长度为18.9 m,扩建码头面长度17.1 m。跨塘段连接新建道路,西北至东南道路长度为243 m,连接皓鑫码头;西南至东北道路长度为286 m,连接渔民码头。

该码头由系船柱、排水孔、闸门墩、预埋件以及码头平面等结构组成,本书为研究BIM技术在码头工程施工安全管理中的应用,对该码头进行了研究分析。

8.4.2 码头的三维建模和BIM码头施工安全管理界面的应用

1. 码头的三维建模

(1)创建标高。

首先,根据施工图纸,选定码头面标高、桩顶标高等重要构件标高作为参照,建立标高系统,便于定位各个构件在三维空间中的高度,如图8.10所示。

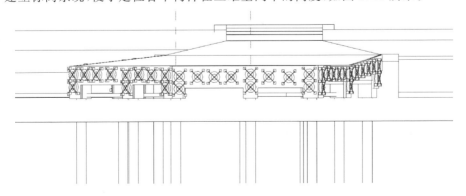

图8.10 标高系统

(2)创建轴网。

建立标高系统后,将码头结构平面图导入 Revit,得到基本的工作平面,从导入的图纸中拾取相应的轴网,便于各个构件在平面内的定位,如图 8.11 所示。

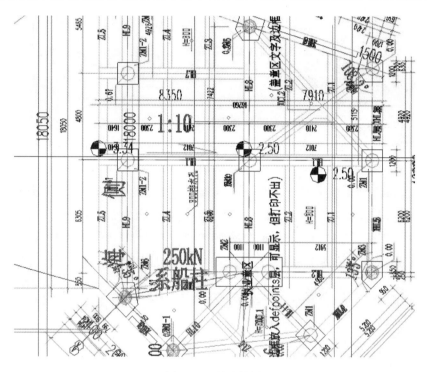

图 8.11 创建轴网

(3)添加构件。

"族"是 Revit 中具有强大功能的图元的类,它有助于轻松地修改和管理数据。Revit 中所有的图元都基于族,它有很多种类型,根据设计者对族不同类型的要求进行设计,不用进行复杂的编程语言就可以创建自己的构件族。本书中部分族构件如图 8.12～图 8.15 所示。

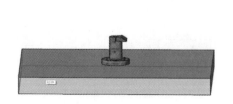

图 8.12 系船柱

图 8.13 闸门板

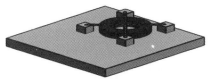

图 8.14 预埋件

图 8.15 预制箱梁

选择合适的族文件,置于三维空间中相应的位置,用以表达施工图纸中的各个构件。将所需的族文件导入 Revit 中,根据实际要求,设定相关参数,置于对应位置,得到初步建立的 BIM 模型。

(4)建立码头模型。

通过上一节内容介绍以及对 Revit 软件的掌握,依据施工图纸使用 Autodesk Revit2019,通过创建标高、创建轴网、添加实体构件等过程初步建立朱家尖石渣运输码头 BIM 模型,其三维建筑模型效果如图 8.16 所示,仅码头部分的三维模型如图 8.17 所示。

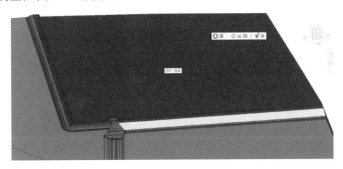

图 8.16 案例工程 BIM 模型

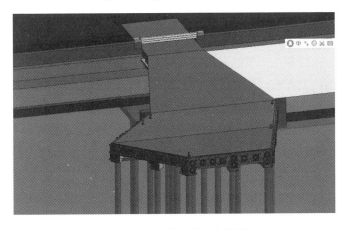

图 8.17 案例工程码头模型

2. BIM 码头施工安全管理界面的应用

在模型基础上,通过对码头工程施工安全管理的应用研究,为更好实现施工人员与施工管理人员之间的交互,对 Revit 进行了二次开发,将开发的码头施工安全管理界面应用到 Revit 中,如图 8.18 所示,便于进行施工安全管理,从而确保项目工程可安全有效地实施。

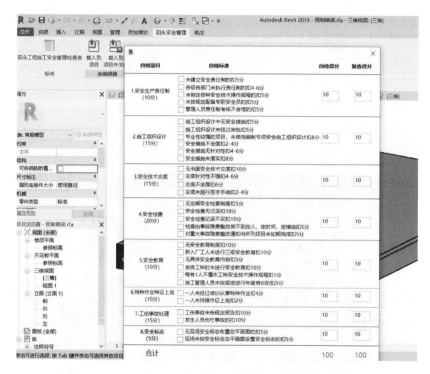

图 8.18 码头安全管理插件界面

需要对大部分施工人员进行安全教育培训和施工安全管理操作应用方面的培训。施工前施工人员对现场进行必要的检查,若发现存在问题、自测评分低于 60 分,需要及时与施工管理人员联系,经过施工管理人员的复核,复核得分仍然低于 60 分,则说明码头项目的施工安全出现预警,须对现场进行整顿,合格后再进行施工,从而实现施工人员与施工管理人员之间的交互,如图 8.19 所示,这时施工人员与施工管理人员进行联系,反映现场相关情况,施工安全管理人员根据反馈的信息及时调整施工方案和施工进度计划,为整个项目的顺利实施提供保障,从而有效地提高施工安全管理水平。

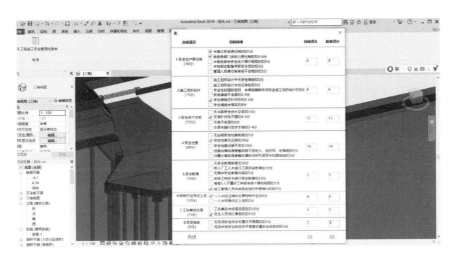

图 8.19　码头安全管理评分界面

如果在检查评分的过程中,出现图 8.20 所示中自测标准勾选的任意一项,即使总体评分超过 60 分,也需要进行调整后才可以施工。

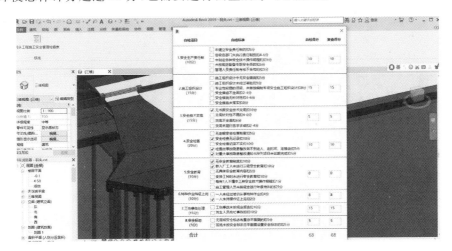

图 8.20　码头安全管理评分项目

码头施工安全管理界面的应用很直观,不仅可体现需要检查的工程项目,还可对其评分,发现危险可及时与上级沟通,快速调整施工方案和施工进度,与传统的码头施工安全相比,具有快捷、方便和安全的作用。

8.4.3 施工模拟与碰撞检测

1. 施工图纸检测

本案例工程施工前需要对施工图纸进行检测,结合实际工程,若存在冲突之处,及时进行修改,以确保图纸的合理性。案例工程图纸如图 8.21 所示,检测前需按照一定步骤将 CAD 图纸导入 Revit 中,关键设置步骤如图 8.22 所示,导入 Revit 后,按照图纸进行三维建模,然后在协作选项中点击碰撞检测以检测冲突所在之处,修改完善后再导出图纸,从而避免施工过程中因图纸冲突而造成返工,节约了工程成本,确保了工程的有序进行,同时规避因图纸冲突而产生的安全隐患,便于施工安全管理的进行。

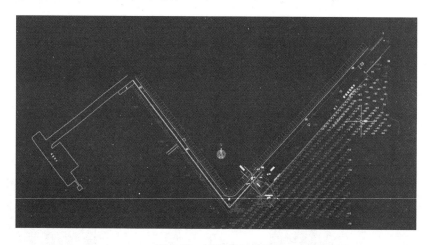

图 8.21 案例施工总图

图 8.22 CAD 图纸导入 Revit 的关键步骤

2. 模型碰撞检测

模型的碰撞检测是确保安全施工的前提,本书将建立好的 Revit 模型导入 Navisworks 软件中,利用 Navisworks 软件中的碰撞检测功能(图 8.23),对 BIM 三维模型进行全方位的检测,查看构件是否存在布置不合理之处,提前发现问题并进行合理的优化。Navisworks 中的碰撞检测具有四种检测方式,分别为硬碰撞、硬碰撞(保守)、间隙和重复项。为了保证本次模型的精细度,采用硬碰撞的方式对模型加以检测,检测的结果如图 8.24 所示。

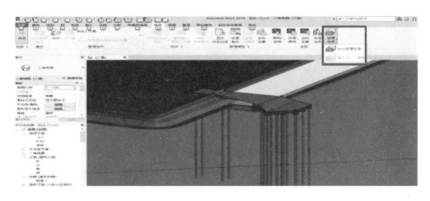

图 8.23 碰撞检测功能

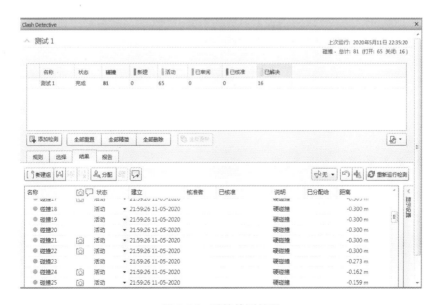

图 8.24 碰撞检测结果

图 8.25 为模型构件碰撞检测示意图,结果清晰地展示了模型构件设计中存在的问题,如板与梁之间、梁与梁之间、板与板之间的问题,需要对其中存在的问题进行逐个优化,以便接下来施工模拟的顺利开展。将设计存在隐患的构件进行优化之后,再通过 Navisworks 软件进行模型的检测,直至不存在任何碰撞问题,从而提前避免工程结构上可能存在的安全问题。图 8.26 为最终优化后的检测结果图。

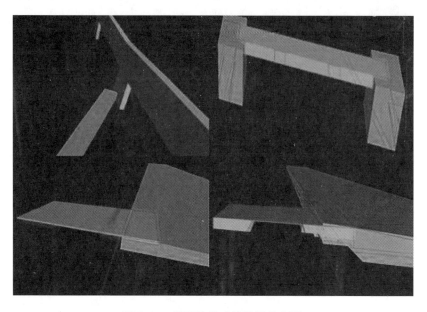

图 8.25 模型构件碰撞检测示意图

经过一系列的工作实施,可以有效地避免因图纸不合理而造成的经济和财产损失,同时更加合理有效地出施工图纸,便于实际的施工需求,有利于码头安全施工管理。

3. 施工管控和施工模拟

前面已经介绍了 Revit 的二次开发,可以利用在软件中开发的插件功能进行有效的安全施工管理,可让施工人员进行操作,发现问题及时在软件上标注,进而快速做出调整。利用 Navisworks 软件可以有效地进行碰撞检测,同时可对模型进行渲染,进而把施工过程做成动画形式,更加直观地进行施工安全管理,如图 8.27 所示,在施工前进行的施工准备都可以用模型的形式进行提前安排。

图 8.26 优化后的碰撞检测结果

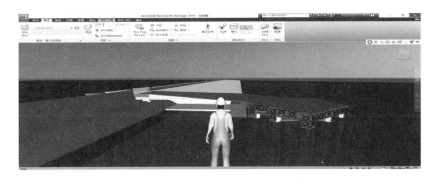

图 8.27 安全施工管理

不仅如此,为了便于进行整体码头施工进度管理,确保工期有序进行,还可以运用 Navisworks 软件对施工进度信息进行管控。例如,部分施工进度安排,2019.10.1—2019.12.30 进行地基开挖工作,2019.10.1—2020.3.15 进行码头建设,2019.10.1—2020.1.1 进行道路施工,都可直接在 Navisworks 软件中进行编制,最后还可运用该软件进行施工进度模拟,如图 8.28、图 8.29 所示。

通过施工模拟和施工进度计划的结合,减少了项目分项带来的影响,例如设计施工与实际现场之间的冲突,容易造成返工,浪费时间与成本,施工模拟与施工进度的结合可有效地节约时间,有助于施工现场工作协调和施工交底。在码头施工安全管理上,对施工过程进行仿真模拟,可直观地通过模拟效果来观察实

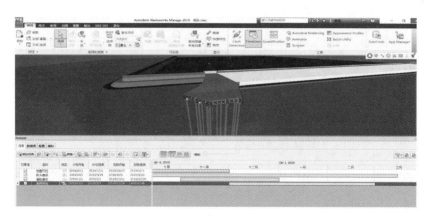

图 8.28 施工进度计划安排

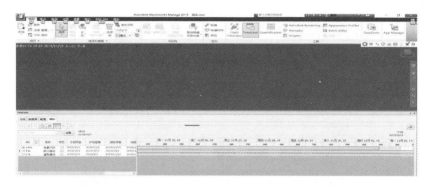

图 8.29 施工进度模拟

际工程出现的问题,及时做出合理方案,节约了码头施工安全管理时间,进一步优化了码头施工安全管理。

第9章 码头工程施工与管理实例分析——以广州港新沙港区11号、12号通用泊位及驳船泊位工程为例

9.1 工程概况及自然条件

9.1.1 工程简介

1. 工程结构

本工程主要施工内容包括疏浚工程、水工工程(含临时围堰)、陆域形成和道路堆场工程、生产与辅助建筑物工程以及给排水、暖通、消防工程等土建的施工。

疏浚工程主要为港池挖泥及水域凿岩。港池挖泥约 1967600 m^3,其中 948300 m^3 将吹填至港区陆域,1019300 m^3 外抛至卸泥点。水域凿岩工程量约 47000 m^3,全部外抛。

水工工程施工内容主要为 2 个 7 万吨级通用泊位(结构按 10 万吨级船型设计),分别为 11 号泊位和 12 号泊位,泊位总长 522 m;4 个 3000 吨级驳船泊位,泊位总长 400 m;5 个 2000 吨级集装箱驳船泊位,泊位总长 400 m;4 个工作船泊位,泊位总长 200 m;施工期临时围堰,总长 977 m。

陆域形成面积约 346900 m^2,回填方量约 1178900 m^3(其中 948300 m^3 来自港池疏浚,230600 m^3 来自外购砂)。

地基处理面积 330126.3 m^2,主要采用水汽分离直排式真空预压法进行地基处理。对码头岸壁后侧回填砂采用振冲法进行处理,振冲处理面积 16819.3 m^2。散装粮食仓库需要在水汽分离直排式真空预压地基处理后,采用水泥搅拌桩进行二次处理。散装粮食仓库共两个,分为 1♯散装粮食仓库和 2♯散装粮食仓库,搅拌桩二次地基处理范围为外墙和内墙桩之间的部分,包括散装粮食仓库地面和地坑两部分。地基处理总面积 11441.8 m^2,1♯和 2♯散装粮食仓库处理

面积相同,均为 5720.88 m²,其中每个仓库地面地基处理面积为 4924.78 m²,地坑地基处理面积为 792.0 m²。

道路堆场工程主要工作内容为道路、11♯～12♯泊位码头前沿地带、3000 t 驳船码头前沿作业地带、工作船泊位码头前沿作业地带、集装箱驳船泊位码头前沿作业区域、筒仓与道路之间区域、散装粮食仓库与道路之间区域、集装箱码头前沿岸桥前后轨之间区域、件杂货堆场、重箱堆箱区、集装箱拖挂车通道、TH1～TH4 栈桥底下硬化区域等铺面及跑道梁、电缆隧道(沟)、排(给)水沟、电缆手井等构筑物。混凝土浇筑方量共约 44000 m³。

生产与辅助建筑物工程主要施工内容为办公楼(含候工楼)、进出港闸口及闸口办公室、辅助闸口及闸口办公室、粮食筒仓、1♯～4♯装车楼、1♯～2♯散装粮食仓库、TH1～TH9 转运站、重锤张紧塔架、粮食污水处理站、给水加压泵站、SS1～SS4 变电所、围墙等 27 个子项。总建筑面积约 88082.75 m²。

给排水、消防、环保工程主要工作内容为船舶和生活给水系统、中水系统、消火栓给水系统、自动喷淋给水系统、生活排水系统、生产废水系统、雨水系统和灭火器的设置。

暖通空调、动力工程的主要工作内容为办公楼(含候工楼)、进出港闸口及闸口办公室、辅助闸口及闸口办公室、粮食污水处理站、给水加压泵站、SS1～SS4 变电所等单体的通风空调系统设计,TH1～TH6 及 TH9 转运站的除尘系统和真空清扫系统设计。

相关图纸详见图 9.1～图 9.9。

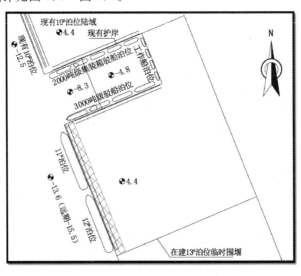

图 9.1　工程范围内容示意图

第 9 章　码头工程施工与管理实例分析——以广州港新沙港区 11 号、12 号通用泊位及驳船泊位工程为例

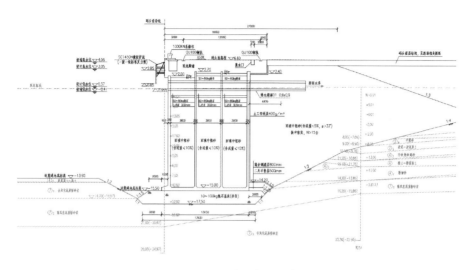

图 9.2　通用泊位断面示意图

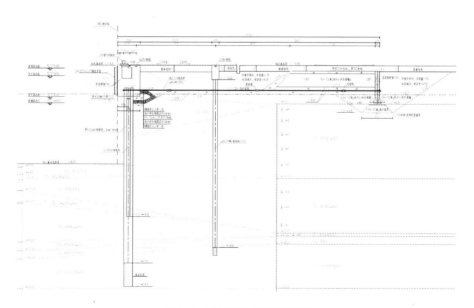

图 9.3　驳船泊位断面示意图

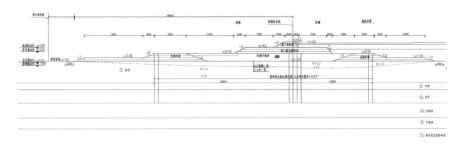

图 9.4 临时围堰断面示意图

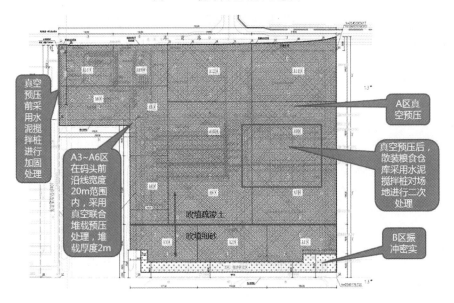

图 9.5 地基处理分区图

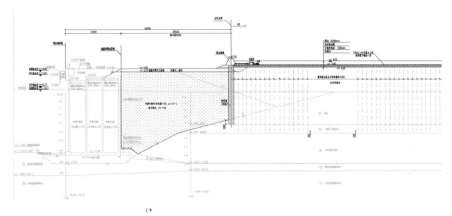

图 9.6 A 区（吹填细砂区）、B 区地基处理断面示意图

第9章 码头工程施工与管理实例分析——以广州港新沙港区11号、12号通用泊位及驳船泊位工程为例

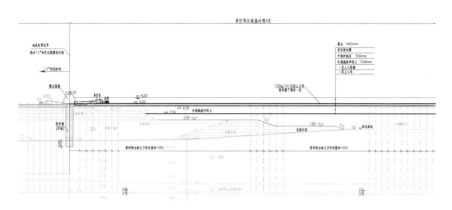

图9.7 A区(吹填疏浚土区)地基处理断面示意图

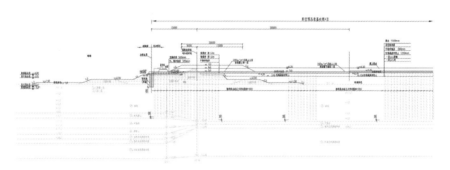

图9.8 A3～A6区(真空联合堆载预压)地基处理断面示意图

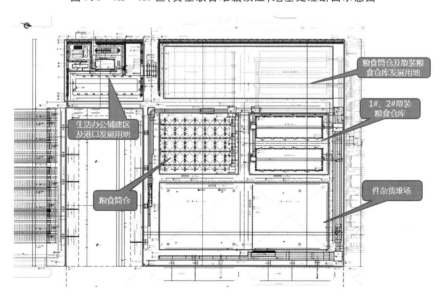

图9.9 土建工程平面布置图

2. 主要工程量

主要工程量如表 9.1～表 9.10 所示。

表 9.1 疏浚工程量表

序 号	项目名称	单 位	工程数量
1	港池挖泥(吹填至港区陆域)	m³	623484
2	港池挖泥(水域挖砂吹填陆域,用作砂垫层)	m³	324807
3	港池挖泥(外抛至抛泥区)	m³	1019334
4	水域凿岩(外抛至抛泥区)	m³	87895

表 9.2 7 万吨级通用泊位工程量表

序 号	项目名称	单 位	工程数量
1	岸坡及基槽开挖	m³	305184
2	填筑连续基床块石	m³	21864.49
3	倒滤回填石料	m³	7836.73
4	土工布	m²	3258.83
5	箱内、箱后回填砂料	m³	273344.17
6	方形沉箱预制	m³	21272.34
7	方形沉箱安装	件	21
8	现浇胸墙	m³	16798.79
9	预制沉箱钢筋	t	3283.14
10	现浇混凝土钢筋	t	1112.67
11	系船柱	个	23
12	钢轨安装	m	974
13	橡胶护舷	套	47

表 9.3 3000 吨级驳船泊位工程量表

序 号	项目名称	单 位	工程数量
1	挖一般土方	m³	111324.03
2	芯柱嵌岩桩冲孔,ϕ1200	m	260
3	锚碇墙前、后回填砂料	m³	18315.77
4	锚碇墙前、后回填石料	m³	47794

第 9 章 码头工程施工与管理实例分析——以广州港新沙港区 11 号、12 号通用泊位及驳船泊位工程为例

续表

序 号	项目名称	单 位	工程数量
5	锚碇墙下水泥搅拌桩	m³	1505.95
6	沉箱基床抛石	m³	1854.46
7	铺设土工布	m²	8200.6
8	沉箱内回填中粗砂	m³	5532.42
9	钢筋混凝土 PHC 管桩	根	137
10	钢管桩	根	131
11	钢板桩	组	131
12	钢管桩、钢板桩防腐涂层	m²	10530.2
13	阳极块体安装	块	263
14	方形沉箱预制	m³	1514
15	方形沉箱安装	件	2
16	现浇轨道梁混凝土	m³	603.5
17	现浇胸墙混凝土	m³	4543.59
18	现浇锚碇墙混凝土	m³	848.58
19	现浇混凝土钢筋	t	809.54
20	预制沉箱钢筋	t	222
21	锚碇拉杆	套	131
22	钢轨安装	m	673.8
23	系船柱	个	32
24	橡胶护舷	套	238

表 9.4 工作船泊位工程量表

序 号	项目名称	单 位	工程数量
1	挖一般土方	m³	65211.5
2	芯柱嵌岩桩冲孔，$\phi 1200$	m	198
3	锚碇墙前、后回填砂料	m³	11934.63
4	锚碇墙前、后回填石料	m³	10891
5	锚碇墙下水泥搅拌桩	m³	934.89
6	铺设土工布	m²	3955.32
7	钢管桩	根	81

续表

序　号	项 目 名 称	单　位	工程数量
8	钢板桩	组	81
9	钢管桩、钢板桩防腐涂层	m²	5776.2
10	阳极块体安装	块	161
11	现浇胸墙混凝土	m³	1627.08
12	现浇锚碇墙混凝土	m³	484.76
13	现浇混凝土钢筋	t	266.07
14	锚碇拉杆	套	81
15	橡胶护舷	套	110
16	系船柱	套	16

表9.5　2000吨级集装箱驳船泊位工程量表

序　号	项 目 名 称	单　位	工程数量
1	挖一般土方	m³	84105.5
2	芯柱嵌岩桩冲孔,φ1200	m	260
3	锚碇墙前、后回填砂料	m³	20750.6
4	锚碇墙前、后回填石料	m³	54481
5	胸墙结构缝处铺设土工布	m²	8311.17
6	钢筋混凝土PHC管桩	根	153
7	钢管桩	根	155
8	钢板桩	组	155
9	钢管桩、钢板桩防腐涂层	m²	12968
10	阳极块体安装	块	311
11	方形沉箱预制	m³	292
12	方形沉箱安装	件	1
13	现浇轨道梁混凝土	m³	669.12
14	现浇胸墙混凝土	m³	3895.45
15	现浇锚碇墙混凝土	m³	1008.41
16	现浇混凝土钢筋	t	877.01
17	预制沉箱钢筋	t	59.153
18	钢轨制安	m	701.6

续表

序号	项目名称	单位	工程数量
19	锚碇拉杆	套	155
20	橡胶护舷	套	242
21	系船柱	个	31
22	水上拆除扶壁	件	11

表9.6 临时围堰工程量表

序号	项目名称	单位	工程数量
1	水上充填砂袋	m³	41981.81
2	陆上充填砂袋	m³	66200.36
3	水上充填砂袋(沉降量)	m³	55214.4
4	陆上回填中粗砂	m³	60757.32
5	塑料排水板	m	680793.33
6	铺设土工布	m²	88370.8
7	铺设土工格栅	m²	88370.8
8	吹填排水口	座	1

表9.7 地基处理工程量表

序号	项目名称	单位	工程数量
1	水汽分离直排式真空预压	m²	330137.09
2	土工格栅	m²	272980.23
3	土工布	m²	272980.23
4	真空联合堆载区铺设土工布	m²	17072
5	水泥搅拌桩	m³	5025
6	中粗砂垫层	m³	161123.21
7	陆上施打塑料排水板	m	5212559.4
8	密封搅拌墙换填砂	m³	14712
9	蓄水膜	m²	32564.52
10	淤泥搅拌桩(密封搅拌墙)	m	171541.35
11	覆水围堰(小砂袋)	m³	14476.9
12	场地碾压整平	m²	346955.99

续表

序 号	项目名称	单 位	工程数量
13	振冲区沉降补填中粗砂	m^3	10091.34
14	振冲密实(不计材料)	m^3	249941.38
15	真空联合堆载砂(不计材料)	m^3	10520
16	插板引孔	m	1000

表9.8 道路、堆场工程量表

序 号	项目名称	单 位	工程数量
1	港区道路	m^2	54996
2	11♯～12♯泊位码头前沿地带、3000 t驳船码头前沿作业地带	m^2	26050.8
3	集装箱驳船码头17 m至重箱堆场之间区域、集装箱拖挂车通道	m^2	10713.9
4	集装箱驳船码头前沿3～17 m之间区域	m^2	5245
5	件杂货堆场、重箱堆场堆箱区,3000 t驳船码头岸桥后轨周边区域,集装箱拖挂车通道	m^2	66794.8
6	散装粮食仓库和仓筒区到道路之间区域及生活辅建区	m^2	35949.6
7	港口二期用地(兼顾收集消防废水区域),3000 t驳船码头岸桥后轨周边区域,集装箱拖挂车通道	m^2	10051
8	工作船泊位码头前沿作业地带	m^2	1583.4
9	TH1～TH4栈桥地下硬化区域	m^2	9396.99
10	生活辅建区汽车停车场区域	m^2	1904.2
11	闸口附近人行通道	m^2	650.84
12	轮胎龙门吊跑道梁	m^2	360
13	其他附属设施	m^2	607.22
14	排水井沟	项	1
15	电缆井沟	项	1

表 9.9 土建工程量表

序号	项目名称	单位	工程数量
1	土建试桩	项	1
2	办公楼(新沙港大厦)	项	1
3	进出港闸口及闸口办公室	项	1
4	辅助闸口及闸口办公室	项	1
5	粮食筒仓	项	1
6	1#装车楼	项	1
7	2#装车楼	项	1
8	3#装车楼	项	1
9	4#装车楼	项	1
10	1#散装粮食仓库	项	1
11	2#散装粮食仓库	项	1
12	TH1 转运站	项	1
13	TH2 转运站	项	1
14	TH3 转运站	项	1
15	TH4 转运站	项	1
16	TH5 转运站	项	1
17	TH6 转运站	项	1
18	TH7 转运站	项	1
19	TH8 转运站	项	1
20	TH9 转运站	项	1
21	重锤拉紧塔架	项	1
22	粮食污水处理站	项	1
23	给水加压泵站	项	1
24	SS1 变电所	项	1
25	ZQ101 栈桥及 SS4 变电所	项	1
26	ZQ102 栈桥及粮食污水处理站	项	1
27	ZQ105 栈桥(TH4-TH9 段)	项	1
28	ZQ107 栈桥&SS3 变电所	项	1
29	ZQ108 栈桥&SS2 变电所	项	1

续表

序　号	项目名称	单　位	工程数量
30	ZQ203栈桥	项	1
31	ZQ204栈桥	项	1
32	围墙	项	1
33	路灯基础	项	1

表9.10　安装工程量表

序　号	项目名称	单　位	工程数量
1	给排水工程	项	1
2	暖通工程	项	1
3	电气工程	项	1
4	通信及控制工程	项	1

9.1.2　自然条件

1.气象

东莞气象台(东经113°45′,北纬23°02′,海拔高度19.3 m)大约在本工程位置西侧约21 km的地方,具有较好的代表性。根据多年资料分析,本港区气象条件如下。

(1)气温。

广州地区属亚热带气候。夏季炎热多雨,冬季温和。全年以7、8月份气温最高,1、2月份气温最低。

多年平均气温21.8 ℃。

极端最高气温为38.7 ℃(出现于1953年8月12日)。

极端最低气温为0 ℃(出现于1957年2月11日)。

日最高气温≥35 ℃的天数多年平均为5.3天。

(2)降水。

广州地区雨量充沛。降水量年内平均分配不均匀,其中4—9月为雨季,平均降雨量为1392 mm,约占全年的82%;5、6月份更为集中,降水量约占全年的35%。据多年气象资料统计:

年平均降水量:1702.5 mm。

年最大降水量:2516.6 mm(1975年)。

年最小降水量:1158.5 mm(1956年)。

多年日降水≥50 mm的天数:7.7天。

多年日降水≥25 mm的天数:21.0天。

多年日降水≥10 mm的天数:46.9天。

历年各月一次连续降水量:275.5 mm(1955年6月5日—6月6日)。

历年一日最大降水量:284.9 mm(1955年6月6日)。

历年一小时最大降水量:83.9 mm(1975年5月11日)。

不小于0.1 mm的降水日数平均每年150天,最多172天。

最长连续降水日数为33天,降水量为884 mm。

(3)风况。

① 地面风向频率。

该地区年平均主导风向为NNE风,实测最大风速为33 m/s,出现频率为10.6%;次主导风向为SSE风,出现频率为9.73%。由风频分布可知,该地区的风向季节变化明显,大气污染物输送方向也随风向变化而发生变化。春季主要以NE和NNE风为主,夏季主要以S、SSW风为主,秋季主要以SSE和NE风为主,冬季主要以NE、E、NNE风为主。该地区静风频率相对较高,年平均出现频率为13.7%,其中夏季和秋季静风频率相对较高,出现频率分别为19.1%和18.3%,冬季和春季相对较低,出现频率分别仅为4.2%和7.8%。大于等于6级风速为42天,大于等于7级风速为23天。

② 风速。

统计1990—2009年气象资料,得到该地区地面风速变化特征,具体结果详见表9.11。

表9.11 项目拟建址所在地区各风向年平均风速变化情况　　　单位:m/s

风　向	年　均
N	3.71
NNE	3.49
NE	3.33
ENE	3.22
E	2.61

续表

风　　向	年　　均
ESE	2.90
SE	3.02
SSE	2.75
S	1.87
SSW	1.70
SW	1.77
WSW	1.54
W	1.66
WNW	1.60
NW	2.30
NNW	3.01
平均	2.53

该地区年平均风速为 2.53 m/s，最大风速为 NNE 风，风速为 3.49 m/s，其次为 NE 风，风速为 3.33 m/s。

③台风。

台风在本地区登陆次数年均为 1.3 次，1964 年最多，共 5 次。登陆的台风最早于 5 月中旬，最迟于 11 月中旬，6—9 月是台风盛行期。台风影响期间会出现大风和暴雨，最大风速主要出现在台风影响过程中。

冬季寒潮在冷空气的影响下，虽然风力较台风小，但其持续时间较长，风力比较稳定，规律性也较强。

(4)雾。

平均每年雾日为 5 天，最多 12 天。1—4 月为雾季，约占全年的 70%。7、8 月份一般无雾。

(5)相对湿度。

根据多年资料统计，各月平均相对湿度变幅在 69%～86%，多年平均年相对湿度为 79%。历年最小相对湿度为 3%(1959 年 1 月 16 日)。

(6)雷暴。

年均雷暴日数为 74.9 天。

年最多雷暴日数为 98 天。

年最小雷暴日数为50天。

2. 潮汐及水位

(1)基准面及换算关系。

基准面关系如图9.10所示。

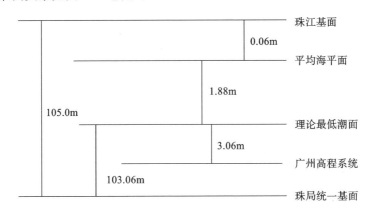

图9.10 基准面关系图

本工程的高程系统均从理论最低潮面起算。

(2)潮汐性质。

珠江河口属弱潮河口,潮汐为主的河道,结合周边项目情况,设计均按海港考虑。虎门以外的伶仃洋是一个喇叭形河口,在外海传入的潮波上溯过程中,受到地形的影响,发生反射叠合,波能积聚,波幅增高。平均潮差由赤湾的1.36 m沿程递增到舢舨洲的1.60 m。潮波进入狮子洋后继续向上游传播,由于受上游河川径流下压和河床边界的影响,黄埔以后向上游逐渐消能,潮差也沿程递减,平均潮差由黄埔的1.63 m到浮标厂递减为1.37 m。涨潮历时从河口向上游逐渐减少,落潮历时则逐渐增加。

新沙港区的潮汐性质属不正规半日混合潮类型,在一个太阳日内,潮汐两涨两落,日潮不等现象显著。

(3)潮位特征值。

历年最高潮位:3.87 m(1969年7月29日)。

历年最低潮位:−0.24 m(1968年8月21日)。

平面海面:1.69 m。

平均高潮位:2.45 m。

平均低潮位:0.84 m。

涨潮最大潮差：3.34 m。

涨潮平均潮差：1.60 m。

落潮最大潮差：3.20 m。

落潮平均潮差：1.60 m。

平均涨潮历时：5时29分。

平均落潮历时：6时58分。

(4)设计水位。

设计高水位：3.05 m。

设计低水位：0.37 m。

极端高水位(50年一遇)：4.06 m。

极端低水位(50年一遇)：－0.41 m。

(5)台风暴潮。

台风暴潮是台风、低压及强烈的向岸风作用于海面，使海水大量堆积的结果。珠江口地区是台风登陆的活动地带。台风从珠江口附近地区登陆，对港区增减水位均有影响。

3. 工程地质

根据区域地层资料，结合本次地质勘察资料，场区岩土层可根据其岩性及物理力学性质划分为5个大层、共19个亚层，现分述各区的地层岩性如表9.12所示。

表9.12 岩土体单元表

序　号	岩土体名称	地层编号	时代成因	状　态
1	素填土(中粗砂)	①	Q_4^m	松散～稍密
2	素填土(淤泥)	①1		很软～软
3	素填土(粉细砂)	①2		松散～稍密
4	素填土(碎石)	①3		稍密～中密
5	素填土(黏性土)	①4		中等～硬
6	淤泥	②	Q_4^{mc}	很软～软
7	粉细砂(混淤泥)	②1		松散
8	淤泥～淤泥质土	②3		软
9	中粗砂	②4		松散～稍密

续表

序　号	岩土体名称	地层编号	时代成因	状　态
10	粉土～粉质黏土	④	Q_4^{al+pl}	硬～坚硬
11	粉细砂	④1		稍密～中密
12	中砂、粗砂、砾砂	④2		稍密～中密
13	淤泥质土～黏土	④3		软～中等
14	中砂、粗砂、砾砂	④4		中密～密实
15	残积土	⑥	Q^{el}	硬～坚硬
16	全风化泥质粉砂岩	⑦1	E1	极软岩
17	强风化泥质粉砂岩	⑦2		极软岩
18	中风化泥质粉砂岩	⑦3		软岩
19	残积土	⑦5		硬～坚硬

①素填土(中粗砂):灰色,灰黑色,浅灰黄色,饱和,松散～稍密,欠压实状,以人工回填中粗砂为主,颗粒级配不良,磨圆度差,局部混少量碎石、贝壳碎屑及黏粒。

水上坡角 $a_c=36.8°$,水下坡角 $a_m=31.5°$。$N=4.7$ 击(3～14击)。

本层强度低,为软弱土。

①1 素填土(淤泥):灰色,饱和,很软～软,欠压实状,滑腻,以人工回填淤泥为主,局部夹厚 2～5 cm 的粉细砂,含有腐生植物,稍具臭味。

主要物理力学指标平均值: $\omega=54.3\%$, $e=1.446$, $\omega_L=43.7\%$, $\omega_p=26.3\%$, $I_p=17.4$, $I_L=1.61$;快剪: $C_q=4.9$ kPa, $\Phi_q=1.1°$;固快: $C_{cq}=6.0$ kPa, $\Phi_{cq}=15.5°$。$a_{v1-2}=0.923$ MPa^{-1}, $E_{s1-2}=2.639$ MPa。$N=0.7$ 击(0～3击)。

本层压缩性高、强度低,为软弱土。

①2 素填土(粉细砂):灰色,灰白色,饱和,松散～稍密,以人工回填粉细砂为主,颗粒级配不良,局部混有淤泥、贝壳碎及碎石。

水上坡角 $a_c=34.9°$,水下坡角 $a_m=28.1°$。$N=8.1$ 击(2～15击)。

本层强度低,为软弱土。

①3 素填土(碎石):灰色,饱和,欠压实状,以人工回填碎石为主,粒径在 1～10 cm 之间,颗粒级配较好,磨圆度差。

本层强度一般,为中软土。

①4 素填土(黏性土):灰褐色,灰黄色,饱和,中等～硬,以黏土为主,切面粗

糙,黏性一般,局部夹少量中砂。

主要物理力学指标平均值:$\omega=32.8\%$,$e=0.895$,$\omega_L=37.7\%$,$\omega_p=23.4\%$,$I_p=14.3$,$I_L=0.67$;快剪:$C_q=35.0$ kPa,$\Phi_q=2.0°$;固快:$C_{cq}=20.8$ kPa,$\Phi_{cq}=14.7°$,$a_{v1-2}=0.292$ MPa^{-1},$E_{s1-2}=6.452$ MPa。$N=13.3$ 击(7～22 击)。

本层强度一般,为软弱土。

②淤泥:灰色,饱和,很软,滑腻,混腐殖质,夹少量粉细砂及贝壳碎屑,稍具臭味。

主要物理力学指标平均值:$\omega=69.6\%$,$e=1.953$,$\omega_L=52.3\%$,$\omega_p=30.6\%$,$I_p=21.7$,$I_L=1.79$;快剪:$C_q=4.7$ kPa,$\Phi_q=1.2°$;固快:$C_{cq}=4.9$ kPa,$\Phi_{cq}=17.0°$。$a_{v1-2}=1.367$ MPa^{-1},$E_{s1-2}=2.294$ MPa,锥沉量 $h=13.0$ mm。$N=0.9$ 击(0～3 击)。

本层压塑性高、强度低,为软弱土。

②1 粉细砂(混淤泥):灰色,饱和,松散,颗粒级配不良,混少量淤泥及贝壳碎屑。

水上坡角 $a_c=34.0°$,水下坡角 $a_m=27.0°$。$N=5.4$ 击(3～8 击)。

本层强度低,为软弱土。

②3 淤泥～淤泥质土:灰色,饱和,很软～中等,切面光滑,混少量粉细砂,局部夹少量薄层粉细砂。

主要物理力学指标平均值:$\omega=61.5\%$,$e=1.701$,$\omega_L=49.6\%$,$\omega_p=29.3\%$,$I_p=20.3$,$I_L=1.59$;快剪:$C_q=10.3$ kPa,$\Phi_q=2.9°$;固快:$C_{cq}=6.9$ kPa,$\Phi_{cq}=17.3°$。$a_{v1-2}=1.318$ MPa^{-1},$E_{s1-2}=2.336$ MPa,锥沉量 $h=8.2$ mm。$N=2.8$ 击(1～5 击)。

本层压塑性高、强度低,为软弱土。

②4 中粗砂:灰色,饱和,松散～稍密,含较多黏粒,颗粒级配良好,磨圆度一般,局部含有淤泥。

水上坡角 $a_c=36.7°$,水下坡角 $a_m=31.6°$。$N=8.2$ 击(4～15 击)。

本层强度低,为软弱土。

④粉土～粉质黏土:灰色,灰褐色,饱和,中等～坚硬,切面光滑,黏性较好,局部混少量中粗砂颗粒。

主要物理力学指标平均值:$\omega=24.8\%$,$e=0.695$,$\omega_L=27.7\%$,$\omega_p=18.4\%$,$I_p=9.3$,$I_L=0.69$;快剪:$C_q=32.8$ kPa,$\Phi_q=5.4°$;固快:$C_{cq}=24.1$ kPa,$\Phi_{cq}=16.4°$。$a_{v1-2}=0.248$ MPa^{-1},$E_{s1-2}=7.419$ MPa。$N=11.0$ 击(7～19 击)。

本层压塑性一般、强度一般,为中软土。

④1 粉细砂:灰色,饱和,稍密~密实,颗粒级配不良,局部混少量黏性土,局部夹薄层黏性土。

水上坡角 $a_c=35.0°$,水下坡角 $a_m=28.0°$。$N=16.2$ 击($11\sim 25$ 击)。

本层强度低,为中软土。

④2 中砂、粗砂、砾砂:灰色、浅灰色,饱和,稍密~中密,颗粒级配良好,磨圆度差,局部混少量黏粒及淤泥。

水上坡角 $a_c=36.6°$,水下坡角 $a_m=31.4°$。$N=13.5$ 击($7\sim 30$ 击)。

本层强度低,为中软土。

④3 淤泥质土~黏土:灰色,饱和,软~中等,切面光滑,混少量粉细砂及腐木,局部间夹薄层中砂。

主要物理力学指标平均值:$\omega=56.0\%$,$e=1.530$,$\omega_L=45.8\%$,$\omega_p=27.3\%$,$I_p=18.1$,$I_L=1.57$;快剪:$C_q=18.7 \text{ kPa}$,$\varPhi_q=2.8°$;固快:$C_{cq}=14.4 \text{ kPa}$,$\varPhi_{cq}=15.1°$。$a_{v1-2}=1.227 \text{ MPa}^{-1}$,$E_{s1-2}=2.237 \text{ MPa}$,锥沉量 $h=5.7 \text{ mm}$。$N=5.3$ 击($2\sim 8$ 击)。

本层压塑性高、强度低,为软弱土。

④4 中砂、粗砂、砾砂:浅灰色,饱和,中密~密实,颗粒级配良好,磨圆度差,局部混少量角砾及黏粒。

水上坡角 $a_c=36.7$ 度,水下坡角 $a_m=31.7°$。$N=33.9$ 击($19\sim 41$ 击)。

本层强度高,为硬土。

⑥残积土:灰黄色,灰色,灰绿色,稍湿,坚硬,局部硬,原岩结构已完全被破坏,岩芯呈粉质黏土~粉土状,局部混少量中风化角砾,为泥质粉砂岩的残积土。

主要物理力学指标平均值:$\omega=30.4\%$,$e=0.881$,$\omega_L=35.7\%$,$\omega_p=22.9\%$,$I_p=12.8$,$I_L=0.66$;快剪:$C_q=27.1 \text{ kPa}$,$\varPhi_q=12.0°$;固快:$C_{cq}=26.1 \text{ kPa}$,$\varPhi_{cq}=18.2°$。$N=19.9$ 击($11\sim 28$ 击)。

本层强度一般,为中硬土。

⑦1 全风化泥质粉砂岩:灰色,灰黄色,稍湿,极软岩,原岩石结构已基本破坏,但尚可辨别,为砂质结构,层状构造,岩芯呈坚硬粉质黏土状~粉细砂状,遇水易软化崩解。

主要物理力学指标平均值:$\omega=29.70\%$,$e=0.856$,$\omega_L=36.8\%$,$\omega_p=23.6\%$,$I_p=13.1$,$I_L=0.45$;快剪:$C_q=45.6 \text{ kPa}$,$\varPhi_q=17.6°$;固快:$C_{cq}=30.4 \text{ kPa}$,$\varPhi_{cq}=20.8°$。$N=38.1$ 击($30\sim 48$ 击)。

本层强度较好,为中硬土。

⑦2 强风化泥质粉砂岩:灰色,稍湿,极软岩,原岩结构清晰,为砂质结构,层状构造,岩芯呈粉质黏土状,主要矿物成分除石英外已风化成土状,手捏易散,遇水易软化崩解。

主要物理力学指标平均值:$\omega=28.2\%$,$e=0.826$,$\omega_L=36.6\%$,$\omega_p=23.4\%$,$I_p=13.2$,$I_L=0.47$;快剪:$C_q=45.2$ kPa,$\Phi_q=25.1°$;固快:$C_{cq}=33.8$ kPa,$\Phi_{cq}=20.1°$。$N>50$ 击(>50 击)。

本层强度较好,为良好的基础持力层。

⑦3 中风化泥质粉砂岩:灰色,局部褐红色,软岩,粉砂状结构,层状构造,主要矿物由石英、黏土矿物等组成,岩芯呈碎块状~短柱状,最大节长 2~40 cm,节理裂隙较发育,TCR=72%~95%,RQD=0%~35%。

该层岩石的饱和单轴抗压强度 $f_{rm}=6.37$ MPa,属软岩,为良好的基础持力层。

水工工程区中,1—1′剖面揭示的钻孔,上部揭示较厚的填土层。考虑到上部填土层对下部软弱土层的预压影响,对 1—1′剖面中的软弱土层②淤泥,②3 淤泥~淤泥质土,④3 淤泥质土~黏土的物理力学指标单独进行了统计,统计结果如下。

②淤泥。

主要物理力学指标平均值:$\omega=50.1\%$,$e=1.418$,$\omega_L=44.7\%$,$\omega_p=26.8\%$,$I_p=17.9$,$I_L=1.34$;快剪:$C_q=6.7$ kPa,$\Phi_q=1.9°$;固快:$C_{cq}=9.4$ kPa,$\Phi_{cq}=15.2°$。$N=0.9$ 击(0~2 击)。

本层压塑性高、强度低,为软弱土。

②3 淤泥~淤泥质土。

主要物理力学指标平均值:$\omega=49.1\%$,$e=1.361$,$\omega_L=45.7\%$,$\omega_p=27.3\%$,$I_p=18.40$,$I_L=1.20$;快剪:$C_q=13.5$ kPa,$\Phi_q=3.1°$;固快:$C_{cq}=11.8$ kPa,$\Phi_{cq}=18.1°$。$a_{v1-2}=0.968$ MPa^{-1},$E_{s1-2}=2.563$ MPa。$N=3.4$ 击(2~4 击)。

本层压塑性高、强度低,为软弱土。

④3 淤泥质土~黏土。

主要物理力学指标平均值:$\omega=54.3\%$,$e=1.473$,$\omega_L=47.7\%$,$\omega_p=28.3\%$,$I_p=19.4$,$I_L=1.34$;快剪:$C_q=22.2$ kPa,$\Phi_q=4.1°$;固快:$C_{cq}=15.3$ kPa,$\Phi_{cq}=14.9°$。$a_{v1-2}=1.122$ MPa^{-1},$E_{s1-2}=2.465$ MPa。$N=5$ 击(3~6 击)。

本层压塑性高、强度低,为软弱土。

4. 地震

根据《中国地震动参数区划图》(GB 18306—2015),本场区内地震动峰值加速度值为 0.10 g,抗震设防烈度值取Ⅶ度,设计地震分组为第一组,设计时据此设防。

9.2 主要分部分项工程施工

9.2.1 沉箱预制、出运、安装

1. 工程概况

本工程共预制 24 件沉箱,分别为 11♯和 12♯通用泊位 21 件,11♯泊位与 3000 吨驳船泊位过渡段 2 件,2000 吨集装箱驳船泊位与 10♯泊位过渡段 1 件。沉箱预制混凝土强度等级 C40,沉箱型号及规格尺寸详见表 9.13。

表 9.13 沉箱型号及规格尺寸

序号	型号	单件混凝土方量/m³	外形尺寸/m	质量/t	数量/个
1	CX1a	1013	长 23.38 m,宽 13.63 m,前仓格高 17.5 m,后仓格高 18.2 m	2532	17
2	CX1b	1010	长 23.38 m,宽 13.63 m,前仓格高 17.5 m,后仓格高 18.2 m	2525	2
3	CX1c	1008	长 23.38 m,宽 13.63 m,前仓格高 17.5 m,后仓格高 18.2 m	2520	1
4	CX1d	1005	长 23.38 m,宽 13.63 m,前仓格高 17.5 m,后仓格高 18.2 m	2513	1
5	CX1e	760	长 23.38 m,宽 13.63 m,前仓格高 12.7 m,后仓格高 12.0 m	1901	1
6	CX1f	754	长 23.04 m,宽 13.63 m,前仓格高 12.7 m,后仓格高 12.0 m	1884	1

续表

序号	型号	单件混凝土方量/m³	外形尺寸/m	质量/t	数量/个
7	小沉箱	292	长11.00 m,宽9.45 m,前仓格高13.7 m,后仓格高13.7 m	730	1

沉箱计划安排在新会预制厂预制,距现场约4海里(7.408 km),所有沉箱均采用气囊陆上出运,半潜驳海上运输。

2. 施工方法

沉箱预制,实行分层浇筑,整体成型。

模板采用大片组合钢模板,钢筋工程为吊装钢筋片与现场人工穿绑相结合。混凝土工程采用泵送混凝土,人工振捣成型工艺。

沉箱预制分层高度见表9.14。

表9.14 沉箱预制分层高度表

序号	型号	沉箱总高度/m	第一层/m	第二层/m	第三层/m	第四层/m	第五层/m
1	CX1a	18.2(17.5)	2.2	4	4	4	4(3.3)
2	CX1b	18.2(17.5)	2.2	4	4	4	4(3.3)
3	CX1c	18.2(17.5)	2.2	4	4	4	4(3.3)
4	CX1d	18.2(17.5)	2.2	4	4	4	4(3.3)
5	CX1e	12.7(12.0)	2.2	4	4	2.5(1.8)	/
6	CX1f	12.7(12.0)	2.2	4	4	2.5(1.8)	/
7	小沉箱	14.5	2.5	4	4	4	/

1)钢筋工程

钢筋统一安排在钢筋加工棚里加工,钢筋加工前,对钢筋表面的浮锈必须清理干净;钢筋的规格、型号、尺寸和数量必须符合设计和规范要求。

钢筋采用分层绑扎,绑扎搭接长度不小于$35d$(d为钢筋直径),钢筋接头交错分布,保证同一断面内接头面积不超过钢筋总面积的50%,受拉区为25%。直径大于25 mm的钢筋采用焊接或机械连接。

(1)底板钢筋绑扎。

①模板工将平台纸垫层铺完后,开始绑扎底板钢筋,绑扎时按模板工放线位置绑扎。

②将4个外墙钢筋片和纵隔墙钢筋片在钢筋绑扎架上绑扎成型,绑扎时严格控制网眼尺寸。

③待支立完成单号内芯后首先吊安纵隔墙钢筋网片,再吊安外墙钢筋网片。

④吊车吊起穿筋托盘,穿绑横隔墙钢筋,同时绑扎好各种加强筋。

⑤按照设计要求及施工情况,安放钢筋混凝土垫块,保证钢筋保护层厚度,垫块安放要牢固、及时、准确,保证安放数量。

⑥检查钢筋有无错绑、漏绑,以及钢筋间距、层距、保护层厚度,填写质检卡。

⑦由主办工程师和质检人员进行专检验收。

(2)上层段钢筋绑扎。

①四个外墙片和纵隔墙片在钢筋架上绑扎成型。

②支立完单号内芯后,即可吊装绑扎全部钢筋,吊装绑扎工序同底段工序,其中,上层段应将接槎处的竖向钢筋搭接绑扎在一起。

2)模板工程

外模板采用竖向桁架与大片组合面板连接,内模板采用井字撑杆与大片组合面板连接。底段外模板支立于平台上,内模板支立于底板上层钢筋垫块上,通过架立筋及垫块支撑于平台上;上层段外模板支立于用预埋螺栓固定的外工作平台上,内模板支立于用预埋螺栓固定的内工作平台上。

底模板布置在30 cm厚的钢筋混凝土基础上,沿垂直于沉箱长度方向铺设13组2×I25a工字钢,形成12个槽位,两侧的槽位作为预留支垫位,在工字钢面上满铺120 mm厚木板和3 mm厚纤维纸板面层作为沉箱预制底模。

模板使用龙门式起重机和履带吊配合安装以及拆卸。内模跳格进行安装。

3)混凝土浇筑

采用商品混凝土,通过混凝土搅拌车运到现场,采用1台60 m³/h混凝土泵车泵送上工作平台人工分层入模、插入式振动棒分层振捣,厚度按30~50 cm控制。

底段混凝土浇筑,按底板、趾、小墙、大墙进行,模板趾斜片上开有振捣孔。

上层段混凝土浇筑,按先外墙、后小墙进行。

混凝土施工缝在模板拆除后,绑扎钢筋前进行凿毛处理。浇筑混凝土前先用水充分湿润原混凝土表面层,清除低洼处积水,然后铺一层20 mm厚的高标号水泥砂浆,再进行混凝土浇筑。

为保证沉箱混凝土顶面不松散,进行分层减水、控制振捣时间、二次振捣、二次压面处理。

混凝土采用淋水养护,模板拆除后再喷涂养生液横竖各一遍。

9.2.2 围堰工程

1. 工程概况

为满足本项目施工进度需要,同时满足3000吨级驳船泊位、工作船泊位墙前软弱土层处理的需要,在11♯～12♯通用泊位后方145 m处和3000吨级驳船泊位、工作船泊位前沿线处设置临时施工围堰。

临时围堰总长977 m,采用多级充填砂袋结构。

通用泊位处临时围堰位于通用泊位后方145 m,总长522 m,围堰底铺设一层土工布和一层土工格栅。第一级平台坐落在土工格栅上,平台顶高程为2.5 m,总宽55.5 m,其中平台前端距离临时围堰前沿线35 m。砂袋边坡坡度取1∶3。根据地形变化,第一级平台外侧设一层或多层压载充填砂袋。第一级平台满足出水施工条件,沿平台打设塑料排水板,排水板按正方形布置,间距1 m。第二级平台顶高程为4.0 m,总宽20.5 m,其中前端距离临时围堰前沿线12 m。平台外侧边坡坡度1∶2,内侧边坡坡度1∶1。第三级平台顶高程5.5 m,总宽2 m,其中前端距离临时围堰前沿线2 m。平台外侧边坡坡度1∶2,内侧边坡坡度1∶1。

3000吨级驳船泊位和工作船泊位处临时围堰前沿线与泊位前沿线齐平,总长455 m,围堰底铺设一层土工布和一层土工格栅。第一级平台坐落在土工格栅上,平台顶高程为2.5 m,总宽55.5 m,其中平台前端距离临时围堰前沿线35 m。砂袋边坡坡度取1∶3。根据地形变化,第一级平台外侧设一层或多层压载充填砂袋。第一级平台满足出水施工条件,沿平台打设塑料排水板,排水板按正方形布置,间距1 m。第二级平台顶高程为4.0 m,总宽26.5 m,其中前端距离临时围堰前沿线18 m。平台外侧边坡坡度1∶2,内侧边坡坡度1∶1。第三级平台顶高程5.5 m,总宽2 m,其中前端距离临时围堰前沿线2 m。平台外侧边坡坡度1∶2,内侧边坡坡度1∶1。

2. 施工方法

1)土工织物铺设

(1)施工准备。

施工区域大部分位于潮间带,工人无法在浮泥表面铺设土工布和土工格栅,须制作专用机动浮排作为施工作业平台及交通工具。

(2)土工织物制作。

在处理区内选择一干涸场地作为工作场地,将土工布缝接成需要大小的大幅土工布;土工格栅连接成需要大小的大块。

根据施工顺序,人工铺设各块土工布和土工格栅。已铺设的土工布和土工格栅用砂包袋固定,以防被风或潮水掀翻。土工布铺设时保持一定褶皱,以预留吹砂沉降。

土工布拼接采用手提工业缝纫机缝合,采用包缝方式,缝合尼龙线强度及土工布缝接宽度均按设计要求,铺设完毕通知现场监理工程师进行验收,验收合格后方可进行下道工序施工。土工格栅视需要铺设在土工布上,采用人工铺设。块与块之间拼接采用厂家专用的连接铆钉或尼龙绳进行现场连接,搭接宽度不小于150 mm。

(3)土工织物水上铺设。

施工区水深较浅,采用机动浮排铺设土工布和土工格栅。

①定位。

浮排自航至施工地段,通过岸标或GPS定位,插竹竿精确调整船位。

②铺设土工格栅、土工布。

a.分别展开土工格栅或土工布,定好起点两边角位置,并插竹竿、压砂包固定,固定时工人检查搭接长度。

b.缓慢移动浮排,浮排移动过程中,下放土工格栅或土工布,移到终点边角位置,再插竹竿、压砂包固定。每次的移动距离一般不大于30 m,分段的两端固定好后,再往前铺设。每一卷铺设完成后,搭接处按要求进行包缝或缝制处理。

③对于铺设后的搭接长度,土工格栅搭接长度不得小于3个孔格并扎紧,并不小于15 cm,土工布缝接采用包缝形式。

④土工格栅、土工布不可超前充填砂太多,以免风浪、海流等因素影响铺设质量。

2)砂袋充填及堤心砂回填

采用人工进行砂袋铺设,泵砂船进行砂袋充灌。

在泵砂船进场前,先用挖泥船挖一条水深约 5 m 的临时航道作为泵砂船停靠点和运砂船进出施工现场的通道,停靠点根据实际施工需要进行布设,水上沉管铺吹砂管。

(1)施工准备。

用全站仪测放出第一层充填砂袋(管袋)外侧边线,每隔 50 m 在第一层充填砂袋(管袋)插 根钢钎,在钢钎端头绑上标识红旗,作为铺设第一层砂袋(管袋)的控制边线。

(2)砂袋加工。

①根据每层袋体宽度和厚度要求,在加工厂将编织布缝制成不同宽度的袋体材料,然后用汽车运至施工现场。

②袋体在横断面方向上必须连续,不得分袋,即每个断面上每层袋体只能用一个宽度足够的砂袋。纵向上袋体长度可根据施工机具和现场条件确定。

③每个袋体在长度方向上不得出现拼块,端头接缝采用三股锦纶绳包缝缝接,缝接强度不低于布体强度的 70%。

④砂袋表面布置袖口,间距根据实际情况做相应调整,袖口长度 30 cm,直径 30 cm。

(3)砂袋充填。

①施工前用全站仪放出各层袋体内外边线。

②人工将袋体沿边线铺展开,在内侧砂地内插上钢钎,将连接在袋体上的土工带系在钢钎上,防止滑移走位。注意不得在外侧袋体上打入钢钎或竹竿,防止袋体破损后水流淘刷袋体而导致袋体垮塌。

③泵船停泊在距袋体施工位置约 1 km 处,将连接泥浆泵的管线伸入袋体袖口,运砂船运来砂料并紧靠泵船,把泵船上的泥浆泵吊至运砂船内,启动泥浆泵和水枪,将砂料源源不断地灌进袋体内。

④当泵船功率较强时,可采用多叉头分叉充灌,既可加快充灌速度,又可提高充灌质量。

⑤充填时先充砂袋四角,将砂袋基本固定下来后,在充填过程中要经常检查出砂管口的砂堆积情况,及时调整出砂管口位置,不断调整充泥袖口,充填时在袋体顶面人工来回踩踏,使土颗粒重新排列趋于紧密,使袋内砂充填均匀、饱满,确保充填平整,加快袋体排水固结速度,待整个砂袋达到屏浆阶段,适当减少充

填机械或停止充填,以防袋布爆裂,留有一定固结脱水时间。充填过程中,测量人员根据设计图纸控制好每层砂袋顶高程和坡度,在充填过程中如一次达不到理想高度,待砂袋稍有固结后,再进行二次或多次充填,直到达到理想的充盈度,砂袋厚度控制在 50~60 cm 范围内。

⑥施工时,相邻袋体的搭接符合规范要求。上层砂袋铺放在已充好的砂袋上,然后进行搭接部位的充填,确保砂料充填后袋体不再移动以及搭接部位的充填质量和搭接长度。上下层之间的砂土袋应错缝堆叠,其搭接缝错位在 3.0 m 以上,以免形成通缝。

⑦上一层砂袋的充填须在下一层砂袋沉降稳定后才可施工。

⑧根据每个砂袋的容量,确定最佳机械配备。充完后袖口用土工带或绳子(不得用铅丝)绑扎好,充砂袋一旦出现破损必须马上缝补好。

3)塑料排水板施工

排水板为 SPB-B 型,正方形布置,间距 1.0 m,从+2.5 m 高程施打排水板。

(1)正式施工前,按 10 m×10 m 的间距进行探摸,确定具体插板深度,并将探摸结果汇报给监理单位。排水板须趁低潮位进行;涨潮后不具备陆上施工条件时,插板机需撤到上一级平台,以免机械被水淹。

(2)用 GPS 测量标出已施插水上排水板区域,并用竹竿插上红旗作为标记,避免重复施插。

(3)在已放样确定的各区范围内,用全站仪和钢尺按设计要求将每个区的排水板打设板位测放,并用竹签或排水板芯等插入砂垫层做标记。

(4)插板机移机定位,安装排水板桩靴。

(5)将排水板施插至设计标高。

(6)上拔桩管至桩管下端高出砂垫层面 50 cm。上拔桩管时,施工人员应仔细观察排水板有没有回带现象,若回带长度超过 30 cm,则在板位旁 20 cm 处补打一根。

(7)切割排水板,控制排水板在砂垫层顶面以上的外露长度不小于 20 cm。

(8)施工完该根排水板后,需要立即对此根排水板施工情况进行记录,塑料排水板施工需按照"塑料排水板施工原始记录表"逐根进行记录。

(9)移机进行下一根排水板施工。

(10)各区段塑料排水板施工完成后,进行自检,待自检合格后再上报监理工程师验收。一个区段的塑料排水板验收合格后,用砂料回填打设时在排水板周围形成的孔洞,并将排水板头埋置于砂垫层中。

(11)塑料排水板施工时采用液压插板机,当砂层较厚或砂层密实使得插板困难时应对液压式插板机进行改装,主要从扁型导管、机架、液压系统、反力等进行加强改装,使插板机具有插穿较厚砂层的能力,或者对砂垫层进行翻松。施工时若局部区域必须采用振动插板机进行施工,须经设计批准后方可进行。

9.2.3　疏浚工程

1. 工程概况

本工程疏浚区域包括通用泊位、驳船码头的停泊水域、连接水域,疏浚总量约为 2327000 m³(含凿岩清礁量 115000 m³),疏浚深度范围内主要土质为 1 级淤泥土、5 级黏性土、6 级砂土、7 级砂土、9 级碎石土、12 级岩石。(疏浚工程量见表 9.15～表 9.17)

表 9.15　疏浚工程量汇总表(不含凿岩清礁量)　　　　　　　　单位:m³

	网格土方量	超深超宽土方量	施工期回淤量	合计
通用泊位水域	1575362	90829	108553	1774744
驳船码头水域	572623	40000	32000	644623
扣除13#泊位工程在本工程水域的开挖量	−82465	/	/	−82465
扣除10#泊位护岸护面拆除量	−10000	/	/	−10000
扣除水域凿岩量	−87895	−26708	/	−114603
合计	1967625	104121	140553	2212299

注:疏浚超宽取 4 m,超深取 0.5 m,设计边坡为 1∶7。

表 9.16　凿岩工程量汇总表　　　　　　　　单位:m³

区域		计算挖方量	超挖方量	施工期回淤	总量
通用泊位	停泊水域	55432	15166	0	70598
	连接水域	32463	11542	0	44005
合计		87895	26708	0	114603

注:凿岩超宽取 1 m,超深取 0.5 m,设计边坡为 1∶2.5。

表 9.17　分土类疏浚工程量汇总表（含凿岩清礁量）　　　　　单位：m³

位置	1级土	5级土	6级土	7级土	9级土	12级土	合计
通用泊位	925785	134382	72904	375791	68814	114603	1692279
驳船码头	574345	0	60278	0	0	0	634623
合计	1500130	134382	133182	375791	68814	114603	2326902

2. 施工方法

港池疏浚拟分区块进行，优先进行通用泊位前沿水域的施工，然后依次往外海域方向进行，以避免与通用泊位施工相互干扰。

1）抓斗式挖泥船＋泥驳施工

抓斗式挖泥船与基槽或每区块的轴线平行或成一定角度布锚，布锚及移船时要注意避开水下礁石。施工过程采取分段、分条、分层施工，每层为 2 m。按边坡设计要求，计算放坡宽度，开挖时按梯形断面分层开挖，使挖槽自然坍塌后接近设计边坡。

(1) 分段开挖：沿开挖长度方向，按照抓斗船一次抛锚移船的最大作业范围进行分段。

(2) 分条开挖：沿开挖槽段的宽度方向，按抓斗船的作业半径进行分条控制。

(3) 分层开挖：开挖分层则根据土层的物理性能进行划分，为防止开挖过程中出现塌槽，分层的厚度控制在 2 m 以内（挖入式港池开挖分层厚度不大于 1.5 m）。为防止漏挖，段与段间重叠 10 m，条与条间重叠 2 m。

(4) 边坡控制：基槽边坡按设计坡度放坡，按照"下超上欠，超欠平衡"的原则进行台阶式开挖，达到设计边坡要求，并有效控制基槽的开挖量而不留浅点。超宽控制在 2 m 内，超深控制在 0.5 m 内。

(5) 挖泥工程宜分段验收，为后续工序提供施工工作面。各段开挖以后进行验收前检测，有浅点部位使用抓斗船清除，直至满足验收标准要求。

(6) 水深高程测量使用传统的打水砣方法或者 RTK-GPS 与数字化测深系统相组合的水下高程测量船，绘制测点地形图及相关断面资料，实时提供给施工方使用。

2）凿岩清礁

(1) 凿岩施工原理。

在凿岩船的吊机上装上铸钢制造的凿岩棒，施工时将其提升到一定高度后自由落下,依靠重力作用冲击岩体,以竖向撞击力破碎岩石。海底的岩石表面受到冲击力的作用时,先在接触处产生弹性变形,随后出现微裂纹,然后逐渐形成放射裂纹,岩石表面突然破裂,最后出现岩体破碎。

这种方法的特点是接触应力瞬间可达极高值,应力比较集中,所以尽管岩石的动硬度要比静硬度大,但仍易产生裂纹,而且冲量愈大,岩石脆性愈大,有利于裂隙发育。因此,用不大的冲击能,就可以破碎较坚硬的岩石。

(2)抛锚移船。

由拖轮把凿岩船拖至施工区,并辅助凿岩船抛设四具锚,即船头和船尾各抛两具锚,呈"八"字状,锚缆长150~200 m。采用顺水流布船的作业方式,对施工区域划分具体船位,进行分段、分条凿岩,对某一区域凿岩完毕后通过边锚移至下一区域继续作业。

(3)测量定位。

在测量前,根据监理工程师提供的控制点,项目经理部将组织测量队对基本数据进行复测。同时根据现场实际加密控制点。复测资料成果报告监理工程师审核同意后作为控制网资料。

(4)凿岩布点。

凿岩棒船在对每个礁区施工时,采用顺水流方式布置船位(即平行于堤岸)。根据本工程的岩石性质、凿岩船的装备情况及清礁船舶对岩石破碎块度和松散度的要求,本工程设计参数如下:根据工程地质特点,将选用铅笔型凿岩棒进行施工;对于区域距离堤岸较近的部分,选用15 t凿岩棒碎岩;对于其他位置,选用17 t凿岩棒碎岩;凿岩棒施工船每个船位布置宽度10 m,对于表层泥质粉砂岩采用凿击点位距$a=1.0$ m、排距$b=2.0$ m的孔网参数;对于下层强度较高的泥质粉砂岩采用凿击点位距$a=1.0$ m、排距$b=1.0$ m的孔网参数,均采用梅花形布置凿击点位。

另外,对于刚开始的凿岩,要选择试验区域:根据工程实际情况,可以通过试验区试凿,为确定凿岩棒重量、凿岩布点间距以及凿岩棒提升高度提供依据。一般根据现有地质资料选择岩石抗压强度最大的区域作为试验区,以不同的组合参数按一定的距离分块进行试验,一般分块大小选择30 m×30 m比较合适。可根据试验区的试凿结果和对岩石强度的了解调整各凿岩施工参数。在施工区域采用分段、分条、分层的作业方式进行凿岩。

(5)清礁船清理碎石。

在凿岩船凿岩施工后,由抓斗船开进清理凿碎的碎石,运输至指定地点抛弃。清理完成后测量岩石的标高,达到设计标高后即可进行验收,若达不到设计的标高,则重新进行凿岩施工。

3)绞吸式挖泥船施工

(1)临时围堰施工到+2.5 m标高,且泄水孔布置完成后才能进行吹填施工。

(2)管线布置要求主管线能满足各区吹填,支管线移动便利,管线端头要固定。

(3)排泥管线由管架头、陆上排泥管(包括管架)、水上排泥管和水上浮筒组成。管线的布置原则是尽可能采取直线形布置,并尽量避免因陡坡、急弯而产生负压。

(4)水上管线的结构均采用1+1的组装方式,即1节钢管(附浮筒)+1节橡胶软管。水上浮筒管线预先按需要长度进行连接,用拖轮拖带,连接好后抛八字锚固定,以克服水流、风、浪和吹泥冲击力的影响,水上排泥浮管两端分别与绞吸式挖泥船和岸管相接(水陆接头)。近岸300 m采用沉管以便其他施工船舶通行,其余采用浮管。

(5)陆上排泥管敷设位置尽量靠近交通方便的围堤,同时,为获得较好的吹填平整度,除敷设主干线外,考虑敷设若干支管,支管与支管之间的距离取60 m,管线的架设标高尽可能与吹填设计标高相适应,排泥管的出口位置可变,且尽量远离吹填区的泄水口位置。陆上敷设管线时,管线采用砂包衬垫,且接头要紧密、紧固。本工程设立的主管线进入吹填区后宜采用接三通形成各支管线,陆上管线(岸管)的组装方式为直接用螺杆连接,法兰间加橡皮垫圈防渗漏。

(6)排泥管线应平坦顺直,避免死弯,出泥管口伸出围堰坡脚外的距离不小于30 m,并应高出排泥面0.5 m以上。排泥管接头应紧固严密,整个管线和接头不得漏泥漏水。一旦发现泄漏,应及时修补和更换。排泥管支架必须牢固,水陆排泥管连接必须采用柔性接头。

(7)在挖泥施工前,以设计提供的平面位置控制点将挖泥区域划分网格,计算出网格交点坐标,绘制成电子海图,输入计算机,当挖泥船驶入挖泥区域时,采用船载GPS抛锚定位。挖泥船配有四门锚缆,在绞吸挖泥过程中,以绞缆行进。但为方便船舶在挖泥时摆动,挖泥船在行进方向抛八字锚,挖泥船尾抛串心锚。

(8)根据开挖区土质、工况特点,挖泥采用分条、分段、分层方式进行,便于挖泥船定位、接管、移管、挖深和边坡控制。

(9)挖泥船进点抛锚以后,根据电子海图确定的坐标位置,采用船载GPS抛锚定位,调整船位。每次开挖宽度 10 m,挖泥船中心对准分条挖槽的中心,绞刀位于起点中心线上。绞吸挖泥船作业时,以前方八字锚缆控制横移挖泥船和前移挖泥作业。控制绞刀摆动的前方八字锚缆超前角不宜大于 25°。绞刀和船身摆动角度宜控制在 70°～80°。施工时,一方面按扇形挖泥,一方面移船前进。为了一扇紧压一扇而不出现漏挖,对准分条施工中心线,挖泥船以施工中心线作为前移的轨迹。采用岸侧水尺预报潮位,用测深仪控制分层厚度,以绞刀上下升降控制挖深。

(10)绞吸船开挖的泥浆通过输泥管道输送至围区内。根据设计要求的吹填区顶面标高,及时调整输泥支线,以防局部过高。在吹填区内设置一定数量的沉降观测点,以积累沉降数据。严格防止局部高度不足,适当预留沉降量,以确保吹填质量。

(11)吹填区域具有面积广、管线长等特点,为了预防施工船舶及过往船只与挖泥船相互干扰和航行安全,在挖泥施工过程中,征得海事部门同意,在挖泥网区四角和沉管起点、终点设置浮标。同时,挖泥船由专人值班。

(12)在吹填施工时,要用闸门挡泥,出泥口要远离临时排水设施,距离不得小于 30 m。吹填区排水时,要有一定的沉淀时间。

9.2.4 陆域回填工程

1. 工程概况

本工程的疏浚土主要有淤泥和砂性土,而交工标高以下需要一定厚度的硬土层作为铺面结构的基础,因此本工程可采用下部吹填疏浚淤泥、上部吹填疏浚砂的方式。综合考虑交工标高、最小硬土层厚度、地基处理沉降等,大部分区域吹填淤泥的顶标高按 3.5 m 考虑。结合地基处理需要和疏浚土中砂性土的数量,吹填疏浚砂性土厚度为 1.9 m/2.9 m,顶标高按 5.4 m/6.4 m 考虑,此部分砂作为地基处理的砂垫层,要求为砂性土,含泥量不大于 20%,渗透系数不小于 1×10^{-3} cm/s。

为方便地基处理,11#和 12#泊位前沿线水工结构后方 145 m 范围内的陆域回填采用外购砂,顶标高 5.7 m。

2. 施工方法

1)场地整平

(1)测量放线,明确场地设计标高,并做好标记。

(2)采用推土机、压路机、装载机或其他小型设备等进行场地平整。

(3)对于场地软弱区域,采用挖机利用中粗砂进行换填。

(4)整平施工时不断复核设计标高,直到满足设计要求为止。

2)中粗(细)砂吹(抛)填

沉箱后的中粗砂回填完后才可进行中细砂的抛填。

(1)吹(抛)填过程中要实时监测沉箱位移情况,结合沉箱内回填进行吹填施工。

(2)吹(抛)填区域端头设置,不能影响沉箱安装的基床,以尽快形成码头后方陆域,并尽早展开地基处理。

(3)沉箱后的中粗砂可以直接采用皮带机进行抛填。

(4)吹填接管及管道布设参照疏浚吹填进行施工。

9.2.5 地基处理工程

1. 工程概况

本工程泊位后方地基处理面积共 330126.3 m^2,主要采用水汽分离直排式真空预压法进行地基处理。对码头岸壁后侧回填砂采用振冲法进行处理,振冲处理面积 16819.3 m^2。

散装粮食仓库需要在水汽分离直排式真空预压地基处理后采用水泥搅拌桩进行二次处理,散装粮食仓库共两个,分为 1♯散装粮食仓库和 2♯散装粮食仓库,搅拌桩二次地基处理范围为外墙和内墙桩之间的部分,包括散装粮食仓库地面和地坑两部分。地基处理总面积 11441.8 m^2,1♯和 2♯散装粮食仓库处理面积相同,均为 5720.88 m^2,其中每个仓库地面地基处理面积为 4924.78 m^2,地坑地基处理面积为 792.0 m^2。散装粮食仓库地面处理区搅拌桩顶标高+4.65 m,桩径 600 mm,正三角形布置,间距 1.0 m,搅拌桩施工完成后,清理桩头 30 cm 到+4.35 m。地基处理平面图如图 9.11 所示。

散装粮食仓库地坑处理区搅拌桩顶标高+0.7 m,桩径 600 mm,正方形布置,间距 0.8 m,搅拌桩施工完成后,清理桩头 50 cm 到+0.20 m,开挖进行地坑施工。

A 区:泊位后方主要陆域,表层软土厚度较大,主要采用吹填疏浚土成陆域,主要处理对象为软黏土层,采用水汽分离直排式真空预压法进行地基处理。由于现有场地后方海堤结构形式及外侧抛石情况不明确,场地后方地基处理边界为暂定,实际施工过程中应根据现场实际情况进行调整,要求根据排水板施打情况确定水汽分离直排式真空预压处理边界。

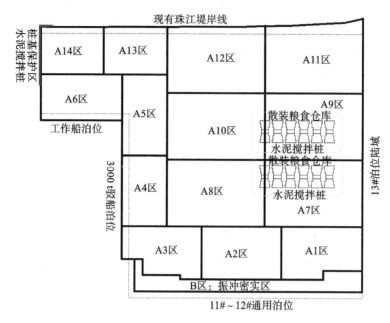

图9.11 地基处理平面图

靠近新沙一期陆域多层汽车库及后方在建现状超盈一体化尾水泵站区域,长度为156 m,采用水泥搅拌桩进行加固处理,减少水汽分离直排式真空预压施工对现有建(构)筑物的不利影响。桩基保护区搅拌桩直径600 mm,搭接150 mm,共布置三排。施工标高为现状地面,约+4.4 m,桩长17 m。

B区:码头岸壁后侧回填砂区域,大部分软土层被开挖换填为中粗砂,中粗砂的工程性能较好,但回填的中粗砂密实度较低,须对其进行密实处理。采用振冲法进行处理,最大处理厚度约18 m,处理面积为16819.3 m²,处理范围为沉箱结构边界到水汽分离直排式真空预压地基处理边界,振冲深度至回填砂层底。

2. 施工方法

1)铺设土工织物

在铺设砂垫层之前,局部表层土软弱的区域应人工铺设1层土工布和1层土工格栅,如填土或吹填泥面土质较好,能直接上机械设备的区域则无须铺设。

2)水泥搅拌桩施工

(1)施工前期准备。

对施工区域内的建筑垃圾等进行清理,之后对场区进行平整。并对桩机等设备进行进场检查,检查机械、电线等是否正常。正式成桩前要选择有代表性的地段进行不少于3根的试桩施工,试桩完成后按要求进行检测,以确定最终设计、施工参数。

(2)测量定位。

对施工区域内的所有桩进行测量定位,并做好明显、牢靠的桩位标志。此外,还要做好测量记录,以便复核。

(3)桩机就位(对中、调平)。

桩机就位对中后应平稳周正,并且其动力头、搅拌头及桩位三者的中心应处于同一铅垂线上。

(4)预搅下沉。

启动深层搅拌桩机电机,放松起吊钢丝绳,使搅拌机沿导向架搅拌下沉,下沉速度由电气控制装置的电流监测表控制。下沉时,严格控制下沉速度,密切观察动力头工作负荷,其工作电流指数不大于额定值,以防烧毁电机。

(5)制备水泥浆液。

在深层搅拌机预搅下沉的同时,后台按水灰比拌制水泥浆,待压浆前将浆液过筛后倒入集料斗中。

(6)喷浆搅拌提升(第一次注浆提升搅拌)。

搅拌机下沉到设计深度后,先上提搅拌头 0.2 m 左右,然后开启灰浆泵,提升速度不大于 0.5 m/min,待深层搅拌机喷浆提升至设计桩顶标高以上 0.5 m 时,关闭灰浆泵。

(7)重复搅拌(再次注浆提升搅拌)。

为了使软土和浆液搅拌均匀,再次将深层搅拌机下沉搅拌至设计深度后,再将深层搅拌机边喷浆边搅拌地提升。

(8)桩机移位。

待深层搅拌机提出地面后,先关闭电机,然后将桩机移至新的桩位。

3)泥浆搅拌桩施工

泥浆搅拌桩密封墙采用双排桩墙形式,直径 700 mm,搭接 200 mm,密封墙深度进入原状淤泥层 1 m。

(1)开工前对加固区周边与围堤相邻处按照 50 m 布置 1 组探摸孔,应探摸至不透气层以下 1 m,由此确定淤泥搅拌桩施工深度;探摸设备采用 100 型岩芯钻机。

(2)在施工区域附近布置一个约 10 m×10 m 的泥浆池,砂包袋砌筑,池高约 1 m,厚约 0.5 m,池内底部和周边铺设防渗膜,泥浆池位置随施工区域的改变而变动。

(3)通过泥浆泵和输浆管将泥浆从浆源处泵到泥浆池;采用膨润土可直接在泥浆池内拌和均匀,形成泥浆。

(4)搅拌桩机就位,桩心对准黏土墙的中心线。

(5)泥浆池供浆到搅拌桩机,进行搅拌施工。

(6)四喷四搅到指定深度后完成本根桩施工,移机至下根桩施工。

(7)一个区段的黏土墙完成后,要及时清理黏土墙周边溢出的泥浆,所有黏土墙完成后要对泥浆池进行清理,令场地内保持清洁。

(8)卸载后,泥浆搅拌墙换填中细砂。分层压实回填,顶宽 1.9 m,底宽 1.1 m,换填深度 2 m,两侧坡比约 5∶1。

4)水汽分离直排式真空预压施工

水汽分离直排式真空预压流程如图 9.12 所示。

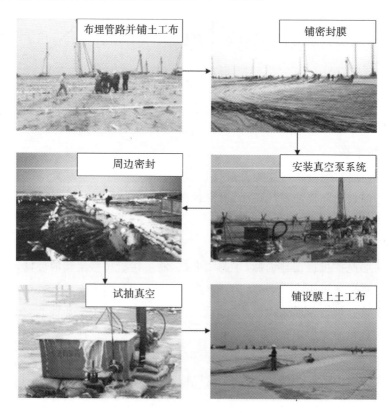

图 9.12　水汽分离直排式真空预压流程图

水汽分离直排式真空预压施工的原理是将地基处理区域作为一个密封体,通过真空泵负压源将土体中的孔隙水和空气抽排出,提高地基承载力。对每一道工序要精心组织,按照设计要求和技术规范进行施工,施工步骤如下。

(1)滤管的铺设。

①滤管:主干管采用通径为 3 英寸 PVC 管,滤管采用通径为 2 英寸 PVC 管。滤水孔直径 8~10 mm,间距 50 mm,三角形排列,管外包裹起反滤作用的针刺无纺布材料,渗透系数 $k>5×10^{-3}$ cm/s。滤管采用胶管相连,连接时用铅丝拧紧。

②按照设计要求布置管路,滤管设置在砂垫层中,其上覆盖厚度 300 mm 的砂层。出膜处采用无缝镀锌钢管和接头相连接,垂直伸出膜面约 30 cm。

③铺设滤管时可以根据现场实际情况对二通、三通和四通的数量及形状做适当调整,但应确保滤管排水顺畅。

(2)埋设膜下测头。

膜下测头制作:膜下测头即膜下真空度测量采气端,采用硬质空囊,钻以花孔,外包无纺布,将真空表集气塑料细管插入空囊中并固定即可。真空压力测头应按照设计位置安装,并埋在砂垫层中,上覆厚度 400~500 mm 的砂层,真空细管另一端从密封膜引出,制成喇叭口和真空表相连接,以直观反映膜下真空度。严禁将真空表测头与滤管相连。

(3)场地整平。

为防止抽真空过程中真空膜被硬物刺破,埋好真空管后,需将外露的塑料排水板头埋入砂面以下,将插板时形成的孔洞填实,并认真清理、平整砂垫层,捡除贝壳及带尖角石子,清除面层的淤泥块,用铁铲将砂面拍抹平实。

(4)铺密封膜。

①密封膜采用二层聚乙烯或聚氯乙烯薄膜,要求在工厂热合一次成型。

②按区域先后顺序分层铺设与搭接,每层膜铺完成后派专人检查膜是否完好,发现有破裂处,及时用清水清洗干净,再用胶水贴膜补好,每层膜的黏结缝应尽量错开。完成后进行下道铺设膜工作,必须经监理工程师验收。

③铺膜过程中,随铺随用砂袋进行压膜,防止起风将铺好的膜卷走和撕裂,在铺膜完成的同时安装少量的抽真空泵将膜吸住。所有上膜操作人员必须光脚或穿软底鞋,以防止刺破密封膜。

④在加工密封膜时考虑埋入压膜沟的部分,并应根据实际情况预留足够的地基不均匀沉降变形富余量,防止密封膜拉裂。出膜口应留有可收缩富余的密

封膜。

⑤分区压膜接头应预留足够长度。

(5)真空设备的布置。

①本次选用的抽真空装置为潜水式真空泵系统,真空泵功率大于 7.5 kW,能形成不小于 96 kPa 的泵上真空压力,能够保证膜下真空压力达到 85 kPa 以上。

②真空管路的连接点应严格进行密封,为避免停泵后真空度很快降低,在真空管路中要设置止回阀和截门。

③为保证水汽分离直排式真空预压区的真空度,按 800～1000 m^2/台布置真空泵,考虑覆水膜施工,加固区边界的真空泵装在加固区外侧。真空泵进水口和出膜口保持同一平面,以保证真空泵能发挥最大功效。在施工期间所有泵 24 小时满负荷运转,供电考虑市电,并备用发电机。要备足够的备用泵,防止施工过程中泵的损坏。

(6)覆水膜施工。

采用袋装砂填筑覆水围堰,砂料采用中、细砂。覆水膜采用 PVC 塑料薄膜。覆水厚度为 1 m。

(7)水汽分离直排式真空预压抽真空。

安装好真空泵系统(将水泵、水箱、闸阀、截止阀、出膜口连接好),将电工房配电箱→真空泵处漏电开关盒→真空泵的电路接通后,空载调试真空射流泵,当真空射流泵上真空度达到 96 kPa 以上,试抽真空。在膜面上、压膜沟处仔细检查有无漏气处,发现后及时补好。逐台检查真空泵系统连接处,要保证在关闭闸阀的情况下,泵上真空度能达到 96 kPa,以确保真空泵系统发挥最佳功效。

开始阶段,为防止水汽分离直排式真空预压对加固区周围土体造成瞬间破坏,必须严格控制抽真空速率。可先开启半数真空泵,然后逐渐增加真空泵工作台数。当真空度达到 50～60 kPa,检查区内有无漏气现象,检查完后开足所有泵,将膜下真空度提高到 85 kPa,膜下真空度稳定在 85 kPa 以上后开始预压计时。

(8)真空联合堆载。

A3～A6 区在码头前沿线外侧 5 m 到内侧 15 m,宽度 20 m 范围内,采用真空联合堆载预压处理,联合堆载厚度 2.0 m。

为保护真空密封膜不被破坏,抽真空恒载后在联合堆载预压范围,需在密封膜上铺设的一层 200g/m^2 的无纺土工布,然后按堆载计划继续加高堆载砂。

联合堆载砂利用驳船水工结构回填砂,预压完成后用于拉杆区域换填料。抽真空约20天后分级回填砂至+7.0 m标高,每级每层荷载厚度1 m,上一级荷载堆载完不少于1周,并且位移、沉降处于稳定状态,方可进行下一级荷载堆载施工。

(9)卸载。

①根据沉降标的实测沉降曲线,计算出地基土体的固结度达到90%以上。

②经监测数据分析达到卸载标准后,提出申请并经施工监理、设计和业主代表书面批准后方可卸载。

5)振冲密实施工

(1)施工水工码头沉箱结构并回填砂至+3.7 m。

(2)振冲施工前在振冲范围回填一层含泥量小于5%的中粗砂至+4.4 m,作为施工标高。

(3)现场试验。

现场试验的目的是确定全面施工时采用的施工参数(振冲孔间距、造孔时间、控制电流等),经过检测以摸清对本工程处理效果,为全面施工提供依据;同时,为成孔困难、抱杆卡死等施工时常遇问题找对策。

本工程准备设立一块试验区300 m²,进行100kW振冲器和3 m间距的试验,根据经验密实电流应初步定为110A,密实时间15~20s。

(4)单孔振冲具体施工步骤。

①清理场地,放线布点,孔位用长30 cm的竹签标示。

②机械就位,孔位中心与振冲器中心偏差小于50 mm,垂直度误差小于1%。

③开启水泵和振冲器造孔,注意造孔速度控制在3 m/min左右。

④达到密实电流后逐段1 m左右提升振动器,利用高压水枪冲砂,并且人工填料加快进度和平整场地。控制每段留振时间不小于15s,确保密实。

⑤必要时重复②~④直到完成该孔。

⑥关闭振冲器和水泵。

(5)施工后的检验。

在现场施工完成1周后,采用标准贯入试验进行测试,设计要求$N \geqslant 15$击,另外进行施工前后标高的测量,确定最小表面沉降。

(6)振冲密实处理完成后,对场地进行碾压整平,压实度不小于95%。要求采用15 t压路机进行振动碾压,碾压8~10遍至无明显压痕为止。

9.2.6 通用泊位工程

11♯～12♯7万吨级通用泊位全长522 m,结构按10万吨级散货船进行设计,泊位北端与挖入式3000吨级驳船泊位相接,南端与在建的13♯泊位相接。码头顶高程为4.4 m,近期港池设计底高程为—13.6 m,远期港池设计底高程为—15.5 m。码头采用重力式沉箱方案,方沉箱尺寸为23.38 m×13.63 m×18.2 m(长×宽×高,含前趾尺寸,其中前仓格高17.5 m),前壁厚0.38 m,后壁厚0.35 m,侧壁厚0.3 m,仓格平面尺寸为4.22 m×3.8 m,底板厚0.5 m,单件沉箱自重约2532 t。沉箱一次出水,坐落在10～100 kg抛石基床上,沉箱前壁在码头前沿线后方0.6 m。根据地质分布,抛石基床厚1.0～4.0 m,基础持力层为强风化或中风化泥质粉砂岩。

沉箱后回填中粗砂并振冲密实,后方吹(回)填并进行地基处理形成陆域。沉箱内回填中粗砂,上方为现浇钢筋混凝土胸墙。码头设有2条QU100门机轨道,轨距12 m,前轨距离码头前沿线3 m。2条门机轨道均安装在胸墙上,胸墙兼做卸荷板。单件胸墙长23.42 m,宽16 m,每段胸墙上布置2套SC1450H一鼓一板标准反力型橡胶护舷,护舷间距为12 m;系缆设施采用1000 kN系船柱,系船柱间距23.438 m。

沿码头前沿设水电管沟,在靠近陆侧轨道处设集水口,根据排水设计要求,沿码头共布置3条排水箱涵向海侧排水,排水箱涵采用钢筋混凝土结构。

在泊位南端与在建13♯泊位衔接处,利用在建13♯泊位的2个过渡沉箱,过渡沉箱尺寸为20.08 m×13.63 m×18.6 m(长×宽×高,含前趾尺寸,其中前仓格高17.5 m),过渡沉箱前壁在码头前沿线后方0.3 m。凿除过渡沉箱素混凝土封板后浇筑钢筋混凝土胸墙。每件过渡沉箱上安装2套SC1450H一鼓一板标准反力型橡胶护舷和1套1000 kN系船柱。

1. 基槽挖泥及凿岩

1)工程概况

本工程基槽挖泥共357550.5 m³,基槽凿岩5358.75 m³。基槽开挖断面如图9.13所示。

2)施工方法

基槽挖泥及凿岩施工方法与疏浚施工相同。

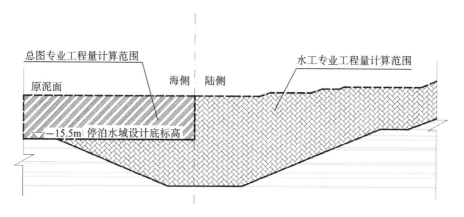

图 9.13 基槽开挖断面示意图

2. 基床抛石

1) 工程概况

本工程基床抛石主要为 10~100 kg 块石 21864.49 m³,沉箱后二片石 930.38 m³,沉箱后混合倒滤层碎石 1691.51 m³。基床抛石底标高 −15.5 m,底标高最低 −18.6 m,最高 −17.0 m。

2) 施工方法

基床抛石拟采用运输石料的船舶加挖掘机进行,并用方驳进行抛填定位。基床抛石分段分层抛填,每层厚度不大于 2 m,严禁一次抛填厚度超标。

(1) 首先选择 30 m 作为试抛段,观测记录石料抛落基床过程中随水流漂移及成层情况(以 5 m 一个断面、2 m 一个点进行测量)。

(2) 基槽分段开挖,验收合格后立即进行抛石基床施工。基床抛石采用 400 t 方驳定位,挖掘机加运石船装运石料分层抛填。

(3) 在抛填之前方驳预先抛锚定位,定位方驳和配挖掘机运石船以垂直基床为纵轴线进行定位抛填。施工过程中利用水砣打水测量,随时掌握抛石面的变化情况。同时密切注意水流方向及速度,顺流抛石时,预留提前量,并注意潮汐变化,及时调整定位方驳的船位。

(4) 采用打水砣测深方法动态控制抛填标高。

每段抛石结束后,要进行该阶段的水深测量工作。基床抛石应符合下列规定:

① 基床抛石顶面不得超过施工规定的高程,且不宜低于 0.5 m;

②基床顶宽不得小于设计宽度；
③基床顶面及分层抛石的上下层接触面不应有回淤沉积物。

3. 基床整平

1）工程概况

本工程所有基床整平均采取细平标准，基床顶整平材料为 5~10 kg 的级配二片石和粒径为 20~40 mm 的级配碎石，整平范围为沉箱安装外边线两侧各加宽 0.5 m。每段基床整平并经验收后应及时安装沉箱。

2）施工方法

整平范围为沉箱安装外边线两侧各加宽 0.5 m。首先利用 GPS 测定整平用垫墩位置，再利用测深导尺测定需布设垫墩处基础标高，潜水员及其辅助人员据此布设好垫墩（垫墩中心间距等于导轨长度的一半）。垫墩布设完毕后，潜水员将导轨（用 $\phi 80$ 钢管）安放其上，复测导轨标高，当导轨标高偏差在 1 cm 之内时，即认为达到要求，将垫墩用块石护稳，否则重新布设。

(1) 本工程选用 400 t 的方驳作为整平工作船，设二片石和碎石两个骨料仓，工作船上配套有漏斗、下碎石的漏管、下二片石的钢筋笼、起吊漏管和钢筋笼的电动吊机、整平钢轨 90 m 和 6 m/9 m 长刮耙。

(2) 基床整平前首先进行粗平。粗平范围为整个基床面。首先由潜水工水下将高出基床面的块石搬移到较低的地方。较低处采用块石和二片石填高。

(3) 整平工作船通过 GPS 初步定位，通过安装在测量杆上的 GPS 接收天线进行单点定位及高程控制，指挥潜水工放置前、中、后三条钢轨于待整基床面，钢轨单根长 6 m，每次安放钢轨 50~60 m。每根钢轨前、中、后各设三个支撑墩，由潜水员将钢轨放置在垫块上；钢轨顶部标高，由陆上通过测量杆进行控制。

(4) 细平时，两组潜水员同时下潜，将刮耙横向放置在相邻两根钢轨上；潜水员推动刮刀确定基床顶面高低情况，将高出部位的块石搬至低洼处，对于大块石间不平整的部分，用二片石填充，二片石间的空隙用碎石填充；石料通过漏斗串筒落在指定的位置或用箩筐沉放到基床后，由潜水员直接铺设。潜水员推动刮刀将细石刮平到设计标高。

4. 沉箱出运、安装

1）工程概况

本工程沉箱出运共 24 件，采用半潜驳＋拖轮出运。从新会预制厂到现场水路运输约4海里,沉箱在预制厂装船后,一天之内可运输到现场。

2)施工方法

(1)沉箱出运。

沉箱出运前应选择好适当的潮位,并做好相关的准备工作。

①摆气囊:按照沉箱底的红漆标记穿放气囊,由于沉箱纵移存在偏心力,气囊采用不对称摆放。

②沉箱顶升系统及溜尾钢丝绳:将牵引和溜尾卷扬机动滑轮组与沉箱围捆钢丝绳系好,并启动卷扬机使各钢丝绳处于受力状态,然后稍微放松。

③气囊充气:开动空压机对气囊充气,每条气囊充气压力达到沉箱预定顶升初始压力值(横移:0.10 MPa)时,停止充气,使沉箱处于直立状态,沉箱底面完全脱离支承型钢。

④把支承型钢拆除并拖出,支承型钢完全离开沉箱底部后,对沉箱底部再次检查有无棱角凸出。

清理通道上尖锐物、石头及障碍物,并对场地进行整平,高差不超过±2 cm。

用钢丝绳系好沉箱(围捆),钢丝绳与沉箱保护架接触处用枕木隔开,调整钢丝绳长度至两侧相等,再连接牵引及溜尾钢丝绳。

(2)沉箱横移。

调整气囊至运行高度,当一切处于正常状态时,指挥员才指令拉动沉箱缓慢向前移动。移运时,注意观察沉箱平稳和移动情况,注意气囊滚动和压力情况。运行中,溜尾钢丝绳跟进,既不与牵引钢丝绳抗衡,又能控制沉箱前移速度。

在沉箱移动过程中,如发现气囊漏气导致影响出运,必须及时进行补充充气,必要时更换气囊。

①移运中气囊交替。

在沉箱前移方向始终保持1~2根待工作气囊。在牵引移动过程中,当出现沉箱走偏时,必须纠偏;当沉箱后面的气囊逐渐接近沉箱尾部时,打开排气阀逐渐排气,后将气囊搬运到沉箱前面预定位置备用,如此重复直到横移完成。

②横移-纵移衔接。

当沉箱重心线到出运通道中轴线位附近时,沉箱暂时停止牵引,观察沉箱位置周围情况,对照原来确定的转换支垫位置,根据具体情况对沉箱位置做适当调整。将各气囊充气,顶升沉箱到离地面距离超过支垫高度(40 cm)5~10 cm后,放置支垫枕木,布置完备后,气囊缓慢排气至沉箱平稳降落在支垫上,停止排气,观察地面无明显沉降后才快速放气,抽出气囊,进入纵向移运准备工作。

(3)沉箱纵移。

沉箱纵移工作与横移工作内容基本类似,但沉箱纵移时气囊采用不对称摆放,具体见横移方法。

(4)沉箱安装。

沉箱通过半潜驳+拖轮出运到安装现场,采用方驳+履带式起重机+民船进行辅助安装。

沉箱安装工艺主要分为三个阶段:沉箱出驳、沉箱拖带、沉箱安装。

①沉箱浮游稳定计算。

安装前,工程技术人员首先计算沉箱的浮游稳定情况,通过计算得到沉箱的浮游稳定的相关吃水以及压载情况。经过计算,CX1a 沉箱吃水 11.84 m,沉箱前排隔仓压载水 3.7 m,中、后隔仓皆为 3.6 m。

准备工作包括:下潜坑;确定航道;安装辅助设施。

a.下潜坑。

沉箱由半潜驳运载到施工水域现场出坞,现场需开挖下潜坑供沉箱出坞,下潜坑拟布置在港池距码头前沿线约 100 m 位置区域。

b.确定航道。

在沉箱安装工作开始前,要对沉箱拖带的路线进行测量,根据沉箱浮游稳定时吃水深度确定航道,沉箱拖航及港池水深要求大于 11.84 m,才能满足沉箱拖航要求。

c.安装辅助设施。

半潜驳定位完成后,方驳船布置在沉箱出坞前方约 70 m,进行抛锚定位,方驳上配有卷扬机、吊机和发电机等,用来牵引沉箱出驳。同时配备带发电机的发电船,发电船紧靠在半潜驳侧壁,为施工过程灌水、抽水以及照明提供电力。施工操作平台、工具、材料也存放于发电船上。

根据隔仓尺寸加工操作平台,分别布置于沉箱两侧的隔仓顶部,以栈桥作连通。

Ⅰ.抽灌水水泵安装。

在沉箱内外分别各安装大流量潜水泵,用于沉箱隔仓抽灌水和调整沉箱平衡稳定时抽灌水。

Ⅱ.溜尾及牵引绳的安装。

沉箱顶四角预埋有拉环,分别用尼龙缆绳与半潜驳塔楼上的缆桩连接,用以固定沉箱,供沉箱出驳时溜尾用。

②沉箱出坞。

本工程拟采用方驳上卷扬机进行沉箱出坞。

当水位达到要求后由调度安排,指挥半潜驳加水下潜。下潜时注意仓内水位,各仓均衡注水,匀速下沉,同时调节半潜驳压仓水位。沉箱达到起浮临界条件时,连接出坞钢丝绳。沉箱起浮后,检查各仓水位,满足沉箱吃水,确保浮游稳定后才牵引出坞。

③沉箱安装。

在已安装沉箱上安装工作平台,工作平台上面配置卷扬机及相应的钢丝绳导向滚筒、电源电箱,并作为卷扬机人工操作平台。

待潮位满足要求时,拖轮靠近方驳带缆,将沉箱缓慢拖运至待安装基床顶位置。

将沉箱与卷扬机连接,启动卷扬机逐步将待安装沉箱拉到安装位置。开启加水阀,使沉箱加水平衡下沉,等沉箱下降到适当高度后,挂上四个手拉葫芦,并在已安沉箱与待安沉箱接缝处,放置木方,沉箱继续注水下沉至沉箱底与基床面约 1 m 时,暂时停止注水,测量沉箱 4 个角点将上下游的高差调平,并将其前后坡度调至与基床倒坡坡度接近。

当沉箱底面与基床面距离 0.3～0.5 m 时,对沉箱进行精确定位。对沉箱注水(或抽水)调整沉箱,使其上下游标高接近或一致,前后坡度与基床倒坡坡度接近或一致;控制卷扬机、手动葫芦,调整沉箱之间的木方厚度,对沉箱之间的缝宽、错牙、沉箱偏位等进行调整,使其在规范要求范围之内。继续向沉箱缓慢注水,并不断观察沉箱下沉动态,及时进行调整,使沉箱坐落于基床面。继续注水并不断测量观察沉箱动态,注满水后,沉箱安装结束。经过一个潮水后测量安装的情况,若测量结果不符合规范要求,则沉箱必须抽水上浮,重新进行安装。

5. 胸墙施工

1)工程概况

本工程胸墙为现浇 C35 混凝土,混凝土量 16798.79 m^3。胸墙浇筑前,需要进行箱顶二片石以及封仓混凝土的施工,保证混凝土胸墙的施工质量及钢筋不受腐蚀,胸墙混凝土不允许进行水下浇筑,混凝土浇筑前需采用淡水将被海水浸泡的钢筋和模板冲洗干净。

胸墙施工前,有针对性地进行混凝土配合比设计,以满足大体积混凝土施工要求。胸墙迎水面需做耐久性防腐硅烷涂层。胸墙顶层混凝土掺加 0.9 kg/m^3 聚乙烯醇纤维。

胸墙之间结构缝采用沥青木板填缝,并做混合倒滤结构。胸墙数量统计见表 9.18。

表 9.18 胸墙数量统计表

名称	长/m	宽/m	高/m	数量/件	备注
胸墙 XQ1	23.42	16	2.7(2.0)	14	标准段
胸墙 XQ1a	23.42	16	2.7(2.0)	3	有集水坑
胸墙 XQ1b	23.42	16	2.7(2.0)	3	有集水坑
胸墙 XQ2	20.11	16	2.7(2.0)	1	位于过渡沉箱
胸墙 XQ2a	20.11	5.03	2.7	1	位于过渡沉箱
胸墙 XQ3	23.49	12.95	2.7(2.0)	1	转角处胸墙

2)施工方法

胸墙采用钢模板,模板安排在专门的钢结构加工厂,加工好后运送至现场,模板安装采用履带起重机安装。

钢筋加工可安排在码头后方陆域形成后的场地加工,方便运输和绑扎。钢筋绑扎时用门字脚手架搭设施工平台,同时作为钢筋的临时固定架。在完成绑扎后,模板安装封头板前把脚手架拆走。每段胸墙浇筑之前,必须认真检查所有预埋件的预埋和预留孔的预留,确定准确无误后方可浇筑混凝土。

每段混凝土分三层施工,第一层浇筑厚度 1.05 m(水电管沟底,标高+2.75 m),第二层浇筑厚度 1.1 m,第三层浇筑厚度 60 cm,第三层待胸墙沉降稳定后,方可浇筑混凝土。

混凝土采用商品混凝土,运距约 10 km。混凝土下落高度要满足混凝土落差不大于 2 m 的要求,用插入式振捣棒振捣,振捣时间为 10~30 s,以混凝土开始泛浆和不冒气泡为准。采用覆盖麻袋保湿的方法潮湿养护,养护时间不少于 14 天。

9.2.7 驳船泊位工程

1.扶壁及护岸块石拆除

1)工程概况

2000 吨级集装箱驳船泊位与正在运营的 10♯ 泊位衔接处,需对正在运营的 10♯ 泊位部分的码头结构进行拆除,拆除工程量包含拆除 $\phi1000\times500\times3000L$

型橡胶护舷1套、拆除D300×300×1500L型橡胶护舷7套、拆除胸墙337.15 m³、陆上拆除海堤高出路面部分、水上拆除扶壁11件等。开挖和拆除范围如图9.14所示。

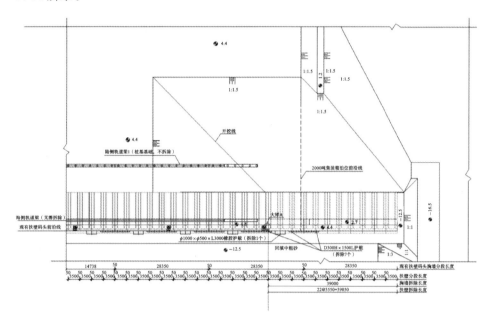

图9.14　2000吨级集装箱驳船泊位与10♯泊位衔接处开挖拆除范围

2)陆上拆除附属设施

陆上拆除10♯泊位附属设施主要包括拆除φ1000×500×3000 L型橡胶护舷1套、拆除D300×300×1500 L型橡胶护舷7套及其他零部件。

陆上拆除附属设施,采用汽车式起重机在码头面层支腿起吊,平板车进行转运,工人通过小型船舶或浮排拆卸螺栓。

拆除附属设施时应注意,在同一平面内,应先拆除海侧螺栓及其零部件,后拆除陆侧;在同一立面内,应先拆除底部螺栓及其零部件,后拆除顶部。

3)陆上拆除混凝土构件

待码头附属设施拆除完成后,方可进行陆上拆除现浇钢筋混凝土构件,包括拆除现浇胸墙、拆除现浇轨道梁、拆除后方混凝土路面。

拆除混凝土构件时,使用炮机破碎拆除,再通过挖掘机装车,转运至后方临时堆放场。

拆除顺序:先拆除邻海胸墙结构,再拆除轨道梁结构,最后拆除混凝土路面结构;先拆除顶部,后拆除底部。

拆除现浇轨道梁时,应注意不能扰动桩基。

4)开挖后方回填砂

待现浇钢筋混凝土构件拆除完成后,方可开挖后方回填砂。

后方回填砂,先采用大型挖掘机进行陆上开挖至标高+1.1 m(与扶壁顶端齐平),再通过长臂挖掘机 PC300LC-7(最大挖掘半径 17.6 m,最大挖掘深度 13.2 m)进行水下开挖,采用从靠近扶壁的一端,往后方堆场后退开挖方式,配合大型挖掘机进行传接开挖,通过自卸汽车转运到后方临时堆场。

5)水上拆除扶壁

待后方回填砂开挖完成,顶部现浇钢筋混凝土胸墙拆除完成,扶壁暴露于水中,方可进行扶壁拆除。

每件扶壁约重 183 t,共需拆除 11 件。采用 500 t 起重船,直接起吊拆除扶壁,通过 1800 t 方驳转运上岸进行破碎。必要时,在扶壁上钻孔,作为起吊吊孔。

拆除扶壁时应注意挂钩受力平稳,避免扶壁倾覆。

6)水下开挖基床

待水上扶壁拆除后,方可开挖水下抛石基床。

抛石基床为 10~100 kg 块石,拆除工程量约 1776 m^3。采用重型抓斗船直接开挖方式进行抛石基床挖除。挖除的块石在附近堆放,清洗后择优利用。

2. 钢板桩涂层防腐

1)工程概况

根据钢板桩的位置,设计要求对位于浪溅区、水位变动区和水下区的钢板桩迎水面和背水面进行涂层保护,泥面区以下不需要涂层。

本工程钢板桩涂层防腐面积 6531 m^2,其中 3000 吨级驳船泊位 2346.3 m^2,工作船泊位 1279.7 m^2,2000 吨级集装箱驳船泊位 2905 m^2。

钢板桩表面处理等级要求,应抛丸除锈达 GB/T 8923.2—2008 中 Sa2.5 级。涂层方案如表 9.19 所示。

表 9.19 钢板桩防腐涂层设计

部位	涂料	施工道数	干膜总厚度
板桩迎水面	厚浆型环氧重防腐材料	喷涂 3 道	≥1000μm
板桩背水面	厚浆型环氧重防腐材料	喷涂 2 道	≥500μm

涂层的性能应达到或优于表9.20所列标准。

表9.20 附着力、硬度、耐磨性及抗冲击性指标

序号	项目	指标值	试验标准
1	附着力	≥10 MPa	GB/T 5210—2006
2	硬度（底漆）	≥4 H	GB/T 6750—2007
3	硬度（面漆）	≥H	
4	耐磨性（750g/1000r）	≤0.055	GB/T 1768—2006
5	抗冲击性	≥30 cm	GB/T 20624.1—2006

2）施工方法

(1) 表面处理。

①抛丸前表面处理：在钢板桩切割、矫正、组装完成后进行；除去焊渣、起鳞、割孔、焊孔等表面缺陷，打磨圆顺所有锐边、尖角和毛刺，去除表面油污碎屑，经检验合格后方可进行抛丸作业。

②抛丸作业的环境条件：必须满足空气相对湿度低于85%，钢板表面温度不低于露点以上3 ℃。

③磨料：抛丸所用的磨料应符合GB 6484、GB 6485标准的规定。

④钢板桩表面处理方法：钢板桩表面处理前期工作完成后，对需涂层防腐区域采用钢砂抛丸除锈；抛丸后，基本除锈等级达GB 8923.2—2008中Sa2.5级以上，同时钢板桩外表面应无可见的油脂、污垢、氧化皮、锈和油漆涂层等附着物，任何残留的痕迹应仅是点状或条纹状的轻微色斑；涂装前钢板桩表面应清洁处理，除锈作业经过检验合格后，在4 h内完成第一道涂层的喷涂施工。

(2) 涂层涂装。

①钢板桩在本体验收后可以进行防腐涂层涂装，防腐涂层须采用涂层系统，并符合设计图纸的要求。

②防腐涂层的性能应达到技术规格书标准。

③防腐涂层所用涂料采用通过ISO9000—2000版质量体系认证的专业厂家的产品，且该产品必须有三个以上大型海上同类工程应用实例。涂料须有出厂合格证书或检验报告并经监理工程师同意方可进厂。进场后的涂料需按照产品说明书/供应商要求的储存条件存放。

④防腐涂层涂装应在工厂进行，施工场地应干燥、通风良好，并避免受到夏季烈日暴晒。施工温度大于5 ℃，相对湿度小于85%。涂料配比及涂装要求应

按产品说明或在涂料制造商专业技术人员指导下确定。

⑤表面处理完成后要求在 4 h 内必须涂装。

(3)涂层检查。

①涂装时,在保证质量的前提下,可以减少涂层道数,干膜总厚度应符合设计要求。应及时测定湿膜厚度,以保证干膜厚度。

②涂装环境保持清洁,避免未干涂层受到粉尘污染。

③涂装时如发现漏涂、流挂发白、皱纹、针孔、裂纹等缺陷,应及时进行处理。每层涂装前应对上一层涂层进行检查。

④涂膜在固化前,应进行维护,避免雨淋、暴晒及踩踏,出现问题及时修补。

⑤涂装后应进行涂层外观目视检查。表面均匀、无气泡、无裂缝等缺陷。

⑥涂装后应进行涂层干膜厚度测定。干膜厚度大于或等于设计厚度值者应占检测点总数的 90% 以上,其他检测点的干膜厚度也不应低于 90% 的设计厚度值,当不符合上述要求时,应根据情况进行局部或全面修补。

⑦采用电火花检漏仪对所有涂层进行电火花检漏,检漏电压为 5 V/μm。

⑧厚膜涂层应进行针孔检测,针孔数可控制在检测点总数的 20%。

⑨附着力检查属于破坏性检查,仅作为抽查项目,要求附着力满足设计要求,抽查比例为 10%。

⑩涂层检查不符合要求时,应进行修补。

(4)涂层修补。

①由于沉桩未到设计标高造成涂层范围不能满足设计要求,需潜水补涂。

②吊运堆存进程中涂层遭破坏,须进行涂层修补,并经监理工程师验收确认后,方可继续使用。

③厚度达不到设计要求时,应在涂层固化前进行补涂,直至达到要求。补涂前漆膜若受到污染,可用清水或涂层可接受的溶剂清洗干净。

④涂层存在漏点时,应用砂布将漏点处打磨直至露出钢材表面,清理掉涂层碎屑后,按设计要求层数逐层补涂,直至达到检测要求。

⑤小面积涂层达不到附着力要求时,应局部除掉原有涂层重新涂装,面积较大时,钢板桩应整体判废并重新涂装。

3.组合钢管板桩沉桩施工

1)工程概况

3000 吨级驳船泊位、工作船泊位、2000 吨级集装箱驳船泊位均采用管板组合的单锚板桩结构方案。板桩墙顶高程 1.5 m，墙身采用 ϕ1200 钢管桩与热轧 AZ18-10/10 钢板桩组合形式。

钢管桩数量为 367 根，桩长为 20～28 m，间距 2.52 m，壁厚 18 mm（预留腐蚀厚度 2 mm），材质 Q390B，底部进入泥质粉砂岩层，部分区段持力层埋藏浅，钢管桩需嵌入中风化泥质粉砂岩。

钢板桩数量为 736 根，桩长为 16～17 m，间距 2.52 m，翼板厚度 10 mm，腹板厚度 10 mm，材质 S430GP，底部穿透表层软弱土层。

2）施工方法

（1）钢板桩运输。

钢板桩在生产厂家验收合格后，通过水路运输至钢板桩加工场，在加工场进行钢板桩的调校加工和涂层防腐施工，待涂层防腐验收合格后，才用于施工。运输船靠泊于 10♯ 通用泊位码头，履带吊卸船或装车，运输至指定位置堆存。

（2）钢板桩加工。

钢板桩的运输线路长，经海陆几次转运到工地，半成品钢板桩的变形较大，主要表现在：锁口平直度偏差大或局部有弯曲或突变；两侧锁口不平行、有扭曲。要确保钢板桩沉桩质量，钢板桩调直是一个非常关键的工序。

（3）安设导向装置。

①施打定位锚桩。

以钢管桩作为定位锚桩，先在图纸上计算定位锚桩与管板桩墙轴线的距离，在现场测放出管板桩组合墙轴线后，采用钢卷尺测量定位锚桩位置，每个施工段均需施打定位锚桩。定位锚桩采用履带式起重机起吊振动锤进行施打，将定位锚桩施打至露出地面一定距离后（便于安装导向架即可），再进行导向架安装。

②安装导向架。

导向架是确保打桩质量的关键之一，必须有足够的强度和刚度，因为打桩时桩的轴线偏差和倾斜控制要靠导向架来卡住强制导向。

导向架用 H400×400 的 H 型钢制作，设计成上下两层门字形可移动双层导向架。在上层 H 梁上设置可移动的调节装置，对钢板桩的倾斜、偏位、垂直度进行控制。

打好定位锚桩后，用履带吊机将已拼装好的导向架吊起，其开口的一头用钢板临时固定在定位桩上，另一头对准轴线位置后用锚碇桩固定（导架示意图如图 9.15 所示）。

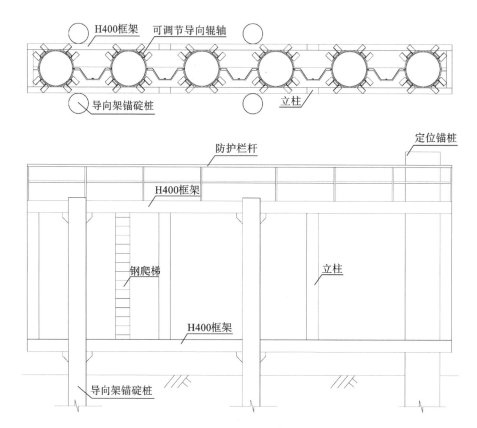

图 9.15 导向架示意图

(4)沉桩施工。

①插桩施工。

首先采用 150 t 履带吊机配合将钢管桩吊起,进入导向架,人工配合将钢管桩对准定位板后将桩慢慢插入土中,后用液压振动锤夹钳夹牢桩的顶端,用两台经纬仪成 90°角交汇,将桩定准位置后启动振动锤开始沉桩。如发现桩少有偏位,测量员立即通知打桩专职指挥员,进行调整,插桩直至尚有约 50% 的桩长露出地面,要求桩顶基本平齐,经检查锁口后再接着插下一根钢管桩,如此反复直至完成导向架范围内所有钢管桩的插设。

然后使用 80 t 履带吊机起吊钢板桩穿过导向架,并与钢管桩上锁口连接,就位校正后,采用 DZJ200 型振动锤振动钢板桩入土 5~6 m。经检查钢板桩的垂直度及平面位置满足要求后,接着振插其余钢板桩,如此反复直至导向架范围内的钢板桩全部振插完毕。

第一批桩插完需移动导向架位置,将导向架向前推进,再固定好导向架插打第二批桩。第二批桩插好并检查无误后可开始打桩。从第二批桩开始导向架开口的一端固定在已完成的上一批的最后一根桩上,另一头对准轴线位置后用锚碇桩固定牢靠(图9.16)。

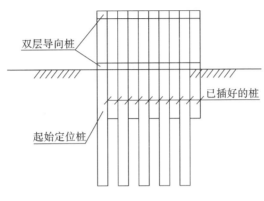

图 9.16 插桩示意图

②锤击送桩。

前面使用振动锤插好的桩,呈屏风形,待一个施工段的桩全部插完后,此时履带式起重机就位,用 D160 柴油锤依次按设计要求将钢管桩锤击到位,最后使用 DZJ200 型振动锤依次将钢板桩沉至设计标高。

为了防止打桩时将旁边的桩带下去,采用阶梯形打桩方法,间隔跳打方式(相邻两桩高差按小于 4 m 控制),如带桩则立即停锤,用电焊将该桩与相邻的桩焊接固定牢固,确保桩顶标高符合设计要求。

4. PHC 桩沉桩施工

1)工程概况

本工程 PHC 桩为 ϕ600-B 型桩,壁厚 130 mm。工程总量为 7002 m,其中 3000 t 级驳船泊位 3313 m,2000 t 级集装箱驳船泊位 3689 m。

2)施工方法

(1)沉桩方案及主要机械配备。

根据本工程实际情况,沉桩选用履带式打桩机配 D100 柴油锤进行施工,采用 80 t 履带式起重机配合吊桩及喂桩,以满足本工程沉桩需求。

(2)沉桩顺序及准备工作。

沉桩前根据桩位平面布置图,2000 t 驳船泊位从水陆交界处开始,陆上由西向东进行 PHC 桩施打施工;待 2000 t 驳船泊位衔接段改造完成且墙后中粗砂回填并振冲完后,再进行2000 t级集装箱驳船泊位与10♯泊位衔接段PHC桩施工。首先从陆上与工作船泊位分隔处开始由东向西进行3000 t级驳船泊位PHC桩施工,最后进行3000 t级驳船泊位与11♯泊位衔接段的PHC桩施工。

锤击沉桩前,做好沉桩的准备工作。算好每一桩的放样数据,在每根桩的一侧用油漆画上长度标志,以便沉桩时显示入土深度。

沉桩前,应先将编制好的沉桩顺序报监理工程师审批。

(3)沉桩。

沉桩用打桩机配D100柴油锤进行施工,喂桩采用80 t履带式起重机。本工程的桩长为18~30 m,因此,桩管节采用6~14 m,现场边打边接桩。

(4)截桩。

沉桩完成后,桩顶标高高于设计标高时,高出部分要截桩;用水平仪将标高放线在已打桩上,用锯桩器截割,严禁用大锤横向敲击或强行扳拉截桩。截除部分用起重机吊走。

(5)接桩处理。

本项目PHC桩接桩采用平接头连接,具体方法如下。

①焊接工艺宜采用CO_2气体保护焊,钢板采用低碳钢,焊条采用E43。焊接接头采用探伤检测,同一工程检测量不得少于5个接头。

②PHC管节拼接应在拼接胎架上进行。相邻管节对接时,相邻管节两端面间距不大于2 mm,接桩时,上、下节桩应保持顺直,错位偏差不大于2 mm。

③焊接前清除接口处砂浆、铁锈、水分、油污等杂质,坡口表面保持清洁。

④焊接层数为3层,内层焊渣清理干净后方可施焊外一层,焊缝应饱满、连续,无裂纹、夹渣、咬边、焊瘤、弧坑和针状气孔等缺陷,且根部焊透。

⑤下节桩的桩头设导向箍,以便于上节桩就位。接桩时上下节桩应保持顺直。焊接时先在坡口圆周上对称点焊4~6点,待上下桩节固定后拆除导向箍再分层对称施焊。

⑥接头焊好后应进行外观检查,检查合格后必须进行自然冷却方可继续沉桩,自然冷却时间不少于8 min,严禁浇水冷却,或不冷却就开始沉桩。

⑦雨天不得进行管桩焊接施工。

(6)沉桩控制标准。

沉桩以标准贯入度控制为主,桩尖标高作为校核。终锤贯入度取最后3阵,每阵10击的平均贯入度。符合下列条件之一可以终锤:

①当终锤贯入度≤3 mm/击,并且桩尖已达到设计标高,可以终锤;

②当终锤贯入度≤3 mm/击,桩尖距离设计标高≤1 m 时,继续锤击 30～50 击可以终锤;

③当终锤贯入度≤3 mm/击,桩尖距离设计标高>1 m 且≤2 m 时,应继续锤击直至打完富余桩长,或最后 3 阵,每阵 10 击,平均贯入度≤2 mm/击,可以终锤;

④当桩尖已达设计标高,最后 10 击平均贯入度>3 mm/击时,可继续锤击不超过 1 m,并保证桩顶不低于设计高程,或最后 3 阵,每阵 10 击,平均贯入度≤3 mm/击,可以终锤。

均不符合以上情况时,应及时终锤并报设计单位会同有关单位研究。

5. 基槽开挖施工

1)工程概况

本工程基槽开挖为陆上开挖二类土,包括胸墙基槽一般土方开挖、锚碇墙基槽一般土方开挖、钢拉杆基槽一般土方开挖,开挖总工程量 230186.91 m³,其中 3000 吨级驳船泊位 111324.03 m³,工作船泊位 65211.5 m³,2000 吨级集装箱驳船泊位 53651.38 m³。

3000 吨级驳船泊位胸墙基槽前沿底高程为+0.4 m,后沿底高程为-0.5 m。两侧边坡坡比均为 1∶2;锚碇墙基槽底高程-1.1 m,两侧边坡坡比为 1∶1.5;拉杆基槽连接胸墙基槽和锚碇墙基槽,底高程为+0.7 m。

工作船泊位胸墙基槽前沿底高程为+0.4 m,后沿底高程为-0.5 m。两侧边坡坡比均为 1∶2;锚碇墙基槽底高程-0.6 m,两侧边坡坡比为 1∶1.5;拉杆基槽连接胸墙基槽和锚碇墙基槽,底高程为+0.7 m。

2000 吨级集装箱驳船泊位胸墙基槽前沿底高程为+0.4 m,后沿底高程为-0.5 m。两侧边坡坡比均为 1∶2;锚碇墙基槽底高程-1.6 m,两侧边坡坡比为 1∶1.5;拉杆基槽连接胸墙基槽和锚碇墙基槽,底高程为+0.7 m。

2)施工方法

基槽采用挖掘机进行开挖,自卸车通过临时便道运输至弃泥区弃料,锚碇墙基坑开挖成型时,由于最深处深度为 5 m,需分层开挖、最后一层预留 20 cm 以上厚度人工开挖,以不扰动原地基。该区域应进行小段开挖、验收后及时回填块石,设置集水井,并加强抽水,以避免塌方。

开挖沟槽时,需在坡脚处采取打设木桩及护砂袋稳坡的措施。

考虑到胸墙施工的需要,胸墙基坑钢板桩前沿开挖到+0.4 m 标高,后沿开挖至-0.5 m,开挖完成以后立即回填倒滤层到+0.4 m标高;锚碇墙基坑开挖完成后马上回填石料到-0.4 m标高。胸墙前沿和锚碇墙后沿的边坡开挖按照设计图纸按1∶1.5的坡度放坡。而对于拉杆基坑,考虑到上部结构施工,放在最后进行开挖。

为了避免大范围开挖造成基坑内积水面积过大,整个基槽开挖须分段、分层进行:50 m为一段、2～2.5 m为一层。开挖对象依次是锚碇墙基坑、胸墙基坑、拉杆基坑。

6. 锚碇结构施工

1)工程概况

锚碇结构包括:锚碇墙10～100 kg抛石基床、锚碇墙碎石垫层、现浇钢筋混凝土锚碇墙、锚碇墙前回填二片石、锚碇墙前后回填10～100 kg块石、锚碇墙前回填0.5～4 cm碎石、GLG550钢拉杆、锚碇墙前后回填中粗砂。

3000吨级驳船泊位工程锚碇墙前回填10～100 kg块石8581.52 m³,锚碇墙前回填碎石1464.09 m³,锚碇墙碎石垫层452.59 m³,现浇锚碇墙848.58 m³,安装ϕ80钢拉杆50套,安装ϕ70钢拉杆81套、锚碇墙前后回填中粗砂18315.77 m³。

工作船泊位工程锚碇墙前回填10～100 kg块石4836.88 m³,锚碇墙前回填碎石913.93 m³,锚碇墙碎石垫层278.1 m³,现浇锚碇墙484.76 m³,安装ϕ70钢拉杆80套、锚碇墙前后回填中粗砂11934.63 m³。

2000吨级集装箱驳船泊位工程锚碇墙前回填10～100 kg块石11766.301 m³,锚碇墙前回填碎石1610.605 m³,锚碇墙抛石基床1246.88 m³,现浇锚碇墙1008.41 m³,安装ϕ80钢拉杆68套,安装ϕ70钢拉杆87套、锚碇墙前后回填中粗砂19779.791 m³。

钢拉杆采用D2型码头钢拉杆,直径包括ϕ70和ϕ80两种,中间设置两个单向铰及一个调节套筒,可施加预应力及调节长度。

2)施工方法

(1)填筑石料。

基槽开挖经监理工程师验收合格后,立即进行块(碎)石基础的铺设。碎(块)石层铺设前,须人工对基底进行修整,并用小型打夯机夯击密实,然后测放出铺设范围。铺设应按设计要求进行,碎(块)石基础为一层控制,墙前块石回填按二层控制。铺设时先设定标志桩,以控制铺设标高。

基础碎(块)石由陆上自卸车运输,自卸车直接沿临时道路运至现场卸料,再由挖掘机进行摊铺、平整,压路机压实。

锚碇墙前回填块石则可利用其自身形成的路面进行块石运输。在拉杆上方回填时二片石须由人工在拉杆周围进行摆放,然后由挖掘机降低高度小心摊铺,严禁在较高处进行抛石,以保护拉杆的包敷层不被损坏。

锚碇墙前回填块石需保证其密实,同时又要保护好拉杆,因此拉杆第一层采用小型压路机压实,第二层以上再由挖掘机平整、压路机压实,并注意离开混凝土墙边缘2 m。

(2)现浇锚碇墙。

锚碇墙的碎(块)石基础完成后,进行水泥砂浆层的施工,砂浆由混凝土搅拌车运到现场,再由挖掘机转运到浇筑点,由人工摊铺,并用平板振捣器振捣密实。砂浆强度达到要求后,即可进行现浇混凝土锚碇墙施工。

①钢筋加工与绑扎。

钢筋的加工按技术规范及图纸的要求进行,在钢筋加工场加工成品或半成品,分别堆放及做好标识和保护工作,然后由平板车运到施工现场,人工绑扎成型。保证所有钢筋交叉处均用铁丝绑扎,绑扎铁丝的端头弯入混凝土的主体内。主筋采用绑扎搭接,保证受力钢筋在同一截面的接头面积占受力钢筋总面积的百分数。

受压区不得大于50%,受拉区不得大于25%。混凝土保护层采用方形垫块,强度与密实度高于构件混凝土,其厚度尺寸控制在正偏差,但不大于5 mm。

锚碇块的结构钢筋绑扎完成后,需进行设备预埋件及预留孔的安装,架立钢筋与结构钢筋焊接,必须确保预埋件的位置准确和牢固。

②钢模板制作与安装。

a.模板的制作要求。

Ⅰ.模板保证有足够刚度、强度和稳定性,并保证其尺寸和相互位置的准确性。

Ⅱ.支模时保证混凝土不漏浆,拆模时混凝土不剥落且形状尺寸及表面光洁度符合相关规范的要求。

Ⅲ.所采用的模板必须使混凝土暴露面的光洁度达到F2级。

Ⅳ.模板与混凝土接触面所涂的脱模剂应采用不含矿物油质的专用剂。

b.模板的制作方法。

模板制作采用组合钢模板和[12槽钢拼装焊接而成,围檩设三道,最底层为两条槽钢,设 $\phi 20$ 对拉螺栓,模板外侧设木枋斜撑,模板内侧在混凝土垫层预埋

$\phi 20$ 钢筋头(每节每侧模板各两根),在钢筋头与模板间加高强度等级砂浆垫块以控制混凝土结构尺寸,顶面设[14槽钢卡,内侧用 5 cm×5 cm 木枋进行约束。为确保模板底部与垫层接触面或模板安装四交角间不漏浆,可加设海绵条。

c.装拆模板。利用 50 t 履带式起重机装拆模板。

③现浇锚碇墙混凝土。

C40 混凝土由商品混凝土搅拌站供料,由 8～12 m³ 搅拌运输车运至现场,混凝土泵车浇筑。混凝土采用插入式振捣器振捣,振捣时尽量远离钢筋,且避免接触侧模板,在混凝土浇筑至顶部时采用二次振捣及二次抹面,使顶面密实。混凝土抹面完成后至混凝土终凝前,对暴露于空气中的混凝土表面采用经批准的塑料薄膜覆盖,终凝后表面采用粗麻袋等吸水性材料覆盖,洒水养护,保持潮湿养护至少 7 天。

浇筑混凝土过程中,要经常复核设备预埋件的位置是否偏移,若偏移需立即作出校正措施。浇筑混凝土前,需用塑料布等包裹预埋螺栓头,以避免水泥浆的污染及损害,造成设备安装困难。

(3)钢拉杆安装。

①除锈及防腐。

钢拉杆杆体及其配件加工部位,在加工完毕后,应立即采取防锈处理,同时,钢拉杆杆体及配件其余表面均应涂富锌底漆一道,厚度 60～100 μm。

钢拉杆、张紧器及竖向铰等应采用"两布三油"缠裹,即采用玻璃纤维布热浸沥青漆缠绕两层包裹均匀并涂装环氧富锌沥青漆。垫板和螺母应涂沥青或其他防腐蚀材料。

②储存和运输。

a.成品钢拉杆采用杆体裸装打捆、螺纹部分包橡胶护套、配件装木箱保护运输,现场堆放形式和层数应安全可靠,避免产生纵向变形和局部压曲变形。

b.在起吊、运输和堆存过程中,应尽量避免由于碰撞、摩擦等原因造成变形和损伤。

③钢拉杆安装。

钢拉杆安装时,应使拉杆及锚碇墙预留孔位适应钢板桩的开孔位置。钢板桩的开孔位置应避开锁口,钢拉杆间距与锚碇墙预留孔之间的调整幅度在 10 cm 以内。

安装次序:先安装锚碇墙部分(胸墙部分的拉杆浇入混凝土中),其次安装中间部分。安装时,底部设立支垫,先将墙外螺丝上紧,最后上紧中间铰部分。

a. 钢拉杆安装应顺直,安装时应将拉杆搁置在垫平的垫块上,垫块的间距取 3 m 左右。

b. 拉杆连接铰的转动轴线位于水平面上。

c. 在锚碇结构前方回填完成和锚碇结构及板桩墙导梁或胸墙的现浇混凝土达到设计强度后,方可张紧拉杆。

d. 张紧拉杆时,使拉杆具有设计要求的初始拉力(20 kN),拉杆安装完毕后应施加 50 kN 初应力,拉杆不得有垂度。

e. 拉杆的螺母全部旋进,并有不少于 3 个丝扣外露。

f. 拉杆安装后,对防护层进行检查,发现有涂料缺漏和损伤之处,加以修补。

g. 收紧施工及板桩后分层回填施工时,应用仪器观测桩墙变化情况。

④锚碇墙前后回填石。

石料从采石场通过水路运输至施工现场,上岸后再通过自卸车运输至回填现场,运输至施工现场的石料应满足本工程设计和规范要求,运输石料时严禁超载、超速。

石料必须安排专人指挥自卸车指定地点回填,并按照施工要求,从锚碇墙的一端向另一端推进。

自卸车卸料后,开始进行石料整平工作,安排挖机整平倒出的大堆块石和大块石,同时负责整平、清理道路及其他必要的辅助施工,以确保施工道路的畅通。

当回填施工面展开后安排装载机推平块石堆。从石堆边上开始推,按顺序将石堆逐个推平,直到回填至设计高程面。

墙前块石回填须与墙后中粗砂回填同步,高差不应超过 1 m。

最后通过自卸车运输碎石,自卸至块石上方,进行塞缝及碎石垫层施工。

9.2.8 土建工程

1. 工程简述

本工程主要生产与辅助生产构筑物有办公楼(新沙港大厦)、进出港闸口及闸口办公室、辅助闸口及闸口办公室、粮食筒仓、1#~4#装车楼、1#~2#散装粮食仓库、TH1~TH9 转运站、重锤张紧塔架、粮食污水处理站、给水加压泵站、SS1~SS4 变电所、围墙等,总建筑面积约 100000 m²,现浇混凝土总量近 180000 m³。

生产区:通用泊位前沿后二线主干道北侧布置 1 组粮食筒仓,由 28 座钢筋混凝土圆仓(外径23.6 m、高51.5 m)组成,单仓容量1万吨,呈7×4排列,每列粮食筒仓间布置7.5 m宽通道供侧壁发放装车,满足双侧侧壁发放的功能要求;通用泊位前沿后二线主干道南侧布置2座散装粮食仓库,每座散装粮食仓库平面尺度为174 m×54 m,总占地面积18800 m²,1♯粮食平房仓靠近道路旁布置有1座地磅。

辅建区:布置在项目场地东北侧,与新沙一期10♯泊位陆域毗邻。布置有办公楼(新沙港大厦)、给水加压泵站、小车停车场、港口发展用地等。办公楼、小车停车场由围墙分隔为独立区域,由独立出入口连接港外道路,并在与港区的通道处设置闸口,实现与场地其他部分的分离。

构筑物技术指标见表9.21。

表9.21 构筑物技术指标一览表

序号	项目名称	建筑面积/m²	层数	结构形式	基础形式	建筑防火类别	备注
1	办公楼(新沙港大厦)	19968.2	地上12F 地下1F	混凝土框架-剪力墙	PHC桩基础	一类公共建筑	平面尺寸:47.1 m×70.7 m 建筑高度:49.9 m
2	进出港闸口及闸口办公室	闸口办公室:198.44;闸口:813(雨棚投影)	1	闸口:钢结构;办公室:混凝土框架	PHC桩基础	二类公共建筑	建筑高度:闸口办公室,4.15 m;闸口,7 m
3	辅助闸口及闸口办公室	30.8	1	混凝土框架	独立基础	二类公共建筑	平面尺寸:7.7 m×4 m 建筑高度:4.45 m
4	粮食筒仓	24528(按两层计算)	1	混凝土	PHC桩基础	丙二类	外壁为钢筋混凝土壁,整体高51.5 m。总共28个筒

第9章 码头工程施工与管理实例分析——以广州港新沙港区11号、12号通用泊位及驳船泊位工程为例

续表

序号	项目名称	建筑面积/m²	层数	结构形式	基础形式	建筑防火类别	备注
5	1#装车楼	733.31	9	钢框架	PHC桩基础	乙类	建筑高度：61.0 m
6	2#装车楼	610.88	7	钢框架	PHC桩基础	乙类	建筑高度：55.5 m
7	3#装车楼	610.88	7	钢框架	PHC桩基础	乙类	建筑高度：55.5 m
8	4#装车楼	610.88	7	钢框架	PHC桩基础	乙类	建筑高度：55.5 m
9	1#散装粮食仓库	10400（仓库主体）2352.8（仓库底坑及天面皮带机廊道）	1	混凝土剪力墙柱＋钢桁架轻钢屋面	PHC桩基础	丙二类	平面尺寸：174 m×54 m 建筑高度：仓库屋面最低点标高为16 m，最高点标高为22.5 m，皮带机廊道6 m
10	2#散装粮食仓库	10400（仓库主体）2352.8（仓库底坑及天面皮带机廊道）	1	混凝土剪力墙柱＋钢桁架轻钢屋面	PHC桩基础	丙二类	平面尺寸：174 m×54 m 建筑高度：仓库22.5 m，皮带机廊道6 m
11	TH1转运站	993.48	2	混凝土框架	PHC桩基础	丙二类	建筑高度：16.0 m
12	TH2转运站	1026.9	6	混凝土框架	PHC桩基础	丙二类	建筑高度：37.5 m
13	TH3转运站	5465.9	10	混凝土框剪结构	PHC桩基础	丙二类	建筑高度：58.75 m

续表

序号	项目名称	建筑面积/m²	层数	结构形式	基础形式	建筑防火类别	备注
14	TH4转运站	2475	5	混凝土框架	PHC桩基础	丙二类	建筑高度：28.0 m
15	TH5转运站	5830.7	10	混凝土框剪结构	PHC桩基础	乙类	建筑高度：68.1 m
16	TH6转运站	1966.8	6	混凝土框剪结构	PHC桩基础	丙二类	建筑高度：32.1 m
17	TH7转运站	1392.15	地下2F 地上6F	混凝土框架	PHC桩基础	丙二类	建筑高度：35 m
18	TH8转运站	1392.15	地下2F 地上6F	混凝土框架	PHC桩基础	丙二类	建筑高度：35 m
19	TH9转运站	2827.5	8	混凝土框架	PHC桩基础	丙二类	建筑高度：51.73 m
20	重锤张紧塔架	585	7	混凝土框架	PHC桩基础	/	本单体为构筑物 建筑高度：45.02 m
21	粮食污水处理站	31.57	1	混凝土框架	筏板基础	戊类	建筑高度：3.8 m
22	给水加压泵站	234	1	混凝土框架	筏板基础	戊类	建筑高度：6.6 m
23	SS1变电站	1468.57	地下1F 地上2F	混凝土框架	PHC桩基础	丁类	建筑高度：10.9 m
24	SS2变电站	264.37	1	混凝土框架	PHC桩基础	丁类	建筑高度：6.0 m
25	SS3变电站	1305.78	3	混凝土框架	PHC桩基础	丁类	建筑高度：12.8 m
26	SS4变电站	598.56	1	混凝土框架	PHC桩基础	丁类	建筑高度：5.2 m
27	围墙	普通围墙954.9，防洪围墙667		砖混结构	条形基础		围墙高度2.68 m

续表

序号	项目名称	建筑面积/m²	层数	结构形式	基础形式	建筑防火类别	备注
28	ZQ102栈桥	—	1	钢结构	PHC桩基础	丙	—
29	ZQ107栈桥	—	1	钢结构	PHC桩基础	丙	—
30	ZQ203栈桥	—	1	钢结构	PHC桩基础	丙	—
31	ZQ204栈桥	—	1	钢结构	PHC桩基础	丙	—
32	ZQ101栈桥	—	1	混凝土框架	PHC桩基础	丙	—
33	ZQ108栈桥	—	1	混凝土框架	PHC桩基础	丙	—

2. 主要单体

1)粮食筒仓

粮食浅圆仓为钢筋混凝土筒体结构,共计28个,筒仓外径为23.60 m,仓壁厚300 mm,筒仓高度51.5 m,筒下层高度为17.80 m,仓身高度32.20 m,筒壁和仓身均采用钢筋混凝土结构,由于直径较大,采用内外筒壁共同支撑,外筒壁厚度为300 mm,内筒壁厚度为320 mm,筒仓采用独立布置形式。抗震设防类别为丙类。混凝土强度等级:基础、仓壁、筒壁和漏斗为C40,屋面为C30。仓顶层采用钢梁、钢筋混凝土板组合结构,梁采用焊接H型钢梁,板采用压型钢板复合屋面板,组合楼板厚175 mm。仓顶上设置输送栈桥,输送栈桥采用钢结构。漏斗采用混凝土圆锥漏斗,下挂半钢斗。基础采用桩筏基础,设计等级为乙级,基础埋深1.55 m,底板厚度1500 mm,桩采用$\phi 600$的预应力混凝土管桩,桩长约27 m,桩端持力层为中风化泥质粉砂岩,考虑负摩阻力后,单桩承载力特征值取2000 kN,每个筒124根桩,共计3472根。

2)散装粮食仓库

1♯、2♯散装粮食仓库为混凝土剪力墙柱+轻钢屋面结构。混凝土强度等级:基础C35,上部混凝土部分均为C30。平面尺寸174 m×54 m,建筑高度包括上面廊道高度29.1 m,轴线尺寸横向5.8 m一跨,山墙纵向挡墙主要4.5 m一跨,厚度 300 mm,中间地坑处跨度 8 m,厚度 400 mm。山墙和外墙采用钢筋混凝土,外墙最大堆高 8 m,墙厚 300 mm。横向混凝土柱尺寸为 1000 mm×1800 mm。山墙最大堆高 21.5 m。山墙处混凝土柱根据堆高截面不等,最大尺寸为 2000 mm×3000 mm。屋面廊道采用钢桁架,高度 6.0 m,跨度 27.7 m,与山墙柱端连接方式为一边铰接一边滑动,屋面系统采用钢梁,截面为 H700×300×10×14,与横墙柱端和桁架采用一边滑动一边铰接的连接方式。基础采用桩基础,设计等级为丙级,采用 φ600 的预应力混凝土管桩,桩长 15~26 m,桩端持力层强风化泥质粉砂岩,单桩竖向承载力特征值为 1900 kN,单桩抗拔承载力特征值为 500 kN,单桩水平承载力特征值为 100 kN。

3)办公楼(新沙港大厦)

办公楼(新沙港大厦)为六层混凝土框架-剪力墙结构,建筑面积 19968.2 m²,建筑高度 49.9 m。办公楼立面如图 9.17 所示。

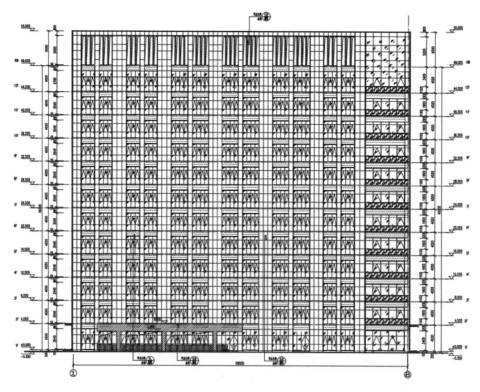

图 9.17 办公楼立面图

4)TH5 转运站

TH5 转运站为钢筋混凝土框架剪力墙结构,共 10 层,平面轴线尺寸 22 m×25

m,建筑面积为 5830.71 m², 建筑高度为 68.1 m。TH5 转运站立面如图 9.18 所示。

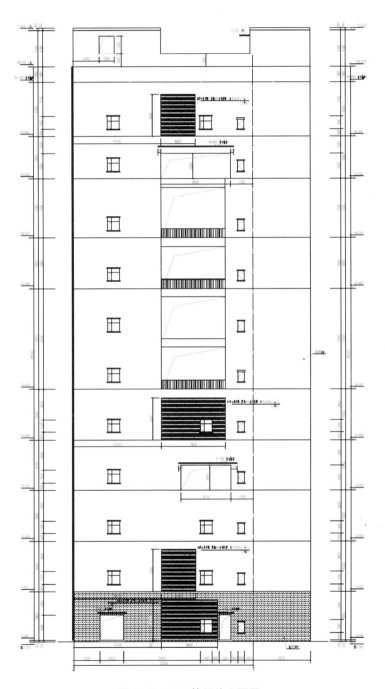

图 9.18　TH5 转运站立面图

5)ZQ102栈桥

ZQ102栈桥立面如图9.19~图9.21所示。

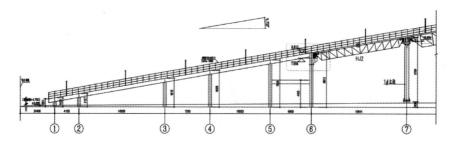

图9.19　ZQ102栈桥立面图(1)

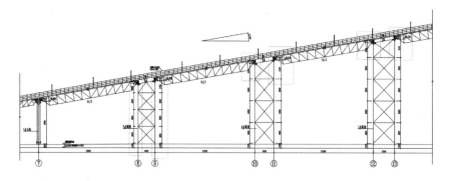

图9.20　ZQ102栈桥立面图(2)

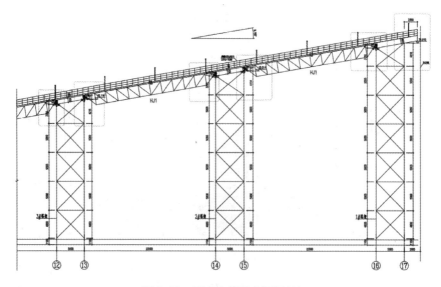

图9.21　ZQ102栈桥立面图(3)

3. 施工技术措施

1)筒仓漏斗工程

(1)施工准备。

施工准备见表9.22。

表9.22 施工准备

工程使用部位		用于筒仓钢筋混凝土漏斗的现浇钢筋混凝土结构施工
施工准备	材料	组合模板:宽300 mm,厚20 mm,现场组装。 木枋:截面尺寸80 mm×80 mm松木枋。 各种定型托具、卡具、螺栓、交叉撑、$\phi 48$钢管(壁厚3.0 mm)等。
	作业条件	模板设计:会审图纸后,对筒仓漏斗混凝土模板进行设计,确定定型组合钢模板的几何形状、尺寸要求,木枋的规格、间距,选用支架系统。绘制模板设计图(包括模板平面布置图、立面剖面图),编写操作工艺要求及说明。 模板备料:模板数量按模板设计方案结合施工流水段的划分进行综合考虑,合理确定模板的配置数量。 模板涂刷脱模剂,并分规格堆放。 根据设计要求,放出轴线和模板边线,确定水平控制标高。 钢筋绑扎完毕后绑好钢筋保护层垫块,并办好隐蔽验收手续。 根据模板方案、图纸要求和工艺标准,向班组进行质量、安全、技术交底

(2)模板安装操作工艺。

模板安装操作工艺见表9.23。

表9.23 模板安装操作工艺

部位	操作工艺
筒仓漏斗板	(1)根据模板的排列图架设支撑和木楞。采用钢管支顶,钢管布距为1.8 m,横向和纵向间距为600 mm。 (2)筒仓漏斗斜板的上部面模板在钢筋安装完成后,先进行模板及对拉螺栓预拼安装。预拼安装经验收合格后,采用4 cm×9 cm木方作为小梁,环形$\phi 22$钢筋对整个面模加固,为保证后期混凝土浇筑,面模水平间隔1.8 m、竖向间隔1.8 m预留0.9 m×0.5 m下料口,分层下料口采取梅花形布设

(3)漏斗支模。

为了保证施工的安全,应先将外壁顶滑模系统拆除完毕之后再施工仓底漏斗。仓底的钢筋、模板与混凝土施工按常规法施工。

漏斗板角度为50°,由于角度比较倾斜,模板加固和安装容易滑落,因此采用 M14 对拉螺栓双向间隔 50 cm 的加固方式。

(4)模板拆除。

当漏斗混凝土达到设计强度并能承受仓顶平台施工传下来的荷载时,可以拆除模板。模板及其支架拆除的顺序与安装顺序相反:松下钢管支顶可调顶托(分离龙骨与梁底模板)→松下 U 形卡→拆除侧模、底模→拆除主次龙骨→拆除水平拉杆、剪刀撑及钢管支顶。

拆除模板时,操作人员应站在安全的地方。地面应设围栏和警戒标志,拆下模板及时清理、归堆,并派专人看守,严禁非操作人员入内。

底模拆除时的混凝土强度要求须达到设计的混凝土立方体抗压强度标准值的 100%。

2)筒仓滑模工程

(1)筒仓施工说明。

①气密性要求:气密性检测指标按国家储备粮库要求,当压力从 500 Pa 降至 250 Pa 时的半衰期时间应达 1 min。要求仓体门、设备洞眼应具有气密性。

②做好预留、预埋的定位,禁止扩孔、凿孔。

③粮食筒仓仓门为专用密闭保温门,屋面采用型钢和现浇钢筋混凝土结合顶板,设备孔洞安装接缝处均考虑密闭,以保证气密性,便于对粮食进行熏蒸作业,便于防潮等。

④仓顶防雨是筒仓工程施工的重点,仓顶洞口是工程施工、安装的交叉点,各工种、区域交叉点易产生质量问题,特别是仓顶洞口防雨,应从设备防雨、土建防雨两个方面综合考虑。因此,应做好工种及区域的任务划分,不留工作空档。

⑤沉降观测:仓体施工应按有关规程进行施工期间沉降观测,并符合《建筑变形测量规范》(JGJ8—2016)的有关规定。

⑥筒仓混凝土施工除仓壁宜采用滑模施工,其余均按常规施工。模板、仓壁应采用滑模施工且必须一次滑升,不得留水平施工缝,滑模施工应符合《滑动模板工程技术标准》(GB/T 50113—2019)的规定,此外尚应遵守以下要求:模板接缝要严密,同时模板应保证仓壁正确尺寸的刚度;应控制模板的提升速度,保证

出模的混凝土能支持模板自重、施工荷载和上部新浇筑混凝土的重量,并应注意天气预报,必要时采取抵抗暴风雨的措施;因因特殊情况造成停工,必须有可靠的处理措施,保证新旧接触面的黏结及密实度方可继续浇筑混凝土;对洞口滑模施工应做好预留、预埋,特别是仓壁洞口,当有凸出仓壁的外部结构时,仓壁洞口应一次浇筑,外露构件可后期浇筑,不得后期填塞施工;滑模施工后,仓体表面应随时压实抹光,不得存留裂缝、蜂窝、麻面、露筋、外凸,并加强养护,防止混凝土龟裂;预埋件施工应采取措施,不得损害仓体受力;施工阶段应严格控制滑升速度,滑升速度视混凝土凝固时间和出模强度而定,并应考虑温度的影响,防止混凝土与模板产生黏结而增大摩擦力,使滑模难以提升,形成裂缝,影响混凝土出模质量;钢筋浇筑混凝土处的温度不得超过 32 ℃。

(2)滑模施工技术。

①操作平台系统。

本工程每个单体筒仓的滑模平台均采用辐射式柔性平台,提升架沿筒仓圆周方向均匀布置,内外平台采用三角悬挑,内外平台横梁用 M16×150 的螺栓固定于提升架上,横梁与提升架腿之间用斜撑进行连接,形成稳定的三角形悬挑结构。在内外平台下口设置刚性环梁两道,使相邻提升架形成整体。筒仓中心处设一个圆环钢圈([20),通过辐射拉杆(ϕ16 圆钢)、花篮螺丝与内提升腿相连,以控制圆度,滑模平台下设内外吊脚手架。

②模板系统。

提升架采用"开式型",其内外立柱分别与内外围圈连接,模板通过围圈沿筒仓圆周方向布置,模板采用 55 定型钢组合模板,内外模板高度均为 1200 mm,宽度 300 mm,配置少量 100 mm 宽度模板保证筒仓圆周交圈,以 P3012 为主,配少量 P2012、P1512 和 P1012,围圈采用 2ϕ48×3.5 钢管,模板连接采用 U 形卡(每块板不少于 4 个),模板与围圈连接采用勾头螺栓和铁丝捆绑固定,围圈与提升架连接采用卡具连接。上下围圈用 ϕ20 钢筋连接形成桁架。

③液压提升系统。

本工程液压控制油路以各自单个筒仓为独立提升单元布置成二级并联油路系统,主油管采用 ϕ16 高压油管,支油管采用 ϕ8 油管,用分油器进行连接,每个施工区布置 2 台"YKT-72"型液压控制台,通过电控系统改动连接,使其既能群控(区内 2 个筒仓同步滑升),又能单控(单个筒仓滑升),以便在滑升过程中进行纠偏,单个筒仓布置 56 个"GYD-60"穿心式千斤顶,支承杆采用 ϕ48×3.5 钢管。

(3)筒仓壁滑模施工方法。

①滑模系统构成。

每个单体筒仓的滑模平台均采用内外挑架辐射式柔性平台,并设置4个大线锤作为单体筒仓的垂直观测系统。横向仓间距为3~3.5 m,各筒仓之间的人行通道由钢花梁桥板搭接而成,并设置扶手栏杆及安全网,每个施工区搭设1座人员上落走道排栅。纵向仓间距为11 m,各筒仓之间的人行通道由[16a槽钢搭接而成,设置扶手栏杆及安全网,每个施工区搭设1座人员上落走道排栅。

液压控制油路以各自单体筒仓为单元独立布置成二级并联油路系统,每个施工区配置2台液压控制台,其主油路及电控系统设计成既能群控(区内2个筒仓同步滑升)、又能单控(单个筒仓滑升),以便在滑升过程中进行纠偏。

每个施工区配置1台塔式起重机,满足施工中垂直运输的需要。

商品混凝土采用泵送手段,每个施工区设置1台混凝土输送泵、1台混凝土布料杆,混凝土输送路线为搅拌车→输送泵→布料杆,进行定点布料,再由人工入模、振捣。

滑模装置利用塔式起重机进行组装,组装前用水平仪、经纬仪按照图纸要求放好一切墨线,并把轴线引至适当的位置,设立垂直控制点。

仓底以下筒壁与扶壁柱模板一起拼装。

滑模装置组装后(液压系统经试压验收后插支承杆)开始浇筑混凝土,进行滑模施工,当滑模高度达到锥漏斗筒壁环梁底标高时停止浇筑混凝土。然后边空滑边加固支承杆,当滑模平台内模板底空滑至锥漏斗筒壁环梁面时停止空滑。停滑后对滑模平台及支承杆整体加固,然后对滑模装置进行整改,取消扶墙柱异形提升架,重新安装和调整暗柱位置的提升架及模板,完成后交由下一个工序用常规支模方法进行锥漏斗施工。

待锥漏斗施工完成后,滑模装置经检查合格后继续向上进行筒仓壁滑模施工,并以每天2.5~3 m的速度滑升,直至滑模高度达到筒仓顶板环梁底标高时停止浇筑混凝土,然后按停滑措施每隔1小时提升千斤顶1至2个行程,直至最上层混凝土与模板无粘连为止(4~6小时)。

本工区滑模施工完成后立即拆卸该区全部滑模装置,转移到下一个相应工区组装后进行滑模施工。筒仓内外的钢梯在筒仓壁滑模完成后,利用塔吊进行安装施工。筒仓外饰面丙烯酸涂料在筒仓壁滑模完成后,采用吊篮法施工。

②滑模施工技术。

a.试滑。

平台组装好后要进行试滑升,检查整个系统正常与否,利用支承杆组装时未插到底进行爬升试验后,再将支承杆全部插到混凝土表面,保证支承杆的垂直放置。

b. 始滑。

始滑时由于需浇满整个近 1.2 m 高模板,混凝土量较大,宜分层浇捣,每次浇捣 200 mm 左右,设专人指挥,浇好一圈后再循环浇捣混凝土,当下层达到 0.2~0.4 MPa 强度,整体浇筑高度达到 0.8 m 以上时即提升 1~2 个行程,循环浇捣混凝土至模板顶部时进入正常的滑升阶段。初升阶段的混凝土浇筑工作应在 3 小时内完成。

始滑阶段应根据水泥品种、标号及初凝终凝时间确定初次提升时间。初次提升的速度不宜过快,当滑升至 30 cm 时应对整个平台系统进行全面检查,特别是固定模板的钩头螺丝要逐个拧紧。各个桁架的连接扣件要全部收紧一次。

c. 正常滑升阶段。

正常滑升阶段混凝土浇捣每次为 20 cm,每次滑升间隔时间为 1~1.5 h。对于进入正常滑升阶段的配料应加以控制:主要是所用水泥品种要相同,尽量要用同一批次的水泥,其次是配料要准确,尤其是水泥的用量。滑升过程中操作平台应保持水平,各千斤顶相对标高不差大于 30 mm,相邻两个井字架上千斤顶的升差不大于 10 mm。

滑升过程中用两台经纬仪昼夜进行垂直度观测,每滑升 1 m 观测一次,每作业班不少于 2~3 次,并做好记录,将垂直度情况随时反馈到作业班,水平观测每滑升 2 m 高度测量调整一次,均需做好记录。每班水准仪校核一次各个平台的水平度。滑升过程中,液压控制台的操作人员应作详细的滑升记录。滑升过程中及时清理黏结在模板上的砂浆及杂物,并保证钢筋清洁。出模的混凝土表面应设瓦工清理修饰,当滑升 2 m 时内外挂吊脚手架,瓦工站在吊脚手架上对表面做原浆抹光,若出现蜂窝、麻面,应立即将松动的混凝土凿除,用高标号砂浆压实。出模后的混凝土墙应立即进行处理,处理的方法如下:当滑升速度较快时,可以用铁板直接进行压光,对于压光后的混凝土表面不要再使用素浆刷表面,而是在表面较硬后用清水刷一次,使出模表面保持原浆状态;当滑升速度较慢时,因出模墙体的强度已较高,直接用铁板压光已不可能,此时可以在出模的混凝土表面刷一层清水,然后用木抹将表面搓毛,再用泡沫块或木模磨抹进行压光,压光后再刷清水一道。清理预埋件、预留洞口并核对型号、标高位置。

d. 末滑。

滑升至接近顶部时,最后一层混凝土应一次浇筑完毕,混凝土必须在一个水平面上。

e.停滑措施。

由于特殊原因必须暂停施工时,应做停滑处理。停滑前对平台进行水平观测,调整到允许范围内后,将四周缆风绳与地锚拉结,锚固时应用经纬仪进行垂直度观测,使平台处于垂直均衡受力状态。再次滑升前要将缆风绳解开。留置水平施工缝,将混凝土浇捣至同一水平面。每隔 1 h 提升一次,连续提升 6 h,直至最上层混凝土与模板无粘连。再次滑升时混凝土表面应进行凿毛处理,用石子减半的混凝土浇捣一层后,再继续滑升。

f.空滑加固措施。

采用空滑方法处理漏斗时,要对支承杆进行加固处理。详见滑模工程专项施工方案。

g.平台的测量控制。

一般来说,滑升中最可能出现的问题是中心偏移,在圆仓内挂四只 20 kg 重线锤,用 4 mm 细钢丝绳悬挂测量,起滑前找准基准点,每提升两次测量平台中心的偏差。

发现平台中心偏移,应及时纠偏。纠偏方法有平台倾斜法、调整操作平台荷载法、支承杆导向法等。平台应每滑升 1 m 测量一次千斤顶水平偏差,滑升过程中进行标高控制测量。每次大行程限位环都应限位,以确保减小偏差。

h.平台的拆除。

做好拆除前的安全与技术交底。拆除平台上不再使用的控制台、油管、电气系统、机械设备等;拆除中心圆环钢圈及拉杆;拆除环梁及拉接钢管;拆除围圈;拆除内外模板系统;拆除内外挑架;割除所有的千斤顶支承杆,分段连同提升架一同吊到地面。

(4)钢筋工程施工。

平台上钢筋堆放应散开,以免影响平台结构。竖向钢筋下料长度:立壁筋一般不超过 6 m,扶壁柱筋不超过 7 m。搭接位置及同一截面内的截头数量应满足设计要求。每层混凝土浇筑完毕后,在混凝土表面上至少有两道绑扎好的横向钢筋。双层钢筋绑扎后,应按设计要求用拉结筋定位,钢筋弯钩应背向模板,拉结筋按纵横方向间距 600 mm 绑扎。沿模板长度间距 600 mm 设一根控制钢筋保护层厚度的 $\phi 18$ 挂钩筋,挂钩挂于模板上口,长度为 300 mm。

壁柱筋应便于从侧面套入柱内,当用组合式箍筋时,相邻箍筋的拼接点应交错布置,搭接焊单面长为 $5d$,箍筋末端套入有困难时,弯钩角度可做成 $90°$,但弯钩平直长度相应加长,φ8 时取 120 mm,φ10 时取 150 mm。

当支承杆弯曲变形时,应立即进行加固,加固用与支承杆同直径钢筋条加焊方式,并与相邻受力钢筋焊成格结构柱增加强度。支承杆或钢筋必须保持清洁,遇油污时用棉纱擦净。

水平环筋均放在立筋两侧,绑筋人员一般站在内外侧操作,以便于在平台上穿筋绑扎。

(5)混凝土工程。

混凝土工程施工前由试验室做配合比试验。坍落度控制在 100～160 mm,初凝时间按气温 20 ℃、25 ℃、30 ℃ 分别做试验,试验初凝时间控制在 2 个小时左右,终凝时间控制在 4 个小时左右。

施工过程中,随时测量施工期间昼夜气温变化,以及观测混凝土的出模强度,以便于调整水灰比及滑升速度。

混凝土应分层、分段、交圈均匀浇筑,每层浇筑厚度 20 cm,在施工中应注意同步,浇筑时应在同一个水平面上,最上层混凝土低于模板上口 50 mm。门窗两侧混凝土应对称浇筑。

每次浇筑时间宜控制在 1～1.5 h,若时间长易产生拉裂现象,时间短则出模强度未到,会出现塌方现象,所以要掌握水泥的初、终凝时间及气温情况,严格控制每层混凝土的浇捣时间。现场安排混凝土强度试验工检测混凝土出模强度和制作试件。

混凝土采用机械振捣,振捣时不得振支承杆、钢筋和预埋件模板,振捣棒不插入前一层混凝土,以免振坏下层混凝土。滑升过程中应停止振捣,并停止支承杆的加固作业。

滑升脱模后的混凝土表面由专人抹压、修补,修补墙面的砂浆采用与混凝土同标号的砂浆,外表面刷一道 1∶0.5 聚合水泥浆。

待混凝土表面凝结后,表面喷刷混凝土养护剂,封闭养护,喷养护剂应厚薄均匀,不漏喷、漏刷。

标准养护试块每工作班不少于一组,混凝土出模强度每工作班检查不少于两次,每次模板提升后,及时检查出模混凝土有无塌落、拉裂、麻面等,发现问题及时处理,重大问题做好处理记录。

泵送浇筑混凝土时严禁冲击滑模装置,若采用塔吊辅助放料,不应集中在平台上,以免平台发生变形,可用 3 mm 铁皮放在平台上,混凝土均匀放置在上面。

(6)滑模设备(滑模装置、垂直运输设备)选配。

①滑模装置配置。

根据滑模施工工艺特点,每个单体筒仓均设计成一套独立体系的滑模装置(包括操作平台系统、模板系统、液压提升系统、施工精度控制系统),完成28个筒仓滑模施工共需要14套滑模装置,并各周转1次。

②垂直运输设备配置。

根据本工程单体筒仓排列特点,结合垂直运输设备覆盖区域的需要,14个筒仓按1×2排列划分为7个独立的施工区,每个施工区作为一个独立的滑模施工单元考虑,其垂直运输设备(包括塔式起重机、混凝土布料机、混凝土输送泵等)按每个独立施工区进行配置,每个施工区共配置1台塔式起重机、1台混凝土布料杆、1台混凝土输送泵,每个施工区滑模施工完成后立即拆卸其垂直运输设备(除塔式起重机外),转移到下一个相应工区施工,完成28个筒仓滑模施工共计7个施工区的垂直运输设备各周转1次。

3)高支模施工

(1)高支模设计。

①楼板模板支撑体系设计。

本工程验算按肋型板结构进行设计计算,高支模范围的板采用钢管支模体系。

楼板模板选用18 mm厚胶合板,楼板模板楞木选用80 mm×80 mm松木枋,次龙骨采用单枋$b=80$ mm,$h=80$ mm,间距450mm;主龙骨采用双枋$b=80$ mm,$h=80$ mm,间距1200 mm;竖向支撑采用$\phi 48$钢管,横向间距1200 mm,纵向间距1200 mm,支架立杆的步距$h=1.50$ m。

②梁模板支撑体系设计。

本工程根据高支模范围,将梁按截面大小,第一、二层龙骨布置方式,立柱布置方式和支顶方式等分为两类梁,全部采用钢管支模体系。

a.第一类梁模板支撑体系设计(400 mm×2100 mm)。

模板材料:夹板底模厚度18 mm,侧模厚度18 mm;梁边至板支撑的距离0.70 m;次龙骨80 mm×80 mm单木枋@600 mm,主龙骨80 mm×80 mm单木枋@300mm;支撑采用$\phi 48\times 3.0$钢管,横向间距600 mm,纵向间距600 mm,支架立杆的步距$h=1.50$ m,纵横拉杆垂直间距1500 mm。竖肋80 mm×80 mm木枋@300 mm,对拉螺栓5排$\phi 12$@250 mm,侧模厚度18 mm。

b. 第二类梁模板支撑体系设计(400 mm×900 mm)。

模板材料:夹板底模厚度18 mm,侧模厚度18mm;梁边至板支撑的距离0.70 m;支撑采用$\phi48×3.0$钢管,横向间距900 mm,纵向间距900 mm,支架立杆的步距$h=1.50$ m;钢管直径48mm;壁厚3.0mm;次龙骨80 mm×80 mm 单木枋@300 mm,主龙骨80 mm×80 mm 单木枋@900mm;竖肋80 mm×80 mm 木枋@300 mm,对拉螺栓2排$\phi12@250$ mm,侧模厚度18 mm。纵横拉杆垂直间距1500 mm。

(2)模板安装质量控制技术措施。

模板安装必须按模板的施工方案设计进行,不得任意改动。模板必须方正,各种连接件、支承件、加固配件必须安装牢固,无松动现象。模板拼缝要严密。各种预埋件、预留孔洞位置要准确、牢固。

防模板变形措施:墙、柱和部分梁模板安装按要求设置对拉螺栓,加固模板的支撑,对拉螺栓应专人检查,选用合格钢筋材料制作螺栓、螺帽、松紧螺栓;在浇筑混凝土前所有模板进行测量检查,并在浇筑混凝土时派有经验的木工值班,及时检查修正模板、支撑等。

防漏浆措施:选用符合要求的模板或用修复合格的模板安装,避免模板之间缝隙过大,在与已浇筑混凝土接槎处,用薄铁皮或沥青纸密封缝隙,避免混凝土在接缝处出现漏浆。

为确保结构几何尺寸准确,符合设计和规范要求,模板制作安装除要求接缝平整和不漏浆外,支撑系统骨架卡箍应牢固,具有足够的稳定性、强度和刚度,柱模设斜撑两道,斜撑与支承点的角度以45°为宜,不得大于60°。边柱则采用拉杆和支撑相间设置,通排柱模安装时,应先将柱脚互相搭牢固定,再将两端柱模找平吊直。柱脚应预留尺寸不小于200 mm×200 mm清扫口,梁底开生口,以便清理墙、柱内垃圾。

4)钢结构屋面、楼板、爬梯、栏杆、灯杆等的安装

(1)基本情况。

本工程筒仓、粮食仓库、进出闸口、栈桥、污水处理站、给水加压泵站等构筑物皆由钢结构加工和安装,钢结构加工及安装总数量约达5500 t。

钢结构屋面、楼板、走道、爬梯、栏杆、灯杆、溜槽、桁架等由专业钢结构加工厂加工运输到现场,通过在地面组装,再用吊机吊到指定的位置进行安装施工。

(2)工厂制作流程。

钢结构设计图→钢构件加工图→放样、号料→切割→原材料矫正→边缘加

工、制孔→部件组装→焊接→矫正→构件组装→焊接→涂料→验收发送至施工现场。

(3)钢构件运输。

工厂采用龙门吊进行装车,土建工程现场配有 2 台 50 t 汽车式起重机、2 台 35 t 汽车式起重机及 1 台 25 t 汽车式起重机可以卸车、组装、安装。为保证现场正常的施工进度,构件必须按照结构面配套运输,不能因为单件构件而耽误现场的安装,从而影响工程的正常施工。

包装箱:适用于外形尺寸较小、重量较轻、易散失的构件,如连接件、螺栓或标准件等。

(4)钢构件现场拼装。

钢构件运至现场后,在现场拼装场地进行拼装。钢构件安装按从下到上、从内到外的顺序进行。

主要施工流程:构件到场→构件组装→现场放样及标高→安装型钢柱、钢管桩柱脚连接件→安装钢管梁→安装组成楼板→相关附属钢材上安(楼梯、栏板等)→幕墙工程→排水防水工程(同时内部装修等)。

(5)安装测量定位。

钢管柱测量与定位采用全站仪直接观测柱顶轴线、标高并进行定位。测量步骤如下。

①计算上一节将要吊装的钢柱顶中心的三维坐标。

②平面和高程控制点投递到顶层并复测校核。

③吊装前复核下节钢柱顶中心的三维坐标,为上节柱的垂直度、标高预调提供依据。

对于标高超差的钢柱,可切割上节柱的衬垫板(3 mm 内)或加高垫板(5 mm 内)进行处理,如需更大的偏差调整,将由制作厂直接调整钢柱制作长度;钢柱标高复核,采用水准仪观测;根据核心筒上引测的标高基准点对钢柱柱顶标高进行复核。

(6)测量精度保证措施。

从以上误差理论分析可知,欲提高钢结构施工测量精度,应从确保控制网点位元精度和采取合理施工放样方法两方面努力。主要措施如下。

①采用与钢结构施工要求相适应的施工控制网等级。结合以上误差分析理论和类似工程的施工经验,平面控制网按照一级导线精度要求布设,高程控制网按照三等水准精度要求布设,能够确保控制网点位元精度要求。

第 9 章 码头工程施工与管理实例分析——以广州港新沙港区 11 号、12 号通用泊位及驳船泊位工程为例

②配置相应精度等级的施工测量仪器,提高测量放线精度。拟采用拓普康全站仪进行施工现场测量放线,该仪器测角标称精度为±2″,测距标称精度为±(2 mm+2ppm×D),其中,D 为实测距离。测设精度应满足施工定位要求。

(7)钢构件现场安装。

本工程中的钢架钢柱、钢屋架梁采用汽车式起重机进行吊装。

①钢结构工程吊装施工流程。

钢柱安装→柱间支撑安装→搭设柱工作平台→屋面钢梁安装→钢梁之间刚性系杆安装→屋面檩条和拉杆安装→屋面板安装→墙檩安装→墙面板安装

②吊装机械选择。

吊装采用根据钢构件的重量及吊装顺序选择不同形式的起重机,并根据构件尺寸、重量和安装位置确定起重机的型号和吊装方法,对于一些有代表性的构件,分别计算出其重量、起重高度、回转半径、最小臂杆长度,根据本工程计算所需各种构件的工作参数和其他因素,综合选用 50 t 汽车式起重机 2 台、35 t 汽车式起重机 2 台、25 t 汽车式起重机 1 台。

③钢柱吊装。

a.基础与支撑面施工。

地脚螺栓的埋设:地脚螺栓埋设位置的准确与否直接影响钢柱的吊装质量,埋设做法拟采用角钢制作定型钢架,地脚螺栓直接与定型钢架焊接牢固,定型钢架固定于混凝土垫层上,并与周围钢筋骨架行焊接固定。混凝土浇筑过程中必须避免对地脚螺栓的直接冲击,并适当减缓混凝土浇筑速度。混凝土柱支承面、地脚螺栓(锚栓)的允许偏差应符合表 9.24 的规定。

表 9.24 混凝土柱支承面、地脚螺栓(锚栓)的允许偏差

项目		允许偏差/mm
支承面	标高	±3.0
	水平度	1/1000
地脚螺栓	螺栓中心偏移	5.0
	螺栓露出长度	+20.0,0
	螺纹长度	+20.0,0
预留孔中心偏移		10.0

柱脚垫板施工:采用钢垫板法,垫板应设置在靠近地脚螺栓(锚体)的柱脚底板加劲板或柱肢下,每根地脚螺栓(锚栓)侧应设 1~2 组垫板,每组垫板不得多

于5块。垫板与基础面和柱底面的接触应平整、紧密。当采用成对斜垫板时,其叠合长度不应小于垫板长度的2/3。

钢结构安装前要对建筑物的定位轴线、基础轴线和标高、地脚螺栓位置等进行检查,并进行基础检测和办理交接验收。当基础工程分批进行交接时,每次交接验收不应少于一个安装单元的柱基基础,并应符合下列规定:

Ⅰ.基础混凝土强度达到设计要求;

Ⅱ.基础周围回填夯实完毕;

Ⅲ.基础轴线标志和标高基准点准确、齐全。

b.吊装工艺。

由于本工程的钢柱为插入式柱脚,为了柱子的安装准确,在土建工程完成承台杯口混凝土的浇捣后,根据现场尺寸进行杯口尺寸复测。

用钢丝绳把钢柱栓牢后起吊,当钢柱底段插入基础杯口中,及时将柱子的两个方向进行对位,用吊线锤对钢柱进行初步校正,然后用钢楔铁板进行就位固定。

按以上方法逐步完成每根钢柱的吊装。

④钢屋架吊装施工。

施工流程:屋架梁拼装→绑扎→翻身→起吊→临时固定→校正→最后固定。

由于屋架梁跨度较大,在运输上较为困难,因此,屋架分段在工厂内制作,整个屋架的拼装在现场进行,现场的拼装采用木枋搭设操作平台。

屋架的绑扎采用双吊点,吊点的设置应尽量保证其起吊后的空间位置与钢架最后固定的空间位置相符合。

钢屋架吊装前必须在钢柱周围搭设操作平台。

屋架在现场平卧拼接,吊装时必须先翻身。翻身屋架时,吊索与水平线的夹角不小于60°,吊装时不小于45°。

翻身时,先将起重机吊钩基本对准屋架平面的中心,通过起钩并配合起落吊杆,将屋架扶直。

屋架起吊前,在柱顶上弹出屋架安装准线,屋架安装准线应按厂房的纵横轴线投上去。其具体做法,可以每个柱都采用经纬仪向上投测。

屋架采用汽车式起重机吊装。先将屋架吊离地面40~50 cm,并通过缆绳的张拉使屋架投影线与轴线相平行,然后徐徐升钩,将屋架吊至柱顶以上,再用缆绳进行张拉使屋架对准柱顶中,以便落钩就位;落钩时,应缓慢进行,并在屋架刚接触柱顶时即刹车进行对线工作,对好线后,即做临时固定,并同时进行垂直度校正和最后固定工作。

第一榀屋架梁就位后,在其两侧各设置两道缆风绳做临时固定,并用缆风绳校正垂直度。以后的各榀屋梁,可用屋架校正器做临时固定和校正。屋架梁经校正后,应上紧螺栓或用电焊做最后固定。

⑤屋面体系安装。

根据设计图纸弹出屋面檩条的位置,确保就位正确。

垂直起吊和搬运时应特别注意安全及避免损伤,起吊应使用专用吊架,当天吊装的当天安装完毕。

屋面板安装方向一般都是从一边山墙自左向右、自下往上安装,如有纵向搭接,长度应大于300 mm,脊线应平直成一线,屋面安装时应先预留好檐口、天窗以及有关接缝、泛水等长度和位置。安装时对有关搭设节点处等应使用专用的防水堵头和专用密封胶黏结封口。对天沟、天窗接合处,屋脊、沿口接合处应按设计图纸要求进行处理。屋面板对集中荷载较敏感,因此屋面施工时,施工人员不得聚集在一起,以避免集中荷载导致面板变形破坏。

屋面板安装后尺寸应准确无误,表面清洁干净,无可察觉的凹凸和折纹,纵横搭接均成直线。接缝应均匀整齐,严密无翘曲。

⑥小型钢构件安装。

小型钢构件的吊装包括墙檩、系杆、柱间支撑、天沟、檩条等,对于这部分小型构件,可采用汽车式起重机进行吊装,以加快施工进度。小型构件根据已吊装的钢柱及钢屋架上的吊装准线进行就位,并根据设计要求采用焊接或螺栓连接的方法进行固定。

⑦补漆。

钢构件吊装完毕后,需及时对焊接部位、螺栓连接部位等外露的地方以及在吊装和运输过程中产生的脱漆等部位进行重新涂装及补漆。

⑧安装偏差检测。

钢结构安装偏差的检测,应在结构形成空间刚度单元并连接固定后进行。构件安装的允许偏差应符合《钢结构工程施工质量验收标准》(GB 50205—2020)中的规定。

5)钢廊道吊装施工

(1)施工准备工作。

为了保证钢廊道构件吊装顺利进行,并达到要求的质量、工期和经济效益,按照已选用的吊装方案,充分做好钢构件吊装前的各项技术、施工准备。

(2)技术准备。

①认真细致学习全面熟悉掌握有关的施工图纸、设计变更、施工规范、设计要求、吊装方案等有关资料,核对构件的空间就位尺寸和相互间的联系,掌握结构的高度、宽度,构件的型号、数量、几何尺寸,主要构件的重量及构件间的连接方法。

②掌握吊装场地范围内的地面、地下、高空的环境情况。

③了解已选定的起重设备以及其他机械设备的性能和使用要求。

④编制吊装工程作业设计。主要包括机械设备配备、物资供应、施工总平面布置、安全技术及保证质量措施。

(3)吊装准备工作。

①清理水上吊装设备行走道路(岸上机械行走道路要平整,地面要压实,并加固辅垫),接通焊接机具所需电源。

②机具检查,包括吊装机具的起重量、起吊高度、索具及转动是否损坏,运转是否灵活,各种吊装配套机具是否齐全,性能是否良好。

③钢构件检查,核查工程上所需种类是否齐全,是否按吊装顺序架空堆放。

④钢廊道安装前,应根据图纸中基础的数据,对基础进行支承面标高、跨度、轴线的复测,复测的数据误差在规范的范围内。

⑤根据构件重量及安装高度,严格选用吊装机械、吊索。吊车司机与指挥人员、安装人员必须统一指挥信号。

⑥所有构件必须按图示标上代号,以便对号入座。

⑦对所有施工人员进行技术交底,让每个人了解设计意图,防止出现指挥错误与操作错误。

(4)钢廊道整体拼装。

①在施工现场,根据1~2号泊位图纸中尺寸及各跨度情况制作胎架,其胎架要求牢固。钢廊道中主梁的分段应合理,分段处的接头制作应符合施工规范要求和设计要求。

拟现场准备2台50 t的汽车吊辅助安装,先在引桥上完成拼装,然后整体吊装,具体做法为:先进行胎架的整理工作,再进行相应节点位置的定位、编号并根据图纸设计要求做好节点处的起拱,主桁架在胎架上按照图纸尺寸进行1∶1的比例水平放样,参照钢廊道设计总说明要求进行标记并下料,然后进行主桁架上、下弦杆的组装,按照图中所标注的尺寸在胎架大样上进行组装、对接,对接好之后进行尺寸的复检,无误后方可施焊;在组装焊接好的上、下弦杆上依次划出竖杆、斜腹杆节点板的安装尺寸线,检查无误后,依次安装竖杆、斜腹杆,并进行复查、焊接。廊道两侧主桁架水平组装施焊完成后进行移位吊装,并把主桁架按廊道总装图竖向放置在预先做好的胎架上,为了使两侧竖向放置的钢桁架的结构稳定,必须在主桁架两侧进行侧向辅助支撑的架设。然后进行廊道底面横梁、纵梁、下平桁水平撑与节点板的安装,以及廊道上平桁中横杆、纵杆、水平撑与节点板的同时安装,所有钢构件的安装检查无误后进行焊接。焊接完成后在廊道底面上铺设桥面钢板,桥面钢板铺设焊接完成后,进行栏杆及其他构件的安装、焊接。在组装过程中,要严格控制钢廊道的主梁、横梁等组装零部件的加工质量。待全面成形、焊接牢固后,才能脱离胎架,移位进行下道工序施工。

②组装时必须按照工艺流程规定的次序进行,参照编制的拼装工艺,确定组装次序,并掌握收缩量的分配情况。

③其他不同跨度规格的钢廊道,同样按上面的方法制作加工。

(5)钢廊道的焊接与表面处理。

①根据图纸设计要求,严格执行焊接工艺,保证所有焊接作业的质量。

②在组装过程中,根据图纸设计要求进行焊缝坡口的制作,要符合规范要求。

③焊工在操作过程中,所有焊缝表面不得有裂纹、焊瘤、咬边。焊缝不得有表面气孔、夹渣、弧坑、裂纹、电弧擦伤等缺陷。

④应尽量采取对称法焊接来减少因焊接引起的工件变形。

⑤钢廊道焊接完成后应进行检查。对设计要求焊透的焊缝,采用无损探伤进行内部缺陷的检验,其内部缺陷分级及探伤方法应符合现行国家标准《焊缝无损检测 超声检测 技术、检测等级和评定》(GB/T 11345—2013)或《焊缝无损检测 射线检测 第1部分:X和伽玛射线的胶片技术》(GB/T 3323.1—2019)的规定。

⑥对检查不合格的焊缝,采取气刨、打磨来消除不合格点,再进行焊接,确保焊缝合格。同一处的焊缝返修次数不得超过两次。

(6)钢廊道的涂装。

①要将经过预处理的构件表面泥灰、油污等清除干净。

②抛丸除锈的构件表面,清除干净后,在规定时间内涂装底漆。

③现场面漆的涂装,要待修补底漆完全干燥后,根据油漆工艺要求进行。

④在第一道面漆干燥后,再进行第二道面漆涂装。

⑤油漆施工的要求:涂装应均匀、色泽一致,无皱皮、流坠和气泡,附着力

良好。

⑥施工图中注明不涂装的部位不得涂装,现场安装焊缝处留出 30~50 mm 暂不涂装。

⑦涂装完毕后在构件上重新做好构件的原编号,并标明构件的中心位置和安装定位标记。

(7)钢廊道的吊装。

按钢廊道安装总图中的安装顺序进行,对钢廊道做进一步检查,检查合格后,方可进行钢廊道的整体吊装就位(吊装前要计算好吊点),吊装过程中要确保位置的正确,以及控制钢廊道的安装质量,就位后还要进行必要的调整,并用水准仪、经纬仪等检测仪器进行检测,达到图纸设计要求后,方可固定牢靠。

9.2.9　给排水及消防工程

1. 工程概况

本工程给排水范围主要是项目范围内的船舶+生活给水系统、中水系统、消火栓给水系统、自动喷淋给水系统、生活排水系统、生产废水系统、雨水系统和灭火器的设置。

1)给水水源及输水管道

本工程船舶、生活、环保、生产、消防给水均采用市政水源,市政给水引入管管径为 DN200,接管点压力不小于 0.30 MPa,水量不低于 150 m^3/h。输水管道采用双层聚乙烯(PE)给水管,热熔连接,砂砾垫层基础。

港区给水系统:船舶+生活给水系统;中水系统;消火栓给水系统;自动喷水给水系统。

给水管网的布置、主干管管径及压力情况如下。

船舶+生活给水系统:船舶+生活用水系统水源由市政管网提供,经给水加压泵站生活泵组加压后供给各个用水点,管网呈环状布置;管道一般敷设在道路边沿或管沟。码头前沿上水栓间距不大于 100 m。主干管管径为 DN200,系统工作压力为 0.55 MPa。

中水系统:中水系统水源由生产污水处理站回用水池提供,经加压泵加压后供给各个冲洗栓,管网呈枝状布置;管道一般敷设在围墙旁或栈桥下。冲洗栓栓间距不大于 50 m。主干管管径为 DN80,系统工作压力为 0.32 MPa。

2）给水加压泵站

为保证本港区生活和消防用水水量及水压要求，在港区生活辅建区设置1座加压泵站，配置1座泵房、2座有效容积600 m³消防水池、1座有效容积500 m³生活不锈钢水池。泵房内设有生活变频泵组、消火栓泵组和喷淋泵组。

消防工程：本工程消防对象主要包括生产辅助区、粮食筒仓、粮食仓库、转运站及件杂货堆场等。

2. 室外给排水施工

1）给水工程

（1）沟槽开挖。

管道每边净宽不宜小于0.3 m。

沟槽边坡可根据施工现场环境、槽深、地下水位、土质条件、施工设备和季节影响等因素确定。

开挖沟槽时应严格控制基底高程，不得扰动基底原状土层。基底设计标高以上0.15～0.20 m的原状土层，应在铺管前用人工清理至设计标高。如遇超挖或发生扰动情况，应用最大粒径小于40 mm的砂石料回填，并整平夯实至95%最佳密实度，严禁用杂土回填。在槽底如有尖硬物体，必须清除后用砂石做回填处理。

槽底不得受水浸泡。若采用人工降水措施，应待地下水位稳定降至沟槽底以下时方可开挖。

（2）管道基础。

管道基础采用土弧基础。对一般土质，应在管底以下原状土地基或经回填夯实的地基上铺两层厚度均为100 mm的中粗砂基础层。基础层密实度应分别达到85%～90%和93%。

当沟槽基底为软土地基，地基承载力小于设计要求的支承强度或由于施工降水等原因使地基原状土被扰动而降低了地基承载能力时，必须先对地基进行加固处理，达到规定的地基承载力后，再铺设中粗砂基础层。

（3）管道铺设和安装。

管材在下管前应按产品标准逐项进行外观检验，不符合标准者，严禁下管敷设。

搬运管材下管时，应轻抬、轻放，严禁在沟槽内拖拉、滚动或用铲车、叉车、拖拉机牵引等搬运管材。

铺管时沟槽内不得存水,严禁泡槽或沟槽土受冻。管道接口部位的管底凹槽,宜在铺管时随铺随挖。凹槽长度可按接口长度确定,深度可采用50～100 mm,宽度不宜小于管道外径。在接口完成后,立即用中粗砂将凹槽部分回填密实。

当敷管必须切割管材长度时,应采用机械方法切割。切割端面应平整,且应与管道轴线垂直。严禁用明火烧割。

管道改变管径部位或接出支管时,必须采用配套管件。严禁在管道、管件上开孔接管。

(4)管道连接。

双层聚乙烯(PE)给水管采用热熔连接,阀门及消火栓等采用法兰盘或通过钢塑转换接头螺纹连接。

采用热熔连接时应采用同种牌号、材质及相同SDR的管材和管件。热熔连接应符合下列规定:在对接焊机上夹紧管材和管件的插口端,清洁插口端;移动可动夹具,将管材、管件连接面在铣刀上刨平,取下铣刀,检查管端连接面,使其间隙最不大于0.3 mm;校直对接焊机上两对应的待接件,使其在同一轴线上,错边不宜大于壁厚的10%;将加热工具放在两连接面之间,使对接焊机上的管材靠近加热工具并施加一定的压力,直到融化形成沿管材整个外圆周平滑对称的翻边为止;加热完毕,待连接件应迅速脱离对接连接加热工具,并应用均匀外力使其完全接触,形成均匀凸缘。

管道法兰连接用的活套法兰、螺栓等钢制品和密封件,应检查其规格尺寸是否与管材配套,并用棉絮擦净面上的污物,钢制品宜涂抹机油、油脂。安装时密封件必须设置在管端面的密封凹槽内,两端法兰上的螺孔应对中,两法兰面应相互平行并与管道轴线垂直。螺孔各螺栓的直径应配套,螺栓长度应一致,螺帽应在同一侧。紧固法兰前,应先校正,使连接管道的两侧管端在同一直线上。紧固螺栓时应按对称顺序分次均匀紧固,螺栓拧紧后宜伸出螺帽1～3丝扣。法兰连接应沿管道纵向顺序进行,拧紧法兰接头的螺栓时,应防止管道纵向出现轴向拉力。

(5)沟槽回填。

管道敷设后应立即进行沟槽回填。在进行管道密闭性检验前,除接头部位可外露外,管道两侧和管顶以上的回填高度不小于0.5 m;密闭性检验合格后,应及时回填其余部分。

沟槽回填应从管道两侧同时对称进行,确保管道不产生位移。必要时宜采取临时限位措施,防止管道移动或上浮。

从管底基础到管顶以上0.8 m范围内,必须采用人工回填,严禁用机械推土回填。管顶0.8 m以上沟槽采用机械回填时应从管轴线两侧同时均匀进行,并夯实碾压。回填时,沟槽内应无积水和杂物,不得带水回填,不得回填淤泥、有机物、冻土、石块、砖和其他杂硬物体。

(6)附属构筑物。

①埋地给水管埋深除特别注明外,应结合高程图和给水管道布置图敷设,要求管中心距离地面不小于1.20 m。

②总水表阀组采用地上式安装,并设置倒流防止器。

③地上式室外消火栓采用SS100/65-1.0型。室外地下式消火栓应有明显标志,用红漆漆明字样。

④阀门井及消火栓井采用$\phi 700$重型钢制井盖、盖座和不锈钢踏步。

⑤给水构筑物内阀门、水表和消火栓底部均设置混凝土支墩。

⑥给水管道和阀门井、水表井及消火栓井接口处均做柔性接口,预留洞和管道之间缝隙采用1∶2水泥砂浆和油麻填充。

⑦阀门井内阀门和管道连接均设置伸缩接头。

2)排水工程

(1)沟槽开挖。

管沟的开挖宽度应根据管径大小和开挖深度确定,以便于管道敷设和安装。

沟槽边坡可根据施工现场环境、槽深、地下水位、土质条件、施工设备和季节影响等因素确定。开挖沟槽时应严格控制基底高程,不得扰动基底原状土层。基底设计标高以上0.2~0.3 m的原状土层,应在铺管前用人工清理至设计标高。如遇超挖或发生扰动情况,应用最大粒径小于40 mm的砂石料回填,并整平夯实至95%最佳密实度,严禁用杂土回填。槽底如有尖硬物体,必须清除后用砂石做回填处理。

雨季施工时,应尽可能缩短沟槽开挖长度,成槽快、回填快,并采取预防泡槽措施。一旦发生泡槽,应将受泡的软土层清除,换填砂石料或中粗砂。

(2)管道基础。

管道基础采用土弧基础。对一般土质,应在管底以下原状土地基或经回填夯实的地基上铺一层厚度为150 mm的中粗砂基础层。基础层密实度应不小于90%。

对于软土地基,当地基承载力特征值小于100 kPa或由于施工降水等原因造成地基扰动影响地基承载能力时,必须先对地基进行加固处理,可通过换填最大粒径小于 40 mm 碎石分层压实,碎石层厚度不小于 200 mm,压实度不小于 90%。达到规定的地基承载力后,再铺设中粗砂基础层。

(3)管道的铺设和安装。

管材在下管前应按产品标准逐项进行外观检验,不符合标准者,严禁下管敷设。

下管可用人工或起重机械。采用人工下管时,可由地面人员将管材传递给沟槽施工人员;对放坡开挖的沟槽,也可用软质绳索系住管身两端。保持管身平衡均匀溜放至沟槽内,严禁将管材由槽顶滚入槽内;采用起重机械下管时,应用软质绳索套扣吊,严禁串心吊装。

内肋增强聚乙烯螺旋波纹管采用承插式电熔连接。为防止承插接口合拢时已排设管道轴线位移,需采取稳管措施。具体方法可在编织袋内灌满黄砂,封口后压在已排设管道的顶部,具体数量视管径大小而异。管道连接后,应复核管道的高程和轴线,使其符合要求。

雨季施工应采取防止管道漂浮、拔口及轴线位移等措施。管道安装结束后,可先回填至管道的抗浮稳定高度。

由于地下水位较高,部分管道和管井施工时,开挖的基槽会出现被水浸泡的问题,施工单位施工时应做好施工排水的工作,并结合施工进度、地下水位和天气状况等因素综合考虑施工期间的排水计量问题。

对于检查井基础条件比较差,经软土地基处理后达不到设计要求的,需对地基进行加固处理。处理方案为换填和施打松木桩。具体情况和处理措施如下。

①对于浅层淤泥,先清除淤泥再换填碎石,换填厚度根据现场淤泥层厚度确定,换填应分层夯实,分层厚度不大于 50 cm。

②当淤泥层较厚,换填困难,达不到承载力要求时,采用打松木桩加固处理。施工要求如下:木桩采用松木,尾径不小于 13 cm;桩采用梅花形布置,间距 60 cm,桩长约 6 m。桩顶进入碎石垫层 10 cm,桩底至少进入粉砂层。打桩时,应由基底四周往内圈施打,打桩完毕后应锯平桩头,使每根桩的桩顶基本水平。施打后清除表层烂泥,再回填沟底级配碎石,厚度为 60~80 cm,碎石粒径不大于 30 mm。级配碎石层夯实后再铺筑 C10 混凝土垫层。图 9.22 为 2400×1200 检查井基础的桩位布置图,其余检查井的桩位布置图可参照此图,图中尺寸标注以毫米计。

③要求处理后基底承载力不小于 100 kPa。

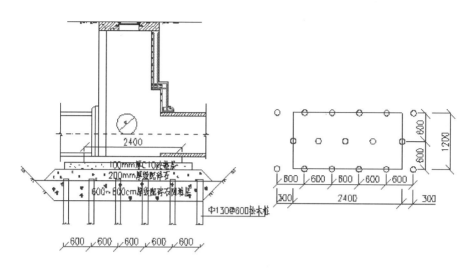

图 9.22　2400×1200 检查井基础的桩位布置图

④地基加固处理工程量应根据施工现场实际情况计量。

(4)管道与检查井的连接。

当管道未敷设,砌筑检查井时,应在井壁上按管道轴线标高和管径开预留孔洞。预留洞口内径不小于管道外径加 100 mm。连接时用水泥砂浆填实插入管端和洞口之间的缝隙。水泥砂浆的配合比不得低于 1∶2,砂浆内宜掺入微膨胀剂。

管道与检查井连接完毕后,必须在管端连接部位的内外井壁做防水层,并符合检查井整体抗渗漏的要求。

(5)回填。

管道敷设后应立即进行沟槽回填。在进行管道密闭性检验前,除接头部位可外露外,管道两侧和管顶以上的回填高度不小 0.5 m;密闭性检验合格后,应及时回填其余部分。

沟槽回填应从管道两侧同时对称进行,确保管道不产生位移。必要时宜采取临时限位措施,防止管道移动或上浮。

从管底基础到管顶以上 0.8 m 范围内,必须采用人工回填,严禁用机械推土回填。管顶 0.8 m 以上沟槽采用机械回填时应从管轴线两侧同时均匀进行,并夯实碾压。回填时,沟槽内应无积水和杂物,不得带水回填,不得回填淤泥、有机物、冻土、石块、砖和其他杂硬物体。

当沟槽采用钢板桩支护时,在回填达到规定高度后,方可拔除钢板桩。钢板桩拔除后应及时回填桩孔,并应采取措施填实。当采用砂灌填时,可冲水密实,必要时也可采取边拔桩边注浆的措施。

(6)附属构筑物。

①雨水检查井。

辅建区和绿化带内检查井采用圆形混凝土雨水检查井。除特别注明外,均采用带收水口井盖和盖座。雨水检查井需做流槽。

②污水检查井。

辅建区和绿化带内污水检查井采用 $\phi1000$ 圆形混凝土检查井。采用 $\phi700$ 重型球墨铸铁井盖、盖座和球墨铸铁踏步。道路和流动机械行动区域污水检查井采用 1000×1000 集装箱专用排水检查井。污水检查井需做流槽。

③雨水口。

生产区雨水口采用钢筋混凝土单(双)箅雨水口、球墨铸铁雨水口箅子及井圈。雨水口井圈表面高程应比该处道路路面低 30 mm,并与附近路面接顺。

④闸板阀井。

闸板阀井按设计要求施工。

3. 现浇排水沟

1)测量放样

施工准备及测量放样:工程开工后,组织机械、人员、材料进场,测量人员对基准点进行校核,由原有基准点布设新的基准点。根据测量控制网,采用全站仪放样出施工各区域的中心轴线及边线并做好标志(用钢筋头做标志),然后用水准仪在其标志上放样出设计标高。

2)排水沟槽开挖与基底压实度

(1)沟槽开挖必须符合《水运工程质量检验标准》(JTS 257—2008)的规定,陆上基槽开挖的允许偏差、检验数量和方法应符合表 6.5.2.2 的规定。

(2)排水沟沟底土基应碾压或夯实,压实度不小于95%。

3)级配碎石和混凝土基础垫层

地基压实完成后,测量人员放线,进行排水沟下部级配碎石基础垫层 200 厚和 C10 混凝土垫层 100 厚的施工,支立基础模板,然后浇筑混凝土。排水管道采用 C10 垫层,厚 100 mm,也是先支基础模板,然后浇筑混凝土。

垫层的允许偏差、检验数量和方法应符合《水运工程质量检验标准》(JTS 257—2008)中表 6.5.3.4 的规定。

4）排水沟模板施工

垫层混凝土养护结束后,即可进行排水沟施工,排水沟内部近似为矩形,坡度为 0.003,先绑扎排水沟钢筋,钢筋绑扎完毕则支立内部模板和两侧模板,模板形式为组合钢模板、背后设置[10 作横纵钢楞;混凝土由罐车运至现场,人工分灰入模。

固定定型模板时,必须严格按照设计施工,特别要控制好模板顶面标高。

5）排水沟钢筋工程

钢筋在后方加工场加工成型,载重汽车牵引钢筋运输拖车运至施工现场人工绑扎成型,按照设计尺寸、间距绑扎钢筋,钢筋绑扎用 6 号铅丝,按"八"字形绑扎牢固。钢筋绑扎前,在加工场加工成设计的尺寸形状。加工时注意钢筋的弯曲伸长,保证钢筋的加工精度符合要求。保护层垫块强度为 M40,制作标准、垫块砂浆检测符合要求。

6）排水沟混凝土工程

在钢筋、模板等上道工序检查合格的基础上,尽快组织混凝土的浇筑。混凝土由混凝土供应商供应,采用罐车运至施工现场,挖掘机倒灰入模的工艺。

混凝土入模时保证不扰动模板,人工用铁耙耙平,使用插入式振捣棒进行振捣,捣固时根据混凝土的稠度、骨料级配情况、捣固器性能、天气等情况,综合确定振捣间距、频率、深度等参数,振捣时要注意不得碰撞钢筋。混凝土表面采用模板刮板刮平、滚杠找平,木抹子反复搓平,铁抹子压光并拉毛处理。混凝土浇筑要做好与素混凝土垫层的连接

混凝土终凝后,安排专人养护。养护覆盖物采用塑料薄膜或其他不透水、不变色、不污染混凝土的材料。

7）基坑回填

混凝土浇筑养护完成后,及时回填基坑。基坑回填宜分层进行,分层厚度控制在 30 cm 以内,填一层即夯实一层,采用小型机械、人工配合夯压密实。每一层做密实度检测,合格后方能进行下一层回填施工。

4. 地下管井施工

1）阀门井、地下消防栓井井室施工

基底夯实完毕,即可进行井室施工。阀门井、地下消防栓井均采用现浇钢筋混凝土结构,井室施工严格按设计要求及有关标准进行;井圈安装时,先由测量人员放出中线,并由水准仪控制好井圈顶面高程,井圈与井室之间用水泥砂浆固

定。安装井盖时需坐浆,井盖需做热涂沥青处理。

(1)混凝土垫层浇筑。基础夯实经验收合格,放样出混凝土垫层的边线位置及标高后,就可进行垫层混凝土浇筑。混凝土由挖掘机送至基底,人工打铲分灰,平板振捣密实。

(2)钢筋制作、绑扎及预埋件、模板安装施工与排水检查井相同。

(3)混凝土浇筑和养护。混凝土由混凝土搅拌车运至现场。采用挖掘机配合送料,再由人工打铲分灰入模。混凝土应用振捣器振捣密实,并严格控制水灰比。

(4)井室周边的填土应待混凝土强度达到设计强度、盖板坐浆稳固并盖好井盖后沿井室中心对称进行,且不得漏夯,注意与沟槽之间预留台阶形接口。

(5)先去除管道沟和阀门井周边的草帘等杂物,如沟坑内有积水和淤泥,须全部清除干净后回填。

2)消防设施安装

工程选用的消防器材应符合国家标准的要求,并必须得到当地消防主管部门的认可和监理工程师的批准,才能购买安装。

消防栓的安装,其技术要求要符合国家的有关标准。地下式消防栓井盖上面不得堆放货物;井盖上应标上"消防栓"的字样,并涂红色油漆,以便辨认。

3)雨(污)水检查井和雨水口井室施工

管道铺装完毕,必须及时进行井室施工,以防泥沙、杂物流入管中。雨水检查井及污水检查井均采用钢筋混凝土结构,井室施工严格按设计要求及有关标准进行。井圈安装时,先由测量人员放出中线,并由水准仪控制好井圈顶面高程,井圈与井室之间用水泥砂浆固定后,现浇C30混凝土。

(1)井室垫层施工。

井室开挖且进行测量放样后,采用挖掘机配合人工回填垫层,且夯实。

(2)钢筋制作、绑扎及预埋件、模板安装施工。

钢筋制作严格按照施工图纸标明的规格、尺寸,制作好的钢筋按规格堆放并注意防锈防污。施工现场具备钢筋绑扎安装施工条件后,钢筋由8 t汽车吊车吊装,采用载重汽车运输至施工地点。

(3)钢筋绑扎与装设。

①根据测量人员的放线位置,按设计图纸绑扎钢筋,保证钢筋保护层厚度,垫块安放要牢固、及时、准确,保证安放数量。钢筋整体绑扎完成后,进行专检验收,根据设计图纸的要求,用经纬仪、钢尺,对钢筋骨架进行整体验收,并检查钢

筋有无错绑、漏绑、钢筋间距、层距、保护层、填写质检卡。

②模板的安装：内外侧模板及顶板底模板均采用轻型钢结构形式，其面板采用定型组合钢模板，2[12 或 I16 作为立柱，围檩采用 L75 角钢，外侧模板均一次到顶，内模板一次到顶板底面，其顶板底模板采用井内支柱（I16）顶撑。模板分两次安装，第一次为内外侧模板，第二次为顶板模板。利用起重机装拆模板，人工配合。

(4) 钢筋混凝土施工。

垫层施工完毕，进行钢筋绑扎及混凝土浇筑，主筋最小保护层厚度为 35 mm。模板采用 4 mm 厚钢板加工为面板及梁肋，辅以木方作为支撑。浇筑混凝土时采用振捣器振捣密实。

9.2.10 通信工程

1. 工程概况

通信工程包括 UPVC 管道和施工手孔。

2. 施工方法

1) 沟槽开挖

施工前须按设计进行通信管道及人孔位置的复测，必要时可设置桩点，其误差应满足设计要求。

每隔 150 m 设置临时水准桩点，桩点用打设木桩或铁钎做成，点位用十字标示，并设明显的保护标志。

测量放样出沟槽位置线后可进行沟槽开挖，沟槽土方开挖以挖掘机为主，预留 20～30 cm 辅以人工修整。开挖坡度及底宽以设计图纸规定为准。沟槽开挖土方除预留一部分作回填而堆放于沟槽两侧外，应把多余的土用装载机或挖掘机装入自卸车运至弃土地带。堆土应尽量远离沟槽口边缘 2 m，人工开挖的则不小于 0.8 m，堆高不超过 1.5 m，以免影响边坡稳定。注意抽水以保持干地施工条件。

在完成沟槽开挖及地基处理后，应校测管道沟、人孔坑底地基的高程是否符合设计规定，并做记录。

2) 基础夯实施工

沟槽平整后利用平板夯实机进行夯实处理，之后浇筑 C15 混凝土垫层。

3)安装、固定管线

本工程项目所需管道由生产厂家制造,按设计要求及国家有关标准进行检查验收。生产厂家提供出厂合格证书,并得到监理工程师确认后,方可运到现场使用。

管线安装首先用 $\phi 6$ 钢筋加工定位架,利用安装好的定位架定好位,并用铁丝绑紧管线于定位架上,以此固定管线。管线安装时,每根管子必须仔细对准中心,管子和管段的坡度用测量工具进行检查,管底与管基紧密接触。

定位架间距为 3 m/个,检验确认通信管安装牢固、接口密合后,即可进行包封混凝土浇筑。

4)管线接口处理

管道接续点都应该错开,管道接续采用承插连接法。应保证接头密封和牢固。

5)包管混凝土浇筑和养护

混凝土由拌和车运至现场,人工打铲入模,人工插捣密实。面层利用平板振捣器密实,初凝后以湿润麻袋覆盖养护。注意从管子两侧均匀打铲入模,均匀插捣密实,保护管线不受压变形。

6)施工手孔

人孔、手孔基础为现浇钢筋混凝土结构。

基槽开挖:人孔基础基槽土方开挖以机械为主,人工修整为辅。先用反铲挖掘机开挖至比设计高 0.2～0.3 m 的高程,再用人工修整至设计高程,不扰动原土地基,若有所扰动,对基础须进行换填碎石并利用振动压路机进行压实处理,使地基承载力不小于 150 kPa。废土弃于基槽两侧,多余部分运至指定弃土区。基槽口边堆土规定与上述沟槽开挖的施工规定相同。开挖时周边做好排水沟、集水井,并加强抽水,保持干地施工条件。坑壁的处理:采取分层放坡开挖,坡度为 1∶1.25,留台宽度 1 m,必要时利用钢板桩支撑。

基础垫层施工:基槽土方开挖并地基面处理完毕,可进行中粗砂垫层施工。中粗砂垫层底面宽度为基础平面两边各延伸 1.5 m,中粗砂垫层顶面每边超出基础底边不宜小于 30 cm。垫层土的施工必须分层进行,每层的压实度符合设计要求后铺填上层土。C15 垫层素混凝土施工前,应先测量放线,定出中心线及各位置标高。垫层素混凝土采用挖机送至坑底,人工打铲分灰入模,振捣器振捣密实。

钢筋绑扎及预埋件、模板安装施工:素混凝土垫层施工完毕,即可由人工进行钢筋绑扎。钢筋绑扎完再安装预埋件,预埋件安装应力求精确。施工前,先定出预埋管件位置线,安装完再复测预埋件标高、位置,调整后固定。预埋件安装完毕,进行模板的安装。

混凝土浇筑和养护:模板安装完毕,即可浇筑混凝土。混凝土分两次浇筑,底板为第一次,侧墙为第二次,施工缝凿毛处理。混凝土搅拌车运至现场。采用反铲配合送料,再由人工打铲分灰入模,振捣器振捣密实混凝土。混凝土拌制时,应严格控制混凝土配合比。

7)回填压实土方

包管混凝土及砌砖强度达到养护时间、且经隐蔽工程检验合格后,即按要求分层回填沟槽土方。其回填压实要求与给排水管沟槽基本相同,但尚需注意以下事项。

(1)在绿化地带或土面时,回填土应高出路面5～10 cm。

(2)靠近人孔四壁的周围回填土时,不可将直径大于10 cm的硬物填入坑内,以免损伤人孔四壁外表面的抹面层,形成渗水的后患。

(3)人孔周围回填完毕后,土面的高程不应超过人孔口圈的高程。

9.2.11 道路、堆场工程

1. 工程概况

本工程主要为道路、11#～12#泊位码头前沿地带、3000 t驳船码头前沿作业地带、工作船泊位码头前沿作业地带、集装箱驳船泊位码头前沿作业区域、筒仓与道路之间区域、散装粮食仓库与道路之间区域、集装箱码头前沿岸桥前后轨之间区域、件杂货堆场、重箱堆箱区、集装箱拖挂车通道、TH1～TH4栈桥底下硬化区域等铺面及跑道梁、电缆隧道(沟)、排(给)水沟、电缆手井等构筑物。

1)道路

港区道路设计主要考虑25 t叉车、55 t满载自卸汽车、Q45牵引车、40 t平板车等流动机械行驶方便,交通流量较大,路面宜平整。本设计道路路面结构采用现浇混凝土铺面,结构层分别为30 cm厚现浇混凝土面层、20 cm厚6%水泥稳定碎石基层、20 cm厚级配碎石底基层,土基压实。

2)件杂货堆场、3000 t驳船泊位岸桥后轨周边区域

件杂货堆场主要考虑堆放钢材,作业机械主要为60 t轮胎吊打支腿作业、25 t叉车满载作业,荷载较大,考虑到陆域形成、地基沉降、使用要求等因素,采

用高强混凝土联锁块铺面结构,结构层分别为10 cm厚高强混凝土联锁块面层、3 cm厚中粗砂垫层、47 cm厚6％水泥稳定碎石基层、20 cm厚级配碎石垫层,土基压实。

3000 t驳船泊位岸桥后轨周边区域考虑叉车辅助作业,荷载大,后轨桩基轨道梁与两侧铺面易出现沉降差问题,铺面采用高强混凝土联锁块铺面结构,其结构层厚度同件杂货堆场。

3)集装箱驳船泊位码头前沿17 m～重箱堆场之间区域

采用现浇混凝土铺面,结构层为32 cm厚现浇混凝土面层、20 cm厚6％水泥稳定碎石基层、20 cm厚级配碎石底基层,土基压实。

4)集装箱驳船泊位码头前沿3～17 m之间区域

采用沥青混凝土铺面,结构层分别为4 cm厚改性沥青混凝土AC-13C(SBS)、6 cm厚中粒式沥青混凝土AC-20C、8 cm厚中粒式沥青混凝土AC-26C、20 cm厚5％水泥稳定碎石上基层、20 cm厚3％水泥稳定碎石下基层、21 cm厚级配碎石底基层,土基压实。

5)11＃～12＃泊位码头前沿地带、3000 t驳船码头前沿作业地带

采用现浇混凝土铺面,结构层为42 cm厚现浇混凝土面层、20 cm厚6％水泥稳定碎石基层、20 cm厚级配碎石底基层,土基压实。

6)散装粮食仓库到道路之间区域、仓筒区到道路之间区域、生活辅建区

采用现浇混凝土铺面,结构层为26 cm厚现浇混凝土面层、20 cm厚6％水泥稳定碎石基层、20 cm厚级配碎石底基层,土基压实。

7)港口二期用地(兼顾消防废水收集区域)

该区域主要停放空载的60 t轮胎吊、30 t自卸汽车、25 t叉车、Q45牵引车和40 t平板车、5 m³单斗装载机等,兼暂时储存火灾时产生的废水,采用联锁块铺面结构,结构层分别为10 cm厚高强混凝土联锁块面层、3 cm厚中粗砂垫层、0.2 cmHDPE防水土工膜、30 cm厚6％水泥稳定碎石基层、20 cm厚级配碎石底基层,土基压实。

8)工作船泊位码头前沿作业地带

采用现浇混凝土铺面,结构层为36 cm厚现浇混凝土面层、20 cm厚6％水泥稳定碎石基层、20 cm厚级配碎石底基层,土基压实。

9)TH1～TH4栈桥底下硬化区域

采用联锁块铺面结构,结构层分别为10 cm厚高强混凝土联锁块面层、3 cm厚中粗砂垫层、24 cm厚6％水泥稳定碎石基层、20 cm厚级配碎石底基层,土基压实。

10）生活辅建区道路

采用现浇混凝土铺面,结构层为26 cm厚现浇混凝土面层、20 cm厚6％水泥稳定碎石基层、20 cm厚级配碎石底基层,土基压实。

11）生活辅建区汽车停车场

采用嵌草砖铺装,结构层为8 cm厚嵌草砖(孔内填种植土拌草籽种子)、3 cm厚1∶1黄土粗砂、10 cm厚1∶6水泥豆石(无砂)大孔混凝土、30 cm厚级配碎石垫层,土基压实。

12）闸口附近人行通道区域

采用人行道砖铺面,结构层分别为6 cm厚彩色人行道砖、3 cm厚M10水泥砂浆(干性)、15 cm厚4％水泥稳定碎石,土基压实。

13）重箱堆场

集装箱驳船码头建设将拆除原10#泊位护岸及集装箱重箱堆场部分区域,约10 m宽区域需按集装箱重箱堆场功能进行修复设计,堆场设有轮胎龙门吊跑道、堆箱区和集装箱拖挂车通道。

(1)轮胎龙门吊跑道。

考虑轮胎龙门吊跑道的稳定、平整,采用地基梁跑道,其结构型式为现浇40 cm厚C35钢筋混凝土梁(宽×高=150 cm×40 cm)、10 cm厚C15贫混凝土垫层、35 cm厚6％水泥稳定碎石、25 cm厚级配碎石,土基压实。

(2)堆箱区。

采用连片式联锁块铺面结构,结构层分别为10 cm厚高强混凝土联锁块面层、3 cm厚中粗砂垫层、47 cm厚6％水泥稳定碎石基层、20 cm厚级配碎石垫层,土基压实。

(3)拖挂车通道。

采用现浇混凝土铺面,结构层为32 cm厚现浇混凝土面层、20 cm厚6％水泥稳定碎石基层、20 cm厚级配碎石底基层,土基压实。

2. 施工方法

1)地基整平碾压

在进行地基平整之前,按先后施工的顺序测放出各分块施工范围,并在周边撒石灰粉作为标记,然后在该区域内按10 m一个断面、2 m一个测点,测出道路、堆场原地面的标高,用木桩标设。施工时根据标设的木桩,进行地基的挖方和填方处理。开挖土方采用反铲开挖至设计标高位置,边角处辅以人工施工,再用履带式推土机进行整平施工,其基面标高允许偏差为-40 mm~10 mm。

场地整平后进行地基碾压,采用25 t振动式压路机碾压,人工配合修整标高达到设计要求位置。地基压实度满足设计及规范要求。

2)级配碎石基层

级配碎石基层要求级配良好、质地坚硬,施工时由经监理及业主同意的石料场供应。

级配碎石的施工必须在场地碾压处理完成,并经监理工程师同意后才能进行。

碎石层正式施工前应先选定一施工段进行典型施工,以确定碎石层的松铺系数。在摊铺前,应先设定标志桩,以控制摊铺厚度;级配碎石可由自卸车直接运至现场卸料,然后先用推土机摊开粗平,再用平地机细平。

碎石层碾压使用25 t振动式压路机,碎石层厚度为20 cm,一次摊铺、一层碾压。推土机推平后,用压路机往返压6遍,每次碾压均与前次碾压轮痕重合一半,碾压时按先边缘后中间的顺序,观察碎石层无挤动推移现象,表面无明显轮迹为合格。在压路机不易碾压到位的边角宜用振动平板夯机夯压密实。碎石层碾压完成后,不应开放通车,以保护表层不受破坏。级配碎石基层的压实度达到96%要求。

3)水泥稳定碎石基层

水泥稳定碎石基层施工时的材料由现场搅拌站供应。

(1)水泥稳定碎石基层经搅拌机加水拌和后,可用自卸车运至施工现场卸料。然后先用推土机摊开粗平,再辅以人工摊铺。

(2)水泥稳定碎石的施工必须在地基压实或碎石层验收合格后才能进行,且施工前,应先选定一施工段进行典型施工,以确定水泥稳定碎石的松铺系数和最佳碾压湿度。

(3)水泥稳定碎石层设计要求:上基层7天浸水抗压强度不小于4.5 MPa。初定水泥剂量为6%,通过试验选取最适宜于稳定的集料,确定必需的水泥剂量和混合料的最佳含水量。

(4)水泥稳定碎石基层应分层压实,压实应在含水量最佳时进行。如果表面水分不足,可适当洒水。碾压时按先边缘后中间的顺序,采用重轮重叠半轮的碾压方法,往返压6遍,直至表面无明显轮迹,达到设计规定的要求。且要求水泥稳定碎石从拌和到碾压的延续时间应控制在水泥的终凝时间内。在压路机不易碾压到位的边角宜用小型打夯机夯压密实。

(5)水泥稳定碎石基层施工完成后,应洒水湿润养护至少 7 天。根据现场情况,尽可能采用分段施工、分段验收的办法。当水泥稳定碎石验收合格后,组织现浇混凝土面板或铺砌联锁块施工。

4)铺砌联锁块

中粗砂垫层宜在水泥稳定碎石养护满 7 天后进行施工。施工时,应先通过试验确定松铺系数和最佳含水量,以达到最佳密实度。

(1)垫层砂料为中粗砂,含泥量小于 5%,含水率小于 3%。

(2)砂垫层松铺后,用刮板刮平,厚度要求均匀、平整,在摊铺好的砂垫层上不得有任何扰动。

(3)砂垫层应先松铺,待联锁块铺筑后再振压密实,以确保砂垫层平整,有利于联锁块嵌锁的形成。

(4)联锁块体由经监理、业主等单位审批的厂家购置。块体为统一设计的型号,联锁块块体厚度为 10 cm,混凝土抗压强度平均值不低于 60 MPa,抗压强度达到要求的 80% 后方可使用。

(5)在中粗砂平整层检验合格,经工程师认可后方能进行高强联锁块的铺设。

(6)为使联锁块体铺砌整齐,线条顺直,铺砌时挂线铺砌且分段分区进行控制,控制线宜为 10 m。联锁块按人字形铺砌,并与流动机械主要行驶方向成 45°角排列。邻近各种井周围 10 cm、路缘石、挡土墙等建筑物不足整块的交接处用切割块镶嵌。

(7)铺砌联锁块体时,操作者应站在砌块上作业,不得站在砂垫层上。

(8)联锁块底面的中粗砂垫层先松铺,待联锁块铺砌后经检验各块体对应角点连线的平直度和纵横坡合格,采用小型振动压路机振压 2~3 次,使表面平整,松铺的砂垫层达到密实,部分砂充实于接缝的底部。振压时施工自由边 1 m 宽范围内不得施振。

(9)联锁块体振压密实平整后,用干细砂(含水率小于 3%)填满砌体间的缝隙再振压一次,后将表面多余的细砂清除。扫砂和振实交替进行 2~3 遍。

5)现浇钢筋混凝土路面施工

在基层水泥稳定碎石层验收合格后,进行钢筋混凝土面层施工。混凝土用搅拌运输车运至施工现场。

(1)钢筋的加工与绑扎。

钢筋开料安排在现场加工场,后运至垫层上进行绑扎。

(2)模板制作:模板采用钢结构,模板内侧在水泥稳定碎石层插入 $\phi 20$ 钢筋头(每节模板各两根)。为确保模板底部与垫层接触面或模板安装交角间不漏浆,可加设海绵条。

(3)设置伸缩缝。

标准混凝土面层尺寸为 4 m×4 m,板间设缩缝,施工缝应设在缩缝处,混凝土面层板与构筑物相接处设置不设传力杆的胀缝,宽 2 cm。混凝土面板的横向缩缝设置传力杆,纵向缩缝设置拉杆。传力杆和拉杆放置应与接缝垂直,并设置在板厚中间。传力杆采用光面钢筋,拉杆采用螺纹钢。

混凝土面板的纵、横向缩缝均应采用切缝法施工。养生期满后,应及时灌缝。

(4)浇筑混凝土时,采用搅拌车配溜槽直接入仓,由一端向另一端阶梯形推进的方法。路面混凝土捣筑采用真空吸水法施工,技术要求"三振一滚"原浆抹平、拉毛。浇筑混凝土时尽量选择室外气温较低时浇筑,夏天气温高时尽量选择下午 4 点以后作业,并适当采取降温措施,控制混凝土入仓温度,混凝土浇筑振捣后的温度控制在 32 ℃以下。在混凝土浇筑振捣密实后,用滚筒在混凝土面层来回滚动,以控制混凝土表面的平整度。

混凝土抹面完成后至混凝土终凝前,对暴露于空气中的混凝土表面采用经批准的塑料薄膜覆盖,终凝后表面采用粗麻袋等吸水性材料覆盖,洒水养护,保持潮湿养护至少 14 天。

6)沥青混凝土路面施工

2000 吨级集装箱驳船泊位岸桥前后轨间沥青混凝土从下至上采用粗粒式沥青混凝土、中粒式沥青混凝土和改性沥青混凝土。

在沥青黏结层验收合格后,进行沥青混凝土路面施工。沥青混凝土由经监理、业主等单位审批的沥青混凝土公司提供。沥青混凝土应符合设计要求及相关规范规定,由供应商运至施工现场,用沥青混凝土摊铺机摊平。

(1)下封层施工。

清除基层表面浮灰和泥浆,尽量使基层顶面集料颗粒能部分外露。基层表面冲洗的水分晾晒干燥后,可用沥青洒布车喷洒乳化沥青,每段乳化沥青喷洒后,用集料撒布车撒布集料,集料撒布后即用轮胎压路机均匀碾压 3 遍,每次碾压重叠 1/3 轮宽,碾压要求两侧到边,确保有效压实宽度。碾压顺序由路肩侧到中分带侧依次碾压。

(2)沥青混凝土摊铺。

摊铺过程中,其厚度和路拱或堆场的排水坡应符合设计要求。

摊铺结束时,应检查平整度、路拱或堆场的排水坡,发现问题及时修整。

双层沥青混凝土面层的上下层之间分开铺筑时,宜在当天内完成,如间隔时间较长,下层受到污染,铺筑上层前应对下层进行清扫,并浇洒黏层沥青。

根据沥青材料的不同,注意对摊铺温度的控制。

(3)沥青混凝土铺面的碾压。

碾压时,压路机应从道路边缘分别从两边向路拱中间纵向碾压,堆场则应顺着排水坡,从坡底向坡顶纵向碾压。

碾压时,分初压、复压、终压三个步骤。初压不宜振动,压路机每次应重叠30 cm,采用低档慢速压2~3遍。初压后应将路拱或堆场的排水坡进行修整、补平,复压3~4遍。在复压的基础上,终压5~6遍,以无明显轮迹为宜。

沥青终压完毕,完全冷却后方可开放交通。

7)跑道梁、箱型基础梁及管沟施工

钢筋模板均由现场加工场加工成型后运至现场绑扎或拼装,轮胎龙门吊跑道梁模板计划安排19.06 m长的3套,箱型基础梁模板计划安排6套,排水沟模板计划安排可同时完成60 m结构段施工,电缆沟模板计划安排30 m长。其余具体施工方法参照钢筋混凝土面层结构施工。

9.3 危险源辨识、评价及控制

在开展危险源辨识、评价及控制时,首先对作业活动(即生产过程活动或相关过程)进行划分。对作业活动划分的总要求是:在采用不同类别进行作业活动划分时,应避免重复。

按照作业活动划分的种类,对每种作业活动中可能存在的危险源进行辨识,并综合考虑人的不安全行为及物的不安全状态,编制危险源清单。

对辨识出来的危险源评估风险的大小以及确定风险是否可以接受。危险源风险评价就是对危险源可能导致伤害或疾病、财产损失、工作环境破坏或这些情况组合的程度进行评价。

对存在重大危险源的施工环节和部位,在开始施工前必须针对各项预控措施的落实情况进行检查,确认所有预控措施得到落实后方可开始施工。

对重大危险源预控措施落实情况的检查,项目部每月不少于一次(可结合项目部月度安全检查一起进行),并做好检查记录。每月月末,项目部应结合重大危险源管理的检查情况,总结当月重大危险源管理情况,并结合施工计划,讨论改进、完善下月本单位存在的重大危险源及其预控措施。重大危险源清单及预控措施见表9.25。

表 9.25 重大危险源清单及预控措施表

序号	作业活动	危险源描述	可能引起的事故	预控措施
1	船舶航行及施工船舶类型包括绞吸式挖泥船、自航泥驳、半潜驳、方驳、锚艇、交通船等）	紧邻航道作业，码头前沿距离该航道约250 m，施工船舶与营运船舶存在一定的交叉作业、锚泊或航行时未正确显示灯、号型、抛锚未设锚灯；船舶类型多，通航密度大、船舶易发生碰撞，交通隐患突出	碰撞、淹溺、溢油（船舶交通事故）淹溺、溢油、其他伤害（船舶碰撞）	1. 办理水上水下施工作业许可证，发布航行通告，并按照要求设置相应的航标灯。严格落实相关船舶避让责任； 2. 严格管控船舶人场，做好船舶人场前的安全检查。所有施工船舶均安装 AIS（船舶自动识别系统）和 VHF（甚高频电话）； 3. 严格按批准的作业区域施工。施工作业前，对所有施工船舶按照施工方案组织施工，并做好安全技术交底（包括：施工及航行水域，航道情况，防台措施等），落实各项安全技术措施 1. 施工船舶证书应齐全，按生产资源控制手续进行验收，验收合格后方可准入； 2. 船舶操作人员必须持证上岗； 3. 船舶必须在航行通告施工水域以内施工； 4. 与邻近有航单位做好协调，掌握船舶进出港时间； 5. 设专人与运营码头调度室进行协商、联系，并加强作业安全监控； 6. 严格执行落实各项避让措施； 7. 遇有过往船舶时，应根据现场环境条件，正确采取避让措施，确保避让行动有效； 8. 严禁在大雾、涌浪、大风等恶劣天气条件下施工

续表

序号	作业活动	危险源描述	可能引起的事故	预控措施
		台风季节性施工	碰撞、倾覆、搁浅、触礁、触损、淹溺、溢油	1. 雷雨季节，做好防雷、防雨教育和防雷、防雨措施； 2. 制定防台预案，建立健全组织领导机构，指挥系统和应急抢险队，根据现场情况，制定施工防台安全措施计划，提前落实好船舶的防台锚地，平时做好防台应急预案的演练； 3. 有专人负责收听天气预报和查阅有关台风信息，跟踪掌握热带气旋动向，在收到热带风暴或台风警报影响时要立即启动防台应急措施； 4. 收到台风警报后，施工船舶要立即停止作业，要组织好船舶做好封仓加固及防台物资的准备。在七级风到达前8小时施工船舶驶入防大风锚地并及时向项目船舶停靠位置周围环境安全可靠后将船舶安全后将船舶驶入防大风锚地并及时向项目进行汇报； 5. 台风期间要做好人员值班工作和应急安排。临时发电机组，值班专车和必要的救护设备等要提前做好安排，抢险队伍要处于戒备状态； 6. 积极应急预案收听天气预报，积极响应政府部门及项目部台要求，严格遵守项目部"三防应急预案"船舶要求，真正做到"宁可防而不来，不可来而不防"，确保船舶施工安全
2	沉箱（尺寸为长23.38m×宽13.63m×高18.2m）预制、出运、安装	模板失稳	坍塌、物体打击、其他伤害	1. 墙身混凝土严格按照方案分层浇筑，混凝土浇筑过程严格控制混凝土浇筑速度并实时对模板稳固情况进行监测，有异常（爆裂响动、模板变形）及时停工，待异常排除，确认安全后方准施工，撤离作业人员，待异常排除，确认安全后方准施工； 2. 振捣过程中严禁振捣棒打击拉杆拉杆螺母松脱或拉杆导致拉杆螺母松脱或拉杆断裂

续表

序号	作业活动	危险源描述	可能引起的事故	预控措施
		沉箱底部漏水严重、半潜驳起浮不能平稳,使码头或半潜驳超负荷受力而损坏,甚至导致半潜驳下沉、上驳过程中失稳	其他伤害（船舶交通事故、沉箱倾覆）	1. 严格按照方案进行调水压水,保证各个箱格压水量符合计算要求,确保沉箱整体平衡稳定,严格执行经过审批的方案,落实安全技术措施,施工前要对参与施工作业人员进行安全技术交底; 2. 验算出运码头的强度,需满足出运的强度要求; 3. 做好潮水情况收集,提前做好各项准备,避免错过低平潮水位上坞时机,严禁在退潮时上驳作业; 4. 构件移运上驳过程,要视潮水上涨情况,通过调整压舱水保持浮船坞与码头面平齐; 5. 出运前,检查各箱格之间密封情况,如发现明显漏水位置,必须做好修补防漏措施;同时检查开关阀密实与开启情况,防止漏水或开关失效;检查抽水泵各格情况,确保各调节系统有效; 6. 出运作业前必须对牵引系统中的卷扬机、钢丝绳、滑轮组、导向轮、地锚及其卸扣、绳卡、备用发电机等,逐条认真检查其运转是否正常,备用发电机是否运转正常;绳磨损是否超标、气囊是否漏气,备用发电机、备用发电机统一指挥、逐级下达操作指令,指令必须清晰明确,操作要准确无误,溜尾必须同步; 7. 沉箱出运作业时要设置相应的安全警示,严禁作业人员站立在钢丝绳两侧或跨越钢丝绳。同时要按要求准备好应急发电机,并安排持证电工值班

310

第9章 码头工程施工与管理实例分析——以广州港新沙港区11号、12号通用泊位及驳船泊位工程为例

续表

序号	作业活动	危险源描述	可能引起的事故	预控措施
		沉箱拖运过程中失稳	其他伤害（船舶交通事故、沉箱倾覆）	1. 沉箱吃水、压载和浮游稳定必须按相关规范进行验算，并满足要求； 2. 拖航前应对拖航沿线的航道水深、航道宽度、暗礁、浅点、渔网和水产养殖区等进行勘察，并在海图上标明； 3. 沉箱下水前应对通水阀门操作系统及沉箱、通水阀门的密封性能进行检查； 4. 沉箱拖航前，应掌握中、短期水文气象预报资料。当风力不大于6级目波高不大于1.0 m时，方可启航拖运； 5. 沉箱顶部应按规定设置号灯、号型，其高度不得低于2.5 m，且应明显、牢固。启航后，沉箱上不得载人； 6. 在沉箱拖航方向的外侧应标绘明显的吃水线，航行中，应随时观察沉箱吃水变化，并做好记录，如有异常，应迅速采取措施； 7. 若受航道水深限制，在采用半潜驳拖运沉箱时，应根据当地的水文气象条件计算船舶稳定性，并进行封仓加固； 8. 要将航行计划报送海事主管部门，对外发布航行通告； 9. 沉箱拖航应配备不同类型的辅助船舶、水泵、动力设备、堵漏物质和具有海上施工经验的潜水及辅助人员等； 10. 夜间拖航要充分考虑沉箱上信号灯的亮度，尤其在视距不良和通航密度大的水域，必要时主拖轮或辅助拖轮应打开探照灯照亮沉箱拖缆，以提醒过往的船只注意避让。并在公用频道随时发布拖航动态，与各避碰危险的船舶加强沟通协调，确保拖航安全

续表

序号	作业活动	危险源描述	可能引起的事故	预控措施
3	土建工程	沉箱被淤泥吸附	淹溺、高处坠落、物体打击	1. 抽水起浮过程中，应注意观察沉箱起浮情况，接近起浮状态（预计沉箱内抽至剩余5m左右水位）时，作业人员不得站在沉箱顶平台，应提前下到驳船上，并将卷扬机钢缆放松且保持足够长度，防止起浮时沉箱突然蹦起造成钢缆断裂而引发意外。待沉箱完全起浮并靠稳爬梯检查后，方可上沉箱顶作业，以确保安全； 2. 人员上下沉箱时，应做好爬梯检查，并将爬梯设在安全位置（不得设置在沉箱带缆钢丝绳附近）。上下爬梯过程中，应安排人员监护，避免人员意外坠落； 3. 作业人员按要求穿戴好安全帽、救生衣等劳动防护用品
		卷扬机、钢缆等受力伤人	物体打击	1. 卷扬机、钢缆等作业前应进行安全验收，符合要求后，方可投入使用，使用过程中，应加强检查和保养； 2. 方驳上应设置相应钢缆危险警示标志，同时安排安全监护人员，禁止人员靠近受力状态的钢缆或站在受力钢缆内角等危险位置
		钢筋吊运吊物坠落	起重伤害	1. 每班次钢筋吊运作业前，应对重设备进行日常检查，确认钢丝绳符合要求，捆绑牢靠和吊重后方可指挥起吊； 2. 钢筋起吊前，起重指挥需检查确认正常方可开始作业； 3. 起重机配合作业时，除了必要的手势信号，同时应配置对讲机协同作业，指挥时应对信号应唯一； 4. 吊物下方严禁站人，吊装过程应留意上下交叉作业； 5. 每月应对起重设备进行全面检查，保留检查记录，并进行定期维护保养

第9章 码头工程施工与管理实例分析——以广州港新沙港区11号、12号通用泊位及驳船泊位工程为例

续表

序号	作业活动	危险源描述	可能引起的事故	预控措施
		28个筒仓的滑模、转运站、汽车装车楼等高支模施工架/模板易失稳、塌、倒塌、物料失落、机具设施漏电或故障	高处坠落、物体打击、坍塌、机械伤害、触电	1. 在整个土建工程中,要合理组织施工,如筒仓间隔施工,避免相邻仓筒工时相互干扰,并做好高空作业平台作业和防坠落措施; 2. 现场施工人员必须佩戴好基本防护用品,高空作业人员必须持证上岗,佩戴安全带,安全带应高挂低用,挂点牢固; 3. 作业平台作业层应满铺脚手板,并进行绑扎固定,设置上下作业层的爬梯,作业层四周设置稳固的防护栏杆,人员作业时必须使用安全带; 4. 工作前应先检查使用的脚手板、扳手等工具是否牢固,绳链系在身上,钉子必须放在工具袋内,以免掉落伤人,工作时要思想集中,防止钉子扎脚和空中滑落; 5. 模板尺寸准确,安装模板必须及时钉(扣)顶牢固,不得留松板或浮板,预留孔口应及时盖板封闭牢固; 6. 架设完毕必须严格验收,不合格不准进行下道工序作业,不准边加固边上钢筋边绑扎作业,严防坍塌事故发生; 7. 配置专职的电工,专门负责供配电及用电设备设施的安装、检查及维护保养; 8. 夜间施工时,要有充足的照明,同时必须严格按照有关的施工规范及质量验收规范、规程等要求进行施工及检验,以确保施工安全

9.4 环境因素辨识与环境保护

9.4.1 环境因素辨识与评估

项目部根据辨识评估方法、途径,进行环境因素识别,确定了"环境因素识别、评价登记表",见表9.26。

表9.26 环境因素识别、评价登记表

序号	作业活动	环境因素描述	可能导致的环境影响	预控措施
1	挖泥施工	海洋废弃物运输、倾倒	海洋、水体污染	施工过程中海洋废弃物按海洋局核准的排放点倾倒。船长每日填写船舶航海日记、淤泥倾倒记录等,由项目部不定期地对记录进行抽查
2	临水桩基施工	泥浆泄露流入海中	土地、海洋污染	施工过程中采用泥浆箱或泥浆池做好泥浆收集工作,严禁随地倾倒排放,必须集中到指定的地点倾倒处理
3	混凝土浇筑施工	混凝土废渣的弃置	土地、海洋污染	施工过程中产生的混凝土废渣严禁随地倾倒,必须集中到相关部门指定的地点倾倒
4	船舶施工	船舶油料泄露	水体污染	按"海事防油污管理规定"的要求做好柴油机的维修保养工作,并按"QP8-4 环境、职业健康安全监视和测量控制程序"的规定做好各级检查工作
5	物料装卸与运输	施工车辆行驶产生粉尘	大气污染	按"QI9-25 扬尘控制管理规定"的要求做好各项预防措施。车辆冲洗干净后方可进入市政道路,施工现场内定期洒水降尘
6	沉桩施工	施工产生的噪声	噪声污染	1.噪声排放满足现行《建筑施工场界环境噪声排放标准》(GB 12523—2011)的要求; 2.对设备进行检查,对产生较大噪声的部件及时维修更换; 3.根据现场施工情况,合理安排施工计划,引孔等容易生产噪声工序尽量减少夜间施工

在后续的施工过程中应适时调整和补充环境因素清单。

对重要环境因素预控措施落实情况的检查,项目部每月不少于一次(可结合项目部月度 HSE 检查一起进行)。

9.4.2 环境保护管理

环境保护技术措施见表 9.27。

表 9.27 环境保护技术措施表

序号	项目类别	方法或措施	实施阶段
1	生活、生产污水排放符合当地环保部门的规定	评价生活、生产场地附近环境,根据实际情况制定排放方案	施工准备阶段
		1. 现场搅拌站污水、运输车辆冲洗污水应先排入沉淀池,经沉淀后方可外排,沉淀池应及时清理; 2. 食堂设置隔油池,厕所设置化粪池	整个施工阶段
2	生产、生活垃圾分类处理	1. 生活垃圾、建筑垃圾按规定位置堆放,及时处理; 2. 设立专职的清扫人员,对办公、生活区和生产区域的环境卫生进行每天清扫,保持环境卫生,垃圾由环卫部门统一处理; 3. 土石方运输途经市政道路,工地大门处设置洗车槽,施工车辆驶出工地时,要清扫、冲洗车轮、车身,避免洒漏。土石方运输必须办理准运手续,按规定时间和路线行驶	整个施工阶段
3	水上船舶生活垃圾防污措施	1. 每艘船舶设置一个垃圾桶,生活垃圾不能乱扔于海上,统一放垃圾桶; 2. 项目部指定专门船舶和人员每天到各船收集垃圾和打捞施工区域内海面上的漂浮物; 3. 船舶清洁机舱的带油抹布不得乱扔于海上,与生活垃圾分开存放,等待垃圾船收集处理	整个施工阶段

续表

序号	项目类别	方法或措施	实施阶段
4	陆域废油污染	1. 加强机械设备的维修保养，防止各种油渍泄漏污染环境，有泄漏设备不准进场作业； 2. 陆上机械设备集中到修理车间修理； 3. 更换的废油集中统一存放和处理，不得随地抛弃； 4. 严格管理控制各种油渍（液压油、润滑油、黄油、机油、柴油、汽油等）污染物，集中存放集中处理； 5. 施工机械含油污水经隔油池初步处理后，由清油单位集中收集	整个施工阶段
5	船舶油类作业防污措施	1. 防止操作性油、污水泄漏污染水域，在船上设立专用污油水舱（柜）来装油污水，通过当地污水收集船排放； 2. 国家规定安装污油水分离设备的船舶，要经常检查设备是否良好，经处理的油污水严格按规定排放，舱底水不能直排海上； 3. 400吨以上非油船船舶，应备有有效的"船上油污应急计划"，一旦发生溢油事件，立即启动应急计划； 4. 小型船舶如因意外情况少量油污水泄漏到海中，出现油污染海水的情况，用浮油回收船进行回收，为防止油污扩散，在浮油地区用围油栏将油污先围起来，视情节轻重，还可以采用化学方法进行处理； 5. 船舶进场后，即与当地海事部门取得联系，就防止船舶油污染问题达成协议	整个施工阶段
6	减少污染气体排放及扬尘污染	对生活、生产可能产生的大气污染和对生态环境的影响作出评价，规定防治措施	施工准备阶段
		1. 优先采用能源利用效率高、污染物排放量少的先进生产工艺，减少大气污染物的产生； 2. 对运输、装卸、贮存可能散发有毒有害气体、恶臭气体或者粉尘物质的，必须采取密闭措施或者其他防护措施； 3. 除设有符合规定的装置外，不得在施工现场焚烧油毡、油漆以及其他会产生有毒有害烟尘和恶臭气体的物质	整个施工阶段
		采取措施减少裸露地面扬尘，控制施工中的扬尘，减少对职工、居民的影响	施工准备阶段

第 9 章 码头工程施工与管理实例分析——以广州港新沙港区 11 号、12 号
通用泊位及驳船泊位工程为例

续表

序号	项目类别	方法或措施	实施阶段
7	挖泥/疏浚施工污染防止措施	1.挖泥船应具备防治疏浚污染的装置; 2.疏浚物应倾倒至业主指定的弃泥区; 3.严格控制抓斗船的下斗速度,做到下斗时慢速轻放、匀速缓慢提升,尽量减少扰动; 4.开工前应对所有参与施工的船舶进行严格检查,发现有可能泄漏疏浚物(包括船用油类及疏浚泥沙)的必须先修复后才能施工;施工过程中应密切注意有无泄漏污染物的现象,如有发生应立即采取措施; 5.尽量选择对环境影响较小的疏浚设备。有效控制疏浚施工作业带来的环境影响,在施工中要不断进行环境监测,根据监测结果随时改进施工方案,减少污染,确保周围海域水质;施工中废弃的材料不得随意抛洒,应及时收集,存放于指定地点,定期集中进行处理; 6.加强施工船舶自身的防污管理。船舶施工时产生的油污水必须通过船舶自身配置的油水分离器处理,处理后的污油用桶装运到指定地点;禁止把施工中的生活垃圾直接抛入水中,应用袋装处理后运到指定地点;在挖泥时采用 DGPS 定位进行精确施工,减少超挖工程量,降低泥浆扩散,并保证在高浓度情况下施工作业;与当地的环保部门密切配合,共同做好工程施工的环保工作	施工准备阶段
8	噪声排放符合要求	1.根据施工区域对噪声的敏感程度,制定相应的管理方案; 2.噪声较大的施工工序尽可能安排在白天进行; 3.对产生噪声、振动的施工机械,应采取措施,减轻对居民和职工的影响,尽量使用低噪声的同类设备	整个施工阶段
9	危险废弃物处理符合法规要求	1.材料分类存放,有毒有害的化学品应安置在适当地方,并有相应防范措施; 2.医用危险废弃物的处理,按照有关规定处理	整个生产、施工阶段
		禁止将有毒有害废弃物作为土方回填	土方施工阶段

续表

序号	项目类别	方法或措施	实施阶段
10	节约水、电能源	1.制定切实可行的节水、节电措施; 2.加强管理,避免设备空转耗电; 3.可循环使用的水应循环使用; 4.指派专人负责,监督水电节约措施的实施	整个生产、施工阶段

9.5 节能减排与文明施工措施

9.5.1 节能减排与文明施工目标

将能耗控制在 1.25 吨标煤/万元产值范围内。

本工程争创文明施工目标是:履约信誉好;质量安全好;船舶、机械设备管理好;队伍建设好;环境氛围好;综合治理好。

营造良好的工作环境及和谐的人际关系,需具备科学讲究的良好作风,遵纪守法、依章办事,举止文明、待人礼貌,发扬团队协助精神,共创文明工地,避免不讲科学、盲目冒进的工作作风,杜绝重大安全事故的发生,在创优质工程的同时,创建一流的文明施工工地。

(1)确保科学合理地利用能源和资源、杜绝浪费,兼顾施工生产与社会效益平衡。

(2)控制工程环境污染指标,消除职业病伤害。

(3)控制施工噪声,杜绝因噪声引起的投诉。

(4)加强对植被的保护,减少和防止对植被的破坏。

(5)废水经处理后排放至业主指定地点。

9.5.2 节能减排措施

1.节材

(1)加强材料管理、选用绿色材料、推广新型材料、合理(节约)使用材料。

(2)根据施工进度、材料周转时间、库存情况等制定材料采购计划,合理确定采购和库存数量,大宗材料实行集中采购。

(3)建立材料进场验收管理制度,严把材料进场关,对商品混凝土、钢材、水泥、砂石料等大宗材料应有专门的采购收料制度,确保质量合格和数量准确;推行限额领料制度,建立原始记录和材料领用台账,严把材料领用关;推行余料回收再利用制度,减少浪费。

(4)对周转材料要进行有效的维护保养,保证其质量状态,延长使用寿命,增加周转次数;合理安排材料的进场时间和堆放位置,加强保管,减少放置、储存和二次搬运等对材料的消耗。

(5)倡导树立"先算后领,节约有奖,浪费扣罚"的风尚,实行限额领料制度,严格控制材料的消耗。

(6)建立可回收再利用物资制度,制定并实施可回收物料的回收管理办法;扶梯、栏杆、灯架、配电箱等常用物料设专人保管;废钢材、废电线等可回收材料应建立收集和处理制度;提高物料利用率。

(7)搭建现场办公、生活用房、照明、消防等临时设施时应采用可拆卸、可循环使用的材料;现场围挡尽可能采用可重复利用围挡封闭,并列出回收再利用措施。

2. 节能

(1)项目部提高能源利用率,对能源消耗大的工序制定节能降耗措施。

(2)项目部建立主要施工机械设备分类耗能标准和管理制度,制定节能降耗措施,选用高效节能的施工机械,禁止使用耗能超标机械设备。

(3)积极倡导优先使用国家、行业推荐的节能、高效、环保的施工设备和机具,选择使用额定功率与负载相匹配的施工机械设备,避免大功率施工机械设备低负载长时间运行,减少无用功;采用节能型机械设备;机械设备推广使用节能型油料添加剂,节省用油量。

(4)项目部要合理安排工序,提高各种机械设备的使用率和满载率,避免机械设备不合理的空载运行,降低设备单位产值能耗。

(5)加强机械设备维护保养,减少设备故障率和跑、冒、漏、滴现象发生。

(6)项目部临时设施用电优先选用能效比高的用电设备、节能电线和节能灯具,减少电力浪费。

(7)项目部加强施工现场用电管理,施工现场用电实行计量管理,严格控制施工阶段用电量,合理限定生活用电,合理布设临时设施,降低非生产性用电量。

(8)项目部临时办公和生活设施的设计、布置与使用,应采取有效的节能降耗措施,宜遵循以下规定。

①充分利用场地自然条件,合理设计办公及生活等临时设施的体形、朝向、间距等,冬季利用日照并避开主导风向,夏季利用自然通风。

②临时设施宜选用高效保温隔热材料制成的复合墙体和屋面,以及密封保温隔热性能好的门窗。

③规定合理的温度、湿度标准,办公区域夏季室内空调温度设置不低于 26 ℃,冬季室内空调温度设置不高于 20 ℃;减少电脑、复印机、打印机等耗能设备的待机能耗。

3. 节水

(1)项目部针对项目特点和地域情况,合理制定用水定额、节水措施;对施工生产和生活用水按定额指标进行计量考核,严格控制施工和生活用水量。

(2)项目部根据用水量合理布置供水管网,优化管网参数,做到管径合理、管路简洁,采取措施减少管网和用水器具的漏水损失。

(3)项目部施工现场养护用水应采取有效的节水措施,严禁无措施浇水养护混凝土。

4. 节地

项目部优化施工总平面图布置,减少土地资源的占用。施工总平面图的布置宜遵循以下原则。

(1)施工总平面布置应做到科学、合理,充分利用原有建筑物、构筑物、道路、管线为施工服务。

(2)施工现场临时仓库、加工厂、材料堆场等布置应做到因地制宜、经济合理;应尽量靠近已有交通线路或即将修建的正式或临时交通线路,缩短运输距离。

(3)施工现场道路按照永久道路和临时道路相结合的原则布置。施工现场内形成环形通路,减少道路占用土地。

5. 利于节能减排工艺的使用

(1)使用先进的 DGPS 进行定位,抓斗船基槽开挖施工定位采用 RTK 进行,提高定位精度和效率,减少施工等待时间。

(2)使用RTK无验潮测量,减少人工验潮带来的误差。加大测量的密度,及时发现超挖超宽、漏挖等问题,减少废方量。

(3)优化抓斗船分条分层施工的工艺,合理控制开挖深度,根据不同的区域、深度采用最高效的施工工艺。

(4)加大吹填区的测量密度,及时调整吹砂船、泵砂船管线,减少后期整平的工作量。

6. 施工过程控制

(1)紧密跟踪天气预报,合理利用船舶,将防风过程与补给、修理时间结合起来,避免不必要的设备资源和能源浪费。

(2)合理安排辅助船舶的工作时间,减少船舶不必要的重复工作。

(3)应用先进的DGPS定位设备,合理安排施工过程测量频率,及时将测量数据传输到施工船舶,使施工船舶及时更新施工计划文件,防止出现超挖、漏挖等影响船舶施工效率的问题,最大限度地提高施工效率。

(4)应用疏浚工程电子图形控制系统辅助各种挖泥船施工,加强挖泥过程工艺参数控制,提高挖泥效率,进而提高能效。

(5)合理加装油、水量,提高船舶装载量。

(6)加强与海事部门和港口调度的沟通协调,提前了解进出港船舶动态,有预见地做好施工船舶与进出港船舶的避让计划,减少因施工干扰而造成的船舶停工时间,以提高能效。

(7)采用RTK进行护岸施工的检测测量,及时发现标高不足或超出的情况,减少返工的次数和能耗。

(8)合理安排和调度运输车辆,设置好调头区域,减少车辆等待和堵塞时间。合理配置推土机和挖掘机数量,使之同运输车辆相协调。

(9)抛石船舶应该在不超载的前提下尽量满舱后驶往施工区,减少不必要的航次。

7. 后勤保障的控制

(1)合理安排项目人员车辆使用。

(2)办公室和预制场水电使用应加强控制,办公室和住宿区要做到人走灯灭、空调关,在通风和风扇可以达到制冷效果的情况下不开空调,电气设备在不使用的时候关闭电源;办公室、生活区、预制场自来水的使用提倡节约,培养爱惜水资源的习惯,在不使用时关闭水龙头,在进行预制块养护时自来水应尽可能喷洒在养护区域上,避免浪费。

(3)船机主管和后勤主管做好燃油、水电消耗的统计,及时对比检查,及早发现问题,及时向项目经理汇报并采取纠正措施。

8. 关键点及其控制措施

本工程能耗的主要设备为抓斗船、泥驳、泵砂船、抛石船、平板船、起吊船、辅助船以及其他机械设备,其中抓斗船、泥驳、泵砂船为单位耗能较多的设备,故对其设备关键点给予控制。对此类关键点的控制主要采取如下措施。

(1)船机部门在船舶进行加油时对船舶量舱和油料抽样送检给予一定的跟踪。

(2)对船舶的油料耗用及时统计。

(3)加强对施工区域的测量,及时反馈施工情况,工程部应加强同船舶施工人员的沟通,减少超深、超宽量;优化好船舶施工分条宽度,提高船舶施工工效,减少施工准备的燃油消耗,减少发动机空转的时间。

(4)安全部及时观察天气情况,确保船舶施工和天气情况相协调,减少船舶展布后因为气象原因频繁调度带来的燃油损耗。

(5)加强船舶同陆地交通船的使用,安排好买菜和人员交通的时间,尽可能统一时间,按"集中交通、集零为整、及早筹备"的原则进行安排。

9.5.3 文明施工方案与措施

为了维护环境,净化空气,降低噪声及粉尘污染,维护环境卫生,项目部实行以人为本的管理,使文明施工管理规范化、制度化,有章可循、有法可依,切实加强建设工程现场文明施工管理。

1. 施工现场管理

(1)主要出入口设置规整、密封的大门,非车辆出入时关闭,实行封闭管理。

(2)设置醒目、整洁的施工标牌,如施工许可证等。

(3)道路附近施工现场实行封闭施工;施工现场四周除人员、车辆出入口通道外,其余周边用围墙按招标文件提出的工程文明施工标准规定执行。

(4)高空作业时,采用密布安全网进行全封闭施工,并设置安全防护设施。

(5)保证施工现场道路畅通,场地平整,无大面积积水,场内设置连续、畅顺的排水系统,合理组织排水。

(6)预制场内设置洒水除尘装置,定期进行洒水,确保场地清洁、文明。

(7)现场建筑材料的堆放按照总平面布置指定的区域范围分类堆放,材料转运放有专人管理、专人清扫,保持场内整洁。

(8)现场施工人员一律要佩戴安全帽,挂胸卡施工,非施工人员一律不准擅自进入施工现场。

(9)在场内适当的位置设置宣传教育栏,进行文明施工管理、安全保证等方面的教育宣传。

(10)施工用水、电管线要沿线路边上挂(铺)设,避免乱拉接现象。

(11)施工现场防火、用电安全、施工机械及淤泥外运、散体物料运输、使用搅拌混凝土等,严格执行国家或地方有关规范、规程和规定,禁止违章行为。

2. 环境、卫生管理

(1)工地严格遵守文明施工规定,并教育职工自觉遵守环保、环境卫生管理条例。

(2)在施工过程中,确保公共设施的安全,如造成下水道及其他地下管线堵塞或损坏,立即组织疏浚或修复。

(3)采取各种措施限制和降低施工噪声,靠近居住点时,严格执行夜间施工的申报审批制度。

(4)工地生活办公区要保持清洁,每天派专人定期打扫。

(5)施工过程中,如发现文物迹象,采取有效的封闭保护措施,通知文物管理部门处理。

3. 生活区后勤场区管理

(1)临时建筑采取砖砌墙体,或集装箱式设施,并符合安全、通风、明亮及环境卫生要求。

(2)生活区内由专人定时清扫,并确保生活区沟渠畅通。

(3)厨房必须设置在离易燃品不小于 20 m 的位置,厨房内墙铺贴 2 m 白瓷片,炊事员持证上岗,穿规定的工作服。

(4)厕所位置要设置合理,远离食堂,距离 30 m 以上,墙内铺贴白瓷片,设洗手槽,加盖化粪池,严禁将粪便直接排入下水道和水域,要专人清理,定期喷药,不得有异味,保持清洁卫生。

(5)生活区落实区域包干的安全、防火综合治理及计生责任人制度,以及卫生清除的专责轮值制度。

(6)宿舍内严禁打麻将及其他赌博活动和违法行为。

(7)在生活区内显眼处张挂防火、安全警示牌及住宿规定信息牌。

(8)工地设置医务室,负责工地员工的医疗保健,做好防病治病工作,负责监督检查食品卫生,防止食物中毒,发现情况及时通知整改。

(9)工地人员按有关部门规定办理手续,进行岗前培训及安全、纪律法制教育。

(10)进场人员按公安及有关部门规定办理手续,进行岗前培训及安全、纪律法制教育。

(11)工地做好防盗防窃工作,严格门卫制度,并防止工地发生群殴群斗事件。

(12)加强民工宿舍的治安巡查,制定突发事件的控制措施及疏散路线,要培训民工学会使用防火设施。

(13)积极主动处理好与邻边居民、企业等单位的相互合作、睦邻友好关系,尊重当地街委会及社区各行政主管部门和公安机关,开展"共创文明工地""创建安全文明村镇"活动,建"爱民、便民、不扰民"工地。

工程竣工后,按规定在一个月内拆除工地和四周围栏、安全防护设施,以及其他临时设施,并将工地四周环境清理整洁,做到工完、料净、场地清。

参 考 文 献

[1] 包起帆,罗文斌.现代集装箱码头的建设与运营技术[M].上海:上海科技出版社,2006.
[2] 全国一级建造师执业资格考试用书编委会.港口与航道工程管理与实务[M].北京:中国建材工业出版社,2004.
[3] 陈达,沈才华.高桩码头结构分段设计理论和方法[M].北京:科学出版社,2012.
[4] 姜萌.航道工程[M].北京:中国水利水电出版社,2009.
[5] 交通运输部水运局,中国水运建设行业协会.水运工程建设相关法律法规汇编(2011版)[M].北京:人民交通出版社,2011.
[6] 交通运输部安全监督司.港口码头企业安全生产标准化考评指标释义[M].北京:人民交通出版社,2012.
[7] 交通运输部质监局.水运工程质量通病防治手册[M].北京:人民交通出版社,2013.
[8] 李德筠,刘锡岭,孙锡衡.港口与航道工程[M].北京:知识产权出版社,2005.
[9] 林作雷,王增贤.水运工程质量监督指南[M].福州:福建科学技术出版社,2009.
[10] 聂莉萍.水运工程施工及施工组织设计[M].北京:人民交通出版社,2011.
[11] 品智课题研究小组.港口与航道工程管理与实务[M].武汉:湖北科学技术出版社,2014.
[12] 施斌.水运工程建筑材料[M].北京:人民交通出版社,2014.
[13] 施斌.水运工程施工技术与组织[M].北京:人民交通出版社,2013.
[14] 交通部天津水运工程科学研究所.水运工程施环境保护监理[M].北京:人民交通出版社,2006.
[15] 王炳煌.高桩码头工程[M].北京:人民交通出版社,2010.
[16] 王俊杰,刘明维,梁越.深水码头大直径钢护筒嵌岩桩承载性状研究[M].

北京:科学出版社,2015.
[17] 王琨.公路水运工程施工安全技术[M].北京:中国矿业大学出版社,2013.
[18] 王祖志.水运工程施工组织及概预算[M].郑州:黄河水利出版社,2007.
[19] 吴相豪,刘文白.港口工程钢筋混凝土结构[M].大连:大连海事大学出版社,2005.
[20] 叶亚丽.公路水运工程安全生产管理法律法规[M].北京:中国矿业大学出版社,2012.
[21] 詹世富.航道工程学[M].北京:人民交通出版社,2003.
[22] 张志明.港口工程建设技术文集[M].北京:人民交通出版社,2011.
[23] 张智洪,张玉强.水运工程项目管理[M].北京:人民交通出版社,2011.
[24] 赵之仲.公路水运工程施工安全管理[M].北京:中国矿业大学出版社,2013.
[25] 赵智帮.港口工程设计理论与实践[M].北京:人民交通出版社,2014.
[26] 中国工程建设标准化协会水运专业委员会.水运工程标准化与技术创新论文集[M].北京:人民交通出版社,2013.
[27] 中华人民共和国交通部.水运工程技术创新文集[M].北京:人民交通出版社,2007.
[28] 中华人民共和国长江海事局.危险品船舶及码头现场监督检查指南[M].武汉:武汉理工大学出版社,2015.
[29] 周素真.港口航道工程学[M].北京:中国水利水电出版社,2000.

后　　记

在港口码头工程的施工中,整个施工流程相对比较复杂,需要运用各种工程施工技术。在实际的施工过程中,很多工程主体在水环境中施工,是整个港口码头工程中非常重要的工作环节,同时也是施工难度较大的环节。因此,要想提高港口码头工程的施工质量,必须对一些先进的施工技术加以有效应用,同时,对施工各环节中的施工质量进行合理的把控,以此来保证整个工程施工得以高质量完成。港口码头工程施工量较大,在施工过程中需要使用大量的施工设备,必须通过各种施工技术来加以保障。在水下作业环境中必须保证不会受到风浪、水流以及水位等因素的干扰,通过先进的工程施工技术来对整体的施工质量进行合理把控。